中国社会科学院
老年科研基金资助

中国社会科学院老学者文库

# 明史丛稿

万 明◎著

中国社会科学出版社

图书在版编目(CIP)数据

明史丛稿/万明著.—北京:中国社会科学出版社,2020.1
(中国社会科学院老学者文库)
ISBN 978 – 7 – 5203 – 5353 – 3

Ⅰ.①明… Ⅱ.①万… Ⅲ.①中国历史—明代—文集
Ⅳ.①K248.07 – 53

中国版本图书馆 CIP 数据核字(2019)第 230463 号

出 版 人 赵剑英
责任编辑 黄燕生
责任校对 刘 娟
责任印制 戴 宽

出　　版　中国社会科学出版社
社　　址　北京鼓楼西大街甲 158 号
邮　　编　100720
网　　址　http://www.csspw.cn
发 行 部　010 – 84083685
门 市 部　010 – 84029450
经　　销　新华书店及其他书店

印　　刷　北京明恒达印务有限公司
装　　订　廊坊市广阳区广增装订厂
版　　次　2020 年 1 月第 1 版
印　　次　2020 年 1 月第 1 次印刷

开　　本　710×1000　1/16
印　　张　34.5
插　　页　2
字　　数　449 千字
定　　价　158.00 元

# 目　录

## 学术·回忆

## 附　录

# 自序一　我的探史历程

本论文集选录了我大学毕业后发表的首篇论文（1983 年）至今的明史研究成果 22 篇，是我走过的 35 年学术心路的写照。岁月如梭，在从事明史研究的 35 年中，我在明史的政治、经济、法律、军事、文化、社会、中外关系、档案与文献等诸多领域，都留下了探索的足迹，这可能与我自 20 世纪 80 年代末就主攻明代中外关系史有关，中外关系史包括了政治、经济、军事、文化、社会等诸多方面，是一个综合性极强的学科，乃至我常说"一半是中国史，一半是世界史"。这里因篇幅所限，明代中外关系史、白银货币经济等相关方面的论文，包括 1996 年我在葡萄牙里斯本大学进修时撰写的首篇国内发表的中葡文史料相互参证的论文《明代中葡两国的第一次正式交往》（获院优秀成果奖），在这里也只能割爱，只选收了对明史研究的整体思考、明代历史发展细部研究、发掘整理明史基本档案史料的论文，以及对引导我走上明史研究学术道路的前辈恩师的回忆。也放弃了附录论著目录的想法，因我仍在继续研究，留待以后再结集。

在这里，除了这篇自序，我将《关于明代国家与社会关系理论的思考》作为序二，下面大致分为三个部分：第一部分"制度·文化"，包括论文 11 篇；第二部分"档案·文献"，包括论文 7 篇；第三部分"学术·回忆"，包括回忆文章 3 篇和 1 篇综述文章。总共 22 篇。

时光荏苒，不经意间，发表于 1983 年的第一篇论文《试谈几部明史中的〈张居正传〉》，到今年已经整整 35 年了，这是我明史研究的起步之作。这里选编了白寿彝先生引导我走上明史研究之路的回忆，许大龄师指导的本科毕业论文《万斯同与明史》（后经修改发表），其指导的研究生毕业论文《明代两京制度形成及其确立》（《中国史研究》节要发表）……这些论文的编选，使我百感交集，提示我怎样在前辈恩师的谆谆教诲下起步，一篇篇论文，也就是一步步脚印，是我治学的历程，也是我学术成长的历程。

编选论文，是对自己学术经历的一个检视。下面对于择选略加说明。

1966 年我小学毕业那年"文化大革命"开始了，中学没有学到什么知识，1969 年就去了黑龙江生产建设兵团，随后回北京进医院做了护士。高考制度的恢复点燃了青春的梦想，1978 年医院给我 8 天准备时间，我参加了高考，考取北京大学分校历史系，开始如饥似渴地学习。在大学期间，我得到白寿彝先生和许大龄先生的指引，确定了以明史为主要研究方向。大学毕业后，到国家图书馆《文献》杂志编辑部工作，发表了两篇明史论文。第一篇是《试谈几部明史中的〈张居正传〉》，此文考察了王世贞《嘉靖以来内阁首辅传》、万斯同《明史纪传》（清抄本）、王鸿绪《明史稿》、张廷玉等《明史》中的《张居正传》的渊源及因袭情况，还加入查继佐《罪惟录·张居正传》等，对几部史书关于张居正的评价做出比较，指出对张居正贬得最厉害的莫过于王世贞《嘉靖以来内阁首辅传》，张廷玉《明史》比较公允，查继佐《罪惟录·张居正传》评价最高，并结合时代背景探讨了各种评价的缘由。这篇论文是在大学毕业论文《万斯同与明史》（后改名《万斯同之史学与史稿》发表，收入此集）写成后，在国家图书馆善本室继续勤奋爬梳的结果。令我感慨的是，由此开端，到 2015 年底出版《明代〈万历会计录〉整理与研究》(401 万字，与徐英凯合作，中国社会科学出版社 2015 年版)，可以说我对张居正的研究竟然延续了 30 多年，并由《万历会计录》引发了明史研究的新议题《〈万历会计录〉的重新认识与明史研究新议题》(2014，收入此集)。另一篇是《北京图书馆藏四种明代科举录》(1985 年)，也是我利用在国图工作的机会，在善本室爬梳的结果。当时考察了国图对明代科举录的收藏情况，选择国图独家收藏的一种进士登科录和三种会试录，全面阐释了其珍贵的史料价值。

　　在国图工作两年后，1985 年我考回北大读研究生，继续随许大龄师学习明史。此集收入的论文《明代两京制度的形成及其确立》是我硕士论文的节要发表。此文是首篇关于明代两京制度研究的长篇论文。当年读过美国范德教授 (Edward L. Farmer) *Early Ming Government, the Evolution of Dual Capitals*《明初两京制度》(1976) 一书后，我初步认识到他提出了明史上一个重要的制度问题，但主要聚焦于永乐迁都前后，没有展现这一制度形成过程和与明朝相终始的全貌。于是我立意选择两京制度作为硕士论文题目，经许先生同意，指导我完成。以制度史为研究对象，是北大历史系的优良传统，我的制度史研究，由明代两京制度开端。为此我制订了一个宏大计划，在北京、南京、天一阁、杭州 (浙江省图书馆) 等处抄集了两大盒卡片，可惜后来只写到形成及其确立，就已有 5 万字，只得暂时截止了。没想到这一"暂时"，一晃就是 30 年。我的论文将明代两京制度分为初创期、变化期和确立期，具体考察了明代两京制度历六帝、七十五年，几经反复，终于在正统六年 (1441 年) 得到确立的错综复杂过程，提出了关于两京制度概念的独到见解："广义上的两京制度，应包括自洪武开国至正统初年对首都的选择与确立，并使之制度化的过程；也应包括与明代相始终的这一制度在有明一代发展、演变的全部过程。狭义上包括南京和北京 (应天府和顺天府，以至南、北直隶) 政治、经济、军事各方面的安排设置，南京和北京的都城职能及其制度化的过程"，揭示了明代两京与历代两京制不同的特殊性，即各设一套中央机构，由此派生出一套相当完整的两京制度，如以此为据，明朝统治应该是277年，而不是276年；认为明代两京制度是明代国家重要的政权统治和管理制度，以此为观察点，可以考察明代统治者怎样对全国实行有效统治、明朝各项制度的建立及其演变，有助于深入对明代政治制度史及整个明朝历史的探索和研究。遗憾的是研究生毕业后，进入中国社会科学院历史研究所中外关系史研究室工作，两年后调到明史研究室，后来论文发表，限于篇幅，只是节要，而继续研究却一直蹉跎。但我注意到这篇论文至今仍是唯一一篇关于明代两京制度的专论长文。

《论传统政治文化与明初政治》（1995年）这篇论文，是我结合撰写《明太祖本传》（辽宁古籍出版社1996年版）而写的。80年代在读研究生期间，许先生主编《明朝十六帝》，让我撰写了明太祖一篇，后来就有了书稿之约。此文尝试从传统政治文化的角度，重新审视明太祖朱元璋的成功之路和治国之道。对于明初的国家治理，是我的关注点之一。

1999年，在到葡萄牙里斯本大学进修后完成了《中葡早期关系史》（社会科学文献出版社2000年版）一书后，我即开始主持《晚明社会变迁研究》（2000年成为国家社会科学基金项目）课题组工作，开始了"明代白银货币化与中外变革"的专题研究。此课题2002年结项，《晚明社会变迁：问题与研究》（主编，第一作者）于2005年出版，我撰写了绪论与第四章"明代白银货币化与中外变革"。收入此集的《明代徽州汪公入黔考——兼论贵州屯堡移民社会的建构》，是我带课题组去贵州安顺屯堡社会调查的成果，论文指出文化在国家和社会二者之间架起了沟通之桥，不仅参与了移民社会的建构，而且深刻影响至今。《晚明史研究七十年之回眸与再认识》（2006）也是课题成果之一，提出对晚明史的新认识，指出沿着明代白银货币化——社会经济货币化——近代化——全球化的路径，以货币为引擎，以市场经济萌发为背景，晚明整个社会形成了连锁反应——经济、政治、社会、思想、文化等多元因素综合影响下，传统向近代的社会转型，也可以概括为一个过程，即货币化；一个趋向，即近代化；双重使命，即走向近代化、全球化。

明代文献的整理工作，是明史研究的基础。收入此集的《天一阁藏明代政书及其学术价值——中国社会科学院历史所明史室与天一阁合作整理记》、《天一阁藏〈明史稿〉述要》（与解扬合作），是我学术历程的又一个方面。《万历君臣关系：〈明实录〉所见情感世界的个案分析》一文，是我在全面整理《明神宗实录》中的情感语词后，对心理史学的尝试性探讨。我认为明代档案文书的整理与研究特别重要，而诏令文书的研究，涉及古代国家"以文书御天下"的整体治式，是明代政治之钥匙。鉴于一直没有一部《明大诏令集》，我组织了搜集和研究诏令文书的课题组，自己撰写了系列论文《明代诏令文书的整理与明史研究》（2010 年）、《追思与传承：明清档案的整理与延伸》（2011 年）、《明帝国的特性：以诏令为中心》（2010 年）、《明令新探》（2010—2011 年）等。《明初政治新探：以诏令为中心》（2011年），是在搜集整理明太祖诏令的基础上，独辟蹊径，尝试以诏令作为明代政治史新的研究视野，考察诏令所见明初政治过程实态和明初政治体制的重构，指出明代中国平民帝业的成功，产生了颇具特色的政治过程，"以文书御天下"，形成了君主专制一元多维政治体制。《明帝国的特性：以诏令为中心》是 2010 年组织明史室与厦门大学国学院陈支平先生合作主办"明朝在中国史上的地位学术研讨会"上发表的论文（收入《学术月刊》2010 第 6期），现与 2011 年发表的《明令新探》合为一篇收入此集。从诏令看明帝国的特性，是从法制史视角的重新审视。论文指出一直以来明代政治史研究不足，与忽视了诏令文书研究有关；以新发现的正德《大明会典·凡例》中明朝人对令的观念，论证了诏令与事例及其与《明会典》的关系；提出在广义的概念上，明代以文书治天下，诏令本身具有法令的意涵，是明令的重要形式，由此形成的事例即法令制度化；并以此为据，认为《明会典》是一部综合法典，也可以说是一部令典；指出明代是古代律令体系发生重大演变的时期，主要体现在令的变化上，纠正了学界长期以来在大明令后就没有令了的传统观点。

回首走过的一路行迹，这里的 22 篇论文，是 35 年来我不懈追求接近明史真相的印迹。需要说明的是，论文除个别体例统一以外，一般不作改动，按照发表原貌收录，并在文末注明发表刊物与时间；虽难免有史料的重复，还请见谅。其中有一篇是与博士后解扬合作，有一篇是自己两篇论文的合并。另外《明代财政管理述论》一文，发表时编辑有大量删节，现采用原稿。编入的论文发表时间绵延长久，其中的诸多错误，敬请读者批评指正。

在学术薪火相传中，我的点滴工作如能成为些许铺垫，余愿足矣。

万　明

2017 年盛夏之夜于海淀万寿秀庐

# 自序二　关于明代国家与社会理论的思考

迄今为止，有关国家与社会的理论，主要是西方的理论。那么，如何构建中国的国家与社会理论？笔者认为，我们的基点必须建立在本土历史经验之上，第一是实证研究，第二是实证研究，第三也仍如是。从学术史角度简单回顾，不仅需要突破中国传统国家与社会高度一元化模式，也要突破现代西方国家与社会二元对立模式，既要避免国家至上的以国家为中心的倾向，也要避免社会至上的以社会为中心的倾向。笔者认为明代国家与社会研究在理论上需要关注下述三个关系：第一，国家与社会的互动关系，特别是国家与社会的转型关系；第二，国家与社会具体问题与重要理论问题的关系；第三，明代中国与世界，也就是全球化开端之时中国与国际社会的关系。

关于国家与社会的探讨，一直是西方政治学、社会学研究的热点问题之一，是中外史学界十分关注的学术前沿问题之一，也是明史研究的核心问题之一。国家与社会，可以分别列入政治史与社会史的范畴。目前国内外史学界这一领域的相关研究，无论是政治史、社会史，还是跨学科的研究，都已经有了相当丰富的学术积累。面对丰富的学术积累，以明代国家与社会作为一个具有典型意义的课题，据此提出思考的学理基础，是笔者先期主持的关于晚明社会变迁的研究。2012 年，中国社会科学院历史所明史研究室以"明代国家与社会"为主题，进入中国社会科学院创新工程，6 月，得到南开大学历史文化学院的大力支持，与南开大学历史文化学院明史室合作主办了"明代国家与社会"学术研讨会，并准备围绕此问题进行较长时段的研究工作，取得一系列相关成果。

从明史学科发展出发，有必要首先对既有研究进行理性的思考，厘清进一步发展的思路。打开方正电子图书库，输入"国家与社会"，出现了 694 个条目。其中，以此为题名的实际上只有几部，而以"明代国家与社会"题名的，则没有一部。我们需要思考的重要问题是：何谓国家？何谓社会？国家与社会的关系是怎样的？进一步分梳二者关系：一元/二元？对立/统一？博弈/互动？国家为中心/社会为中心？社会在国家治理下/国家在社会之中？实际上，这是我们在研究中经常遇到，并且不得不思考的一系列问题。如果对于这一基本理论问题没有讨论与交流，我们的研究就不能达致整合思考与创新研究。

国家与社会是一个历久而弥新的问题。马克思、恩格斯等经典作家以及西方诸多学者，对此有过大量论述。目前，有关国家的定义多达 150 多种。一般认为，国家是政治实体或政治共同体，这类实体或共同体存在于人类的历史长河中，作为历史的产物，自从其产生之日起就具有双重作用，一是阶级统治的工具，一是社会共同体从事一般管理的公共权力。这也就是我们通常所说的，国家既有阶级统治的功能，又有管理社会的功能。值得注意的是，国家具有的三个主要属性：自然的、政治的和社会的属性中，社会的属性，也就是社会共同体。而关于社会的定义，在中国古代"社"与"会"是分开的，先有"社"，后有"会"，都包含人与人之间相互关系、共同活动之义。社会学所用的"社会"一词，广义上泛指从古到今的人类社会，本质上是人们相互交往的产物，是各种社会关系的总和，具体是指处于特定区域和时期、享有共同文化并以物质生产活动为基础的人类生活的共同体。在关于国家与社会的定义中，我们不难发现二者之间你中有我、我中有你的难以区分的情形。但是，也有不少学者进行了这样的划定：国家是通过政治手段联合起来的人与人之间关系的总和，社会则是通过经济手段联系起来的人与人之间关系的总和。这是将政治、经济分别开来的划分。综上所述，国家与社会，是一个充满歧见的领域，对何谓国家，何谓社会，如何理解二者的关系，具有多种不同的观点，并可连带产生一系列问题的分歧。而迄今为止，有关国家与社会的理论，主要是西方的理论。那么，如何构建中国的国家与社会理论？这一问题无法回避地摆在我们的面前。笔者认为，我们研究的基点必须建立在本土历史经验之上，第一是实证研究，第二是实证研究，第三也仍如是。以下从学术史角度简单回顾一下明代国家与社会研究相关的主要视角，谈谈个人的一些思考。

## 一　一统天下：传统中国的视角

传统的看法，古代中国是一元论的。中国传统国家形态以大权独揽、皇位世袭的君主政体为主要特征，自秦汉以来形成了帝国的传统。这里所谓帝国，是从本土经验出发，皇帝即国家，并不必然是一个扩张的殖民帝国。中国古代社会，认为国家的权力来自"天命"，帝王称为天子，国家的权力基于血缘的世袭和诉诸天命的君权神授，这种理论在古代中国占有重要地位。国家的正统性，来自皇帝，家国一体。秦朝统一后，即定"天下之事无小大皆决于上"，皇帝发布的诏令作为国家的最高决策，"皇帝御宇，其言也神。渊嘿黼扆，而响盈四表，唯诏策乎"。帝国的特性体现在"以文书御天下"的治理模式上；国家与社会的一体化，是帝王及其臣僚的终极追求。传统中国，国家的基本要素是土地与人民，统治的经济基础是自然经济——农业经济。所谓"普天之下，莫非王土；率土之滨，莫非王臣"，国家的自然属性、政治属性、社会属性于此凸显，皇帝名义上有权做任何事情，政府职能范围广大，实行大一统中央集权统治。这套体制不断完善和巩固，尽管王朝不断更迭，这套体制模式始终不变并日益强化，大一统国家始终占据主导地位。

当我们沿着传统政治史的路径进行研究时，主要是以国家的角度来考虑明史问题的。君主专制的一元政治权力结构，作为一种政治文化传统流传久远。明代中国是一个帝国，值得注意的是，自明朝起，诏书起始句出现了"奉天承运"，突出表明了皇帝秉承"天命"，运行大统，统治中国的合法性。明初建立的帝国政治决策过程及其内在运行机制表明，诏令文书的传达与贯彻执行，形成了国家治理的基本形式，皇帝以诏令形式处理国家庶政，以诏令文书的一贯到底来治理国家，通常以颁布诏令的形式来立法，"因事立制，乘时创法"，而臣民的职责在于执行皇帝的诏令。一言而概之，"以文书御天下"，是大一统帝国的整体治式。在明代中国的研究传统中，强调的是"普天之下，莫非王土；率土之滨，莫非王臣"的大一统，建立起的君主专制政治体制；强调的是国家与社会之间呈现一种高度统一的、一体化的关系；强调的是国家塑造社会的功能，国家高度统合社会，社会处于被统治的地位；强调的是国家全面渗透到社会生活的各个领域，支配着人们的社会生活。

## 二　二元对立：现代西方的视角

19 世纪，西方社会学作为一门独立学科兴起。自 20 世纪 90 年代以来，在中国改革进程中，中国国家与社会的关系引起了国内外学术界的广泛兴趣。中国学者引进西方"市民社会"的概念研究当代中国，形成了一种理论思潮，影响颇大。诚如代表性学者邓正来所说："在某种意义上为研究中国的国家与社会关系以及中国社会发展等论题提供了一个新的分析框架或解释模式。"① 市民社会是根据西方经验得出的理论，主要是国家与社会二元对立的视角，认为国家与社会是零和博弈的关系。学术界对于现代中国的市民社会提出了各种解释，但都是在国家与社会对立的范式中提出命题。与此同时，哈贝马斯的"公共领域"概念在中国也受到了广泛的关注。一般而言，在西方的传统中，基于原有的国家与社会的分野，总体上侧重于国家与社会二元结构的对立关系，认为市民社会与国家相对，并部分独立于国家，它包括了那些不能与国家相混淆或者不能为国家所淹没的社会生活领域。

　　几乎与此同时，改革的时代呼唤史学走出危机，借鉴西方社会学的理论和方法对历史上的社会结构及其运动、社会组织及其运动，以及社会行为及社会心理的社会史研究蓬勃兴起，成为历史学重要分支。更重要的是，社会学研究的社会是现代市民社会，以市民社会为基础形成的社会组织；政治学研究的国家，不是古代血缘意义上的"民族国家"（nation），而是现代社会管理意义上的国家（state）；而我们的研究必须回归历史。

　　美国中国学术界最早借用"市民社会"和"公共领域"理论来研究近代中国国家与社会之间的关系，对于晚明以来中国的社会变迁有所涉及。黄宗智则认为，近代中国具有完全不同于西方的发展特点，不存在类似于西方那样的市民社会或公共领域，

---

① 邓正来：《国家与社会》，载张静主编《国家与社会》，浙江人民出版社1998年版，第264页。

并提出了第三领域的观点①。考诸历史，明代中国处于传统社会向近代社会转型的重要时期。有中国学者提出晚明江南在市民社会的觉醒和言论自由的程度上，与英国相比似乎并不逊色。但是毕竟中国与西方的语境完全不同，当时的市民社会还没有成熟到足以与国家二元对立。因此，认真研究中国从传统社会到近代社会转型的曲折而又复杂的历史过程，我们不能不顾历史实际，以西方经验来套中国历史。何况以市民社会或者公民社会为论题，作为认识当代中国的分析框架，还难免生搬硬套西方话语的批评，而将现代市民社会概念置于前近代，则难免有削足适履之嫌。总之，照搬西方的历史经验是行不通的。

## 三　分与合：多元互动的视角

近年来，有学者对西方国家与社会互动理论进行了较全面的评述，认为："经历了社会中心论和国家中心论之后，国家与社会关系的研究在20世纪90年代进入了'国家与社会互动'的新时期。"指出自20世纪90年代以来，已有西方学者开始打破二元对立的视角，以米格代尔（Joel S. Migdal）、埃文斯（Peter B. Evans）、奥斯特罗姆（Elinor Ostrom）为代表，提出了"国家在社会中""国家与社会共治"等理论，"国家在社会中"规避了国家—社会零和博弈，指出了国家与社会互动的多元性；"国

---

① 黄宗智利用清代四川省巴县、台湾的淡水分府和新竹县以及顺天府宝坻县的诉讼档案等资料，对清代民事审判和民间调解进行研究，在批判哈贝马斯"公共领域"与"市民社会"二元对立概念的基础上，他提出了第三领域的概念：即介于民间秩序与官方制度之间，还存在着一个中间地带—"第三领域"。黄宗智撰，程农译：《中国的"公共领域"与"市民社会"？——国家与社会间的第三领域》，载邓正来、J. C. 亚历山大编《国家与市民社会——一种社会理论的研究路径》，中央编译出版社1998年版，第420—443页。

家与社会共治"则提出了国家与社会的良性互动①。这两种理论
的提出，都揭示了对国家与社会复杂互动的关系，指出国家与社
会存在合作与互补的关系和更重要的二者互相形塑的关系，这同
时也意味着对国家与社会二分法的批评。国家与社会关系的多元
互动研究视角，对加深关于现代国家与社会的理解具有重要的意
义。值得注意的是，20 世纪 90 年代末以后，中国大部分学者也
逐渐接受了国家与社会良性互动的观点，用于当代国家与社会关
系的研究中。现有研究主要着重于借用西方现有理论对当代中国
语境下发生的问题进行解释。虽然这些理论是现代西方经验的文
本，但是对明代国家与社会的研究，应该说也有借鉴意义，为研
究提供了更广阔的空间。

　　在中国改革的进程之中，及至今日，明史研究，特别是明代
社会史研究已经是硕果累累，借鉴西方的研究成果，明史学界对
包括明代国家与社会的几乎方方面面，都进行了有益的探讨，多
有创见，成绩卓著。然而综观明代国家与社会的学术发展历程，
目前的研究成果仍有若干不足之处，主要是三种倾向：一是讨论
的问题仍过于集中在传统政治史的范畴，只关注明朝国家或者皇
帝的、制度的层面；二是讨论侧重社会发展的历史，主要关注社
会变革与社会转型，重点在区域社会；这两种倾向与上述中国传
统一元论和西方二元论的两种学术取向似乎仍有着直接或间接的
联系，对于国家与社会互动的关系和历史发展的整体性与连续
性，均有不同程度的忽视；三是研究重心放在明代中国内部，而
忽略了处于全球化开端时期的中国与外部世界的连动关系，也即
明代国家与国际社会的互动关系。

　　中国社会科学院历史所明史研究室是中华人民共和国培育起
来的海内外设置最早的明史研究专业机构。1989 年明史学会依

---

① 李姿姿：《国家与社会互动理论研究述评》，《学术界》2008 年第 1 期。

托明史室建立，主任王毓铨任第一任明史学会会长。2002 年明史室再度独立成室以后，由笔者主持，以全室同仁为主完成了国家社会科学基金项目"晚明社会变迁"，成果《晚明社会变迁：问题与研究》于 2005 年出版，获院优秀成果奖。2009 年我们进入中国社会科学院重点学科，每年撰写学科前沿发展报告。根据国家学科分类，明史是一个二级学科。作为传统学科，发展的挑战与机遇共存，需要不断创新，也需要有不断的交流共进，更有对于前辈研究专家的薪火相传问题。

为了推动明史研究的深入，我们明史研究室从 2010 年举办第一届开始，历经 3 年，三次与明史研究同仁共同举办明史专题学术研讨会，第一次是 2010 年在厦门大学召开的"明史在中国史上的地位"学术研讨会，与陈支平教授主持的厦门大学国学研究院合办；第二次是 2011 年在东北师大召开的"世界大变迁视角下的明代中国"学术研讨会，与赵轶峰教授主持的东北师大亚洲文明研究院等合办。两次研讨会的成果已经正式出版。

"明代国家与社会"课题的提出，应该说是已完成的国家社会科学基金项目"晚明社会变迁研究"的学术理路的延伸。20 世纪末至 21 世纪初，笔者主持进行的这项课题，主要是考察社会变迁，即着眼于"变"。我们采取了整体世界——多元社会的研究取向，把晚明社会看成是一个整体，并置于世界大变革之中考察，注重各个发展变素之间的交叉与互动，提出了晚明是中国从传统社会向近代社会转型的开端和全球化开端的观点。实际上，在研究不断深入以后，笔者也就越来越认识到，如果我们只研究"变"，则会忽略"不变"的一面，就是说如果只是看到"变"，而看不到有"不变"的一面，也就是连续的一面，那么我们的研究就会走偏，就会只是看到历史的断裂，而看不到历史的连续性。因此，这成为我坚持不再接续做晚明社会变迁课题，而是提出做"明代国家与社会"课题的最重要的原因。根据这一学术理路，笔者认为接下去应该走向关注整体的明代史，进行整合性研究，即将明代中国国家与社会作为一个整体来进行统合研究，也就是既要看到明代社会发展变动不居的一面，也看到历史发展连续性的一面，乃至多元混杂互动的国家与社会的历史整体面貌。

回顾个人的学术研究轨迹，大致也经历了一个从国家到社会乃至国家与社会互动的研究过程。明代中外关系与白银货币化是我多年来研究的两个专题，这两个专题和国家与社会的专题，看似各自独立、缺乏关联，其实有着很强的关联性。考察国家与社会的互动关系、中国与世界的连动关系，明代白银货币化是一个典型事例。最初，笔者是从中外关系，从海外政策的角度开始探索的，并将拙著定名为《中国融入世界的步履：明与清前期海外政策比较研究》。随着研究的深入，在这一研究接近尾声时，笔者越来越强烈地认识到一个带有根本性的问题，那就是政策是浮在表层的，在政策演变的背后，影响政治的更为重要的因素不是政策变化本身，而是整个社会的变动，或者说是时代的演变。仅在政治史的范畴里，具体说来停留在政策层面，难以厘清社会发生的巨大变动，因此研究应该深入，进入极为复杂多变的社会内部去寻求。因此接续下来的探索，是对明代白银货币化的追寻。关注晚明社会实态，我注意到，一方面明朝大规模行用白银是一个重要的社会现象；另一方面翻开明代史籍，有关典章制度的记载中，唯见"钞法"和"钱法"，并不见白银，说明了白银不是明朝的法定货币，也就没有制度可言。由此可见，白银在明朝的货币化，是历史上一个不同寻常的现象。考察证明，明代白银由非法到合法，更成为社会流通领域中的主币，经历了由民间社会自发崛起、自下而上发展，再到国家自上而下全面铺开的过程，并非如《明史·食货志》高度概括的是国家法令推行的结果。因此笔者提出，就国家与社会的关系而言，由于白银成为社会流通领域中的主币，货币经济极大地扩展，由此国家丧失了对货币的绝对控制和垄断权，中央集权专制国家权力也由此严重被削弱，不仅出现了对君主权威的质疑，礼制的僭越也随处可见，而且政府职能部分转移至民间社会，地方权力结构也发生了变化，富民阶层兴起，社会权威已然出现。伴随白银货币对整个社会的渗透，市场这只看不见的手迅速扩张，商业性行为成为几乎社会各阶层的共同取向，表明人们的价值观念发生了巨大变化：更促使市场跨越了国界，国内巨大的白银需求，把中国与一个当时正在形成的世界市场连接了起来，拉动了外银的大规模流入。国家—市场—社会的互动关系、中国与世界的连动关系，在白银货币化过程中凸显了出来。

从明代中国发展的总进程来看，明朝初年，一个在中国南部先进农业经济基础上的大一统帝国建立起来，以农立国，家国一体，建立了经济、政治、文化等一系列制度，形成国家与社会的一体化建构，有效地统治了整个帝国。根据笔者从国计、民生两条线索的考察，这种状态由于白银货币化——市场经济的迅速发展而面临解体。包括农民的非农化、农业的商品化、农村的城镇化。在举国的白银追求中，国家与社会开始分离，国家权力由明初对全社会的广泛覆盖，发展到晚明，社会开始摆脱国家的全面干预。国家与社会的互动关系在明代是极其明显的历史事实。

研究传统国家的赋役—财政改革史，是我们认识国家与社会关系的重要途径。以明代作为个案分析的对象，具有典型意义。现藏于日本尊经阁的海内孤本《钦依两浙均平录》，是明代嘉靖末年均平法推行于浙江全省的法令文书，也是目前已知明代江南赋役改革最完整的原始档案文书。笔者据此，以国家与社会互动为视角，展开对明代均平法改革内容与主旨的探讨。最后结论是改革是以国家法令形式进行的制度变迁，具有社会基础，以士大夫为中介，带有社会转型的特征，表明明代是现代货币财政的开端，也是现代货币财政管理的开端。

还有一点需要提及，即迄今史界所津津乐道的是社会变革与转型，但是，以往我们几乎没有考虑过在社会转型的时候，国家有没有转型的征兆？随着白银货币化研究学术理路的延伸，笔者在对中国古代唯一保存至今的国家财政总账册——《万历会计录》进行整理与研究的过程中，提出的正是明代是古代赋役国家向近代赋税国家转型开端的观点。认为发展到明代，国家的转型与社会的转型同步，具有划时代的意义。

# 四 结语

国家与社会，是一个历久弥新的跨学科的课题。它既是一个政治史的核心问题，也是一个社会史的核心问题，无论是从国家的角度，还是从社会的角度，我们的研究实际上都会遇到你中有我、我中有你的不可回避的互动关系问题。也就是说，对于国家或社会做单向度的强调，只有从上向下的视角或者只有从下向上的视角，都是不合适的。对于明代国家与社会进行整合性的思考与研究，需要真正认识既有"非此即彼"的一面，又有"亦此亦彼"的一面的辩证性，以避免片面强调一个方面的极端性。我们不仅需要突破中国传统国家与社会高度一元化的传统模式，也要突破现代西方国家与社会二元对立的西方模式，这表明我们既要避免国家至上的以国家为中心的倾向，也要避免社会至上的以社会为中心的倾向。笔者认为，明代国家与社会研究在理论上需要关注下述三个关系：第一，国家与社会的互动关系，特别是国家与社会的转型关系；第二，国家与社会具体问题与重要理论问题的关系；第三，明代中国与世界，也就是全球化开端之时明代中国与国际社会的关系。

当前，我们面临明史研究如何创新的问题。国家与社会是明史的核心问题，也是明史研究的基本问题和元问题，更是一个跨学科的综合性大课题。面对机遇与挑战，我们需要进行实证和理论结合的切实研究，走出一条不同于西方的基于本土历史经验的学术路子来。这是学科发展的必由之路。对此，笔者愿与明史学界同仁共勉。

（原载《天津社会科学》2012 年第 6 期）

制度·文化

# 明代两京制度的形成及其确立

在中国古代王朝建都史上，两京制和多京制是一个突出的特点。明太祖朱元璋于洪武元年（1368 年）八月诏建两京，"以金陵为南京，大梁为北京"①，开创了明代两京制。明成祖时，又一次"仿古制，徇舆情，立两京"②，北京（今北京）成为国家首都，南京为陪都。此后，虽有曲折反复，但两京制与明代历史相终始，它承古代两京制而启清代两京制，在古代建都史上占有重要地位。同时，它也涉及明代同家政权的统治形式和管理制度，以此为观察点，考察明代统治者怎样对全国实行有效统治、明朝各项制度的建立及其演变，有助于深入对明代政治制度史及整个明朝历史的探索和研究。本文试图就明代两京制度的形成及其确立提出自己不成熟的看法，以见教于方家。

明代两京制度自形成至确立，经历半个多世纪，其间几经反复，在历史上呈现出错综复杂的情况。在明代，两京先后有着不同的地理概念。洪武初建两京，所立是应天（今江苏南京）和大梁（今河南开封）。而他实际营建的两京，却是应天和中都（今安徽凤阳）。永乐以后，两京所指则是今天仍在沿用的北京和南京。

----

① 《明太祖实录》卷三四，洪武元年八月己巳朔。
② 《明太宗实录》卷二三一，永乐十八年十一月戊辰。

从地理概念的变化，也反映出明代两京制度的形成及确立经历了曲折迂回的过程。下面分为初创期、变化期和确立期加以论述。

# 一　两京制度的初创时期

这一时期包括洪武、建文两朝历史，其中以洪武朝为主。

1. 两京之设

朱元璋从濠州（今安徽凤阳）起兵，略地至妙山，得到冯国用、国胜兄弟归附。国用实为劝朱元璋夺金陵而都之的第一人①。言曰："金陵龙蟠虎踞，帝王之都，先拔之以为根本。然后四出征伐，倡仁义，收人心，勿贪子女玉帛，天下不足定也"②。此后，又有儒士陶安言及此，史称"其言合上意"③。元至正十六年（1356年），朱元璋渡江进据了古都金陵，改元集庆路为应天府，以此为根据地，设官建政，四出征战，疆土日增。元至正十八年（1358年），海宁布衣叶兑上书言天下大计："今之规模，宜北绝李察罕，南并张九四，抚温、台，取闽越，定都建康，拓地江、广。进则越两淮以北征，退则画长江以自守。夫金陵龙蟠虎踞，帝王之都。藉其兵力资财，以攻则克，以守则固"④。朱元璋显然采纳了这一适应时势的意见。但直到元至正二十六年（1366年）八月，在劲敌陈友谅亡命鄱阳湖，张士诚被围平江、命在旦夕的时候，他才顾得上把都城建设排上日程，开始"拓建康城"。"作新宫于钟山之阳，在旧城东白下门之外二里许，故增筑新城，东

---

① 郎瑛：《七修类稿》卷一〇《国事类·本朝定都》载："太祖建都南京，和尚金碧峰启之。见《客座新闻》"。查沈周《客座新闻》，无此记载。又万历《江宁县志·金碧峰传》也未载。

② 《明史》卷一二九，《冯胜传》附国用，卷一三五，《叶兑传》。

③ 《明太祖实录》卷三，己未六月丁巳。

④ 《明史》卷一二九，《冯胜传》附国用；卷一三五，《叶兑传》。

北尽钟山之趾，延亘周回凡五十余里。规制雄壮，尽据山川之胜焉"①。次年九月，新城新宫皆成，应天焕然一新。十月，朱元璋派遣大将徐达出师北伐，决心统一南北。

公元 1368 年正月，朱元璋在应天称帝，建立明王朝，改元洪武。建国第一步要正式定都，这关系到立国规划。然而明太祖对此尚举棋未定。三月，北伐大军下汴梁（今河南开封）捷闻，四月，太祖亲往视察。后来曾回忆："当大军初渡大江之时，臣每听儒言，皆曰有天下者，非都中原，不能控制奸顽。既听斯言，怀之不忘。忽尔上帝后土授命于臣，自洪武初平定中原。急至汴梁，意在建都，以安天下"。② 刘辰《国初事迹》则以太祖"尝以六朝折数不久，深意迁都"来解释此行目的。巡视结果，印象却是"四面受敌之地"。朱元璋考虑到金陵虽为根据地，有着雄厚基础，却是六朝故都，偏于东南，不能完全符合统治需要；当时战争倥偬，北部中国正待底定，汴梁位置居中，转输便利，又可以宋朝故都之意鼓动反元民族意识，适应统一南北的政治需要，顺利推进北伐。因此，于洪武元年（1368 年）八月正式下诏，仿成周两京之制，"其以金陵为南京，大梁为北京。朕于春秋往来巡守"。这便是明代两京创设的缘起。

2. 南、北、中三都

明军攻下元大都同月，朱元璋再次巡视汴梁，对中原的凋敝有了深刻印象，故没有营建北京宫阙城池之命。但对定都问题他始终萦绕于怀，终于在洪武二年（1369 年）九月又一次提了出来："上召老臣问以建都之地，或言关中险固，金陵天府之国。或言洛阳天下之中，四方朝贡道里适均。汴梁亦宋之旧京。又言北

---

① 《明太祖实录》卷二一，丙午八月庚戌朔。
② 《明太祖文集》卷一七《中都告祭天地祝文》；又见《凤阳新书》卷四。

平元之宫室完备,就之可省民力"①。朱元璋认为,长安、洛阳、汴梁均为古都,但是建国之初,民力尚未苏息,供给力役都要倚靠江南;北平的宫室变更,也同样存在这样的问题;还是南京"足以立国"。此外,在这次集议中,朱元璋以"临濠则前江后淮,以险可恃,以水可漕"为由,奠定了其家乡临濠(今安徽凤阳)的中都地位。于是,明代出现了两京(南、北京)、一都(中都),即南、北、中三都制。

然而,明代三都的地位并不相同,这从都城宫阙城池的兴建可以得知。北京从立都后一仍旧状,而中都却自诏立之日起即命建置城池宫阙,如京师之制。至洪武四年(1371年),中都工程开始由淮西功臣集团的代表人物李善长亲自董建,正月,建郊庙,五月,建太社坛,"聚五方土以筑"。五年(1372年)正月"定中都城基址,周围四十五里,街二:南曰顺城,北曰子民,坊十六"②。七月,建独山观象台。九月,建城隍庙。十一月,建中都公侯第宅。六年(1373年)三月,甃中都皇城,造京军营房。六月"中都皇城成,高三丈九尺五寸,女墙高五尺九寸五分,共高四丈五尺四寸五分……御道踏级文用九龙四凤云朵,丹陛前御道文用龙凤海与海水云朵。城河坝砖脚五丈,以生铁熔灌之"③。由此可见,中都城规模宏大,建筑考究,工程浩繁非同一般。今安徽凤阳所见当年中都遗址城砖,一般有四十公分长,二十公分宽,十一公分厚,重五十斤,最大的达七十斤,使人清晰地感到,朱元璋确曾打算在那里建立一个万年基业的都城。

几乎同时,帝下诏修筑京师城垣,"城周一万七百三十四丈二尺……为里五十有九。内城周二千五百七十一丈九尺……为里十

---

① 黄光昇:《昭代典则》卷六。

② 《明太祖实录》卷七一,洪武五年正月甲戌。《明史》卷四〇《地理志》载洪武二年建中都城,三年十二月成,周五十里。今据《实录》。

③ 《明太祖实录》卷八三,洪武六年六月辛巳。

有四"①。南京与中都城垣的营建，足以说明朱元璋心目中三都的真实地位。

明太祖确曾有过定京师于中都的想法。制作中都城隍神主如京师之制时，礼部尚书陶凯因奏："他日合祭以何主居上？"帝答曰："以朕所都为上。若他日迁中都，则先中都之主"②。

洪武八年（1375 年）四月，正当中都城规模已具之时，太祖亲自巡幸了中都。停留数日，返回南京，当天即"诏罢中都役作"。《明太祖实录》对这一突发事件之原因，记载颇为简单："初，上欲如周汉之制，营建两京。至是，以劳费罢之"③。这里虽道出了太祖欲建两京于南京和凤阳，而非南京和北京的事实，但却将罢建中都仅归结为"劳费"，恐不完全，耗费巨大的中都工程已进行了六年之久，大功垂成之际，不惜前功尽弃，还应寻求更深层的原因。

首先，凤阳地处淮河中游南岸，本身不具备南京、北京（今北京）、开封、洛阳、西安、杭州等历代古都优越的地理及资源条件。当年朱元璋为强烈的家乡意识所惑而建都于彼，刘基曾劝之："凤阳虽帝乡，非建都也。王保保未可轻也。"④ 惜太祖其时未解话中深意。建都凤阳丝毫无法改变都城远距北部国防线的突出矛盾。

其次，中都工程促使统治阶级内部矛盾和阶级矛盾迅速激化。在明初皇权与淮西功臣集团矛盾日益加深的背景下，淮西功臣集团在中都极尽奢华，为所欲为，不仅违背了明太祖朴素节俭的建国思想，而且也使劳役过重，导致了罢建中都的导火线——工匠

---

① 《明太祖实录》，卷八二，拱武六年六月辛未朔。《明史》卷四〇《地理志》作"周九十六里"，《罪惟录》志卷二八《将作志》作"周四十里"。

② 《明太祖实录》卷七九，洪武六年二月丁丑，卷九九，洪武八年四月丁巳。

③ 同上。

④ 《明史》卷一二八《刘基传》；卷一三八《薛祥传》。

"压镇"事件的发生①。朱元璋巡幸时祭告天地的祭文中提到："于此建都，土木之功既兴，役重伤人。当该有司，叠生奸弊，愈觉尤甚。"②

最后，正是由于察觉到刘基未敢明言的凤阳非建都地的又一原因，即淮西功臣集团衣锦还乡将更助长其势力膨胀，不利于专制皇权加强和朱家王朝统治的巩固，朱元璋才不惜一切，突然罢建。这里，已为后来杀戮功臣伏下了刀光剑影。而"劳费"仅是罢建原因之一而已。

3. 定都南京，仍思北迁

中都停建后，明太祖陆续改建了南京大内宫殿及太庙、圜丘、社稷坛等，工程竣工于洪武十年（1377 年）十月。洪武十一年（1378 年）正月，帝下诏改南京为京师。踌躇了十年之久的首都，至此才确立。

然而，南京作为京师的地位并非稳固。太祖迁都之心仍时有萌发。早在洪武三年（1370 年），胡子祺请都关中之议并没有随岁月流逝而在朱元璋脑海中磨灭，接近晚年，反倒越加清晰了。故至洪武二十四年（1391 年）八月，有"帝意欲都陕西，先遣太子相宅"的太子巡抚陕西之命③。据史载，因帝"志欲定都洛阳"，同年皇太子还有巡视洛阳之行④。而秦王也因对将徙都关中有怨言而被召回京⑤。但无论是迁都西安还是洛阳，都因太子不久即病死而搁置下来。这年年底，明太祖亲作《祭光禄寺灶神文》，表达出无可奈何的心理状态："朕经营天下数十年，事事按古就

---

① 《明史》卷一二八《刘基传》；卷一三八《薛祥传》。

② 《明太祖文集》卷一七《中都告祭天地祝文》；又见《凤阳新书》卷四。

③ 《明外史·越文太子传》，转引自《古今图书集成·方舆汇编·坤舆典》——九《建都部记事》。

④ 姜清：《姜氏秘史》卷一。

⑤ 潘怪章：《国史考异》卷三。言引自朱国祯《大政记》，查之，无载。

绪。维宫城前昂后洼，形势不称。本欲迁都，今朕年老，精力已倦，又天下新定，不欲劳民。且兴废有数，只得听天。惟愿鉴朕此心，福其子孙。"① 终于完全放弃了迁都的雄心。

明朝为定都颇费斟酌，究其根本原因，实在于南北社会经济发展的不平衡。中国的社会经济发展不平衡由来已久。李剑农曾断言："宋以后之经济重心遂移于东南。"② 江苏的稻米亩产量，据估计在宋代是 326 斤，到元代为 347 斤③。明初，虽然全国普遍呈现凋敝景象，但南方经济在原有基础上恢复较快，加之朱元璋自建立根据地后便采取了一系列有利社会经济恢复发展的措施。以人口为例，洪武二年（1369 年）北平府统计全府仅 14974 户，48973 口，所报垦官民田也只有 780 多顷④，而江苏吴江一县在洪武四年（1371 年）人口已达 80382 户 361686 口，几乎与洪武八年（1375 年）北平府人户相等⑤。万斯同曾云："元季以江淮多事，东南资储不复达于燕蓟，日以瘠弱，以至于亡。"⑥ 说明北方经济无力支持庞大的中央机构早已是历史的现实。明初无法立即考虑大规模修河通漕，所以不能迁都北方，也不得不"定鼎江南，以资兵食"。明太祖定都于南京，是将政治中心与经济中心相结合，准备待经济恢复后再作打算。因此，明初定都是为经济条件所制约的。

可是，朱元璋一再徘徊，考虑迁都，总的说是出于巩固统治的需要。明初，"元亡而实未始亡耳"，北元仍有相当力量，这使北部边防具有特殊意义。"重兵之镇，惟在北边"⑦。而皇帝远在南

---

① 顾炎武：《天下郡国利病书》卷一三《江南》一；卷二〇《江南》八。
② 李剑农：《宋元明经济史稿》第一章《总叙》，页七。
③ Dwight Perkins, *Agricultural Development in China*：1368—1968, p. 315.
④ 缪荃孙辑：《永乐大典》辑本《顺天府志》卷八。
⑤ 嘉靖《吴江县志》卷九。北平府洪武八年户口数字见上。
⑥ 万斯同：《明史·地理志稿》，《天下志地·地理》一。
⑦ 余继登：《典故纪闻》卷三。

京，自然无法放心。建都和分封的密切联系早已为李日华一语道破："天子都金陵，去塞垣远且万里，近且数十里。虏出没塞下难制，于是酌周、汉，启诸王之封。"① 太祖先后分封二十五王于全国军事战略要地，拱卫着位于东南的帝国中心南京。诸王长成就国，北部塞王逐渐代替元勋重臣掌握边防指挥权后，不仅使明太祖得以毫无顾忌地翦除威胁皇权的功臣元勋殆尽，也使得年事已高的他在太子死后终于放心地放弃了迁都北方的打算。

此外，明初绵长的海岸线上"岛寇倭夷，在在出没"，太祖以数重臣出备，"谋之数年，不克底定"②。史家所谓有明一代南倭北虏之患，实已兆于明初。太祖定都南京，其地理位置可就近控制海防，也必然为考虑因素。

日本学者檀上宽认为，明初是南人政权，江南地主赞同定都南京，而朱元璋不甘于做南人政权之主，要为统一王朝之君，故有北都意③。细野浩二也有类似主张④。笔者认为朱元璋的思想出发点是从大一统帝国全局出发，考虑如何有效地统治全国。他的开国功臣以江、淮人为主，大多留恋故土是事实，这成为定都南京和营建中都的因素之一。但在明初，江、淮官将派往北方常年驻守的很多，而提出迁都北方主张的也并非清一色的北方人，如胡子祺就是江西吉水人。

综上所述，明初的都城正是在当时政治、经济、军事、地理等诸多因素纵横交织的"势"的影响下，终于稳定于南京，并持续了五十四年。

---

① 李日华：《官制备考》卷上《宗藩》。

② 顾炎武：《天下郡国利病书》卷一三《江南》一；卷二〇《江南》八。

③ 《明王朝成立期の軌迹》，见《东洋史研究》三七卷三号，一九七八年。

④ 参见《元明交替の論理構造——南京京師体制の創出その態様をぐつて》，载《（粟原朋信博士追悼記念）中國前近代史研究》，一九八〇年。

# 二　两京制度的变化时期

这一时期包括永乐、洪熙、宣德三朝。其中以永乐朝最为关键。

1. 永乐朝奠都北京

永乐元年（1403 年）正月，礼部尚书李至刚等上言，以北平布政司为帝"承运兴王之地"，请求"宜遵太祖高皇帝中都之制，立为京师"，得到允准，"其以北平为北京"①。从此，明史中第二个北京出现了，它也就是我们今天的北京。二月，永乐在北京设置了留守行后军都督府、北京行部、北京国子监。并改北平府为顺天府，北平行太仆寺为北京太仆寺。行都督府置左、右都督、都督同知、都督佥事。行部设尚书二员、侍郎四员，所属六曹②。使北京机构初具规模。

北京毕竟不同于中都，它有着特殊的地理位置。"幽燕自昔称雄，左环沧海，右拥太行，南襟河济，北抚居庸。苏秦所谓天府百二之国，杜牧所谓不得不可为王之地……内跨中原，外控朔漠，其天下都会"③。优越的地理形势，使它从春秋燕国都城、辽南京、金中都到元大都，逐渐成为全国的政治中心。"自古为中国患，莫甚于北虏"④。北方游牧民族始终是中原汉族政权的最大威胁，作为华北平原北方门户的北京，具有军事上重要战略地位。而在明代"元人北归，屡谋兴复"的特殊历史条件下，则更赋予了北京突出的军事中心位置。

翻检《实录》，永乐初北虏犯边之报纷至沓来，皇上谕边防范

---

① 《明太宗实录》卷一六，永乐元年正月辛卯；卷一七，永乐元年二月庚戌。
② 同上。
③ 孙承泽：《天府广记》卷一《形胜》。
④ 杨荣：《杨文敏公集》卷一一《赠游击将军杨宗道隆都指挥同知序》。

之令也屡见于篇。永乐二年（1404 年），中亚强盛的帖木儿帝国曾有调集军队，准备远征中国之举①，更使北部军事的严峻平添了几分。何况此时由于朱棣一即位就实行削藩策，将太祖时布置于北方的塞王大半内移，洪武苦心积虑筹划的塞王守边防御体系早已被打得粉碎。

然而，即使初立北京之时，永乐已有迁都之意，这一意念的实现还必须等待时机成熟，条件具备。为使经数年战火的北方经济得到恢复发展，朱棣采取了大量徙民充实北京、调发军民屯种、大力恢复农业生产的一系列措施，并屡次蠲免北京税粮，以延息民力。

永乐四年（1406 年）闰七月，淇国公丘福等请建北京宫殿，以备巡幸，由此拉开了兴建北京宫殿的序幕。帝特遣以工部尚书宋礼为首的一批官员赴各地督军民采木、造砖瓦，又命工部征天下诸色工匠民夫第二年五月赴北京听役。这可以视为成祖永乐决意迁都的前奏。两年多以后，永乐七年（1409 年）春，帝首次亲巡北京。为了这次北巡，他特命礼部铸就加有"行在"二字的五府、六部、都察院、大理寺、锦衣卫等印十四颗。到北京后，五月，帝亲临定议，封昌平县黄土山为天寿山，以为死于永乐五年（1407 年）的皇后徐氏山陵②。此后，帝命军往征鞑靼不利，致使"鞑靼军去京不远，皇都危窘"③。迫使永乐以首次亲征载入史册结束了北巡。

永乐北巡期间，南京由皇太子监国。而事实上，永乐把整个中央官僚机构要员的一半以上带到北京，并构成一套新的中央机构，行使中央的职权。所以说实际政本这时已经北移是不过分的。

---

① 参见布哇《帖木儿帝国》第八章，冯承钧译；［苏］维·维·巴尔托里德《中亚简史》第六章，耿世民译。

② 郑晓：《今言》卷三。

③ 《朝鲜李朝实录中的中国史料》上编卷三《太宗恭定大王实录》二。

"凡有重事并四夷来朝，俱达行在所"，"其余事务奏启，俱达京师启闻施行"①。但为巡狩性质所决定，当时北京官员设置的临时性很强，如夏原吉就曾一度"一佩九印"，是突出的一例②。

首次北巡回南后，为了加快迁都的步伐，朱棣命工部尚书宋礼开通了会通河，后来，又开凿了清江浦，使南北漕运能够畅通，连接南方经济中心与北方政治、军事中心有了保障。他还将顺天府升为正三品，官制同应天府，在名义和实际上更缩小了两京差别。

在永乐二次亲巡北京期间，永乐十三年（1415 年）二月"行在礼部会试天下举人"一事，反映出冠以"行在"二字的部分北京中央机构开始不仅在实际上，而且在名义上和形式上都完全可以行使中央职能，可以视作北京成为真正意义京师的标志。它表明正式迁都已为时不远。会试第五名王翱是徽辅盐山人，被召见赐酒食。《明史》直书："帝时欲定都北京，思得北士用之。"③ 这年年底，一改以前由南京钦天监进年历的传统惯例，由行在钦天监进呈次年大统历。此后不久，永乐又作出改赵王高健封国于彰德的决定，结束了其居守北京十四年的历史。随之，下令"作西宫"，以为"视朝之所"，预示了北京宫殿群大规模营建在即。

二次北巡回到南京，帝诏令群臣议营建北京之事，在迁都物质准备已具的情况下，经此集议，从永乐四年（1406 年）开始，长达十年的营建准备阶段便告结束，转入大规模兴建阶段，性质也由供巡幸一变而为建立"帝王万世之都"。

永乐十五年（1417 年）春，永乐决定第三次北巡。这次的留守事宜不同以往，规定太子视事时"其左右侍卫及在京各衙门官

---

① 《明太宗实录》卷八二，永乐六年己卯。
② 王世贞：《弇山堂别集》卷七《皇明异典述》。
③ 《明史》卷一七七《王翱传》。

员人等启事皆如常仪，其在外文武衙门合奏事，具奏待报而行"；又规定"内外文武大小官员俱从行在吏部、兵部奏请铨选"①。将太子管辖的政务范围缩小为南京日常事务；命行在吏、兵部全权行使正式中央机构职能，而南京吏、兵部虽名义尚为中央机构，实际权力却丧失殆尽。这反映出北京即将上升为京师、南京行将下降为陪都过程中微妙的权力转移。

北京西宫竣工后，更大规模营建工程破土动工。"凡庙社、郊祀、坛场、宫殿、门阙，规制悉如南京"②。改造皇城"于东去旧宫一里许，悉如金陵之制，而宏敞过之"③。永乐十八年（1420年）九月，工程将完，帝诏太子至北京，命皇太孙留守南京。自此，"六部政悉移而北"④。帝下令自明年正月初一始正北京为京师，不称行在；南京衙门皆加"南京"二字。并于十一月以迁都北京诏告天下。诏书明言立两京是"上以绍皇考高皇帝之先志，下以贻子孙万代之弘规"⑤。年底，北京宫殿、郊庙、社坛均告完成。为使北京适应成为首都这一历史性变化，永乐对官僚机构作了必要调整，革去了北京行部及所属六曹清吏司等机构，改北京行太仆寺为太仆寺，北京国子监为国子监。同时公布一系列新的任命。这一年，永乐还"始设东厂，命中官刺事"，旨在加强对全国政治中心北京的统治。

永乐十九年（1421年）正月初一，北京正式成为明代首都。然而，新宫建成方百日，奉天、华盖、谨身三殿即因灾而毁。帝急下诏求直言，群臣竟"皆云迁都不便"⑥。侍讲邹缉上疏，历数

---

① 《明太宗实录》卷一八六，永乐十五年三月丁亥朔。
② 徐学聚：《国朝典汇》卷一八七《工部》二《都邑城池》。
③ 孙承泽：《春明梦余录》卷六《宫阙》。
④ 王圻：《续文献通考》卷八七《职官考》四。
⑤ 《明太宗实录》卷二三一，永乐十八年十一月戊辰。
⑥ 谈迁：《国榷》卷一七。

营建给人民带来深重灾难，提出"当还都南京"①。主事萧仪"言尤峻"，被杀。史载其时帝曰："朕与大臣密计数月而行"②。其"密计"如何，今不见留于史册，但可知成祖迁都是经过深谋远虑的。

迁都北京和保留南京的原因是不可分割的。明人曾言："是则都燕之志，太祖实启之，太宗克成之。"③ 迁都与两京并建绝非永乐个人意志所决定，而是历史发展的必然性和偶然性的统一，是封建帝王在经济条件制约下作出的选择。首先，成祖迁都北京，将政治中心与军事中心合二为一，但他无法改变南方经济发展超过北方的历史现实，所以丘浚所说："文皇帝迁都金台，天下万世之大势也。盖天下财赋出于东南，而金陵为其会，戎马盛于西北，而金台为其枢。并建两京，所以宅中图治，足食足兵，据形势之要，而为四方之极者也。用东南之财赋，统西北之戎马，无敌于天下矣。"④ 正是精辟地道出了两京并建的真实用意是把政治、军事与经济中心有机地结合，以加强皇权，对全国实行有效统治。其次，南京不仅在经济上举足轻重，在军事上也由于可因地利而固海防、控南疆，而具有不可低估的意义。事实证明，南京在明代东南战事中确实起了重要作用。再次，南京作为太祖定鼎之地，孝陵所在，成祖迁都后不便降低其地位，故仍设立五府、六部等一整套中央机构，以示尊崇之外，也是加强控制南方经济中心的一种部署。还要提到的是，明代建都于北，设陪都于南，符合历代和中外建都的规律⑤。然而，历史在继续，明代两京制度并未就

---

① 《明经世文编》卷二一邹缉《奉天殿灾疏》。
② 涂山：《新刻明政统宗》卷八。《今言》卷二载于永乐二十二年。
③ 王琦：《寓圃杂记》卷一《建都》。
④ 丘浚：《大学衍义补》卷八五《都邑之建》上。
⑤ 参见顾炎武《历代宅京记》徐元文序；汤因比《历史研究》第六部《统一国家》。

此确立。

2. 洪熙朝欲还南京

成祖于永乐二十二年（1424 年）七月死于第五次亲征途中。尚未下葬，户部尚书夏原吉已"首言当今江南民力困于漕运，请还南京，以省供亿"①。十天后，仁宗即位。平江伯陈瑄上言："今明诏下颁，军民欢欣鼓舞，咸起回銮之望。乞留圣意，任将益兵，以严守备，为国家万年之计。"② 监察御史金库疏曰："他日回变，亦可以省东南转输劳费。"③ 不久，户部上奏江南岁运不足以供京师岁用粮一事，更加触动仁宗心弦。随之，礼部左侍郎胡淡明确提出了迁都回南京，在北京设置留守以备巡幸的主张④。曾于南京度过十几年东宫生活的仁宗，他迁都回南的决定在臣僚的一次次疏请中趋于成熟。只因初即位，政务繁多，尚不能立即实行而已。

为了加强南京的管理，帝先命驸马都尉沐昕掌南京后军都督府事，又命太监王贵通率下番官军赴之镇守。后更命太监郑和领下番官军守备南京。仍不放心，感到"非皇子不可"⑤，于是派皇太子往祭诸陵，留南京监国。洪熙元年（1425 年）三月，仁宗宣布：北京的中央机构加"行在"二字。同时，复建北京行部及后军都督府。这一重大决定标志着明代两京地位再次发生了变化。接着，帝明令南京太监王景弘修茸南京宫殿，谕以来春还京⑥。

眼看明代两京地位就要发生根本的升降，不料事与愿违，一个多月后，仁宗突然身亡。遗诏提到："南北供亿之劳，军民俱

---

① 冯应京：《皇明经世实用编》乾集卷二《亲贤》。

② 《明仁宗实录》卷二下，永乐二十二年九月辛卯、庚子；卷三下，永乐二十二年十月壬戌。

③ 同上。

④ 同上。

⑤ 张铨：《国史纪闻》卷六。

⑥ 《明仁宗实录》卷九上，洪熙元年四月甲辰；卷一〇，洪熙元年五月辛巳。

困。四方向仰咸南京，斯亦吾之素心。"① 仁宗自储以时起，就曾"赈颍川之饥而先发后闻，恤邹县之荒而赐钞辍食"②，格外留意民生，南返位苏民困成为其"素心"可以理解。也就是说，迁都回南重大决定的作出，最根本的原因是出自经济的考虑。

3. 宣德朝稳定北京

明宣宗是在"高煦欲举犯阙"③ 时即位的。在他平息高煦之叛的同时，南京宫殿遵仁宗之命仍在修缮之中。到宣德元年（1426年）十一月，据奏工程将告结束。可见宣宗即位之初未改仁宗初衷。然而宣宗即位仅一月，已有阳武侯薛禄上书请移开平卫于独石之议。明代北部前沿据点已显露即将沦失殆尽的趋势。其时虏报频至，为统治的需要，宣宗无疑也必须留在北京，不能匆促南返。对当时"海道倭寇出没不时"的南方，帝派郑王瞻埈去南京谒陵，将随侍而去的兵部尚书李庆留治南京。此后，虽有湖广岳州府华容县儒士尹崧上言请帝回銮南京，帝命行在礼部议行一事，但实际上宣宗在位日久，回南之心渐无。宣德二年（1427 年），宣宗诏谕南京法司不得理在外诉讼，"凡有告讦者，俱送北京。惟京城军民词讼许其鞫问"④。使南京法司完全失去了作为中央机构的实际意义。后来，帝以行在户部尚书黄福改南京户部尚书，虽曰："欲得一老成忠直之人，处之南京根本之地"⑤，然实为"念公春秋高"⑥，则是命官南京成为给以闲职的开始。宣德三年（1428 年）八月，宣宗下令革去北京行后军都督府及行部。宣德五年（1430 年）二月，帝首建行在礼部官衙于北京大明门之东。

① 《明仁宗实录》卷九上，洪熙元年四月甲辰；卷一〇，洪熙元年五月辛巳。
② 《明史纪事本末》卷二六《太子监国》。
③ 《明仁庙圣政记》卷下。
④ 《明宣宗实录》卷三三，宣德二年十一月庚子；卷二四，宣德二年正月辛卯。
⑤ 杨士奇：《三朝圣谕录》卷下。
⑥ 黄福：《黄忠宣公集·别集》卷二，杨士奇撰《神道碑铭》。

后更命南京司礼监悉送所贮五经四书及性理大全等书赴北京。宣宗无意南返，准备定都北京的迹象益彰。

阻止回南计划实施的，是安定北部边防以巩固统治的需要。宣德五年（1430 年）六月，"开平徙于独石"①，以致边防内缩，更加重了北京三面临敌的重要军事地位和意义。宣宗为皇太孙时，就常随成祖北巡，深感天子肩负守边重任。在位期间也曾三次亲自巡边。然而，除第一次与兀良哈遭遇外，其他仅具象征意义。对待鞑靼和瓦剌，更是"朕知饬备耳"②。宣宗意识到国都北迁乃势之所趋，而不再重提迁都，与其一贯的治平思想适相一致。然而，宣宗在位十年，并没有明令定都北京。史载阙如，恐有难言之隐。宣宗曾言："其大经大法，皆祖宗建置，罔敢逾越。"③ 明令定都北京，将公布不遵仁宗遗意，这在即位初迁都议论纷纷之时，自然不可行；征平叛藩稳固政权后，要使臣下清楚不便明言的意旨，还需要有一个过程。宣宗苦心卓见成效，翻开史册，迁都之议渐消。表面上看，他是在因循守旧，南京是京师，北京称行在。然而南京徒有虚名，北京却拥有京师的真实地位。就这个意义来讲，宣宗无疑又一次奠立了北京作为首都的基石。北京行将成为名副其实的首都，而南京作为陪都的命运也已注定。

# 三　两京制度的确立时期

明代两京制度历六帝、七十五年，终于在正统时得到了确立。英宗初年，朝政实由"三杨"主持。帝甫即位，杨士奇所上合行事宜，已将朝廷当务之急和盘托出。首言整饬军备，严防贼寇；

---

① 《明宣宗实录》卷六九，宣德五年六月癸酉。《明史》卷九一《兵志》三载于永乐年间，误。

② 《明经世文编》卷一六《杨文贞公集》之二《西巡扈从诗序》。

③ 《明宣宗实录》卷三三，宣德二年十一月庚子；卷二四，宣德二年正月辛卯。

次曰谨慎南京关防，荐南京户部尚书黄福参赞南京机务；再曰恐江西、湖广、河南、山东岁荒民饥生乱，请分遣大臣镇守；又曰为防强盛的瓦剌寇边，宜将贡马给边军操练。帝令"悉行之"①。这里面反映出社会矛盾的加深和北部边患的加重，已如阴云般笼罩着英宗朝。

英宗即位不久，就修葺了长陵和献陵，"始置石人石马等于御道东西"。正统元年（1436 年）十月，帝正式命太监阮安、都督同知沈清、工部尚书吴中率军夫数万，修建北京九门城楼。史载："初，京城因元旧。永乐中虽略加改葺，然月城楼铺之制多未备，至是始命修之。"② 正统三年（1438 年）正月，英宗又调五军、神机等营军士十一万四千人修葺北京朝阳等门城楼。到正统四年（1439 年）四月，工程全部竣工，"焕然金汤巩固，足以耸万国之瞻矣"③。

正统五年（1440 年）春，奉天、华盖、谨身三殿，乾清、坤宁二宫修建工程隆重兴工。正统六年（1441 年）九月，宁波知府郑格上言请正名京师。不久，三殿、二宫成。十一月初一日，帝颁诏大赦天下，命改给两京文武衙门印。北京诸衙又去"行在"二字，南京诸衙再增"南京"二字，重新明确了北京为首都，南京为陪都。由此，两京并称，与明代相始终。

英宗时，明朝统治者已面临新的严重挑战。洪、永时"垦荒田永不起科及洿下斥卤无粮者"，宣德时都已核入赋额，并"数溢其旧"。皇帝占有皇庄，而"乞请渐广"，土地兼并加剧。军屯、民屯、商屯制度的崩坏，又使得安土重迁的农民失去土地，不堪重赋，汇入流民的行列。正统二年（1437 年）麓川之役"转铜半

---

① 《明英宗实录》卷一，宣德十年正月庚子；卷二三，正统元年十月辛卯。

② 同上。

③ 《明英宗实录》卷五五，正统四年四月丙午；卷四六，正统三年九月丙戌。

天下"，更给人民带来了巨大灾难。正统三年（1438年），据统计军士逃亡已达120万有奇，占全国军伍总数将近一半[1]。西南战事未了，正统四年（1439年），也先又乘机扩张势力，成为明廷巨患。与此同时，宦官王振气焰日益嚣张，遂开明代宦官专权的恶劣先例。而承平日久，明朝边军"习于宴安，多不谙练武事"，边防能力大大削弱。宣宗朝边防线的内撤，使得正统初已出现蒙古骑兵动辄逼近徽内大掠而去的状况，此有英国公张辅奏言为证[2]。于是，"其榨制此虏，京师最急"[3]。凡此种种，更为突出了北京作为政治、军事中心首都的重要意义，也都标志着明朝相对稳定的守成局面开始被打破。此时的明朝统治者实际已无力重新改变首都的既成事实，改变政治、军事与经济的布局。为了巩固统治，所能做的只有为这一既成事实正名而已。然而，再次定都北京，两京并立，作出这一具有重大历史意义的决定，应该说是英宗君臣审时度势的结果。

# 四　结束语

明朝两京制度是明朝为对全国实行有效统治而建立的政治制度。它在明朝统治者建立起的一套完整的政治、经济、军事制度中，占有重要地位。

美国法默尔教授（Edward L. Farmer）认为：两京制度广义上是指洪武、永乐在明初不同时期创建的两对政治中心——南京和开封，凤阳和北京。狭义上仅指南京和北京，特别是在永乐迁都前后的南京和北京[4]。笔者则认为，广义上的两京制度应包括自洪

---

[1]　《明英宗实录》卷五五，正统四年四月丙午；卷四六，正统三年九月丙戌。

[2]　参看《明英宗实录》卷七，宣德十年七月丁酉。

[3]　陈仁锡：《皇明世法录》卷七四《边防》。

[4]　Edward L. Farmer, *Early Ming Goverment*, *The Evolution of Dual Capitals*, p. 134.

武开国至正统初年对首都的选择与确立，并使之制度化的过程；也应包括与明代相始终的这一制度在明一代发展、演变的全部过程。狭义上包括南京和北京（应天府和顺天府，以至南、北直隶）政治、经济、军事各方面的安排设置，南京和北京的都城职能及其制度化的过程。

历史的发展，制度的产生，有着深刻的内在原因和丰富的社会内涵。明代两京制度的形成和确立，是明代早期历史发展趋势的必然结果。它的形成虽掺杂有帝王个性因素，但绝非封建帝王个人意志的表现，而与历史时期的具体社会现实息息相关。

从政治制度史的角度考察，两京制度是在集权于皇帝这一思想指导下建立起来的，是适应封建社会后期专制主义中央集权政体发展总趋势而出现的。围绕加强皇权，明代皇帝采取的重要步骤是建立两京制度，使政治、军事与经济中心有机结合，确保对全国的有效统治。

明代两京制既具有历史继承性，又显示出自身的特殊性。国都在北，陪都于南，符合历代建都规律。而除了特有的相距千里之遥以外，"商迁五都，不别置员。周营雒邑，惟命保厘。汉、唐旧邦，止设京尹。宋于西京，仅命留守"①，唯有明代，在两京各设一套中央机构，由此派生出一套相当完整的两京制度，形成历代两京制最为典型的一例。关于两套中央机构在国家机器运转过程中的相互关系及其作用和影响，有必要进一步深入探讨。

（原载《中国史研究》1993 年第 1 期）

---

① 顾起元：《客座赘语》卷二《两都》。

# 论传统政治文化与明初政治

明太祖朱元璋在元末起义中脱颖而出，"不十余年而成帝业"，颇具传奇色彩地成为中国历史上唯一出自贫苦农家而登上封建帝王宝座，并开创了二百多年封建王朝的人物。长期以来，对他成功的奥秘何在的问题，往往强调从政治、经济、军事，以及儒士对他的影响作用方面来总结研究，而忽视了广阔的文化背景和深层的文化心理因素的探寻。本文拟通过传统政治文化与明初政治历史现象，对朱元璋的成功之道作一新的诠释。

## 一　从农民到皇帝
——传统政治文化作用中的成功范例

由于本文主要论述传统政治文化与明初政治的关系，因此，有必要首先谈一谈政治文化与传统文化的概念。"政治文化"这一概念，是 20 世纪 50 年代由美国政治学家加布里埃尔·A. 阿尔蒙德首先提出的。阿尔蒙德认为，政治学的核心是政治体系，研究任何一种政治体系不应局限于政治结构及其作为，而且还应当了解和分析其基本倾向，这就是"政治体系心理的方面"，即政治文化。① 政治文化是一个民族在一个特定时期对政治潮流的态度、信念、情感的总和。由于人们的政治活动与政治体系的运行，都离不开政治思想观念、政治价值取向、心理情感等因素的方法支配，政治文化概念的提出，提供给我们一种有可能更全面地把握和限制政治现象因素的方法，有利于我们开展对政治史的整体研究。

一切文化都是人类认识和改造自然、社会的实践经验的总结和物质形态的凝聚。中国传统文化源远流长，从整体思想的视野来看，传统文化中的政治思想发轫于上古先秦时代。从那时起，古代思想家、政治家孜孜以求的就是理想的社会政治模式，于是，取之不竭的传统政治智慧便贯穿着中国的政治历史。在中国自给自足小农经济的经济基础上，产生的这种特有的政治文化，反过来又作用于整个社会。汉代刘熙解释"传统"一词曰："传，传也，以传示后人也。"② 传统所指的是历史沿传下来的具有一定特色的文化、思想、道德、制度、艺术、风俗、心态等，是反映客观事物的一般规定性的概念。就某种意义来说，中国传统政治文化与儒家圣贤世代相传的"道统"几乎可以相提并论。纵观传统政治思想与实践的历史，儒家所倡导的社会政治学说占有重要地位，它铸成了中华民族特有的政治观念、政治价值取向，以及行为方式、心理情感。植根于自给自足自然经济家庭血缘宗法社会土壤中的古代君主政体和与之相适应的这种政治文化紧密相结，构成中国古树上的常青之藤。

从历史主体的实践活动出发，理解事物的本质，是马克思主义史观的基本要求。下面结合传统政治文化的影响和作用，对朱

---

① ［美］加布里埃尔·A. 阿尔蒙德、小 G. 宾厄姆·鲍威尔等著：《比较政治学：体系、过程和政策》，曹沛霖等译，东方出版社 1987 年版，第 15 页。

② 刘熙：《释名·释典艺》。

元璋作为主体的选择和实践作些具体的考察。

1. 从小的熏陶与潜意识的产生和存在

朱元璋出身于古代封建社会的一个典型贫苦农民家庭。他的祖父辈因贫穷一再举家迁徙，他的父母、兄长"农业艰辛，朝夕彷徨"①。他从小就替地主牧羊。可是，在史籍中，载有他和牧童伙伴们常假扮帝王做游戏的记录。他会用棕叶做成胡须，把一块车轮木板顶在头上当作王冠，用碎木片做笏，命令其他孩子在自己面前站成一排大礼朝拜，"俨然王者"②。这提示我们，尽管他当时年龄尚小，地位低微，但传统政治文化世代传递的投射，已在其内心深处埋下了为王称帝的潜意识。

参与政治活动以前，朱元璋只上过几个月私塾。小时候他对国家政治大事的启蒙，是来自他的外公。他外公曾在宋朝大将张世杰部下做过亲兵。宋亡时，陆秀夫背负六岁小皇帝跳海身亡。张世杰率船突围，不幸遇风殉难。朱元璋的外公九死一生，侥幸生还，晚年时常常谈起这段伤心的家国之恨。朱元璋幼年时很有可能在这方面得到一些政治启蒙教育，③接受了传统忠君爱国观念和反抗民族征服的思想，自然也会接受一些政治莫测、王朝更换、皇帝可以替代而为的思想。

元顺帝至正四年（1344 年）濠州遭受严重灾荒，朱元璋的父母兄长于半年内相继死去，孤苦无依的他不得不栖身皇觉寺，做了和尚。在到处游方化缘的三年多时间里，朱元璋到过淮西一带不少地方。淮西是后来成为元末农民起义领袖之一的彭莹玉进行秘密活动的地区，朱元璋作为一名社会底层的青年，在漂泊生活中受到起义的启蒙，感受到改朝换代的风雨欲来，是很正常的现

---

① 《明太祖御制文集》卷十六《皇陵碑》。

② 王文禄：《龙兴慈记》。

③ 《明史》卷三〇《外戚陈公传》。

象。回寺院后，他交结朋友，"立志勤学"。① 红巾军大起义爆发，伙伴汤和传信召唤，朱元璋起初出于本能"既忧且惧"，但在寺庙化为灰烬，又占卜得吉后，毅然投奔汤和，从此开始了他的政治生涯。

2. 与政治生涯几乎同步开始的深层心理结构的变化

投军的第二年，朱元璋略地妙山，得到冯国用、国胜兄弟的归附。当时，朱元璋"从容询天下大计"。国用对曰："金陵龙蟠虎踞，帝王之都，先拔之以为根本。然后四出征伐，倡仁义，收人心，勿贪子女玉帛，天下不足定也。"② 不久，在攻取滁州的途中，"少读书，有智计"的李善长到军中谒见，言道："秦乱，汉高起布衣，豁达大度，知人善任，不嗜杀人，五载成帝业。今元纲既紊，天下土崩瓦解。公濠产，距沛不远，山川王气，公当受之。法其所为，天下不足定也。"③ 占领金陵帝王之都、仿汉高行事平定天下，这一建议，无疑唤醒了朱元璋内心深处为王称帝、改朝换代的潜意识，由此，朱元璋从事政治活动追求的政治目标真实而明确地树立了起来。应该说这是朱元璋和儒士在政治目标认同基础上形成有机结合的开始。值得注意的是，这仅发生于他参与政治活动的第二年。

至正十五年（1355 年），朱元璋率军渡江，拔太平（今安徽当涂）。当地李习、陶安等出迎。陶安这位"习先圣之道，所目皆通"的儒士，④ 又以不烧杀掳掠，"首取金陵以图王业"进言。⑤ 朱元璋于是"首抚姑孰，礼仪是尚"。⑥ 由此开始自觉地以传统儒

----

① 《皇朝本纪》。
② 《明史》一二九《冯胜传附国用》，一二七《李善长传》。
③ 同上。
④ 《陶学士文集》卷首《陶学士事迹·御祭文》。
⑤ 刘辰：《国初事迹》。
⑥ 《明太祖御制文集》卷十六《皇陵碑》。

家政治学说及观念指导自己的政治行为。

攻下金陵后，他改名应天，设官建政，为日后奠定了帝王之基。这时，他命有司访求古今书籍藏之秘府，以供阅览。曾对侍臣詹同等说，汉武帝时购求遗书，"六经出也，三代之治始见"。提到他在宫中无事时，"辄取孔子之言观之"，认为"真治国之良规"①。参与政治活动五年后，传统政治文化的影响已经深刻地渗入了朱元璋的内心，其深层心理结构产生了重大变化。他始终牢记徽州老儒朱升教给他的三字诀："高筑墙，广积粮，缓称王"，②以及徽儒唐仲实告诉他的历史上著名帝王汉高祖、光武帝、唐太宗、宋太祖、元世祖得以平天下的道理。占据婺州这一理学中心后，他特聘当地儒士十三人为他讲解经史，任宋濂为五经师，从此深信集传统儒释道学说大成的理学是统治天下不可或缺的政治学说。③ 在平定浙东的过程中，他又再三礼聘浙东著名儒士叶深、章溢、刘基到应天，为他的政权服务。这是他进一步全面接受传统政治文化的重要时期。

3. 新王朝政治目标设定所体现的全面继承传统政治文化的态度

在朱元璋成就他建国称帝政治大业的过程中，发布过两个著名檄文。

其一是声讨张士诚的《平周榜》，历数张氏罪状 8 条，完全是以传统政治文化的政治道德观念为出发点。

其二就是他遣师北伐，发布的告北方官民的檄文。这篇出自大儒宋濂之手的檄文，明确声称："当此之时，天运循环，中原气盛，亿兆之中，当降生圣人，驱逐胡虏，恢复中华，立纲陈纪，

---

① 《皇明宝训·明太祖宝训》卷二《星学》。

② 《朱枫林集》卷一《免朝谒诏》。

③ 《明太祖实录》卷六，《明史》卷一二八《宋谦传》。

救济斯民。"① 毫无疑问，其中心思想是以传统政治文化中的华夷观和天命观论证了朱元璋讨元、王朝兴替的合理性，表明新王朝的建国纲领是要恢复传统政治文化所规范的封建纲常统治秩序。因此，我们认为，这篇檄文极为突出地体现了对传统政治文化全面恢复和继承的态度。檄文的发布，极大地促进了北伐进军与朱元璋登上帝位步伐。

4. 成功的奥秘所在

从上简略回顾了朱元璋由农民到皇帝地位转换的历史过程，我们认为，传统政治文化的重大影响和作用是不容忽视的。过去研究中讲朱元璋背叛、蜕变的多，但是对他从小在传统政治文化氛围熏陶下形成的政治心理因素注意不够，更没有看到这不仅是他个人或者阶级的局限，还有着整个传统文化的深厚背景。朱元璋的成功正是他对传统政治文化中理想政治人格模式自觉仿效和成功实践的结果。

① "顺天应人"。对于王朝更替的所谓"革命"的政治行为规范，在政治文化上直接导源自先秦儒家。《易·象传·革卦》："天地革而四时成，汤武革命，顺乎天而应乎人。"这里有两层意思，一是"顺乎天"，即"天命"。汉董仲舒言："受命之君，天意之所予也。"② 这一观念沿袭下来，成为一种不可动摇的基本政治观念。当王朝更替已成历史发展的必然趋势之时，朱元璋崛起于群雄，声明替天行道，充分论证他起而代元的合理合法性。北伐檄文中的"恭承天命"，意义即在此。二是"应乎人"，也就是人归。自先秦以来积淀的传统政治文化中的"天命"，体现的不是一种抽象概念，而是依赖于现实，见诸民心的。民意是表示天意

---

① 《明太祖实录》卷二一。
② 《春秋繁露·深察名号》。

的基本途径。荀子曰："天下归之之谓王。"① 因此后世明智帝王创建帝业，无不遵行儒家传统"倡仁义""收人心"。朱元璋正是走的这条传统政治的有效途径，"不嗜杀人"，"勿贪子女玉帛"，以此戡乱摧强，成就帝业。自觉地以传统政治文化指导规范自己的政治追求与活动，才使他在元末群雄中卓然不群。应该说，朱元璋在反元斗争中审时度势，鉴古知今，遵行"顺天应人"传统政治准则，不仅在主观上而且在客观上顺应了社会历史发展的要求，集中反映了元末社会各阶层求治、求统一的政治期盼，所以才能拨乱反正，完成历史所赋予的使命，促进社会向前发展。

②"内圣外王"。"内圣"是指人的道德修养功夫；"外王"是指人对于社会的功用，即事功。"内圣外王"最早见于《庄子·天下》。梁启超曾言："'内圣外王之道'一语，包举中国学术之全体，其旨在于内足以资修而外足以经世。"② 高度概括了"内圣外王"在传统文化中的极为重要的地位。

孔子曰："克己复礼为仁"，③ 要求克己，重建与礼的和谐关系，正是儒家内圣学的起点。其目的是恢复重建社会秩序，无疑也就达到了"外王"的目标。古代思想家们都在这一基础上作出各自的发挥。而"内圣外王"形成完整理论体系的标志是《礼记·大学篇》。其中的三纲八条在于说明治国平天下和个人道德修养的一致性。这种传统政治意识世代传递，经宋代理学家的大力阐释，更突出了"内圣"的一面。他们强调格物穷理，获得道德规范的认识，最终使个人言行自觉地符合"天理"的要求。"内圣外王"实际上是传统政治文化中的政治理想人格模式。

社会向人的内化造就了个人，人向社会的外化或积极或消极

---

① 《荀子·正论》。

② 《论语考释·庄子天下篇释义》。

③ 《荀子·大略》《荀子·王制》。

地影响社会前进。人生的历程是能动地表现自己的过程，是不断地内化和外化的过程。我们不能说朱元璋的成功，是他达到了"内圣"的道德完满，但是一定的历史前提为人们的活动提供的只是可能性，而可能向现实的转化则必须依赖人的主观能动性，朱元璋的成功除有元末历史所提供的参与政治的条件以外，毕竟还取决于他本人对特定的政治形势及政治角色的选择认识和把握程度。

政治文化的功能在于指导人们的政治行为。一切政治实践无不为一定的政治思想所指导。在朱元璋的政治活动中，供他选择的政治文化观念，是为当时的社会生产状况所规定的。历史为他提供的为王称帝成功的范例，也无一不是依从传统政治文化的规范。因此，想要成功地圆他的帝王之梦，无疑就要遵行传统。对于这一点，朱元璋很早就已认识到了。他从一个潜意识中具有出人头地统治欲的贫苦农民开始他的帝王之旅，在无法生存的社会环境中怀着铤而走险的心理投身政治激流，随政治自我认识的深化，潜意识的升华，他"身在行间，手不辍书，礼致儒臣，深思治道"，政治思想观念逐渐成熟，在自觉地与满腹经纶的儒士们结合，以传统政治文化指导规范自我、调节自我的过程中，展开了帝业的追求，并最终实现了称帝，完成了传统政治文化中"外王"的赫赫事功。从农民到皇帝，这一历程折射出传统政治文化无形的强大力量。而朱元璋的抉择是自觉地走进传统政治文化铸就的帝王模式。可以说朱元璋的成功，是历史传统的客观制约性和主体选择性两方面结合成功的结果。

## 二　治国之道与治世
### ——传统政治文化的传承和发展

统一的新王朝取代腐朽的旧王朝，是历史的进步。作为封建帝王，朱元璋既是传统政治文化的继承者，又是创造者，是文化传承的重要载体。如何治国，是历代统治者所苦心积虑的重大问题，明太祖朱元璋在政治文化传统中找到了稳定国家的钥匙。明初他对大明王朝的构建，对社会的整合，以及在政治、经济、军事、文化等方面所立的一系列制度，无一不渗透了传统政治文化的精神与其突出的个人性格特征。明初政治是传统政治文化全面付诸实践的重要时期，主要表现在以下几个方面。

1. 礼治观的继承和实践

在传统政治文化中，政治的理想蓝图是建立和谐稳定的统治秩序，达到长治久安。因此。礼，作为传统政治文化的核心内容，被赋予了特殊意义。儒家一贯主张以礼治国，认为"国家无礼不宁"，"君君、臣臣、父父、子子"。① 以礼区分君臣、父子贵贱、亲疏之别，使所有的人都按照礼的规范，各出其位，各称其事，从而达到和谐的秩序，天下太平。因此，礼的实质是维护封建社会等级秩序，绝非抽象的原理。礼因其社会功用极为重要，所以才会成为中国传统政治文化中治国的不二法门。

明代代元而立，元朝后期封建纪纲已荡然无存，明初统治者急欲恢复重建安定的社会秩序，稳固统治。于是明太祖初定天下，"他务未遑，首开礼、乐二局，广征耆儒，分曹究讨"。② 他认为元朝废弃传统礼教，"因循百年而中国之礼变易几尽"，而"礼者，国之防范，人道之纪纲，朝廷所当先务，不可一日无也"。③ 因此，制礼作乐成为明初"复先王之治"和树立朱氏天下正统地位的重要内容。"改衣冠，别章服，正纲常，明上下"，④ 依次展开。令诸儒臣遍历群书，详考酌定礼仪，务求"合于古而宜于今者"，颁布

---

① 《论语·颜渊》。
② 《明史》卷四七《礼志》之一。
③ 《皇明宝训·明太祖宝训》卷二《议礼》《兴礼乐》。
④ 《明太祖实录》卷一七六、卷二三九。

天下，一部《明太祖实录》二百五十七卷，其中以大量篇幅不厌其烦地记载了各种礼仪。而朱元璋在位三十余年，命儒臣修订的礼书也有十五六种之多。洪武三年成书的《大明集礼》，在吉、凶、军、宾、嘉五礼之外，又增加了冠服、车格、仪仗、卤簿、宗学、音乐等，史称"凡升降仪节，制度名数，纤悉毕具"。① 朱元璋在国家祭祀礼仪制度化的过程中，一方面极力复古，另一方面也可以传统政治文化准则为据，或从个人的好恶出发，进行了一些改革。如革除天皇、太乙、六天、五帝祀典，诸神的封号，都改从本称，又根据"君臣同德"的原则重新确定历代从祀帝王庙的名臣等。

对于礼乐二者的关系，朱元璋曾云："若通于礼而不通于乐，非所以淑人心而出治道。达于乐而不达于礼，非所以振纪纲而立大中。必礼乐并行，然后教化醇一。"② 早在称吴王之前，朱元璋已选道童充乐舞生，阅试雅乐。这是他对传统文化中乐的"协和"作用格外重视的表现。明初，太祖以元时废弃古乐，更为浮词艳曲，或"与正声相杂"，命废止不用，重新依古制作乐章。他自己也曾亲作乐章乐歌颁行。③

礼乐体现在社会生活的各个方面，涉及国民的各个阶层，成为臣民的行为规范。明初在乡村大力推行乡饮之礼，朱元璋曾诏告天下："乡饮之礼，所以明长幼厚风俗。今废缺已久，宜令中书评定仪式，颁布遵守。"明太祖在明初锐意复古，试图全面复兴传统文化，在制礼作乐上尤为究心，实是因为他充分认识到了传统政治文化中的等级秩序原则是君主政治得以生存的制度保障。

---

① 《明史》卷四七《礼志》之一。

② 《皇明宝训·明太祖宝训》卷二《议礼》《兴礼乐》。

③ 《明太祖御制文集》卷十二《乐章》，卷十三《乐歌》，《明史》卷六一《乐志》一。

2. 君权至上观念的继承和实践

君主政治的文化传统存在深厚的积淀。在古代政治中，宗法制的国家以家族为基础建立，因此产生了家国同构的政治模式。家族组织中父权是绝对权威，国家系统中君权至高无上。传统政治文化中的专制思想正是专制政治的衍生物。从秦时开始，政治制度一直沿着君主专制制度不断强化的轨道向前运转。明太祖开国后，根据传统政治文化提供的政治原理和准则，吸取历史上各朝政治统治的得失，进一步加强了中央集权君主专制统治。他所进行的一系列制度的改革，旨在强化君权。

在军事上，明太祖和儒臣刘基权衡历代征兵制和募兵制的利弊，创建了新的军事制度——卫所制度，兼采历代征兵、募兵制之优点，而使五军都督府和兵部分别管理，形成"将不专军，军不私将"，成功地防止了大将拥兵自重，危及君权。

在国家行政机构设置上，明太祖首先在地方废除行中书省，把全国分为13个承宣布政使司，设有布政使司、按察使司、都指挥使司，合称"三司"。分理一省地方事务，互不统属，直接听命于朝廷，一改分权于地方而为集权于中央。随后，他在中央以"擅权植党"罪名杀丞相胡惟庸，取消中书省，废除丞相等官。将原中书省下六部品秩提高，分理朝廷政务，听命于皇帝本人。由此，明太祖宣布了中国一千多年的宰相制度的终结，给封建史上君权和相权之争打了句号。使自己成为历史上权力最大的皇帝。他说："我朝罢丞相，设五府、六部、都察院、通政司、大理寺等衙门，分理天下庶务，彼此颉颃，不敢相压，事皆朝廷总之，所以稳当。"①

在司法上，都察院、刑部和大理寺合称"三法司"。凡有重案，三法司会审，由皇帝亲自裁决。在监察上，明太祖改御史台

---

① 《明太祖实录》卷一七六、卷二三九。

为都察院，正官都御史地位很高，同六部尚书并称七卿。于是明朝皇帝将军事、行政、司法、监察大权尽收于一，使封建君主专制统治达到了进一步的强化。

而锦衣卫的设置及大兴党狱带有个性特征的强烈色彩，更将传统政治文化中封建君主的权威原则推向了极致。

在立法方面，明太祖把礼法相提并论，指出："为国之治道，非礼则无法，若专法而无礼，则又非法也。所以礼之为用，表也；法之为用，里也。"① 认为"刑以辅治，唐虞所不免"。② "德主刑辅"是传统政治文化中封建立法和司法的指导原则，法是君主的工具和意志的转换形式，朱元璋重视立法，也在明初以唐律为蓝本制定了《大明律》，颁行了《御制大法》《大诰续编》《大诰三编》《大诰武臣》，正是要通过法律的制定，以达到维护封建社会秩序和巩固统治的目的。而明初的法外用刑，又是封建君主专制高度发展的产物。

3. 贤人治国观的继承和实践

中国古代政治文化中，久已形成以贤治国的思想。荀子专门著有《臣道》一文，把臣划分为五种类型：态臣、篡臣、功臣、圣臣、社授之臣。前面两类是奸臣的典型，而后面三种则是贤臣的模式。"治国之道，本在得贤，得贤则治，失贤则乱。"③ 因此，人才的问题为历代统治者所重视。明太祖深明此理，他以为"贤才不备，不足以为治"。④ 认为元朝"设官不以任贤"是"不明先王之道"，成为其社稷倾危的重要原因。

早在渡江下金陵以前，朱元璋就开始百般招揽录用大批儒士参加他的政权。建国以后，洪武元年"征贤才至京，授以守令"

---

① 《明太祖御制文集》卷四《礼部尚书诰》。
② 《皇明宝训·明太祖宝训》卷五《恤刑》。
③ 《白虎通义·佚文》。
④ 《明太祖实录》卷八一，一二八，四六，四三，三七。

外，"又遣文原吉、詹同、魏观、吴辅、赵寿等分行天下，访求贤才"。① 明初录用官吏采用了荐举、学校、选举三途并用之法，可谓网罗人才不遗余力。

史称"荐举盛于明初"。洪武年间，明太祖屡次下诏求贤，他曾对礼部臣言："为天下者，譬如作大厦。大厦非一木所成，必聚材而后成。天下非一人独理，必选贤而后治。故为国得宝，不如荐贤。"② 命大臣分行天下访求贤才外，他又命君臣举荐所知贤士，授之以官。并且不拘一格录用人才，认为人不可以一概而论，在僧道、卜筮甚至小贩中，也有贤能之士，应当拔而用之。而卓越的人才，是不能限于资格的。对蒙古人和色目人也表示"一体擢用"。

培育人才，最根本的办法是兴办学校。朱元璋早在龙凤年间就已开始在各地兴办学校，建国前已设置了国子学。开国后遂诏天下立学校，"礼延师儒，教授生徒，以讲论圣道，使人日渐月化，以复先王之旧"③。他谕国子监学官说："治天下以人材为本，人材以教导为先。今太学之教，本之德行，文以六艺者，遵古制也。人材之兴，将有其效。夫山木之所生，川水之所聚，太学人材所出。欲木之常茂者，必培其根；欲水之常流者，必浚其源；欲人材之成效，必养其德性。"④ 一席话道出了明太祖在明初从中央到地方广办学校的目的，正是要培育出能够符合统治需要的传统政治文化的继承者。因此明代学校以《四书》《五经》《大明律》《御制大诰》为必读课本，格外重视教化的作用。

明洪武三年（1370 年），明太祖开科取士。作为选拔人才的途径之一，目的与荐举和学校二者是殊途同归的。但科举实行不

① 《明史》卷一七一《选举志》。
② 《明太祖实录》卷八一，一二八，四六，四三，三七。
③ 同上。
④ 同上。

久即停罢，原来是明太祖认为这样选拔出来的人才不符合他的要求，徒有虚义，没有真才实学。到洪武十七年（1384 年）定科举之式，"后遂以为永制"。然终洪武朝，一直是采用三途并用之法选拔人才的。

明初一方面广揽贤才治理国家，奖励循吏，另一方面对不称职的贪官污吏采用严惩不贷的重典。可以说严整吏治正是治国以贤的又一侧面。出身农家的明太祖征于元代官吏贪污腐化以至亡国的教训，对早年在民间时"见州县官吏多不恤民，往往贪财好色"，记忆犹新，深感痛恨。因此明初任用官吏，详定考课法以考察之。见到所任官员有勾结凌暴、废公徇私、贪虐害民的行为，就采取严厉惩治。还经常告诫百官："导引为政，勿陷身家。"①

明太祖对贪官污吏制裁之严酷在历史上是首屈一指的。他曾经规定，官吏贪污钱财 60 两以上的即斩首示众，甚至剥皮实草。他把府州县卫土地庙改为剥皮的场所，称作皮场庙，以警官吏。明太祖言："吾治乱世，刑不得不重。"② 他在《御制大诰》中规定，凡官吏相互勾结、包揽词讼，违旨害民者，百姓可以"连名赴京状奏"，甚至允许将害民之吏"绑缚赴京"。各地官府均须放行，否则"族诛"。这是他力图通过民间监督达到吏治的目的，迫使"贪官污吏尽化为贤"。③

4. 重民传统观念的继承和实践

出身于农家，从社会底层上升为统治者的开国皇帝朱元璋，对于传统政治文化中的君民之道，民为国本，理解更为深刻，参悟尤为透彻，这是毫不奇怪的。

传统政治文化中的将民心向背视为政治兴败的关键和根本。

---

① 《御制大诰·谕官之任·胡元制治》。
② 同上。
③ 《御制大诰三编·民拿害民该吏》。

在《尚书·五子之歌》中已有"民惟邦本"之说,指出统治安危系于对民的政策和态度。荀子更为著名的一段话是:"君者,舟也,庶人者,水也。水则载舟,水则覆舟。"① 明太祖根据亲身体验,也曾说:"君舟民水,载覆无常,可不畏哉。"② "国家政治得失,生民之休戚焉。"③ 认为"人主职在养民"。④

明初,经多年战乱后,百废待兴,新王朝亟待解决的是如何迅速医治战争创伤,恢复生产,这是个严峻的问题。对此,明太祖制定了安民恤民、休养生息的一系列具体政策和措施,如鼓励开垦荒地,移民屯种,兴修水利,重视经济作物种植,减免租赋,赈济灾民,注意授民以时,减少兴作等。据《明史·太祖本纪》记载,洪武年间,下诏减免租赋和赈济灾民达 70 多次。他还将奴隶"复为民",实行工匠轮班制,这些政策显然对社会经济的迅速恢复和发展起了促进作用。

明太祖晚年曾对翰林学士刘三吾说:"朕历年久而益惧矣,恐为治之心有懈也。懈心一生,百事皆废,生民休戚系焉。故日慎一日,惟恐弗及……自昔称王之治,必本于爱民。然爱民而无实心,则民必不蒙其泽。民不蒙其泽,则众心离于下,积怨聚于上,国家欲不危难矣。朕每思此,为之惕然。"⑤ 这是身本农夫,"深知民间疾苦"的朱元璋总结治道的肺腑之言。他认识到自己的责任和民众的力量,其思想和政策无疑闪现着古代政治文化重民传统的光辉。

5. 传统天下观的继承和实践

国家职能有对内对外两种,对外政策是对内政策的继续。明

---

① 《荀子·大略》《荀子·王制》。

② 《明朝小史》卷一。

③ 《皇明宝训·明太祖宝训》卷三《求言》,卷一《论治道》,卷四《警戒》。

④ 《皇明宝训·明太祖宝训》卷二《星学》。

⑤ 《皇明宝训·明太祖宝训》卷三《求言》,卷一《论治道》,卷四《警戒》。

太祖在明初锐意复古，欲全面继承传统政治文化，自然也体现在明朝的对外关系上。

在中华民族文明形成的过程中，久已产生了一种认为华夏民族优于夷狄的观点，这就是传统政治文化中的华夷观。所谓华夏和夷狄，不仅是民族和地域的划分，而是文化的高下之别。秦统一中国后，确定的"朝""贡"等概念成为国家对外关系的基础，代代相传，以儒家为主体的传统政治文化形成了一整套对外关系的理论和体系。其核心便是以中国为中心，帝王临御天下，居内以制夷狄。在这一理论架构上建立起了历代封建王朝的对外关系。

朱元璋在反元斗争节节胜利之时发布的北伐檄文中，开篇就曰："自古帝王临御天下，中国居内以制夷狄，夷狄居外以奉中国。"明确承继了传统政治文化中的天下观。开国后颁发给各国的诏书中，也充分体现了帝王临御天下的气概。一再声称："昔帝王之治天下，凡日月所照，无有远近，一视同仁。故中国尊安，四方得所，非有意于臣服之也……朕肇基江左……已承正统，方与远迩相安于无事，以共享太平之福。"① 从国书不难看出，建国伊始，明朝统治者欲效法古先哲王之道，也即承袭中国传统政治文化中的观念和价值取向处理对外关系，续修与周邻各国的友好关系，建立朝贡体制。明朝的对外政策，正是在传统的基调下展开的。

明初曾遣使四出进行外交活动，树立明王朝皇帝临御天下的对外形象，恢复因元朝灭亡而中断的外交关系，取得了明显的效果。

以"德"治国，是中国古老的政治文化传统，"德"被四海，是历代帝王的追求和理想。皇帝的恩泽达于四裔，是皇权至高无上的权力在对外关系上的体现。明太祖以恢复先王之治为己任，

---

① 《明太祖实录》卷八一，一二八，四六，四三，三七。

又对元朝以武力征服邻近国家遭致失败的教训引以为戒，认为："自古人君之得天下，不在地之大小，而在德之修否。"① 因此，他把外国分作"不征之国"和需要"时谨备之"的两种。以为"有为患于中国者，不可不讨；不为中国患者，不可辄自兴兵"。后来，特别又把这一对外基本政策在《皇明祖训》中再次申定，告诫子孙世代遵行。"不得倚中国富强，贪一时战功，无故兴兵，杀伤人命，切记不可。"② 为明朝对外政策确定了和平基调。由此，明初在对外关系上与周邻国家建立起友好联系，在朝贡贸易的形式下，与各国互通有无，对朝贡各国给以丰厚的赏赐，并时常采取免税的优厚待遇，以怀柔远人。明初在对外关系上将古代传统政治文化中"德"的观念发挥得淋漓尽致。

以上选取明初对传统政治文化五个层面的传承和发展，进行了考察。需要在这里说明的，一是明初政治一再标榜"复先王之道""复兴我中国圣人之教"，申明一切政治举措都是符合"先王之教"，这有从现实政治统治需要出发，以示无可指摘之义。实际上在复古实践之时，已加入现实政治所需要的改革。二是对于传统文化，在继承中存在着选择，而选择中，个人的心理情感、个性特征有着重要作用。最为突出的例子，便是明太祖对孟子的态度，他曾诏令停止这位亚圣配享孔庙，并刊行《孟子节文》。在此不赘述。

总之，无论称明太祖朱元璋为历史上的卓越人物，还是认为他是个流氓皇帝，都不能否认这样一个事实，那就是他深得统治之道。我们采取双向视角，以历史实践活动为基础，既从客体对主体的制约作用来考察传统政治文化对人的影响，又从主体的选择活动来考察人与历史传统的关系，得出的结论是，朱元璋的统

① 《皇明宝训·明太祖宝训》卷三《求言》，卷一《论治道》，卷四《警戒》。
② 《皇明祖训·箴戒章》。

治之道，正是来自传统政治文化的深邃源流，而他成功的奥秘，也即在此。

# 三　结语

人在传统面前是渺小的，中国以儒家为主体的文化传统与政治上的君主专制中央集权体系相结合，经历千百年的积累和传递，形成了一种无形的强大力量，支配着社会政治活动中各种精神过程的运作和趋向的把握。在这里我想说明的是，每一认识主体都有其独特的心理情感特征，但作为社会中的一员，则必然会受到传统社会政治文化心理的强大辐射、熏陶和濡化。每个人从呱呱坠地时起，就处在传统社会文化心理氛围的包围中，不自觉地接受传统，适应传统。只有学习这种文化心理，才能在社会中生存。外在的文化心理结构移入个体的灵魂深入，成为人们进行认识和评价的结构。

人虽然无法拒绝和回避传统，但是，在传统面前，人又是可以有所作为的。文化传递实质上是人们把握自身改变外在世界的能动创造的有机组成部分，文化继承经历本能传递到自觉继承并发展的过程。

透过明初政治舞台的风云变幻和明太祖君臣的政治活动，可以使我们更为深刻地认识传统政治文化与政治实践的关系及其正负效应。

1. 政治实践是传统政治文化塑造主体的基本过程。朱元璋从农民到皇帝的历程，首先是接受既定政治文化的过程。

2. 政治实践又是主体进行文化选择的过程。吸收以往的文化而作出选择，体现了人的能动性，并导向自觉的文化继承。明初政治是洪武君臣把握时代特点，对传统政治文化进行筛选和弘扬、抉择和重建的过程。

3. 政治实践是文化继承的实现途径。明初洪武君臣恢复华夏正统地位及对传统文化的全面复兴，建立起一个强大的高度君主专制中央集权政体的封建王朝，为传统政治文化在有明一代的传承和发展铺平了道路，影响深远。

如果我们将明代政治视为一种文化现象，那么，明王朝的建立，既有保守复古的一面，又有革故鼎新的一面，这是为传统文化继承的法则所规定的。

（原载《史学集刊》1995 年第 1 期）

# 明初政治新探：以诏令为中心

## 一 问题的提出

诏令是古代官方档案文书性质的第一手资料，是古代政治最基本的也是最重要的文献。在中国古代君主专制政制下，权力之链的顶端是皇帝，皇帝发布的诏令即"王言"，是帝国最高决策的表现，也是最重要的法律形式。自秦汉以来，国家意志由诏令体现出来，"以文书御天下"的治理模式久已存在。因此，历朝历代国家政治体制的构建及其运转，都是依靠诏令的形成、下达与执行来实现的。诏令是古代政治的核心，它的形成过程与政治决策过程是同一的。围绕诏令，可以映现政治体制建立与演变的全过程。明代由于平民帝业的建立，更凸显了其特殊意义。

明代政治起源于洪武朝，一代政治体制的构建，成于洪武朝。学界普遍认为，洪武年间是中国君主专制高度发展的典型时期。沿袭自秦汉以来"以文书御天下"的治理模式，洪武朝诏令数量繁富，而且大量诏令为皇帝所亲撰，极具特殊性①，对有明一代产

---

① 至今保存下来的，不仅有文献资料，还有作为档案遗存的文物资料，如藏于台北"故宫博物院"的《明太祖御笔》，就是代表。

生了深远的影响。政治过程赖以运行的动力是权力，诏令是皇帝权力的具体表现。帝国通过最高统治者皇帝的诏令形成与下颁而运行，有关重大政务的决定是以诏令的形式出现的。根据广义的诏令概念，包括皇帝或以皇帝名义发布的诏、敕、诰、谕、榜文等所有各种类型的下行文书。[①] 就所涉地域而言，洪武年间诏令遍及全国各省府州县以及周边各国，依靠诏令的传达实施对国家与社会的全面治理。围绕诏令形成和下达执行的过程，就是明初政治决策的过程，伴随一系列诏令的形成，最具意义的无疑是新体制的建构。

诏令作为表述明代政体形成认知的概念，是明代政治史的中心链条。以往明代政治史研究聚焦的明代皇权乃至皇权与相权之争，以及所谓内阁和司礼监的对柄机要，[②] 都与诏令有着密不可分的关联，可印证诏令确实是明代政治之关键。明代诏令如何形成的问题，也就是明初政治过程的各项决策如何产生的问题，从中可以了解明代中国的整体建构乃至政治过程的实态。然而，迄今未见从诏令这一关节点出发对明代政治的探讨。有鉴于此，本人在近年主持进行《明大诏令集》（洪武朝）课题，初步收集整理明太祖诏令的基础上，不揣冒昧，尝试以诏令作为明代政治史新的研究视野，通过明太祖亲撰诏令为中心，[③] 结合其他史料，考察明初政治过程实态，进而探讨

---

① 参见拙文《明代诏令文书研究：以洪武朝诏令为中心的初步考察》，《明史研究论丛》第八辑，紫禁城出版社 2010 年版。

② 沈德符：《万历野获编》补遗卷一《内官定制》，中华书局 1959 年版，下册，第 814 页。

③ 明太祖朝发布的诏令有不少出自翰林其手。如王祎有《开科举诏》《免租税诏》《拟封诸王诏》《封安南占城二国诏》《招谕廓帖木儿诏》《阿都刺除回回司天少监诏》等，为代言之作，见《王忠文集》，文渊阁《四库全书》本；陶凯也是重要的诏令撰写者，《明史》称："一时诏令、封册、歌颂、碑志多出其手云。"见张廷玉等《明史》卷一三六《陶凯传》，中华书局 1974 年版，第 3934 页。

明代政治体制的建构与重构。

# 二　诏令所见政治过程实态

明太祖《即位诏》昭示了明帝国的建立。这一《即位诏》，见在《明太祖御制文集》之中，是以明太祖亲撰形式存留于世的。① 其中有这样一段话：

> 今文武大臣，百司众庶合辞劝进，尊朕为皇帝，以主黔黎。勉徇舆情，于吴二年正月四日，告祭天地于钟山之阳，即皇帝位于南郊，定有天下之号曰大明，以是年为洪武元年。②

从《即位诏》，我们可以了解明代体制建立之初，经历了臣民拥戴的过程，这是合法化皇帝建立政体的开端。《明太祖实录》记载："吴元年十二月癸丑，中书省左相国、宣国公李善长率文武百官奉表劝进。"③ 这一程序与历朝没有不同之处。古代皇帝的合法化，要履行一定的程序，即有臣庶的"合辞劝进，尊为皇帝"，才有即位之合法。"众庶"只是名义上的，实际参与"合辞劝进，尊为皇帝"的，只能是"文武百官"。标志在帝国建立之始，君臣共同选择了国家体制——帝制。君臣之间确立了各自的名分，也建立起一种默契，在开国之始明确由皇帝诏书

---

① 一般认为，明太祖文集中的诏令为明太祖所亲撰。明人如此认为，现代学者也作如是观，参见拙文《明代诏令文书研究：以洪武朝诏令为中心的初步考察》，《明史研究论丛》第八辑。

② 《明太祖御制文集》卷一《即位诏》。明内府刊本，台北学生书局 1965 年版，第 38 页。

③ 《明太祖实录》卷二八上，吴元年十二月癸丑，第 429 页。台北中研院史语所校勘影印本 1962 年版。

表达了出来。

明代政体的建立，采取了先沿袭后改革的方式。"国家新立，惟三大府总天下之政，中书政之本，都督府掌军旅，御史台纠察百司，朝廷纲纪尽系于此"①。后来，明太祖以诏令的形式说明："当即位之初，会集群臣，立纲陈纪，法体汉唐，略加增减，亦参以宋朝之典"②，明初国家政治体制，是对汉、唐、宋代的延续，而最重要的，是"会集群臣，立纲陈纪"的结果。

从诏令的起始语来看，明太祖改元朝诏书的起始语"上天眷命"为"奉天承运"，启用"奉天承运，皇帝诏曰"。一直在帝制中国沿用了五百多年。《明太祖实录》载：

> 上以元时诏书首语必曰"上天眷命"，其意谓天之眷佑人君，故能若此，未尽谦卑奉顺之意。命易为"奉天承运"，庶见人主奉天命，言动皆奉天而行，非敢自专也。③

《尚书》称"敕天之命"，也就是奉天而行的意思。明太祖正是用此意。明人余继登曾指出"奉天而行""非敢自专也"，④ 揭示明太祖更改诏令起始文字的真实用意。诏令文字的重要更改，似乎把明太祖尽心奉顺天命、不敢自专的心理充分表达了出来。无独有偶，明初宫殿大门命名为"奉天门"，正殿命名为"奉天殿"，自然可以说是出于同样的心理。沈德符曾评述说：

> 按太祖"奉天"二字，实千古独见，万世不可易。以故《祖训》中云：皇帝所执大圭，上镂"奉天法祖"四字，遇

---

① 《明太祖实录》卷二六，吴元年十月壬子，第386页。
② 《明太祖御制文集》卷二《废丞相大夫罢中书诏》，第83页。
③ 《明太祖实录》卷二九，洪武元年正月丙子，第483页。
④ 余继登：《典故纪闻》卷一，中华书局1981年版，第18页。

亲王尊行者，必手秉此圭，始受其拜。以至臣下诰敕命中，必首云"奉天承运皇帝"。太宗继之。①

明太祖对于诏令起始句的改革，是诏令程式的一大变革，具有重要意义和深远影响。这种改变后的形式，不仅在明朝一直使用，而且为清朝所沿用，直至帝制在中国灭亡，在历史上行用了五百多年。

日本学者大庭脩在对汉代制诏进行研究时，依据内容划分了三种形式：一是"皇帝凭自己的意志下达命令"，二是"官僚在被委任的权限内为执行自己的职务而提议和献策，皇帝加以认可，作为皇帝的命令而发布"，三是"皇帝表明立法意志"与"官僚的答申采取奏请的形式得到认可"相结合的复合体。② 依据明代诏令的内容来看，有继承，也有更新。

具体而言，明初诏令的形成，也即政令的形成，主要有以下几种形式：

### （一）皇帝根据自己意志直接颁发的诏令

对于官员的任命与派遣，皇帝拥有最高权力。举《命曹国公李文忠提调都督府事敕》为例：

大都督府掌天下兵马，其迁选调遣，辨强弱，知险易，发放有节，进退信期，度行卒之劳逸，察司队者邀功。若防奸御侮，非止一端。于斯职也甚贵。朕以贵赏功，其于机也甚密。特以机密托之腹心，所以都督天下兵马，谓裁其事耳。

---

① 沈德符：《万历野获编》卷二《列朝·更正殿名》，第46页。

② ［日］大庭脩：《秦汉法制史研究》，林剑鸣等译，上海人民出版社1991年版，第170—176页。

今府佥事已任，左右都督、同知都督未职。特以尔曹国公李
文忠，专行提调府事。都府一应迁选调遣，务从尔议，然后
一同来奏。若府官及大小军职少有不如律者，即便究治。若
有功并如律者，奏毋他隐。奉敕往治，钦哉。①

　　这类诏令在《明太祖御制文集》中有大量例证，从诏令题名
来看，给予对象是某官员人等个人的，往往都属于此类。如《敕
汪束朵儿只诏》②《谕山东承宣布政使吴印诏》③《谕山西布政使华
克勤诏》④ 等。也有不少是颁给中书省以及各衙门的，下面将述
及。《明太祖御笔》，是明太祖御笔手书诏令，其中大多属于此类
形式。如《谕秦王》，包括天象示警、边防、军务等事⑤，《谕魏
国公》是令其回京⑥，《谕户部》是令派人前往河南调查水灾事⑦，
《谕蒙古蛮子哈剌章》是称许其忠于元嗣君⑧。涉及政务日常处理
的方方面面。《明太祖钦录》中给予诸王的手书敕谕是以诸王为对
象，也多属于此类。⑨

　　《明会典》载："凡诰敕等级。洪武二十六年定，一品至五
品，皆授以诰命。六品至九品，皆授以敕命。"诰命，是明初授官
职时，由皇帝颁发给授职五品以上官员的委任书。⑩《明太祖御制

---

①　《明太祖御制文集》卷九，第303—304页。
②　《明太祖御制文集》卷一，第39—40页。
③　《明太祖御制文集》卷二，第63—64页。
④　同上书，第64—67页。
⑤　《明太祖御笔》上册第1件，现藏台北故宫博物院，2010年笔者蒙邀赴台得见
此珍藏，在此谨致衷心感谢。今后拟在台北故宫索予明研究员的研究基础上，进一步整
理研究，将另文处理，在此不赘。
⑥　《明太祖御笔》上册第24件。
⑦　《明太祖御笔》上册第46件。
⑧　《明太祖御笔》下册第6件。
⑨　《明太祖钦录》，明抄本，现藏台北故宫博物院。
⑩　申时行等：《明会典》卷六《诰敕》载："凡诰敕等级。洪武二十六年定，一
品至五品，皆授以诰命。六品至九品，皆授以敕命。"中华书局1989年版，第33页。

《文集》中收录大量明太祖亲撰诰命，现列表如下，以便分析：

| | | |
|---|---|---|
| 西安卫都指挥使叶昇林济峰诰 | 明太祖御制文集卷三 | 第96—98页 |
| 飞雄卫指挥使司金事郭洪诰 | 明太祖御制文集卷三 | 第98—99页 |
| 李世昌诰 | 明太祖御制文集卷三 | 第99—100页 |
| 信国公汤和诰 | 明太祖御制文集卷三 | 第100—101页 |
| 西平侯沐英诰 | 明太祖御制文集卷三 | 第101—103页 |
| 驸马都尉李祺诰 | 明太祖御制文集卷三 | 第103页 |
| 大都督府金事陈方亮诰 | 明太祖御制文集卷三 | 第103—104页 |
| 驸马都尉黄琛诰 | 明太祖御制文集卷三 | 第104—105页 |
| 光禄卿徐兴祖诰 | 明太祖御制文集卷三 | 第105—107页 |
| 吏部尚书王敏诰 | 明太祖御制文集卷三 | 第107页 |
| 追封陇西王李贞诰 | 明太祖御制文集卷三 | 第107—108页 |
| 追封宁河王邓愈诰 | 明太祖御制文集卷三 | 第108—109页 |
| 追赠义惠侯刘继祖诰 | 明太祖御制文集卷三 | 第109—110页 |
| 追赠义惠侯刘夫人娄氏诰 | 明太祖御制文集卷三 | 第110—111页 |
| 封康鉴母朱氏诰 | 明太祖御制文集卷三 | 第111页 |
| 安庆侯仇成诰文 | 明太祖御制文集卷三 | 第112页 |
| 永昌等侯诰文 | 明太祖御制文集卷三 | 第112—113页 |
| 申国公邓镇诰文 | 明太祖御制文集卷三 | 第113—114页 |
| 致仕官诰敕文 | 明太祖御制文集卷三 | 第114—115页 |
| 真人张宇初诰文 | 明太祖御制文集卷三 | 第115—116页 |
| 建昌卫指挥使月鲁帖木儿诰文 | 明太祖御制文集卷三 | 第117—118页 |
| 贵州宣慰宋诚诰文 | 明太祖御制文集卷三 | 第118—119页 |
| 普定府军民知府者额诰文 | 明太祖御制文集卷三 | 第119—120页 |
| 参军府参军诰文 | 明太祖御制文集卷三 | 第120—121页 |
| 谏官诰文 | 明太祖御制文集卷三 | 第121—122页 |
| 文渊阁大学士宋讷诰文 | 明太祖御制文集卷三 | 第122—123页 |
| 华盖殿大学士刘仲质诰文 | 明太祖御制文集卷三 | 第123页 |
| 武英殿大学士吴伯宗诰文 | 明太祖御制文集卷三 | 第123页 |
| 东阁大学士吴沉诰文 | 明太祖御制文集卷三 | 第123页 |

续表

| | | |
|---|---|---|
| 袭封衍圣公孔讷诰文 | 明太祖御制文集卷三 | 第 123—124 页 |
| 建昌卫指挥使安配诰文 | 明太祖御制文集卷三 | 第 124—125 页 |
| 刑部尚书开济诰文 | 明太祖御制文集卷三 | 第 125—126 页 |
| 中书左右丞相诰左丞右丞同 | 明太祖御制文集卷四 | 第 127—128 页 |
| 左右都督诰同知佥事同 | 明太祖御制文集卷四 | 第 128—130 页 |
| 御史左右大夫诰中丞同 | 明太祖御制文集卷四 | 第 130—132 页 |
| 太常卿诰少卿同 丞敕亦同 | 明太祖御制文集卷四 | 第 132—133 页 |
| 户部尚书诰侍郎同 | 明太祖御制文集卷四 | 第 133—135 页 |
| 礼部尚书诰侍郎同 | 明太祖御制文集卷四 | 第 135—136 页 |
| 兵部尚书诰侍郎同 | 明太祖御制文集卷四 | 第 136—138 页 |
| 刑部尚书诰侍郎同 | 明太祖御制文集卷四 | 第 138—140 页 |
| 工部尚书诰侍郎同 | 明太祖御制文集卷四 | 第 140—141 页 |
| 钦天监令诰少监同监丞敕亦同 | 明太祖御制文集卷四 | 第 142—143 页 |
| 翰林承旨诰学士侍讲侍读直学士侍制同修撰应奉编修敕亦同 | 明太祖御制文集卷四 | 第 143—144 页 |
| 国子祭酒诰 | 明太祖御制文集卷四 | 第 144—145 页 |
| 太仆寺卿诰少卿同丞敕亦同 | 明太祖御制文集卷四 | 第 145—147 页 |
| 漕运使诰同知副使同判官敕亦同 | 明太祖御制文集卷四 | 第 147—148 页 |
| 尚宝卿诰少卿同丞敕亦同 | 明太祖御制文集卷四 | 第 148—149 页 |
| 内外卫指挥司诰使同知佥事千户卫振抚同百户所镇抚敕亦同 | 明太祖御制文集卷四 | 第 149 页 |
| 功臣庶子诰 | 明太祖御制文集卷四 | 第 149—151 页 |
| 都指挥使诰指挥使同知佥事同 | 明太祖御制文集卷四 | 第 151—153 页 |
| 承宣布政使诰参政同 | 明太祖御制文集卷四 | 第 153—154 页 |
| 王府武相武傅诰 | 明太祖御制文集卷四 | 第 155—156 页 |
| 提刑按察使诰副使佥事同 | 明太祖御制文集卷四 | 第 156—157 页 |
| 各处知府诰同知知州同 | 明太祖御制文集卷四 | 第 157—159 页 |

以上收入《明太祖御制文集》的官员诰命达 54 通，包括两种类型，一是颁发给个人的有名有姓的诰命，二是以分类官职颁给的诰命。除了给予分类官职的，在颁给个人的诰命中，既有文官，也有武将；上至公侯，下至王府官、地方官，乃至民间平民百姓。

六部中仅吏部尚书的诰命不是皇帝亲撰①，覆盖面如此宽泛，足见明太祖在体制创建过程中，重要官员职掌与任命方面亲力亲为程度之一斑。

直接撰有具体人名的诰命，在形成以后，下达各直属部门来执行。例如《建昌卫指挥使安配诰文》中就明确说："特授建昌卫指挥使，右封印署事。尔兵曹速为施行，毋稽往。钦哉。"②

对于五品以下官员的任命，明太祖也亲自关注。在《明太祖御制文集》中，皇帝亲撰的敕命以分类官职的形式出现，共有18通。③

关于全国政务的处理，特举两例诏书如下。

《免天下秋粮诏》：

> 朕荷上天眷佑，山川效灵，祖宗积德，君主华夷十有三年。仓廪盈，府库充，皆民之所供。今民力未殚，诏告有司：洪武十三年天下秋粮尽行蠲免。其放回事故官员，自思情无实犯，则亲自来朝，仍授以职。于戏！欲消衍而弭祸，非致吾民于仁寿之乡，将何以答天心之永顾。故兹诏谕，想宜知悉。④

---

① 吏部尚书诰命为宋濂所作，宋濂曾官翰林承旨、知制诰。其所拟诰命见《宋学士文集》卷一《拟诰命起结文》。收入其中的有《吏部尚书》《吏部侍郎》《吏部郎中》《司勋郎中》《考功郎中》《中书左丞》《中书参知政事》《中书左司郎中》《中书断事官》。《万有文库》本。

② 《明太祖御制文集》卷三，第125页。

③ 《明太祖御制文集》卷一〇收入明太祖亲撰敕命18通，包括《考功监令敕》丞同、《中书舍人敕》、《东宫官敕》洗马中舍、《兵马指挥敕》副指挥同、《翰林院典簿敕》、《翰林院典籍敕》、《国子助教敕》、《王相府长史敕》、《王相府审理敕》副同、《王府典宝正敕》副同、《王府典仪正敕》副同、《王府良医正敕》副同、《王府工正敕》副同、《王府典膳敕》、《王府司酝敕》、《生药库大使敕》副使同、《生抄纸局大使敕》副使同、《染织局官敕》，第319—330页。

④ 《明太祖御制文集》卷二，第84—85页。

《平云南诏》：

> 朕荷上天眷佑，海岳效灵，祖宗积德。自即位以来，十有五载，寰宇全归于版籍。惟西南诸夷为云南梁王所惑，恃其险远，弗遵声教。特命征南将军颍川侯傅友德、副将军永昌侯蓝玉、西平侯沐英，率甲士三十万，马步并进，罪彼不庭。大军既临，渠魁尽获，云南已平。诏告天下，臣民共知。于戏！福民永已，圣贤之为。逆天违命，根祸殃民，身家被罪，惟西南诸夷应之。故兹诏谕。①

《免姑孰金陵京口等处六州四县秋粮诏》中有"尝思六州四县之民，久劳于前"之语，说明于是有蠲免诏书的发布，是属于皇帝以自己意志直接下颁的诏书。但值得注意的是，这类诏令的形成存在一个信息源的问题，也就是说在皇帝根据自己意志直接下颁诏令前，往往是有前因的，此以《求言诏》为代表，其中曰：

> 迩来钦天监报五星紊度，日月相刑。于是静居日省，皆古今乾道变化，殃咎在于人君。寻思至此，惶惶无措手足。惟诏告臣民，许言朕过。②

于是我们知道，此诏令是出于钦天监的奏报，所以引发皇帝的自省，特别下颁表示听取臣民的意见。

再举一例。洪武元年（1368年）正月，明太祖手诏中书省臣曰：

---

① 《明太祖御制文集》卷二，第86—87页。
② 《明太祖御制文集》卷一，第40页。

　　昨张冲上书言时事，其所言有可取者二事：一谓在廷之臣，令各言朝廷得失，庶上有所据而用其所长；一谓中书省令各衙门正官各言得失，每月用三人言，言贵简当，选其陈事剀切不避忌讳者，量加擢用，以养忠直之气。此言甚可取也。夫闻得失则知利病，知利病则生民蒙其福，听忠直则正人多，正人多则朝廷清明矣。自古治世之君皆由是道，若秦二世隋炀帝所以亡者，坐不用此耳。①

　　此手诏说明，皇帝诏令下颁实有当时上言的背景，是君臣互动的结果。这也是我们应该注意的。

　　需要说明的是，明太祖在位 31 年中，日常政务过程所产生的诏令成千上万，数量极为浩繁。其大量亲撰诏令，收入《明太祖御制文集》的也只是一部分。② 如《明太祖御笔》中的绝大部分都不见于内，而以上仅是举例以见一斑。

### （二）皇帝与中书省双向形成的诏令

　　由于明初沿袭元朝体制，设立中书省左右丞相总领百官，故在洪武十三年废相之前，皇帝与中书省双向形成的诏令数量很大，谕中书某事，命中书某事，手诏中书省臣，是明太祖诏令中常见的形式。下面以《明太祖御制文集》中明太祖亲撰诏令为例，以见中书省存续期间皇帝下达中书省的诏令之一斑。这些诏令涉及国家治理的方方面面，表现出中书丞相总领百官，辅佐皇帝处理朝政庶务，即"出纳王命""分理天下之多务"的特点：

---

　　① 《明太祖实录》卷三四，洪武元年八月庚寅，第 621 页。
　　② 关于明太祖亲撰诏令以其文集版本的初步考察，请见拙文《明代诏令文书研究：以洪武朝为中心的初步考察》。需要说明的是，这里以明内府刊本《明太祖御制文集》为主，笔者已考为洪武十六年后刊本，其中诏令以洪武前期诏令为主，万历本《明太祖集》补充诏令仅 20 通，也主要为洪武前期的。

表1　　　　　　　　　　明太祖亲撰诏令一览表

| | | |
|---|---|---|
| 废丞相大夫罢中书诏 | 明太祖御制文集卷二 | 第82—84 页 |
| 中书左右丞相诰左丞右丞同 | 明太祖御制文集卷四 | 第127—128 页 |
| 谕中书天象敕 | 明太祖御制文集卷五 | 第183 页 |
| 命中书议律敕 | 明太祖御制文集卷五 | 第184 页 |
| 命中书免浙西秋粮敕 | 明太祖御制文集卷五 | 第184—185 页 |
| 命中书免浙西秋粮敕 | 明太祖御制文集卷五 | 第184—185 页 |
| 命中书诛户部主事赵乾过期赈济敕 | 明太祖御制文集卷五 | 第185—186 页 |
| 命中书赏赐北平等处军士敕 | 明太祖御制文集卷五 | 第186 页 |
| 命中书整理甲胄敕 | 明太祖御制文集卷五 | 第186—187 页 |
| 命中书诛知县高翼敕 | 明太祖御制文集卷五 | 第187 页 |
| 命中书谕止安南行人敕 | 明太祖御制文集卷五 | 第187—189 页 |
| 命中书西河等处中粮 | 明太祖御制文集卷六 | 第191—192 页 |
| 命中书劳袭封衍圣公孔希学 | 明太祖御制文集卷六 | 第192 页 |
| 谕中书却高丽请谥 | 明太祖御制文集卷六 | 第192—193 页 |
| 命中书谕高丽 | 明太祖御制文集卷六 | 第193—196 页 |
| 大祀礼成谕中书 | 明太祖御制文集卷六 | 第196—198 页 |
| 谕中书赈济京城孤老 | 明太祖御制文集卷六 | 第217 页 |
| 命中书召李思迪 | 明太祖御制文集卷七 | 第225—226 页 |
| 命中书礼部访求卜士 | 明太祖御制文集卷七 | 第226—227 页 |
| 问中书礼部慢占城入贡敕 | 明太祖御制文集卷七 | 第227—228 页 |
| 废丞相汪广洋 | 明太祖御制文集卷七 | 第228—230 页 |
| 命中书劳西番指挥何锁南 | 明太祖御制文集卷八 | 第253—254 页 |
| 中书舍人敕 | 明太祖御制文集卷十 | 第320—321 页 |

《明太祖实录》记载："吴元年冬十月甲寅，命中书省定律令。以左丞相李善长为总裁官。"其中叙述了此事的来龙去脉："初，上以唐宋皆有成律断狱，惟元不仿古制，取一时所行之事为条格，胥吏易为奸弊。自平武昌以来即议定律。至是，台谏已立，各道按察司将巡历郡县，欲颁成法，俾内外遵守。"于是有命善长等详定之事。并首先将自己的旨意传达下去："立法贵在简当，使

言直理明，人人易晓。若条绪繁多，或一事而两端，可轻可重，使奸贪之吏得以夤缘为奸，则所以禁残暴者反以贼良善，非良法也。务求适中，以去烦弊。夫网密则水无大鱼，法密则国无全民。"在规定了框架以后，又提出了具体的做法："卿等宜尽心参究，凡刑名条目逐日来上，吾与卿等面议斟酌之，庶可以为久远之法。"① 这是重大政务命下中书省，由中书省丞相主持提出方案，再经君臣面议商讨，最终做出决定的典型事例。

值得注意的是，即使是在题名没有下达中书省字样的情形下，不少诏令的内容仍有中书省的环节，如下两例从内容上看，实际上是特敕中书省下达全国的重要诏令，并可由以了解当时诏令形成和运行实施的过程。

《农桑学校诏》：

> 农桑衣食之本，学校道理之原。朕尝设置有司，颁降条章，使敦笃教化，务欲使民丰衣足食，理道畅焉。何有司不遵朕命，往往给由赴京者，皆无桑株数目、学校缘由，甚与朕意相违，特敕中书令有司今后敢有无农桑学校者，论拟违制杖降，罚历三年后，注以吏事出身。民有不奉天时而负地利者，如律究焉。于戏！彝伦不整，实君师之过，坐享民供，亦岂职分之当为？斯言既出，臣民听行，永怀多福。故兹诏谕，想宜知悉。②

---

① 《明太祖实录》卷二六，吴元年冬十月甲寅，第388—389页。当时除了任命左丞相李善长为总裁外，还任命"参知政事杨宪、傅瓛，御史中丞刘基，翰林学士陶安，右司郎中徐本，治书侍御史文原吉、范显祖，经历钱用壬，监察御史盛原辅、吴去疾、赵麟、崔永泰、张纯诚、谢如心，大理卿周祯，少卿刘惟敬，大理丞周浈，评事陈敏、孙忠，按察使李详、潘麟、滕毅，金事程孔昭、傅敏学、王藻、逯永贞、张引、吴彤为议律官"。

② 《明太祖御制文集》卷一，第38—39页。

《赦宥诏》：

　　诏曰：释罪宥衍，昔君未尝轻发，发则精祥至甚，岂有罪重而脱，侥幸以自欢，致冤深而含忍无诉者。故有眚灾肆赦，怙终贼刑，载之于书，至今明焉。汉唐及元，懦君承祖业，权内奸佞所持，因有大赦之说。虽服君子之微差，善良之误失，则奸顽得为漏网之鱼，郁含冤于满地。朕德薄才疏，失仿圣人之道，相继行之，是致五星紊度，黎庶匪宁。若悖理乖仁，非朕者谁，今不敢不察。若概脱凶顽于侥幸，致善良以无伸，岂圣人恤刑者欤？特命中书条陈，若果真犯，虽笞罪以上俱各不原。其余诖误，因人致罪过失者，尽在赦下。所有条画，开列于后云云。于戏！肆赦于眚灾，为善良者图，贼刑于怙终，实王纲而治恶。凡吾臣庶，律己修仁，勿干刑宪。故兹诏示，想宜知悉。①

　　又如《免河南等省扬州池州安庆徽州处税粮诏》，其中提到"今年三月二十五日，敕中书下户部，使之度出几何，量入几何。对云：官军足食可三二年。于是诏令河南、北平等省直，直隶、扬州等府，悉将今年民间夏秋税粮尽行蠲免，所有事宜条列于后云云"。② 此诏使我们明确诏书形成和运行的步骤是：首先皇帝敕中书，其次由中书下达给职掌仓库的户部，了解税粮事宜，最后是经调查了解上报以后，皇帝做出选择，于是颁行了蠲免税粮的诏书。

　　《免山西陕右二省夏秋租税诏》中云："今年三月二十五日，

---

① 《明太祖御制文集》卷二，第79—80页。
② 《明太祖御制文集》卷一，第52—53页。

敕中书度仓库，军有余粮"，① 没有提到中书下达户部，表明仅敕中书即可使其下属六部遵行旨意，最终是执行结果由中书省反馈上来，产生了蠲免税粮的诏书。

大多数情况下，中书省主持各部门官员或儒臣集议，对于重大事务提出建议或方案，上奏皇帝，等待皇帝定夺。而一般情况下得到皇帝批准执行。如"洪武元年闰七月庚戌，诏定军礼。中书省臣会诸儒臣议 奏上，诏并从之"②。在《明太祖实录》中，记载着大量"诏从之"，但是也有得不到皇帝批准的时候，如洪武四年（1371 年）三月，"中书省臣奏举百官起居之礼及进膳用乐"，结果是"上弗许"③。这说明皇帝拥有最终决策权。

值得注意的是，由于中书是外廷政务总机关，即使是赠予个人的诰命，也仍需经过中书省下吏部去执行。下面这通《赠翰林承旨宋濂祖父诰》，是由皇帝敕中书，再由中书下达吏部执行的一例诰命：

> 朕勅中书下吏部，特赠尔濂祖德乂为太常少卿，父文昭为礼部尚书。故谕卿知之，奉迎前去，以爵□□者也。④

在政务处理中，皇帝拥有最高权威和最终决策权，中书省官只是参与决策者兼执行人。这一点在诏令形成过程中是明确的。现举发生在洪武元年（1368 年）二月的三件事为例：

> 洪武元年二月壬寅朔，中书省臣李善长、傅瓛、翰林学士陶安等进郊社宗庙议。先是，上敕礼官及翰林、太常诸儒

---

① 《明太祖御制文集》卷一，第 54 页。
② 《明太祖实录》卷三三，洪武元年七月庚戌，第 581 页。
③ 《明太祖实录》卷六二，洪武四年三月癸丑，第 1202 页。
④ 《明太祖集》卷三，黄山书社 1991 年版，第 48 页。

臣曰：……卿等其酌古今之宜，务在适中，定议以闻……从之。

壬子，先是，上尝命中书省及翰林院官议于社稷坛创屋以备风雨。至是，翰林学士陶安奏考诸礼，天子大社必受风雨霜露，以达天地之气。若亡国之社，则屋之不受天阳也。今于坛创屋非所宜，若祭而遇风雨，则于齐宫望祭。上是之。

乙丑，命中书议役法。上以立国之初，经营兴作，必资民力，恐役及贫民，乃命中书省验田出夫。于是省臣奏议……上谕中书省臣曰：民力有限而徭役无穷，当思节其力，毋重困之。民力劳困，岂能独安？自今凡有兴作不获已者，暂借其力。至于不急之务，浮泛之役，宜罢之。①

第一件壬寅条所记之事，是在皇帝敕谕礼官及翰林、太常诸儒臣的背景下，中书省臣李善长、傅瓛、翰林学士陶安等进郊社宗庙议。第二件和第三件均为在帝授意下，由省臣与相关部门臣僚收集资料，集中商议，提出方案后，由皇帝做出抉择，这是明初政治决策的典型过程。

### （三）皇帝与各部各衙门多边形成的诏令

从《明太祖御制文集》所见下达各部执行的诏令，虽然不如给予中书省的那样多，但也有不少，可见明初在具体政务处理时，皇帝也直接对专门职掌的官署，即相关职能部门下达诏令。

如《命户部定俸禄》：

稽古建官，略知等第，其于品级次序，自汉以上未闻有

---

① 《明太祖实录》卷三〇，洪武元年二月壬寅、壬子、乙丑，第507、523、531页。

是，所以汉官之制，以食禄列等差。其品之礼，始于魏，唐因之，以辨服色。禄之重轻，亦法品赐食之。朕观古之无品也，则以禄为式，是尚质也。惟魏之定品，是尚文也。其于文质之道，虽华朴之有殊，亦模范之可经，守之不紊，履之不烦。今也任官惟贤，食禄法品，勒石昭示，命户曹司之，毋紊轻重之条，依期而给与之。斯至公之良哉。故兹敕谕。①

再看《命礼部谕有司谨祭祀》，此敕是皇帝直接给礼部的敕谕，由于较长，故摘录如下：

近者溧水县官为祀事缺鹿醢，以牛醢代之，被人所言。礼部奏云：凡祭礼缺者，曾许以他物代之。今溧水有鹿可求，而在官者不能用心，御史按实各当其罪。朕思人之在世也，若不畏神，人是不可教者也。世之所以成世者，惟人与神耳，岂可慢耶？今令天下有司：凡四时祭祀之物，若在典故，境内所产及商人货而有之者务备，不许有缺；若境内不产及商入无贩卖者，从缺毋代。尔礼部遍告诸司，如敕。②

这一敕书，可见皇帝溧水县祭祀以替代品事被人告发，礼部上奏，皇帝强调祭祀的严肃性，并直接命礼部传谕天下有司知道。又如《赦工役囚人》：

奉天承运皇帝制谕尔故违宪章官吏、人民：曩者命礼曹布令天下，朕访古制，以礼导人，后以律至诸司，是绳不循

---

① 《明太祖御制文集》卷七，第231—232页。值得注意的是，在《明太祖实录》卷六〇，系于洪武四年的此事，是以"命中书省户部定文武官岁禄"而出现的，洪武四年正月庚戌，第1182页。

② 《明太祖御制文集》卷七，第249—250页。

轨度者，斯乃行刑也。且刑，圣人不得已而用者，为良善弗
宁故也。今朕一寰宇而兆民众，如尔等官贪吏弊，民纵奸顽，
诈良侮愚，若不律以条章，将必仿效者多，则世将何治？尔
诸人所犯，若论以如律，人各尽本犯而后已。奈何工已久矣，
构成楼阁以居大觉金仙，塔就而志公之神妥其下，因是将尔
等罪无轻重，一概宥之。於戏！君子非善，何以永世；志人
非功。何以名书。释迦志公，已逝数千百年，犹能生尔等众，
其善正之道，志者可无觉乎？故兹制谕。[1]

此敕颁给全体官民，首先提到的是，帝先"命礼曹布令天
下"，随后有"律至诸司"，至此有敕书的下颁，这里显示出皇帝
诏令在与多部门的互动中形成。

总之，明初根据皇帝旨意存在各种规模的集议。主要是中书
省主持的集议，或称众议，以及某部尚书主持的部议。这样形成
的诏令，都是皇帝与各部门互动的结果。翻阅《明太祖实录》，如
"下丞相、御史等议""下廷议""下百官详议""下群臣议"等，
都是皇帝下旨情况下，召集的官员会议。多为讨论具体问题，拟
出方案，然后上报皇帝批准。正是在这样的君臣互动过程中，有
明一代开国的一系列典章制度成形并确立了下来。

### （四）朝议形成的诏令，兼及其他会议

皇帝的决策权，主要由诏令来体现，诏令的形成，即决策的
过程，关系朝政的正常运转。明朝皇帝处理日常政务的主要方式
是视朝理政和章奏批答。而皇帝视朝理政，在朝会上形成诏令，
这是百官参与的政治过程。

明代朝议，也称朝会，主要分为大朝和常朝。大朝会更具礼

---

① 《明太祖御制文集》卷二，第92—93页。

仪的性质。

《答太师李善长等表请御正殿制》正是大朝开始之际的制书：

> 朕闻尧舜之君，德备天地；禹汤之治，大洽民心。朕本才疏德薄，惟知图治，弗克行仁，乖上帝后土之好生，负海岳之呵护，累祖宗于地下，致五雷奉命著迹于殿廷，虽不遑宁，处于斯时，甚畏无知于悠久。昨卿等请御大朝，故不违群情，朝臣民于正殿，赖尔臣僚，毋隐匡辅。①

大朝之外，还有朔望朝，主要也是礼仪性的。洪武三年（1370 年）定："省府台部官诸衙门有事奏者，由西阶升殿。奏事毕，降自西阶。引班引百官以次出。如无事奏，则侍仪由西阶升殿跪奏如之。俟侍仪降阶，引班导百官出"②，说明其中也有"奏事"的内容。

常朝则是皇帝处理日常政务的主要形式，也是国家最高决策的基本方式。明代常朝又分早朝和午朝（或称晚朝）。早朝多四方奏事，各衙门依次进奏。洪武二十八年（1395 年），所定各府部衙门"奏启事目"达 187 项，由此可见皇帝在早朝集中处理庶务之一斑，也可见证早朝之上会产生大量诏令下颁。现按上述"奏启事目"次序简列如下：

五军都督府：军情、机密、守卫门禁等事、修筑城池、改设卫所、赏赐等 23 项。特别规定：五军所属在京卫分，凡奏启事务，除军中机密事情及守卫门禁关防等事，不分官旗军人，许令径奏，其余合行事务俱由该府具奏施行。

吏部：除授官员升调改除黜陟、开设革并衙门、袭爵封赠、

---

① 《明太祖御制文集》卷三，第 95 页。
② 《明会典》卷四四《朔望朝仪》，第 312 页。

诰敕散官、土司承袭等 18 项。

户部：岁奏会计税粮马草、改拨粮储、赈济饥民、赏赐、水旱灾伤等 16 项。

礼部：赏赐、军官祭祀、建言、表笺、灾异、旌表、科举、四夷进贡等 23 项。

兵部；选用军职升调袭替除降等项、军务、诰敕封赠等 23 项。

刑部：追问党逆、处决重囚、犯法军官、送问并申诉回话等 13 项。

工部：水利水害、修筑河岸桥道、在外修理城池衙门公廨仓廒等项、营造支用官物、差拨军民人匠在京在外卫所营造及修理船只、关支一应物料成造军器军装等 12 项。

都察院：处决重囚、追赃不足家属、追问并申诉回话、追问党逆、病故原告及军官相视等 11 项。

大理寺：引奏军官、日奏审过刑名、月奏囚数、军官应合袭荫子孙并授封祖父母父母妻有犯、驾前将军力士校尉有犯重罪并二次犯罪者等 7 项。

五军断事官：追问党逆、送问并申诉回话、军官原告患病及病故等 10 项。

十二卫：奏事内除军中机密事情，及守卫门禁关防等事，不分官旗军人许令径奏。其余事务自下而上，俱由本卫具奏，有军中机密事情、守卫门禁等事、整点大军等 30 项。①

洪武二十九年（1396 年）规定："朝班奏启事务，除五府、六部、都察院、通政司、断事官、十二卫，照依定例具本奏启。其余官员军民人等，若有事奏，仪礼司打点，六科给事中各一员，每日于午门外，照依该管事务，总收奏状入奏。监察御史一员公

---

① 《明会典》卷四四《诸司奏事仪》，第 314—318 页。

同看视。其有不经由各该官员，将自己琐碎事务径自奏启絫烦者，罪之。"次年又定："通政司许早晚朝奏事，及有军情重事，不时入奏。其各衙门，凡有一应事务，止于早朝大班内奏启。不许朝退又将琐碎事务于右顺门题奏。御前奏对，务必从实。知则为知，不许妄对。"① 因此，"百司皆于早朝奏事，非警急事当奏者不须赴晚朝，听在司理职务，惟通政司达四方奏牍，早晚须朝"的情形，在洪武年间已经形成。② 通政司在朝议中的作用凸显。通政司始设于洪武十年（1377 年）七月，其职掌为收受内外章奏，于早朝汇达御前。明太祖曾敕谕首任通政司使曾秉正，特录于下：

> 孔子有云：致知格物，物格而后知至。所以累朝名臣及士夫君子，能成其名者，皆因履此道而不妄，故美矣。今尔曾秉正等，职专详审内外文书当否，奏闻行止，是其务也，别无相干行移。③

其中"职专详审内外文书当否，奏闻行止，是其务也"，说明了通政司的重要职掌所在。

明代常朝的参加者，主要是在京勋戚和文武百官。万历《明会典》详载了"朝仪、朔望朝仪、常朝御殿仪、常朝御门仪、午朝仪、忌辰朝仪、辍朝仪、诸王朝见仪、外戚朝见仪、百官朝见仪出入等仪附、诸司奏事仪"，根据明代"常朝御殿仪"：洪武初定，凡早朝，文官自左掖门入。武官自右掖门入。依品级列班，各衙门官以次行礼讫，有事奏者，于奉天门或华盖殿进奏。洪武二十二年（1389 年）奉天殿常朝，五府、六部、都察院、通政

---

① 《明会典》卷四四《诸司奏事仪》，第 318 页。
② 《明太宗实录》卷二九，永乐二年三月壬戌，第 521 页。
③ 《明太祖御制文集》卷六。

司、大理寺、锦衣卫等官于殿内侍立。奏事止于华盖殿。洪武二十四年（1391 年）定：侍班官员，东班则六部堂上官、各子部掌印官、都察院堂上官、十三道掌印御史、通政司、大理寺、太常寺、太仆寺、应天府、翰林院、春坊、光禄寺、钦天监、尚宝司、太医院、五军断事官及京县官。西班则五军都督及首领官、锦衣卫指挥、各卫掌印指挥、给事中、中书舍人。洪武二十六年（1393 年）令：凡文武百官于奉天、华盖、武英等殿奏事。[①] 而洪武二十四年（1391 年）规定的入朝次第是"令朝参将军先入，近侍官次之，公、侯、驸马、伯又次之，五府六部又次之，应天府及在京杂职官员又次之"[②]，这使我们了解到应天府县及在京杂职官员都在朝参之列。

洪武初年给赐朝臣公服、朝服，受赐者多达 2813 人[③]，有学者认为这些人按理都应是朝参者。[④] 然恐怕受赐者并非都是同时朝参者。而明朝规定，朝服"凡大祀庆成、正旦、冬至、圣节，及颁降开读诏赦、进表、传制，则文武官各服朝服，见职掌。其武官应直守卫者，不拘此服"[⑤]。也就是说朝参时还有不服朝服的武官，故朝参人数尚难以确知。

《明太祖实录》中的记载，更使我们了解到明初朝参扩大规模的背景："上以天下初定，欲通群下之情，日诏百官悉侍左右，询问民情，咨访得失，或考论古今典礼制度。故虽小官亦得上殿，至有逾越班序者。"[⑥]

凡早朝奏事。洪武二十九年（1396 年）定在奉天门的奏事次

---

① 《明会典》卷四四《常朝御殿仪》，第 312 页。

② 《明会典》卷四四《常朝御门仪》，第 312 页。

③ 徐学聚：《国朝典汇》卷一一一，《礼部》九《冠服制》，北京大学出版社 1993 年版，第 5380 页。

④ 胡丹：《明代早朝述论》，《史学月刊》2009 年第 9 期。

⑤ 《明会典》卷六一《文武官冠服》，第 382 页。

⑥ 《明太祖实录》卷四八，洪武三年正月癸巳。

第：一都督府、二十二卫、三通政司、四刑部、五都察院、六监察御史、七断事司、八吏部等五部、九应天府、十兵马司、十一太常寺、十二钦天监。若太常寺奏祭，则在各衙门之先。而于奉天、华盖、谨身殿奏事，也由仪礼司依次赞某衙门奏事。在文华殿则由詹事府在先。① 正如明太祖所云："六部、六科给事中、承敕郎、参军、仓场、卫分，日逐随朝。朕之所言目击耳闻。"② 在废除丞相以后，上至六部官员，下至卫所小吏，都要随班朝参，亲聆皇帝发出诏旨。

在京百官之外，还有外官的来朝："洪武初，外官每年一朝。二十九年，始定以辰、戌、丑、未年为朝觐之期。""洪武十七年，令天下诸司官吏来朝。明年正旦，各造事迹文册，仍画土地人民图本，如期至京"。③ 当时"四方来者云拥而林布"，除了官员，凡奉召来的耆老、人才、学官、儒者等，皆令"随朝观政"，将官子弟也"随班朝参，以观礼仪"。④ 皇帝亲"试文辞，询问经史及民间政事得失"。⑤

以洪武六年（1373 年）正月为例。太祖谕来朝守令曰："朕设置百官，各司厥职，以分理庶务。惟都守、县令为牧民之官，凡赋敛、徭役、诉讼，皆先由县，次方至府。若县令贤明，则赋敛平，徭役均，诉讼简。一县之事既治，则府可以无忧矣。苟县官贪虐以毒民，或怠弛以废事，民间利病，尸坐不闻，不惟民受其殃，府亦受其弊矣。为府官者知其弊，能绳其奸贪，去其阘茸，请更贤者而任之，则上下皆安矣。若知而不举，上下蒙蔽，虽苟

---

① 《明会典》卷四四《诸司奏事仪》，第 314 页。
② 《大诰续编·朝臣蹈恶第五十》，《皇明制书》本，日本古典研究会 1966 年版，上册第 86 页。
③ 《明会典》卷一三《朝觐考察》，第 78 页。
④ 《明太祖实录》卷七三，洪武五年三月己酉，第 1335 页。
⑤ 《明太祖实录》卷二四六，洪武二十九年八月己酉，第 3579 页。

且一时，终必为其所累。智人君子，必能察于此矣。尔等勿谓身居远外，朕不能知。异日政绩有闻，必有嘉赏，顾尔等为政何如耳。"命赐以酒食。明日陛辞，太祖复谕之曰："慈祥恺悌，身之德也；刻薄残酷，德之贼也。君子成其德而去其贼，故惠及于人；小人养其贼而悖其德，故殃流于众。且人莫不有是德，君子守之不失，故天理恒存；小人舍而不为，故私欲恒蔽。朕之任官，所用惟贤；举廉兴孝，惟欲厚俗；崇德劝善，惟欲成化。若伪为慈祥，必无仁爱之实；伪为恺悌，必无乐易之诚。尔等宜勉修厥职，广施惠政，以副朕怀。"①

实际上早在吴元年七月，除授郡县官 234 人。明太祖对中书省臣曰："新授郡县官多出布衣，到任之初，或假贷于人，或侵渔百姓，不有以养其廉，欲其奉公难矣。"于是赐予道里费。次日，各郡县官受赐后入谢。太祖谕之曰：

> 自古生民之众，必立之君长以统治之。不然，则强者愈强，弱者愈弱，纷纭吞噬，乱无宁日矣。然天下之大，人君不能独治，必设置百官有司以分理之。锄强扶弱，奖善去奸，使民得遂其所安。民得其安，然后可以尽力田亩，足其衣食，输租赋以资国用。予今命汝等为牧民之官，以民所出租赋为尔等俸禄，尔当勤于政事，尽心于民。民有词讼，当为辩理曲直，毋惑尸位素餐，贪冒坏法，自触宪纲。尔往，其慎之。②

信息渠道是否畅通，关系到决策是否正确与及时。国家大事千头万绪，涉及方方面面，了解全国各方面情况的多种形式，面

---

① 《明太祖实录》卷七八，洪武六年正月乙巳，第 1421—1422 页。
② 《明太祖宝训》卷六，台北中研院史语所校勘影印本，1962 年，第 442 页。

奏召对是重要形式之一。皇帝决策依据信息源的获取，地方官员的作用非常重要。皇帝定期接受常规汇报，此外，还派遣巡按代天子巡行，派定期到京师向皇帝直接汇报各地情况，以通民情为目的，保证下情的上达，成为朝廷和各地信息联系的中介。洪武十年（1377 年）七月，诏遣监察御史巡按州县。入辞时，太祖谕之曰："近日山东王基言事，不务正论，乃用财利之术以惑朕听，甚乖朕意。今汝等出巡天下，事有当言者，须以实论列，勿事虚文。凡为治，以安民为本，民安则国安。汝等当询民疾苦，廉察风俗，申明教化。处事之际须据法守正，务得民情。惟专志以立功，勿要名以取进。朕深居九重之中，所赖以宣布条章、申达民情者，皆在汝等。汝其慎之"。①

明太祖曾云："自今以后，若欲尽除民间祸患，无若乡里年高有德等，或百人，或五六十人，或三五百人，或千余人，岁终议赴京师面奏。本境官吏为民患者几人，造民福者几人，朕必凭其奏，善者放之，恶者移之，甚者罪之。呜呼！所在城市乡村者民智人等，肯依朕言，必举此行，即岁天下太平矣。民间若不亲发露其奸顽、明彰有德，朕一时难知，所以嘱民助我为此也。"② 这里道出了还有民间"年高有德"者颇具规模的赴京师面奏。

《明太祖实录》记载：洪武二十六年正月，"诏免天下耆民来朝。先是，诏天下民年五十以上者来朝京师，访民疾苦，有才能者拔用之；其年老不通治道，则宴赍而遣之。至是来者日众。上谕吏部尚书詹徽等曰：朕念来朝耆民，其中亦有年高者，跋涉道途劳苦，可遣人驰传于所在止之"。③

不仅国家的军政大事、重大制度的兴革，都在面奏讨论之列，

---

① 《明太祖实录》卷一一三，洪武十年七月，第 1871 页。
② 《御制大诰·耆民奏有司善恶第四十五》上册，第 49 页。
③ 《明太祖实录》卷二二四，洪武二十六年正月戊申，第 3274 页。

而且简直是事无巨细都要向皇帝请旨定夺。明初对于建言有明确规定，后世一直在延续：

> 按祖训，大小官员、并百工技艺之人，应有可言之事，许直至御前奏闻。其言当理，即付所司施行。诸衙门毋得阻滞。违者即同奸论。所以广耳目、防壅蔽，而通下情也。

洪武二十四年（1391 年）规定今后在京衙门，有奉旨发放为格为例，及紧要之事，须会多官计议停当，然后施行。又令"各衙门会议事、六科给事中与议。若有众论不同，许面奏定夺"①。这里表明凡各部门集议，有不同意见，需要面奏定夺。

明初，设立给事中，职专主封驳纠劾等事。洪武六年（1373年）分为吏、户、礼、兵、刑、工六科。凡每日早朝，六科轮官一员于殿廷左右执笔纪录圣旨。仍于文簿内注写某日某官某钦记相同，以防壅蔽。凡各衙门题奏本状、奉旨发落事件，开坐具本。户、礼、兵、工、刑五科俱送吏科。每日早朝，六科掌科官同于御前进呈。②

总之，百官奏事是常朝最重要的内容，主要原因是新体制规定，凡事都要请旨，旨不发则政不行。洪武年间参加常朝的官员人等众多，所奏事项繁琐，几乎可以说百司所有政务，无论大小轻重，均在皇帝视朝时上奏，在朝君臣共同讨论政事，由皇帝当场处理，形成诏令颁行天下，这是"以文书御天下"的真实场景，无疑是明初政治的一大鲜明特色。

需要说明的是，常朝之后，遇有重大国事，皇帝随时召集有关臣僚商议。在实行重大决策前，一般先与大臣面议，或命令中

---

① 《明会典》卷八〇《会议》，第 459 页。
② 《明会典》卷二一三《六科》，第 1061 页。

书省臣主持集议，集议后，主持者将所议结果上奏，由皇帝裁决。皇帝有三种选择，一是同意，二是否决，三是下令重议。第三种情况是新一轮讨论，结果上报后，皇帝再次作出抉择。

洪武年间朝议的繁盛景象，意味着广开言路，广泛听取各种意见，集思广益，判断是非，选用良策，这是明初政治体制与社会秩序建构的重要过程。明初凡有大政，必下达诏书，而在下达之前，群臣的议论，是诏令形成的重要前提。从遗存下来的诏令文书来看，明初制度的兴革，大都是由官僚士大夫儒士提出后由皇帝做出抉择的。君主专制体现的另一面，是君臣共议、共建、共治的形态。

### （五）章奏批答形成的诏令

章奏批答，是皇帝处理日常政务的主要方式之一，也是诏令形成的主要形式之一。

在明代政治过程中，请旨而后行是必须的，但并不一定都要面奏，通过章奏，得到皇帝的批答，同样形成诏令的下颁。

政务中的信息畅通是行政正常运转的关键，章奏作为政务信息的重要来源，与国家政务处理，也就是诏令形成过程有着密切关系。明太祖出自社会底层，他充分认识到下情上达对于国家治理的重要意义，早就认为元代之弊主要就是"言路堵塞，上下壅蔽"，以为"治国之道，必先通言路。言犹水也，欲其长流。水塞则众流障遏，言塞则上下壅蔽"①。所以一直致力于"通民情"、集思广益，官民章奏的大部分得到了皇帝采纳，形成决策形式的诏令颁行下去。

《明会典》记载：

---

① 《明太祖实录》卷一五，甲辰年六月戊戌，第196页。

国初定制，臣民具疏上于朝廷者为奏本，东宫者为启本，皆细字。后以在京诸司奏本不便，凡公事用题本。其制比奏启本略小，而字稍大。①

洪武九年（1376 年），因灾异事，皇帝"特布告臣民，许言朕过"。一月后，有 15 人上书，其中有布政使、知县等文官，也有卫所指挥等武将，有国学生，也有平民百姓。当时明太祖准其言的有 8 人，共 17 件事；不准的有 6 人，还有 1 人被认为是"假公济私"而治罪。刑部主事茹太素上书陈言，长达万余言，实际内容才 500 字。明太祖大为不满。但事后深夜令人诵读其上言的五事，认为四事可行，于是"当日早朝，敕中书、都府、御史台，著迹以行"。并"因如是，故立上书陈言之法，以示天下。若官民有言者，许陈其事，不许繁文，若过式者问之"。其令中书省所立上书陈言之法，即《建言格式》，由明太祖亲自作序，颁布全国："若官民有言者，许陈实事，不许繁文，若过式者问之。"②

明太祖对于官民人等的上奏，特别是建言极为重视。洪武十年（1377 年）六月，下令天下臣民言事者实封直达御前③。明初建立起一整套政治社会制度，考其起源，大多数是皇帝采纳建言的结果。如洪武元年（1368 年）十二月，监察御史高原侃言"京师人民循习元氏旧俗，凡有丧葬设宴会亲友作乐娱尸，惟较酒殽厚薄，无哀戚之情，流俗之坏至此，甚非所以为治。且京师者天下之本，万民之所取，则一事非理，则海内之人转相视效，弊可胜言。况送终礼之大者，不可不谨，乞禁止以厚风化"。史载："上是其言，乃诏中书省，令礼官定官民丧服之制。"④ 又如洪武

---

① 《明会典》卷七六《奏启题本格式》，第 440 页。
② 《明太祖集》卷一五《建言格式序》，第 304—305 页。
③ 《明太祖实录》卷一一三，洪武十年六月丁巳，第 1864 页。
④ 《明太祖实录》卷三七，洪武元年十二月辛未，第 709—710 页。

二十三年（1390年），镇海卫军士陈仁建言造海舟，"上是其言行之"①。这样形成的诏令数量很大。《明史》卷一六四《邹缉传》"赞曰：明自太祖开基，广辟言路。中外臣寮，建言不拘所职。草野微贱，奏章咸得上闻。"②

下面这一敕书是皇帝下令群儒集议建言的典型一例。

《命群儒议建言事敕》：

> 昨忽闻沙门上言，自云为教门事。朕弗许而囚禁之。少时，开书视之，实为本等宗门，所以言僧多不奉敕，污处其俗。况僧寺田粮役重，特上干朝堂，意在免僧寺、道观税粮、差役。有此无知，今左右究其所以。
>
> 是僧昔职运司典吏而上言。朕欲进人言，擢为县牧。而乃不循轨度，居徒役，遇宥而归。其人志不力田，业不商贾，窘于乡里。于是乎去须发，作沙门，所以特与僧便，因是朕责之。且本僧昔役运司，而不能清煮海之课过；擢为县牧，既不询民瘼而干宪章，侥幸遇宥。观斯情况，补朕之功甚少，蠹政害民之心如渊泉焉。令收入禁，何如处之？请决。③

此敕反映出僧人昔为典史上言，擢为县官，不能守法，去官为僧，又有上言之事。由此可知，当时上言及其被采纳的情形，同时也佐证了明太祖令群儒议建言事，让群儒来协助作出抉择。

值得注意的是，章奏批答，具有多种形式。下级官吏的奏章是皇帝随时了解中央各部门乃至全国各地发生情况的重要途径，是皇帝理政的信息源。"上封事"，就是臣下直接上书皇帝言事；

---

① 《明太祖实录》卷一九九，洪武二十三年正月甲申，第2986页。
② 《明史》卷一六四《邹缉传》，第4461页。
③ 《明太祖集》卷七，第128页。

建言，是对于政事有益的意见与建议，成为皇帝决策的重要依据。明太祖规定臣下给君主奏章表疏的内容，必须如实反映，不得弄虚作假，否则当以"欺君"论处。明初专门设置通政司这一机构，主要职能是受理臣民章奏。奏报四方章奏实封建言、陈情申诉及军情消息、灾异等事。明初，凡军民人等陈情建言，奏告词讼，例由通政司转。通政司不能于事先窥见所奏之事，臣民告发官吏，"实封皆自御前开拆，故奸臣有事即露，无幸免者"①。"洪武二十六年定，凡有四方陈情建言、申诉冤枉民间疾苦善恶等事，知必随即奏闻"②。具体的过程是：凡天下臣民实封到司，须在公厅共同开拆，仔细检看。如事涉军情机密，调拨军马，及外国来降、进贡方物、急缺官员、提问军职有司官员，需要请旨定夺的事务，即于底簿内誊写略节缘由，将原来实封御前陈奏。奏毕，就于奏本后批写旨意，送该科给事中收，转令该衙门抄出施行。③

在废相后，明太祖需要处理的章奏成倍增长。根据给事中的统计，在洪武十七年（1384 年）九月十四日至二十八日的 14 天时间中，共有内外诸司章奏 1660 通，奏事 3391 件。④ 因此章奏批答是处理政务的重要方式，而且数量极大，负荷极重。

综上所述，自从秦始皇确立"命为制，令为诏"以来，制诏就成为皇帝决策的表现形式。皇帝诏书的内容包括国家政治、军事、经济、文化等各个方面，具有最高的法律效力。这是诏令形成的主要形式。实际上诏令通过多种形式和途径形成，如通过对翰林近侍官员和高层臣僚的口谕，针对有关衙门事务和向全国发布的榜文、大诰等。总之，令下辄行，以诏令形成和颁行为中心形成一种运转机制，帝国政治体制以此建构起来并全面运行。

① 《菽园杂记》卷九，中华书局 1985 年版，第 116 页。
② 《明会典》卷二一二《通政使司》，第 1056 页。
③ 同上。
④ 《明太祖实录》卷一六五，洪武十七年九月己未，第 2544—2545 页。

归纳明初诏令的形成过程，主要有以下三种形式：

第一，是皇帝将问题交臣下讨论，提出方案，经由皇帝批准，形成诏令下颁执行。

第二，是皇帝视朝，于常朝会见百官，一切军国大事和琐细日常政务均在其列，形成诏令颁行。

第三，是皇帝亲自批阅文武百官的奏章疏报，直接决定军国大政方针和重大问题，大臣面奏取旨，执行皇帝的诏令。

重要的是，我们从以上诏令形成，也即明初政治过程实态，可以了解到即使是在学界普遍认为是君主专制高度发展的典型时期，政治体制建构也明显是君臣共议、共建、共治的结果。

# 三　诏令所见政治体制的重构

### （一）中书令的废而不设

洪武初年的政治体制，基本上是承袭元朝的。元朝的政治体制，在中央设中书省总理全国政务，最高长官中书令由太子担任，中书令之下设左右丞相，下设平章政事、左右丞，参知政事。在地方设行中书省，作为中书省的派出机构。

洪武元年（1368 年）春正月，以李善长、徐达为左右丞相，[①]《明太祖御制文集》中亲撰的《中书左右丞相诰》，全文如下：

> 朕闻贤者辅君，则君德备倍焉。何哉？盖冢宰之职，出纳王命，若使出纳非宜，则君德亏矣；出纳合宜，则君德张矣。然何止出纳王命而已矣，其进退庶职亦为重要，所以庶职为重要者，为分理天下之多务。若多务理，则民之乐苦晓然矣。既知民瘼之艰辛，必使之无艰辛矣。于斯之道，岂不

---

① 《明太祖实录》卷二九，洪武元年正月乙亥，第 482 页。

君德备倍焉？若为人臣，异此道而他强为，则众职臧否不分，事多繁而不律，则君德亏矣。然用人为易，惟得人为难，若欲必得其人，使见之于行事。今尔其国之旧臣，施设诸事，已有年矣。今特命尔为中书某官，当夙夜奉公，上美皇天之昭鉴，下契黔黎之仰瞻，使阴阳和而四时序，均调玉烛，海内晏然，蛮貊来宾，朕与卿等同阅熙熙皞皞之年，岂不伟欤？今承朕命，当崇乃功、广乃业，为邦之柱石，亦尔嗣之陟，安得不贤智者欤？尔宜懋哉。①

《诰命》的内容，一般由两部分组成，首先是训诫，重要的是要让所任命的官员明了任官的职掌所在，随后才是任命官职。此诰云"盖冢宰之职，出纳王命"，是所谓丞相之职掌。《诗·大雅·烝民》曰："出纳王命，王之喉舌"。② 喉舌在这里是代言者之意。明太祖认为丞相是皇帝的代言者，所代之言，无疑即指诏令。因此，他不允许有诏令之外的政令，这本是题中之意，以此，皇帝不能容忍"内外诸司上封事"时由丞相先于皇帝取阅，一旦丞相有隐瞒不报，或不奏径行，就有政出相门之嫌，则就犯了大忌。后来的事态发生，正是如此。

次年，洪武二年（1369 年）二月，皇帝以手敕的形式，谕中书省臣曰：

中书法度之本，百司之所禀承，凡朝廷命令政教，皆由斯出。事有不然，当直言改正，苟阿意曲从，言既出矣，追悔何及。《书》云：股肱惟人良臣，惟圣自今。事有未当，卿

---

① 《明太祖御制文集》卷四，第 127—128 页。
② 《诗经》，广州出版社 2001 年版，第 255 页。

等即以来言，求归至当，毋从苟顺而已。①

"凡朝廷命令政教，皆由斯出"，这里再次突出了丞相"出纳
王命"的重要地位。始命丞相之次日，中书省奏定六部官制。起
初，中书省只设四部以掌钱谷、礼仪、刑名、营造之务，后来皇
帝"命李善长等议建六部以分理庶务"，于是乃定置吏、户、礼、
兵、刑、工六部之官。接着明太祖在奉天殿接见六部官，谕之曰：

> 朕肇基江左，军务方殷，所以官制未备。今以卿等分任
> 六部，国家之事，总之者中书，分理者六部。至为要职，凡
> 诸政务，须竭心为朕经理，或有乖谬，则贻患于天下，不可
> 不慎。②

"国家之事，总之者中书，分理者六部"，诏令明确了六部对
中书的隶属关系。元朝体制，设中书令以皇太子兼领，"典领百
官，会决庶务"。③ 明朝初建，对于中书令的设置与否，君臣曾经
进行过讨论。洪武元年（1368 年）正月，中书省和都督府曾议奏
以太子为中书令，明太祖认为取法于古，择善而从，且太子年龄
未长，学未充分，历练不够，故命今后凡军国重务向太子报告。④
而中书令便废而不设。

**（二）废相的铺垫**

洪武三年（1370 年）十二月，儒士严礼上言治道，云臣民不
得隔越中书省直接向皇帝奏事。明太祖览后对侍臣说："夫元氏之

---

① 《明太祖实录》卷三九，洪武二年二月乙酉，第 797 页。
② 《明太祖实录》卷三四，洪武元年八月丁丑，第 610 页。
③ 宋濂等：《元史》卷八五《百官志》一，中华书局 1976 年版，第 2120 页。
④ 《明太祖实录》卷二九，洪武元年正月辛巳，第 491 页。

有天下，固由世祖之雄武，而其亡也，由委任权臣，上下蒙蔽故也。今礼所言不得隔越中书奏事，此正元之大弊也。君不能躬览庶政，故大臣得以专权自恣。"① 由此看来，明太祖认为元朝败亡直接相关的重大弊政，就是"委任权臣，上下蒙蔽故也"；他以为天下主必须保持不被蒙蔽，这是保证统治延续的重要前提条件。而不被蒙蔽，就要"躬览庶政"，首先要保证的是君主信息源的通畅，即充分认识到君主亲自掌控全国庶政信息，对于国家具有成败关键的意义。这是明太祖关于下情上达问题的深刻认识。

至于上情下达的问题，也即诏令下颁执行的问题，明太祖认为对于统治至关重要。明太祖的体制改革从地方机构开始。洪武九年（1376 年）六月，下令改行中书省为承宣布政使司，废除行省平章政事、左右丞等官职，改参知政事为布政使，以"掌一省之政"，主管民政和财政。《明太祖御制文集》中明太祖亲撰的《承宣布政使诰》，阐明了以承宣布政使司替代行省的深刻内涵：

　　迩来朕有天下，更行省为承宣布政使司。所以承者，朕命也；宣者，代言也；布者，张陈之；所以政者，军民休戚，国之利病。所以四者，必去民之恶，导民之善，使知有畏从。于斯之职，可不重乎？若非其人，则方隅之军民失所仰瞻；若得其人，则方隅之事，军足食、民乐耕，其鳏寡不失其所焉。不但如是而已，则朕虽菲下，德必张矣，国家磐石矣。②

根据上述诰命，这不仅是名称的简单改变，而是保证皇帝诏令下达全国各地的重要步骤。在名称改变的背后是性质的改变：承宣布政，就是上承皇帝诏令，作为皇帝在地方的代言人，布政

---

① 《明太祖实录》卷五九，洪武三年十二月己巳，第 1158 页。
② 《明太祖御制文集》卷四，第 154 页。

于民。明确省一级官员不再是中书省派出的地方机构，而是皇帝派出、中央派驻的承接诏令、布政于民的地方官，具体表现形式是秉承诏令，传达于民。通过布政使，下达各府、州、县地方官员，秉承诏令治理地方，而不是秉承中书省丞相的政令来治理地方。一般认为，这是集权于中央，实际上以诏令为中心来审视，作为皇帝，他认为布政使"其人甚重，所以重者何？重在承流宣化、通达民情者也"，他考虑的是："上德不下究，则郁而不彰，下情不上达，则塞而不通。为政郁塞，则远迩乖隔，上下不亲，得失无所闻，美恶无所见。如此则弊政百出，民不可得而治矣。"① 取消行中书省后，主要是使诏令与政令划一，统一治理，保证大一统帝国的有效运行。

（三）废相

关于废相的缘起，上文已经提到，洪武十年（1377 年）六月，朱元璋下令天下臣民言事者，实封直达御前。七月，设置通政司，"掌出纳诸司文书敷奏封驳之事"，收受内外章奏，于早朝达之御前。《明太祖实录》中记载皇帝敕谕通政使曾秉正等，与《明太祖御制文集》完全不同，现举如下，《实录》言：

> 壅蔽于言者，祸乱之萌；专恣于事者，权奸之渐。故必有喉舌之司，以通上下之情，以达天下之政。昔者虞之纳言，唐之门下省，皆其职也。今以是职命卿等，官以通政为名，政犹水也，欲其长通无壅遏之患，卿其审命令以正百司，达幽隐以通庶务。当执奏者勿忌避，当驳正者勿阿随，当敷陈者无隐蔽，当引见者无留难。毋巧言以取容，毋苛察以邀功，

---

毋谗间以欺罔，公清直亮，以处厥心，庶不负委任之意。①

"官以通政为名，政犹水也，欲其长通无壅遏之患"，可见通政司之设，明太祖主要考虑的仍然是不被"壅蔽"的问题。

洪武十一年（1378）三月初十日，谕礼部臣云：

> 《周书》有言："人无与水监，当于民监。"人君深居独处，能明见万里者，良由兼听广览，以达民情。胡元之世，政专中书，凡事必先关报，然后奏闻。其君又多昏蔽，是致民情不通，寻至大乱，深可为戒。大抵民情幽隐，猝难毕达，苟忽而不究，天下离合之机系焉，甚可畏也。所以古人通耳目于外，监得失于民，有鉴于此矣。尔礼部其定奏式，申明天下。②

上述敕谕内容涉及了元代中书"壅蔽"的问题，云元制中书掌政，凡事先报中书，然后达于御前，导致民情不通，甚至大乱，"深可为戒"。这里已露废相的前兆。

下面让我们来看洪武十二年（1379 年）《问中书礼部慢占城人贡敕》，其中包括两通敕谕，特录于下：

> 九月二十五日午时，直门内使报占城国王所进象马至于承天门，合无发付。何该朕闻之，甚难容辅弼者。且朕居中国，抚四夷，若夷有诚从者，必以礼待之；若肆侮者，必异处之。前者爪哇非礼，所以贡物不以礼受，但拘收而已，使者囚之。其占城来贡甚诚，王非侮我。行人方物既至，则当

---

① 《明太祖实录》卷一一三，洪武十年七月甲申，第 1869 页。
② 《明太祖实录》卷一一七，洪武十一年三月壬午，第 1917—1918 页。

陈设，晨朝以礼而进。今不令使者进献为何？宰相之职，出纳朕命，礼接百僚。今以重事视为泛常，岂不法所难容。特敕尔等自思，果何理道哉?!

又：

> 敕问中书礼部，必欲罪有所归。古有犯法者，犯者当之，此私罪也。今中书礼部皆理道出纳要所，九月二十五日有慢占城入贡事，问及省部，互相推调。朕不聪明，罪无归著。所以囚省部，概穷缘由。若罪果有所归，则罪其罪者，仍前推调，未得释免。①

此一涉外事件，竟然引发的是明朝内政的重大变化：丞相胡惟庸与汪广洋的下狱。右丞相汪广洋当年十二月贬海南，至太平赐死，复遣使斩之。第二年正月诛胡惟庸，并发的是体制上的重大举措——废相。

胡惟庸自洪武四年（1371 年）被任为丞相，十年来相权与皇权的矛盾终于以对外关系的微细处理而爆发，发人深思。

起初，任命胡惟庸为相，可见明太祖亲撰《命丞相大夫诏》：

> 朕闻古帝王之治天下，君为元首，臣为股肱，上下相资，同心一德。于斯之时，民安物阜，万邦来庭，皆由德政所致，非昏君邪臣所能及也。
>
> 朕平天下之初，数更辅弼，盖识见浅薄，任非其人。前丞相汪广洋，畏懦迂滑，其于申冤理枉，略不留意，以致公务失勤，乃黜为岭南广省参政，观其所施，察其自省。

① 《明太祖御制文集》卷七，第 227—228 页。

今中书久阙丞相，御史台亦阙大夫，稽古揆今，诚为旷典。特命左丞相胡惟庸为中书右丞相，中丞陈宁为右御史大夫。且惟庸与宁自广洋去后，独署省台，协诚匡济，举直错枉，精勤不怠，故任以斯职，播告臣民。呜呼！皇天无私，福善祸淫。惟尔二臣，当寅畏天地，恪恭朕命，勿以怠为先，以勤为后，各尽乃心，以臻于治。钦哉，钦哉，故兹诏示，想宜知悉。①

当时明太祖不满于汪广洋，而胡惟庸以"精勤不怠"见称，故有是命。其中，皇帝念念不忘的是让他与陈宁"恪恭朕命"。

早在洪武二年（1369 年）九月，明朝定蕃王朝贡礼。凡蕃王来朝，程序是这样的：至龙江驿，驿官具报应天府，由府报中书省及礼部，礼部以闻。次日，中书省奏知。引蕃王及其从官诣中书省见丞相，中书省取旨宴劳。也就是说，重要程序之一是"中书省奏知"。② 上述敕谕中"宰相之职，出纳朕命，礼接百僚。今以重事视为泛常，岂不法所难容"即指丞相没有上报入贡事。在明太祖看来，不奏报是一种直接的欺瞒行为。他一贯唯恐"壅蔽"，而胡惟庸因此触犯了大忌。

下情不上达而形成"壅蔽"，正是在这一点上，明太祖开始向丞相发难。以后事态急转直下，发生"涂节告变"等，均在此基础上引发。

洪武十三年（1380 年）正月，明太祖以谋危社稷的罪名杀左丞相胡惟庸，并对文武百官宣布："朕欲革去中书省，升六部，仿古六卿之制，俾之各司所事；更置五军都督府，以分领军卫。如

---

① 《明太祖集》卷二，第 28—29 页。
② 《明太祖实录》卷四五，洪武二年九月壬子，第 886 页。

此则权不专于一司，事不留于雍蔽。"① 最后的 "事不留于雍蔽"
一语，道出了皇帝的心结。清修《明史》，总结胡惟庸的罪名是
"独相数岁，生杀黜陟，或不奏径行。内外诸司上封事，必先取
阅，害己者，辄匿不以闻。四方躁进之徒及功臣武夫失职者，争
走其门，馈遗金帛、名马、玩好，不可胜数"②，其中 "生杀黜陟，
或不奏径行" 和 "内外治司上封事，必先取阅，害己者，辄匿不
以闻"，列于首项和次项，是颇有道理的。二者都涉及了 "雍蔽"
的问题。起初，内外诸司封事上奏，经由中书省，由中书省丞相
拟议取旨，章奏才呈皇帝，在这一过程中，产生了明太祖认为的
专权 "雍蔽"。

　　实际上，明初重大政事和用人必须经过中书省颁下诏敕解决。
明太祖以为丞相借皇帝权威行使自己的权力，丞相制度成为诏令
颁行的障碍。他总结历史上的教训，认为："昔秦皇去封建，异三
公，以天下诸国合为郡县。朝廷设上、次二相，出纳君命，总理
百僚。当是时，设法制度，皆非先圣先贤之道。为此设相之后，
臣张君之威福，乱自秦起。宰相权重，指鹿为马。自秦以下，人
人君天下者，皆不鉴秦设相之患，相继而命之，往往病及于君国
者。"③ 由此可知，明太祖吸取元朝政治最重要的失败教训，以为
相臣蒙蔽和专权，阻碍了皇帝得到真实民情，而主要以丞相命令
施政。明太祖最终决心废除元代弊政，进行改革，"事必躬亲"，
说到底，就是要诏令与政令统一。围绕诏令，强化君主专制的关
键步骤，是国家政治体制的重构，集权一身，使皇权得到高度的
扩张。

　　杀胡惟庸等之后，明太祖谕文武百官曰：

---

① 《明太祖实录》卷一二九，洪武十三年正月己亥，第2049页。
② 《明史》卷三〇八，《胡惟庸传》，第7906页。
③ 《明太祖御制文集》卷一一《敕问文学之士》，第337—338页。

朕自临御以来十有三年矣，中间图任大臣，期于辅弼，以臻至治，故立中书省以总天下之文治，都督府以统天下之兵政，御史台以振朝廷之纪纲。岂意奸臣窃持国柄，枉法诬贤，操不轨之心，肆奸欺之蔽，嘉言结于众舌，朋比逞于群邪。蠹害政治，谋危社稷，譬堤防之将决，烈火之将燃，有滔天燎原之势。赖神发其奸，皆就殄灭。朕欲革去中书省，升六部，仿古六卿之制，俾之各司所事。更置五军都督府，以分领军卫。如此则权不专于一司，事不留于壅蔽。卿等以为何如？

监察御史许士廉等对曰："历朝制度皆取时宜，况创制立法，天子之事。既出圣裁，实为典要。但虑陛下日应万机，劳神太过。臣愚以为宜设三公府，以勋旧大臣为太师、太傅、太保，总率百僚庶务。其大政如封建、发兵、铨选、制礼、作乐之类，则奏请裁决；其余常事循制奉行，庶几臣下绝奸权之患，主上无烦剧之劳。"史载"上然之"①。实际上却未见这方面有所举措。

洪武十三年（1380年），明太祖下令废除中书省和中书省丞相，仿周官六卿执政之制，把中书省权力分为吏、户、礼、兵、刑、工六部，提高六部的品秩。明太祖亲撰《废丞相大夫罢中书诏》曰：

朕膺天命，君主华夷。当即位之初，会集群臣，立纲陈纪，法体汉唐，略加增减，亦参以宋朝之典，所以内置中书、都府、御史台、六部，外列都指挥使司、承宣布政使司、都转运盐使司、提刑按察司，及府、州、县，纲维庶务，以安兆民。朕尝发号施令，责任中书，使刑赏务当。不期任非其

---

① 《明太祖实录》卷一二九，洪武十三年正月己亥，第2049页。

人，致有丞相汪广洋、御史大夫陈宁昼夜淫昏，酣歌肆乐，各不率职，坐视废兴。以致丞相胡惟庸构群小寅缘为奸，或枉法以惠罪，或执政以诬贤，因是发露，人各伏诛。特诏天下，罢中书，广都府，升六部，使知更官定制，行移各有所归，庶不紊烦。于戏！周职六卿，康兆民于宇内；汉命萧、曹，肇四百年之洪业。今命五府、六部详审其事，务称阙职，故兹诏谕。①

更定官制以后，大多学者认为是加强了皇权，也有学者以为六部地位尊，提高了六部的职权。然而重要的是，我们还应该看到，在诏令形成过程中，皇帝直接面对六部，免去了原来中书省的中间环节，有利于上情下达和下情上达，使皇帝的信息不至于"壅蔽"，从而提高了行政效率，保证了皇帝诏令的推行全国。还有一点也很重要，就是废相以后，诏令与政令统一，使官僚士大夫回归了诏令执行者的身份。因此，明太祖认为这一改革"立法至为详善"，洪武二十八年（1395年），他颁布《皇明祖训》，将废相作为家法传世：

　　自古三公论道，六卿分职，并不曾设立丞相。自秦始置

---

① 《明太祖御制文集》卷二，第82—84页。明太祖还亲撰《废丞相汪广洋敕》："敕谕：怠政坐视废兴，丞相汪朝宗，虽相从之久，初务事军中，凡有问，则颇言是非；不问，则是非默然不举。既入台省，叠至两番，公私不谋，民瘼不问，坐居省台，终岁未闻出视。兴造役民处所，工之巨微，茫然死知，有问无答。奉祀诸神所在，略不究心。自居大宰之位，并无点督之勤，公事浩繁，惟从他官。剖决不问，是非随而举行。数十年来，进退人才，并无一名可纪，终岁安享大禄。昔命助文正于江西，虽不能匡正其恶，自当明其不善，何其幽深隐匿，以致祸生。前与杨宪同署于中书，宪奸恶万状，尔匿而不言。观尔之为也，君之利乃视之，君之祸亦视之，其兴利除害，莫知所为。以此观之，无忠于朕，无利于民，如此肆侮，法所难容。差人追斩其首，以示柔奸。尔本实非愚士，特赐敕以刑之。尔自舒心而量已，以归冥冥。故兹敕谕。"见《明太祖御制文集》卷七，第228—230页。

丞相，不旋踵而亡。汉、唐、宋因之，虽有贤相，然其间所用者多有小人，专权乱政。今我朝罢丞相，设五府、六部、都察院、通政司、大理寺等衙门，分理天下庶务，彼此颉颃，不敢相压，事皆朝廷总之，所以稳当。以后子孙做皇帝时，并不许立丞相。臣下敢有奏请设立者，文武群臣即时劾奏，将犯人凌迟，全家处死。①

《谕天下有司》，《明太祖御制文集》归类于卷七《敕》，说明皇帝由此加强了下情上达的情形，现录敕文于下：

前者奸臣乱法，事觉伏诛。初，将以为中书、御史台供用非人，是致上干五星躔度，下戾地气而节候乖常，既以明彰法律，扫除奸臣，想天下诸司有职掌者，必人各精审其事，与朕共治升平，安黔黎，乐雍熙于市乡。故于二月初一日发丹符出验四方，令有司将连年秋、夏税粮课程从实具陈无隐，以奏目来闻。不以文繁，敕谕分明，必各各职掌者，以忠诚来闻……今再差人各抵所在，务要县不通州，州不通府，府不通布政司，即将自洪武某年本郡入籍当年直至洪武十二年诸名项钱粮、金银、疋帛尽数报来，当该佐贰官、首领官各一员，吏一名，与赍符者一同赴京面奏。②

此敕颁发时间应在中书省事发之后，皇帝命令全国各布政司、府、州、县各自报送钱粮等实数，并派官吏赴京面奏。这通诏谕印证了体制重构的中心，就是天下章奏不再经过中间环节，先达

---

① 《皇明祖训·祖训首章》，《皇明制书》本，日本古典研究会，1966年，下册第2页。
② 《明太祖御制文集》卷七，第246—248页。

御前。

### （四）四辅官的设置

洪武十三年（1380 年）正月明太祖废除丞相后，同年九月，以四季为号，设置了四辅官。明太祖亲撰《谕王本等职四辅官》：

> 朕观上古君臣，必正直无私，心同气合，方乃上悦天心，下忻地祇，致海岳效灵，于是乎经邦论道，永安社稷，利济生民，臣亦昌焉。
>
> 朕本寒微，遇天更元运，偶与群雄并驱，逢多难，遇艰深，率英俊，自中土渡江东来造基。于是君天下，子庶民，十有三年。朝无辅佐良臣，以致道乖政靡，弗获太安。于是访近臣而求士，得尔诸儒来朝。朕欲洗心涤虑，与贤者志同，永安寰宇。今将旬有余日，彼情难知，丹衷无究，若或用之，倘心怀异志，无利济之诚，则昊天昭鉴，加以祸淫，又何救焉？故敕尔群儒等，若果心无异志，诚可会神，与朕同游，以安天下。故兹敕谕。

又：

> 昔者莘耕者为政，社稷永安；傅岩之野者在朝，君仁民康。斯二贤，叠出于殷商，致君六百年之大业。是贤者虽处同处异，其忠君济民之道一。
>
> 然朕政未施，访近臣而求士，召尔王本等来朝，命为四辅之官，兼太子宾客，位列公侯都府之次，必欲均调四时，德合人天。卿等慎之，同安盛世。故兹敕谕。

又：

斯等受斯重任，朕与卿等，民生系焉，可不重乎！且卿等昨为庶民，今辅朕以掌民命，出类拔萃，以显父母，岂不天人交庆？呜呼，慎哉！二仪之敬，事理无乖，心常格神，言常履道。故兹敕谕，想宜知悉。①

以上是三通给予王本等四辅官的敕谕，是通过三次场景产生的。总的说明特设四辅官，其目的是"与朕同游，以安天下"，明确四辅官位隆："位列公侯都府之次"，任重："朕与卿等，民生系焉"，期待的是"均调四时"，"社稷永安"。《明史》载太祖罢中书省以后，"既又念密勿论思，不可无人，乃建四辅官，以四时为号，诏天下举贤才。"②

《明太祖实录》载，皇帝敕谕四辅官王本等曰：

朕尝思之，人主以一身统御天下，不可无辅臣。而辅臣必择乎正士，若尧舜匪咨四岳，政事不免于壅蔽；商辛能任三仁，启沃岂亡于裨益。故尧舜以得人而昌，商辛以弃贤而亡，此古今之龟鉴也。朕惟鉴兹，乃惟贤是求。卿等受斯重任，宜体朕怀，心常格神，行常履道，佐理赞化，以安生民。且卿等昨为庶民，今辅朕以掌民命，出类拔萃，显扬先亲，天人交庆。于戏盛哉！故兹再谕，尚克念之。③

自胡惟庸不法之后，特召天下贤材，而有司又多泛举。尚书范敏独能荐卿等以辅朕，朕视卿等皆年高笃厚，故九月告于太庙，议立四辅，以王本、杜佑、龚敩为春官，杜敩、

---

① 《明太祖御制文集》卷七，第128—130页。
② 《明史》卷一三七《安然传》，第3944页。
③ 《明太祖实录》卷一三三，洪武十三年九月戊申，第2115—2116页。

赵民望、吴源为夏官，惟秋冬官缺，以本等摄之。是年自春
徂秋，天灾叠见，维秋之暮，天气尚暄，尝谕本等沐浴致斋，
精勤国务，以均调四时。本等奉命尽诚，逮立冬朔风酿寒，
以成冬令。呜呼！天其兆吉人乎，感应之机如响斯答。古者
三公四辅论道经邦，理阴阳，顺四时，其或有乖戾，则曰公
辅失职。盖人事有不齐，则天应之有如此者。卿等尚当竭忠
诚以勤厥职，庶几感格天心。苟在己之诚一有不至，则不足
以动人，况于动天乎？可不慎欤！①

四辅官的职责主要是"协赞政事"。所知参与政事的主要有
"刑官议狱，四辅及谏院复核奏行，有疑谳，四辅官封驳"②，"凡
郡县所举诸科贤才至京者，日引至端门庑下，令四辅官、谏院官
与之论议，以观其才能"③。四辅官设置时间不长，史载其职掌多
语焉不详，四辅官的职掌应以备皇帝顾问为主。

洪武十四年（1381 年）皇帝又敕谕四辅官王本等曰：

天道福善，祸淫不言而见。君有德，则降祥以应之；不
德，则降灾以警之。故天之于君，犹父之于子，子不善而父
警之，安敢不惧？盖谨惧无违，犹虑有非，尝之灾若恣肆，
不戒岂能免当然之祸？朕与卿等皆当慎之。④

其后，还有《谕四辅官王本毋陪祭敕》：

———————

① 《明太祖实录》卷一三四，洪武十三年十月戊午，第 2121 页。
② 《明史》卷一三七《安然传》，第 3944 页。《明太祖实录》记载："命刑官听两
造之辞，果有罪验，正以五刑。议定然后入奏，既奏，录其所被之旨，送四辅官、谏院
官、给事中覆核无异，然后覆奏行之。有疑谳，则四辅官封驳之。著为令。"见卷一三
五，洪武十四年正月，第 2144 页。
③ 《明太祖实录》卷一三五，洪武十四年正月丙申，第 2140 页。
④ 《明太祖实录》卷一三九，洪武十四年九月丙午，第 2192 页。

祀神之道，非会人也。古法：刑、丧不预。禂旗之祭在
迩。卿极刑，毋列班。①

从洪武十四年（1381 年）四辅官安然之死，明太祖亲撰的
《祭四辅官安然文》来看，明太祖对于安然是不满的，而安然是以
忧卒。黄彰健先生早已揭示出《实录》中的祭文有所改易，事实
也不是如《明史》记载的那样"帝眷注特隆"②。特将祭文录
于下：

尔中土之士，昔当元末从事义旅，效力于元。职掌兵
夫。及元运终，大将军长驱齐鲁，当是时，尔守齐东。尔
为中土之士，祖宗丘陇在焉，所以弃胡归我，其来甚诚。
朕于尔嘉，是以数授之以重任。每临方面，累有极刑之犯
者三，朕尝释之。前年为坐视胡惟庸、陈宁为恶，意已同
奸。朕思来归之美，仍前释之。昨为朝无人用，复召尔
来，想必加诚事朕，何期鬼神鉴焉。尔怀自愧之疾，遽然
幽往。朕观所以，必有究乎？然朕尚思初归之意，犹加牲
醴之奠。③

此祭文中"昨为朝无人用，复召尔来"之语，揭示了皇帝对
于辅佐之臣的需求。当时四辅官不能胜任，在很短时间里相继致

---

① 《明太祖集》卷七，第 130 页。黄彰健先生已考证王本坐事诛是在洪武十四年
九月以后，至十五年三月已无四辅官。见黄彰健《论明初的四辅官——并论明初殿阁
大学士之设置及东宫官署之评驳诸司启事》，《明清史研究丛稿》，台北商务印书馆 1977
年版，第 85 页。

② 《明清史研究丛稿》，第 60—61 页。

③ 《明太祖御制文集》卷一八，第 589—590 页。

仕或罢死，启用"耆儒"辅佐的改革，以失败告终。

学界一般认为，这些四辅官都是来自乡间的老儒，起不到"协资政事"作用。黄彰健先生曾详考四辅官事迹，并指出："四辅官的职责，就燮理阴阳说，与宰相相同。就诸司不隶于四辅说，则四辅的权力实远逊于明初之丞相。章奏由通政司进御，凡事先经帝裁决，在必要时，始交四辅封驳拟议，则政务之处理既不致为四辅蒙蔽，亦不致草率或积压。这一办法可以说是有旧日丞相制之利，而无丞相制之弊。"① 这里的关节点还在于四辅官是否与诏令形成有实际关系，虽因资料的缺乏使事实不明，但有一点是明确的，丞相是外廷总领百官的行政首脑，而四辅官则完全没有这种职能。

### （五）殿阁大学士之设

洪武十五年（1382 年），明太祖下令废除四辅官。于当年十一月，仿效宋朝的制度，置殿阁大学士，以礼部尚书邵质为华盖殿大学士，翰林学士宋讷为文渊阁大学士，检讨吴伯宗为武英殿大学士，典籍吴沉为东阁大学士。②

明太祖亲撰《华盖殿大学士刘仲质诰文》和《文渊阁大学士宋讷诰文》，是我们了解明初大学士职掌以及皇帝设置目的的第一手资料。

《华盖殿大学士刘仲质诰文》文武英殿大学士吴伯宗诰文同又与东阁大学士吴沉诰文同

朕阅《宋书》，见尚文之美，崇儒之道廓焉。且当时诸儒

---

① 《明清史研究丛稿》第 78 页。
② 《明太祖实录》卷一五〇，洪武十五年十一月戊午，第 2359 页。邵质应为刘仲质，见黄彰健先生考证注，《明清史研究丛稿》，第 118—119 页。

皆本贤之德，所以辅景运三百有奇，未尝文辱君命，事体滞行，可见文华君子之贤，君子行文之盛。今特仿宋制，以诸殿阁之名礼今之儒，必欲近侍之有补，民同宋乐，文并欧苏。然久未得人，朕甚歉焉。迩来朕观前某官某才颇称任，授以某殿某阁大学士、奉议大夫。尔吏曹速为施行，毋怠往。钦哉。①

## 《文渊阁大学士宋讷诰文》翰林典籍吴沉敕文同

朕观古今贤能者，遇君有迟速，名彰有先后，奈何时运之不齐，壮衰之相临，何谓？盖壮志贞而名未出，君将知而暮年垂，虽有贤能，为斯所艰。然昔望于磻溪，亦老而已，犹有非熊之兆，而乃兴周八百。尔某年虽高迈，特授某官。宜往，钦哉。②

由诰文不难看出，设置殿阁大学士，任命之人都是当时儒士，特别是耆儒，备顾问的性质是极为明显的。

当时还设置了文华殿大学士。史载：

洪武十五年十一月，耆儒鲍恂等四人被征至京。先是，礼部主事刘镛举鲍恂、余诠、张绅、张长年皆明经老儒，达于治体，可备顾问。遣使驿召之。至是，恂、诠、长年三人先至京。恂年八十余，诠、长年亦皆七十余矣。上见之，喜甚，赐坐顾问。一日，上召三人，命为文华殿大学士。恂等力以老疾辞。上谕之曰："以卿等年高，故授此职，烦辅导东

---

① 《明太祖御制文集》卷三，第123页。
② 同上书，第122—123页。

宫耳。免卿早朝，日晏而入，从容侍对。不久当听卿等致仕还乡，以终余年。庶不负卿等平生所学，而乡里亦有光矣。卿何辞焉？"恂等复固辞。翌日放还乡里。①

根据《明太祖实录》记述内容，这些大学士都是"明经老儒"，以学行见称，明确是皇帝以备顾问之选的前提。

殿阁大学士主要由翰林官充任。洪武十八年（1385 年）三月，又以翰林待诏朱善为文渊阁大学士②，其职司御前讲读。③

殿阁大学士中不少人以年高不能久任，上述鲍恂、余诠、张绅、张长年可为典型。其他因故不久任的，有坐事降官的，如吴伯宗④、刘仲质⑤；有降官改他官的，如吴沉。⑥

这些殿阁大学士或出身于翰林，或以儒臣见召，名义上有"辅导太子"之责，品秩仅正五品。《明史》称："当是时，以翰林、春坊详看诸司奏启，兼司平驳。大学士特侍左右，备顾问而已。"⑦ 而正是从翰林近侍官与诏令形成具有紧密关联这一点，构成了所谓"清要"，后来内阁由翰林院生发，是有渊源的。

---

① 《明太祖实录》卷一五〇，洪武十五年十一月辛酉，第 2359—2360 页。

② 《明太祖实录》卷一七二，洪武十八年三月，第 2631 页。

③ 《明太祖实录》卷一七三，洪武十八年五月辛酉条记："上御华盖殿文渊阁，大学士朱善进读《心箴》毕。"此前，还有吴沉进讲《周书》，见《明太祖实录》卷一五五，洪武十六年六月戊戌，第 2414 页。

④ 《明太祖实录》载"十六年冬，坐弟仲寔为三河知县荐举不以实，伯宗为所累，复降为翰林检讨"，见卷一六一，洪武十七年四月乙未，第 2508 页。

⑤ 《明太祖实录》卷一五〇，洪武十五年十一月戊午条记"质寻以事降试监察御史"，第 2359 页。

⑥ 《明太祖实录》载："洪武十六年八月丙戌，降东阁大学士吴沉为翰林侍书。以进讲后期，考功监劾之故也。寻改为国子博士。"见卷一五六，洪武十六年八月丙戌，第 2425 页。

⑦ 《明史》卷七二《职官志》一，第 1733 页。

# 四　余论

诏令是中国古代政治史最基本也是最重要的第一手资料，以上研究作为开辟有别于以往明代政治史研究视角的新尝试，从明太祖亲撰诏令入手，动态地考察明初政治过程与政治体制建构的实态，可以归纳以下几点认识：

第一，中国历史上以皇帝为中心建立的国家体制中，皇帝的"王言"——诏令是古代国家立法治国的基本形式。以往的研究没有给以充分的重视，是忽视了一个轴心问题。明初以皇帝诏令为中心，形成政治决策过程的核心内容，对于有明一代政治体制的重构、各项制度的创设乃至全国治理具有重大影响和作用。颇具特色的一元多维政治体制的建立，奠定了大一统帝国长达近300年的根基。

第二，明初废丞相，提升了六部地位。对此学界普遍认为是君主专制集权，却鲜见有人注意到政治体制的变化，也是明太祖吸取元代"壅蔽"的历史教训，力求"通达民情"的诏令、政令高度统一的改革。皇帝直接与六部等职能部门接触，在皇帝一元之下的六部等部门是一个平面多维的关系，互相并无统属关系，各自直接面对皇帝，君臣减少了中间层次，从而建立起有效的行政体系，前所未有的上通下达，提高了政务效率，使兼听独断发展到一个新阶段。这是一种体制朝向扩大决策参与面的政治运作，是不同于前代贵族制国家的适应社会现实的调整。而诏令与政令的高度统一，有利于国家决策的贯彻执行。

第三，诏令是以皇帝名义颁布的国家指令，标志帝王拥有至高无上的决策权。明太祖亲撰诏令之多，应是史无前例的。他是帝国的最高权威，不像汉唐皇帝诏敕必须有宰相副署，也不像宋代皇帝御笔尚遭非议①，而是堂而皇之享有最高决策权。如此多的亲撰诏令和御笔的存留，就是例证。然而即使是在这一君主专制最典型的时期，细查明初诏令形成的具体过程，政治过程实态昭示我们，作为皇帝诏令的产生，并非都是皇帝一人的意愿，而是聚集了官僚士大夫的集体讨论，是君臣集体智慧，也即君臣共治的产物，是君民互动乃至国家与社会互动的结果。进一步说，虽然诏令无疑是君主专制体制最重要的标志之一，但是诏令并非全部是皇帝个人意志的产物。明初的政治过程映现出的基本特征，是君臣互动共议、共建、共治的实态。

第四，在古代史研究中，以往我们过度强调了皇帝个人的权力，强调皇帝与官僚士大夫的矛盾，把二者视为势不两立的争斗不止的关系，而对于整体治式中的君臣合作共理朝政，共同形成诏令决策，促成体制的建构及其运转的作用，却有不同程度的忽视。实际上，诏令的形成，即政治决策过程所显现的，是君臣共治的面貌；在明初政治体制建构中，清楚可见的是二者共建的场景。诏令不仅展现了历史上皇权与相权的争斗，而且涉及皇权如何与士大夫在政治上达成一致来治理整个国家，形成了皇帝与士大夫既矛盾又斗争乃至胶着的合作执政，即君臣共治的实态。

第五，从诏令出发考察，明初重构了政治体制的新模式，即一元多维的政治体制。从某种意义上说，这是君主专制政治在明代的发展与延伸。决定其"新"内涵的首要一点，是当时的高层政治中，不再是贵族社会阶层的一统天下，而是通过扩大政治参与面的形式，包容了全民信息源的，扩大了政治决策群体的一种政治体制。而这与平民皇帝的登基密不可分。

---

① 根据宋代文献资料，学界一般认为，宋代御笔不合法，宰相可以拒绝执行。日本学者德永洋介提出，自北宋末到南宋，御笔已成为宋代文书制度根干的观点，值得关注。见德永洋介《宋代の御笔と手诏》，《東洋史研究》第57卷第3期，1998年。

　　第六，广泛的参政、议政的制度化，是明初政治的一大特点。明初权力集中于上的同时，权力又分散于下；是集权化的政治，却又体现了政治参与面扩大、集议性决策的特点。特别是官僚士大夫的权力不是由于废相而被剥夺，而是由于六部地位的提升，有更多士大夫的参政、议政权得到了提升，成为参政、议政的主体，在明代政治中发挥了重要作用。特别是明初从民间荐举的官员众多，再加上科举制的实行，朝为田野郎，暮登天子堂，以扩大的常朝、集议和建言为特征，明初更多的官民参与了议政。皇帝不仅扩大了接触面，也扩大了信息的资源，更扩大了政治决策的参与面，影响所及，是政治决策参与权力的分散，而不是集中。故称之为一元多维政治体制新模式。

　　第七，平民帝业的背景，使得明代政治具有鲜明特色，凸显了政治参与扩大化的特点。明代平民皇帝的合法化，是对古代长期以来存在的一种民众政治参与形式的承认，这是古代帝制中国政治发生重要变革的一个标志性事件。从唐代贵族政治发展到宋代官僚政治，而金元又回归了贵族政治，到明代形成君主专制一元多维政治体制，是与平民帝业的成功相联系的。比较元明的朝会，有很大不同。元代不行常朝，没有皇帝定期上朝接见百官、讨论政事的制度。而御前会议"得奏事者"只有中书省、御史台、宣政院、枢密院等"二三大臣"以及怯薛近侍"数人而已"，参加者由上奏大臣和陪奏怯薛两部分组成①。而作为国家最高政务决策的重要方式，明代的常朝规模空前，还有集议、众议、部议以及多种形式的会议，使得明初决策的集议性极为明显。在明太祖亲撰诏令之中，不仅有"人民""民众"这样的词语，而且可以看到更多"安民""保民""抚民"的话语，在"通达民情"背

————————

①　参见张帆《元代宰相制度研究》，北京大学出版社 1997 年版，第 108 页；李治安《元代常朝与御前奏闻考辨》，《历史研究》2002 年第 5 期。

后，显然有着和平的期盼和长治久安的利益诉求。

第八，笔者完全无意否定明初君主专制发展到高度的历史事实，因为诏令本身就是皇帝最高权力的象征。但明代政治过程实态昭示我们，明初政治的主体是君与臣，政治过程凸显出君臣共治的面相。对此如何解释？这个问题曾经困扰过笔者。然而，历史是多面的而非片面的，是立体的而非平面的，是动态的而非静态的。自秦汉以来，中国古代政治有两个重要特点：一是君主专制体制，一是官僚政治体制，二者是并存相辅相成的关系。着眼于诏令背后的权力关系，围绕诏令，皇帝与官僚士大夫结成了密不可分的联系，政治上的复合性远比我们以往所知的简单化的专制复杂得多，通过"以文书御天下"的治理方式，帝国统治得以长期延续，而诏令则成为一个无所不在的大一统国家存在的标志。①

诏令的研究，涉及古代国家的整体治式。政治是人类高度文明的体现，中国古代存在一条独特的政治发展道路。明代中国平民帝业的成功，产生了颇具特色的政治过程，"以文书御天下"，形成了君主专制一元多维政治体制。即使在世界范围内，也具有典型意义。因此，诏令的研究还有待开拓。

（原载《明史研究论丛》第九辑，紫禁城出版社 2011 年版）

---

① 关于明代诏令从法制史视角的初步研究，参见拙文《明帝国的特性：以诏令为中心》，《学术月刊》2010 年第 6 期；另拙文《明令新探：以诏令为中心》将发表于《中国古代法律形式研究》（中国法律史学会会刊）。

# 明令新探

中国历史发展到唐代，已形成了完备的律令体系。明代是古代律令体系发生重大演变的时期，令的变化尤其令人瞩目。关于明代法律的研究，中外学术界积累了丰厚的研究成果，然而长期以来，在中国法制史教科书中，鲜见提及明代诏令，更少见专门研究。① 这说明对诏令的研究未予以应有的重视，也没有将诏令作为重要的法律形式置于整个法律体系予以关注。这样一个重要的问题，却是一个盲点。由于近年来笔者一直在进行明代诏令文书的整理工作，对于明代诏令从文书学的角度进行了初步探讨，也对于明代诏令这一重要的法律形式从法制史的角度有了一些粗浅不成熟的认识，本文尝试对这一法律形式及其功能作一初步考察，以求抛砖引玉，更祈方家教正。②

## 一　问题的提出

"皇帝御宇，其言也神。渊嘿黼扆，而响盈四表，唯诏策乎！"③

---

① 中国多部中国法制史在论述明代立法时，无一例外地没有将诏令作为专门法律形式来论述，恕在此不一一列举。

② 从法制史的角度考察诏令文书，是承蒙杨一凡教授的启发，初稿曾经苏亦工教授指正，在此一并表示谢忱。但全文系本人思考完成，仅代表个人观点，特此说明。

③ 刘勰：《文心雕龙》卷四《诏策第十九》，《四部备要》本。

在中国古代君主专制体制下，皇帝发布的诏令即"王言"，是王朝的最高决策。国家的意志由诏令体现出来，因此，诏令具有法令的性质和法律的效力，是我们研究法制史最重要也是最基本的史料之一。一般而言，皇帝以诏令形式处理国家政务，通常以颁布诏令的形式来立法，"因事立制，乘时创法"，而臣僚的主要职责就在于执行皇帝或皇帝名义颁发的各项诏令。继蒙元帝国之后由汉族建立的明王朝，其统治具有鲜明的复兴传统文化的特征，这已成为中外学界的共识。有明一代诏令文书在继承历朝历代的基础上，有着自身的发展特点。明代诏令文书的形式多样，清修《明史》云："凡上之达下，曰诏，曰诰，曰制，曰册文，曰谕，曰书，曰符，曰令，曰檄。"① 根据明代诏令文书的遗存，最为常用的是诏敕。《明史》中将"敕"遗漏，是一个严重的阙失。但以上罗列也可说明，诏令文书是包括诏、诰、制、敕、令等多种形式的法律文本，对诏令文书的研究不能依据后世的归纳，而应以明朝现实存在的文本为依据进行分析，庶几接近历史的真实。

突破"以刑为主"法史研究的传统模式，以诏令作为一个关键的切入点，应该纳入我们的视野给以特别关注，特别是将文书学研究与法制史研究相结合，对于诏令给予恰当的定位，是一个迄今尚待开展的课题。

古代诏令文书的整理，宋代是一个高潮期。这一时期出现了著名的诏令文书汇编《两汉诏令》、诏令总集《唐大诏令集》和《宋大诏令集》。现代对于诏令文书的整理，主要集中于对后两部大型诏令集的补辑上。重要的有池田温先生编《唐代诏敕目录》等②。董克昌先生主编的《大金诏令释注》一书，是断代史的又一部大诏令集，由黑龙江人民出版社 1993 年 9 月出版。由于清代档

---

① 张廷玉等：《明史》卷七二《职官志》一，中华书局 1974 年版，第 1732 页。
② ［日］池田温编：《唐代诏敕目录》，三秦出版社 1991 年版。

案的大量存世，使得清代诏令集的编辑明显不那么必要，而档案已存留不多的明代诏令文书的搜集、整理和编辑，在以前却从未提上日程，与其他断代来比较，可以说是相对滞后的。明朝人编辑的当代诏令文书总集，主要有两种：《皇明诏令》和《皇明诏制》，都属于明代诏令选集的性质。① 明太祖的许多诏令文书没有被收入。而在现存明代史籍中有大量散在的诏令文书，亟待收集、整理与研究。

中国学者关于明代诏令文书的研究，迄今专门研究主要集中在明大诰方面。② 而在明令方面，中外学术界仅见关于《大明令》的研究，且相对大诰的研究来说明显不足。③ 日本学者对汉唐诏令文书的研究相当深入，出版的论著很多，但是遗憾的是，迄今鲜见有对明代诏令进行专门研究。在明史研究中，中外学者们大多引用诏令作为史料，可从法律形式的视角对诏令的专门研究，却

---

① 例如《皇明诏令》（《四库全书存目丛书》本）仅收录明太祖诏令 89 通，《皇明诏制》（《四库全书存目丛书》本）仅收录明太祖诏令 58 通，实际上二者仅收录了重要诏敕，因此既不够全面，也不够系统，不能反映明代诏令文书的全貌。再以洪武朝外交诏令为例，《皇明诏令》中仅收录外交诏令 3 通；《皇明诏制》中也只收录外交诏令 9 通；根据笔者已有研究，包括诏令敕谕等各类外交文书现已收集到 170 通。

② 从法制史的视野最早开始研究的，是沈家本先生《明大诰峻令考》，有民国刻本；论文方面是 1936 年邓嗣禹先生的《明大诰与明初之政治社会》，《燕京学报》第 20 期，1936 年。此后大诰形成研究的热点，自 20 世纪 80 年代以来更出现了研究热潮，主要论文有黄彰健先生《大明律诰考》，《中研院历史语言研究所集刊》第 24 本，1953 年。陈高华先生《从明大诰看明初的专制政治》，《中国史研究》1981 年第 1 期。杨一凡先生《明大诰与朱元璋的重典治吏思想》，《学习与探索》1981 年第 2 期。根据不完全统计，近 30 年来涉及明大诰的论文有 150 多篇，相关专著则主要有杨一凡先生《明大诰研究》，江苏人民出版社 1988 年版。

③ 在西方，主要有美国学者范德（Edward L. Farmer）对大明令的专门研究《大明令：对明代早期社会立法的考察》，*The Great Ming Commandment: An Inquiry into Early-Ming Social Legislation*，Asia Major，Princeton University，1993；日本学者主要有内藤乾吉《大明令解说》，见氏所编《中国法制史考证》，东京：有裴阁，1963 年；中国最近的专门研究成果有张凡《〈大明令〉与明代的律令体系——明代"令"的作用与法律效力》，《殷都学刊》2009 年第 3 期；张凡《略论明代法律形式的变革——以〈大明令〉为中心》，《宁夏社会科学》2009 年第 5 期。

几属阙如。而诏令文书是研究明令的第一手资料，属于法律类文献，但是长期以来却基本上是在法律史研究者的视野之外，没有得到应有的重视。

总之，中国历史上以皇帝为中心建立的国家体制中，皇帝的"王言"——诏令是古代国家立法治国的重要形式。以往的研究没有给以充分的重视，是忽视了一个轴心问题。诏令作为法律形式无疑并不始于明初，但是作为明令的重要形式，在明代立法中占有突出的地位，与明朝相始终。有明一代自明太祖始，统治者就高度重视诏令的作用，至今存留了大量开创者亲撰的诏令类文书，可以作为分析文本。此后历朝都有大量诏令类文书存世。这些法制史的第一手资料，有助于我们了解明代整个法律体系的全貌。

## 二　明令的概念

令，即命令、法令，也是中国古代为政者颁行的法令、政令的总称。诏令，指由皇帝或以皇帝名义制发的下行命令文书。在中国古代历史上，诏令文书的起源很早，《尚书》表明，根据不同的功用，古代有誓、诰、祝、命等形式的下行命令文书。自秦汉起，皇帝成为至高无上的权威，奠定了"以文书御天下"[①]的治理模式。秦始皇统一六国，建立起中国第一个统一王朝以后，就宣布："命为制，令为诏，天子自称曰朕。"[②]规定以"制""诏"作为皇帝所颁命令文书的专称。诏书即令，由此开端。此后皇帝下颁的诏令文书历代相沿，是国家施政的权威文书，出现了各种名目，后世统称为诏令，有《唐大诏令集》《宋大诏令集》为证。

关于律令的关系，先秦时期，管子曾云："夫法者，所以兴功

---

① 王充：《论衡》上册《别通》，大中书局1933年版，第235页。
② 司马迁：《史记》卷六《秦始皇本纪》，中华书局1982年版，第236页。

惧暴也。律者，所以定纷止争也；令者，所以令人知事也。"① 西汉时期，杜周云："前主所是著为律，后主所是疏为令。"② 唐人颜师古注曰："著谓明表也。疏谓分条也。"③ 魏晋以降，律是刑法的主体，令是规范人们行为的法律条文。律令对于维护国家政权均有着极为重大的作用。魏晋南北朝时的北齐尚书台设置了比部，置比部郎中主管，专掌"诏书律令勾检等事"，④ 即稽核皇帝和中央颁发的下行文书的执行情况，将皇帝的诏令置于律令前，说明在当时人的思想中，诏令具有超越在律令之上的至高无上的地位。唐代法律形式有律、令、格、式，根据《唐六典》，律"以正刑定罪"，令"以设范立制"，格"以禁违正邪"，式"以轨物程事"。⑤ 其中的格颇为活跃，可以修正律、令、式，这是以皇帝名义发布的敕为基本内容加以编纂的结果。发展到宋代，编敕以代律令的重要法律形式出现，反映了古代法律形式的重大演变。对此戴建国先生有深入的研究，他指出："在中国法律编纂史上，大量编集皇帝诏敕直接制定成法律文件，对常法和成制加以修正和补充的立法活动十分频繁，延绵不绝，引人注目，成为中华法系的一大特点，其中又以宋代最为典型。修纂编敕，是宋代三百多年历史中最主要的立法活动。"⑥ 而关于宋代的令，戴建国先生最早关注到迄今传世的著名的《天圣令》。⑦

　　诏令，是皇帝专用的公布各项法令的公文形式——诏敕类

---

① 《管子》卷一七《七臣七主》，《四部丛刊》本，第 101 页。

② 《史记》卷一二二《酷吏列传》，中华书局 1959 年版，第 3153 页；《汉书》卷六〇《杜周传》，中华书局 1962 年版，第 2659 页。

③ 《汉书》卷六〇《杜周传》，第 2660 页。

④ 《隋书·百官·中》，中华书局 1973 年版，第 753 页。

⑤ 《大唐六典》卷六《刑部郎中员外郎》："凡文法之名有四，一曰律，二曰令，三曰格，四曰式。"三秦出版社 1991 年版，第 132、139 页。

⑥ 戴建国：《宋代编敕新探》，见氏著《宋代法制新探》，黑龙江人民出版社 2000 年版，第 3 页。

⑦ 戴建国：《天一阁藏官品令考》，《历史研究》1999 年第 3 期。

文书的统称。诏令即国家重大政策与政令、法令的发布，是古代国家运行机制的一个显著特征。诏令以发布、执行上表现出的超越一切法律之上的效力著称于世，是中华法系的重要组成部分。而诏令作为法律形式，具有突出的法律效力，在明代凸显出典型性。

长期以来，法律史学界普遍认为《大明令》颁布以后，中国古代令的脉络便戛然而止，为"例"与"会典"所替代。① 这种论断看似有道理，然而，明朝人却并不作如是观。《正德大明会典·凡例》云："事例出朝廷所降，则书曰诏，曰敕。臣下所奏，则书曰奏准，曰议准，曰奏定，曰议定。或总书曰令。"② 就此而言，在明朝人的观念中，"事例"的形成与诏敕有着直接的密不可分的关系，事例出自诏敕，会典是事例的汇编，因此统统可以包括在令的谱系之中。

## 三　形式的多样性

杨一凡先生认为，"历朝的法律、法规、法令都是运用一定的法律形式制定和颁布的。要全面地揭示古代法制的面貌，必须了解古代的法律体系和基本立法成果，而要做到这一点，又必须清楚各代法律形式的种类、内涵和作用"。③

简言之，先秦以"誓""诰""祝""命"等为下行命令文书之名称。④ 秦始皇建立大一统王朝以后，宣布皇帝拥有专有命令之

---

① 多部《中国法制史》均以此观点论述，恕在此不一一列举。
② 李东阳等：《正德大明会典凡例》，东京，汲古书院 1989 年版。
③ 杨一凡：《注重法律形式和法律体系研究 全面揭示古代法制的面貌》，《法学研究》2009 年第 2 期。
④ 《尚书》有"誓""诰""命"多篇，孙星衍：《尚书今古文注疏》，中华书局 1985 年版。

词："命曰制"，"令曰诏"。① 汉代诏令分为策书、制书、诏书、戒书四大类。东汉蔡邕《独断》曰：

> 汉天子正号曰"皇帝"，自称曰"朕"，臣民称之曰"陛下"，其言曰"制诏"，一曰"策书"，二曰"制书"，三曰"诏书"，四曰"戒书"。②

南朝梁时刘勰《文心雕龙·诏策》，论述了汉代诏令及其名称特点：

> 秦并天下，改"命"曰"制"。汉初定仪则，则"命"有四品：一曰"策书"，二曰"制书"，三曰"诏书"，四曰"戒敕"。"敕"戒州部，"诏"诰百官，"制"施赦命，"策"封王侯。

他对于名称的来源也有所述及，认为"策书"之名取自《诗》，"制书"之名取自《易》，"诏书"之名取自《礼》，而"戒敕"则是取自《尚书》，是"并本经典以立名目"。③ 此后，唐朝分为册书、制书、慰劳制书、发日敕、敕旨、论事敕书、敕牒七大类。④《宋大诏令集》收集有诏、制、赦、德音、册文、敕书、御札、批答等类。⑤ 北方民族建立的金朝，皇帝颁发的诏令文书有多种名目：诏、制、册、敕、谕、诰、令、旨、口宣、祝文、祭

---

① 《史记》卷六《秦始皇本纪》，中华书局1982年版，第236页。
② 蔡邕：《独断》卷上，《四库全书》本。
③ 刘勰：《文心雕龙》卷四《诏策第十九》，《四部备要》本。
④ 李林甫等：《唐六典》卷九《中书令》，中华书局1992年版。
⑤ 参见《宋大诏令集》，中华书局1962年版。

文、铁券文等。① 有学者对于元代诏敕做了专门研究，认为元代文书内容涵盖"有诏书、圣旨、玺书、册文、宣命、制书、敕书等多种名目。它们大致上可以归属为四类：诏书、圣旨（或玺书）、册文、宣敕（或制敕）。其中，诏书与圣旨是元朝诏敕类文书中比较重要的两种形式"。②

虽然历代对诏令的种类有着不同规定，但最基本的形式是诏、制、诰、敕、册、谕等，可以说是一脉相承。作为蒙古族建立的王朝，元代诏令的变化较大，直接影响到明朝。明朝诏令文书主要有诏、敕、制、诰、谕、册、祭、谥、手诏、榜文、令等，最为常用的是诏与敕。故上文提及的清修《明史》将"敕"遗漏，是一个严重的错误。明代诏令类文书统称为诏令或诏制，有明人编《皇明诏令》和《皇明诏制》可为例证，二书均为明朝后期人所选辑的诏令集。

诏令文书是诏令类的原始政务文书，这些第一手资料涉及国家治理的方方面面，包罗万象，极为宏富。洪武朝是明朝开国创制的时期，是皇帝集权于一身的重要时期，不仅诏令文书数量繁富，而且大量诏令文书为皇帝所亲撰，极具特殊性，对于有明一代产生了特殊而深远的影响和意义。明内府刻本《明太祖御制文集》（下面简称《御制文集》）中的诏令文书，属于太祖亲撰，为明初人所编辑，反映了明初诏令文书的实际状态，也反映了明初人对于诏令文书的分类标准。这里将《御制文集》中的诏令部分列表，③ 以便分析。

---

① 参见董克昌主编《大金诏令释注》，黑龙江人民出版社 1993 年版。
② 张帆：《元朝诏敕制度研究》，《国学研究》第十卷，北京大学出版社 2002 年版。
③ 表 1 中一题名内有二三篇者，均计入数目。《杂著》卷十八中有《设礼部问日本国王》《设礼部问日本国将军》二通，笔者认为可列入外交诏令，但是明人编辑分类时没有列入，姑从之。下文主要引用明内府本《明太祖御制文集》为例，凡出此，不另注。

表2　　　　　　　　　　　　　《御制文集》中的诏令

| 《御制文集》卷数 | 内容 | 数目 |
|---|---|---|
| 卷一、卷二 | 诏 | 41 |
| 卷三 | 制、诰 | 制2，诰31 |
| 卷四 | 诰 | 22 |
| 卷五 | 书敕、敕 | 书敕6，敕20 |
| 卷六 | 敕 | 27 |
| 卷七 | 敕 | 28 |
| 卷八 | 敕 | 37 |
| 卷九 | 敕 | 23 |
| 卷十 | 敕命 | 18 |
| | | 总计255 |

注：明内府本《御制文集》20卷，其中首列诏令类，有10卷，占有全书1/2。收录诏41通，诰53通（包括颁发给个人的有姓名的诰与官职分类颁给的诰命），敕141通（包括书敕），敕命18通，总计255通。以诏、诰、敕为多，而以敕为最多。由此，清修《明史》关于明代诏令的概括之失彰显出来。

实际上，《御制文集》所收的仅为太祖亲撰诏令，而且还不是全部，《明太祖御笔》《明太祖钦录》已证明了这一点，更不要说还有大量翰林儒臣以及职掌诰敕书写的中书舍人等的制作了。下面以明太祖亲撰的诏令文书为中心，以其他文物和文献相辅，对于诏令这种法律形式的多种类型及其功能略加探讨。

## （一）诏

诏，即诏书，是皇帝颁发的文告。一般来说，举凡王朝的重大事件发生，都要诏告天下。

明人吴讷论述了诏的渊源："按三代王言，见于《书》者有三：曰诰、曰誓、曰命。至秦改之曰诏，历代因之。"[1] 明人徐师

---

[1] 吴讷：《文章辨体序说·诏》，《文章辨体序说 文体明辨序说》，第35页。

曾则说明诏就是文告:"夫诏者,昭也,告也。"①

《皇明诏制》孔贞运《序》云:

> 我国家稽古考文,谕百官曰诏,曰诰、曰制、曰敕、曰册、曰谕、曰书,皆审署其体,循事而用,昭大制也。而其诞扬休命,敷告万邦,以昭一代之章程,垂万年之成宪,则无如诏。②

诏,作为皇帝布告天下的法令文书形式出现。大一统王朝举凡重大事件发生,都要诏告天下,如《即位诏》《封建诸王诏》《平沙漠诏》等诏令,都不仅布告全国,而且曾发布到外国。同时颁诏是有仪式的,③ 以示隆重和权威。仪式的象征性不言而喻,就是象征皇帝的权威。根据《明会典·开读仪》所记:

> 朝廷颁命四方,有诏书,有赦书,有敕符、丹符,有制谕、手诏。诏赦先于阙廷宣读,然后颁行。敕符等项,则使者赍付所授官员,秘不敢发。开读、迎接仪各不同。④

这里涉及皇帝的诏令文书名目有诏书、赦书、敕符、丹符、制谕、手诏,其中的诏书和赦书要在朝廷上当众宣读,然后颁行全国,由礼部差人到各地开读;而敕符、丹符、制谕、手诏等都是由使臣传达到具体衙门或人员,所谓"秘不敢发",就是并不公开宣读,只是当事的衙门或人员知道并执行。

---

① 徐师曾:《文体明辨序说·诏》,《文章辨体序说 文体明辨序说》,第112页。
② 孔贞运:《皇明诏制序》,《皇明诏制》,崇祯刻本。
③ 《诸司职掌》卷四《礼部职掌·颁诰》,张卤刊:《皇明制书》上册,日本东京,古典研究会,1966年。
④ 申时行等:《明会典》卷七四《礼部》三二《开读仪》,中华书局1989年版。

《御制文集》在卷一与卷二首列的是《诏》，共收有 41 通，说明了诏书在明朝诏令文书中的首要地位。

《御制文集》以《即位诏》开篇，特录之于下：

> 朕惟中国之君，自宋运既终，天命真人于沙漠，入中国为天下主，传及子孙，百有余年，今运亦终，海内土疆豪杰分争。朕本淮右庶民，荷上天眷顾祖宗之灵，遂乘逐鹿之秋，致英贤于左右，凡两淮、两浙、江东、江西、湖、湘、汉、沔、闽、广、山东及西南诸部蛮夷，各处寇攘，屡命大将军与诸将校奋扬威武，已皆戡定，民安田里。今文武大臣百司众庶，合辞劝进，尊朕为皇帝，以主黔黎，勉循舆情，于吴二年正月初四日，告祭天地于钟山之阳，即皇帝位于南郊，定有天下之号曰大明。以吴二年为洪武元年。是日诣太庙，追尊四代考妣为皇帝皇后，立大社大稷于京师。布告天下，咸使闻知。

这一诏书是明太祖建立明朝以后，发布的通告性诏书。皇帝宣告即位，并宣布建立大明王朝。这种即位诏书对于一个新王朝来说，是极其重要的合法性的表现，无疑具有重要法律效力。

明代诏令中最常用的是诏，按其内容有广义和狭义之分。在狭义上说，一般诏书是布告天下的，具有公告的法律性质，属于通行文告一类；而在广义上，诏有着诏谕、诏敕、诏制之意。在专门颁发某个地方或某一特定机构部门，乃至颁给个人情形下，也具有专门法令的性质。例如《免宁国府税粮诏》是专门颁发给宁国府一地的；《谕靖江王府文武官诏》是专门颁发给靖江王府官员的；而《谕山东承宣布政使吴印诏》则是颁给山东布政使吴印个人的。这说明不能仅以公告的意义上来简单地理解"诏"。事实上，明初的诏，有不少是诏与谕的复合体，就此而言，诏书也可以理解为常用下行命令文书的一种通称。重要的是，将朝廷重大事件以诏令形式布告全国，也就是将朝廷政令通告全国，具有通行法令的功能。

在明太祖遗留下来的亲撰诏令中，以所处理的各项国事而言，属于通告全国的，有《即位诏》《农桑学校诏》《求言诏》《赦宥诏》《存恤诏》《废丞相大夫罢中书诏》《免天下税粮诏》《免秋粮诏》《平云南诏》《免秋夏税粮》《赦工役囚人》等11通。其中，突出的是有3通蠲免税粮方面的诏书。

属于颁发地方的，有《免北平燕南等处税粮诏》《免宁国府税粮诏》《再免应天太平等处粮诏》《免应天等府粮诏》《免江西税粮诏》《免两浙秋粮诏》《免应天等五府秋粮诏》《免河南等省税粮诏》《免山西陕右二省税粮诏》《免姑熟等六州四县秋粮诏》《护持朵甘思乌思藏诏》《谕西番罕东毕里等诏》《谕靖江王府文武官诏》《谕福建参政魏鉴瞿庄诏》《谕云南诏》《谕大理诏》《免北平夏税秋粮诏》《谕云南诏》《谕云南诏》等19通。其中，11通是蠲免地方税粮的诏书，由此可见明太祖对于地方治理的关注点所在。

属于颁给个人性质的，有《赦汪束朵儿只诏》《谕山东布政使吴印诏》《谕山西布政使华克勤诏》《谕元臣纳哈枢诏》《谕元丞相哈剌章等诏》《谕元丞相驴儿诏》6通，其中3通是给予北元官员的。属于颁发给外国的，有《谕暹国王诏》《谕安南国王诏》《谕安国王陈炜伯叔明诏》《谕高丽国王诏》《谕日本国王诏》等5通。

收入《御制文集》卷二《诏》中的《赦工役囚人》，是一通赦书，明人在此也列入了诏书类，可以说明诏书与赦书的关系。赦书直接涉及犯罪的赦免，是律令的重要补充，特列于下：

奉天承运皇帝制谕：尔故违宪章官吏人民，曩者命礼曹布令天下，朕仿古制，以礼导人。后以律至诸司，是绳不循轨度者，斯乃行刑也。且刑，圣人不得已而用者，为良善弗宁故也。今朕一寰宇而兆民众，如尔等官贪吏弊，民纵奸顽，诈良悔愚，若不律以条章，将必仿效着多，则世将何治。尔诸人所犯，若论以如律，人各尽本犯而后已，奈何工已久矣，构成楼阁以居大觉金仙，塔就而志公之神妥其下，因是将尔等最无轻重，一概宥之。于戏！君子非善，何以永世；志人非功，何以名书。释迦志公，已逝数千百年，犹能生尔等众，其善正之道，志者可无觉乎？故兹制谕。

以上说明诏书形式多样，用途广泛，并不只是狭义的昭告天下之义。实际上，诏书已成为明代皇帝的下行命令文书的泛称，布告天下之外，有广义上的诏谕之义。重要的是，诏令具有高于律令的法律效力。

**（二）制**

唐代制书的功能是："行大赏罚，授大官爵，厘革旧政，赦宥降虏。"[1] 明初沿袭了制书这一文书类型及其功能，但是却已不像唐宋那样用法严格。显然制书的功能已发生了变化，并且应用不多。以《御制文集》为例，卷三收录《制》与《诰》，所收制书仅有两例：《答太师李善长等表请御正殿制》《答太师李善长等表请上寿制》。

现举《答太师李善长等表请上寿制》为例：

父母劬劳之恩，昊天罔极。当生之日，思无上报，痛心无已。所以奉祀清晨，静居终日，毋敢歌欢。迩来卿等数云

---

[1] 《唐六典》卷九《中书令》。

太平，以朕年高，固请称贺。今不违群情，许卿等依期来朝，
毋致过奢，惟仪肃礼当。故兹诏谕。

从内容来看，这是皇帝对于李善长等大臣上表来朝贺寿的回
答。由此可知，明代的制书仍然具有制礼作乐的法令功能。

### (三) 诰

诰，先秦就有"上以告下"之义。明初以古意颁布的《大
诰》，是明代诏令中的特殊之例，也是中国古代前所未有的大型诰
书。洪武十八年（1385 年）至二十年（1387 年）间，明太祖颁行
《御制大诰》，分为《御制大诰》《御制大诰续编》《御制大诰三
编》《大诰武臣》四篇，共 236 个条目。这是以诏令形式发布的，
以案例、峻令、训诫三方面内容组成的特种法令汇编。自颁行之
日起，就具有法律效力。洪武二十六年（1393 年）以后，《大诰》
逐渐融于各种条例。由于《大诰》在明代法律体系中占有重要地
位，以往研究成果很多，杨一凡先生的专著是研究《大诰》的经
典之作，在此不多赘述。①

大诰以外，诰敕，是诰命和敕命的合称。明制：

> 凡在京官四品以上，试职实授，颁给诰命，取自上裁。
> 已给诰命者，亦须一考满，方许封赠。五品以下官，初到任
> 试职一年后考核堪用者，与实授，仍具奏颁给诰敕。不堪用
> 者黜降，其已给诰敕者，亦须一考，方许封赠。凡在外官员，
> 三年为一考，称职者颁给诰敕，再考称职，听请封赠。其有

---

① 关于《明大诰》的研究很多，主要参见杨一凡《明大诰研究》，江苏人民出版
社 1988 年版。

才能卓异之人出自特恩者，不拘此例。①

根据规定，一品至五品官员，作为任命文书，称为诰命；六品至九品官员，作为任命文书，称为敕命。妇人随夫品级。诰用制诰之宝，敕用敕命之宝，以文簿与诰敕，各编字号，用宝识之，文簿藏于内府。颁诰敕时，也规定有一定的仪式。②

从《御制文集》所收录来看，《御制文集》卷三收录《诰》31 通；卷四收录《诰》22 通。卷三的诰与卷四的诰分卷处理，说明二者有着区别，前者为诰，后者为诰命。

《御制文集》所收的《诰》，主要分为两大部分：

第一部分是以大臣个人为对象的，集中收录在卷三之中，共31 通。给予对象上至公、侯，如《信国公汤和诰》《西平侯沐英诰》；贵戚，如《驸马都尉李祺诰》；下至官员，既有文官，如《吏部尚书王敏诰》《华盖殿大学士刘仲质诰文》；也有武将，如《飞熊卫指挥使司佥事郭洪诰》《大都督府佥事陈方亮诰》；还有边地的设官，如《贵州宣慰宋诚》；并有封赐给官员亲属的，如《封康鉴母朱氏》。其中，有用于追封和追赠的诰文，如《追封陇西王李贞诰》《追赠义惠侯刘继祖诰》，也有以追赠亲眷的诰文，如《追赠义惠侯夫人娄氏诰》。

现举《驸马都尉李祺诰》之例如下：

> 夫妇之道，人之大伦，婚姻以时，礼之所重。帝女下嫁，必择勋旧为姻，此古今通义也。朕今命尔李祺为驸马都尉，尔当坚夫道，毋宠，毋慢，永肃其家。以亲亲之意，恪遵朕

---

① 《诸司职掌》卷三《吏部职掌》，张卤：《皇明制书》，日本东京，古典研究会，1966 年。

② 《明会典》卷七四《礼部》三二《颁诰敕》《开读仪》。

言，勿怠。

诰文表明，诰是一种任命文书，在任命的同时，清楚地显示出皇帝训诫的内容，具有法令的性质。

第二部分是以职官分类颁发的《诰命》，集中于卷四之中，共22 通。这里分类的官员诰命，应是一种颁下的标准式。其中既包括中央官员，也包括地方官员，从官员名称来看，收录的颁发时间，是在洪武十三年（1380 年）废丞相、中书省、御史台与分大都督府之权为五之前。为了明了所颁全貌，特按原排列顺序列如下：《中书左右丞相诰》左右丞同、《左右都督诰》同知、佥事同、《御史左右大夫诰》中丞同、《太常卿诰》少卿诰丞敕并同、《户部尚书诰》侍郎同、《礼部尚书诰》侍郎同、《兵部尚书诰》侍郎同、《刑部尚书诰》侍郎同、《工部尚书诰》侍郎同、《钦天监令诰》少监同口监丞敕亦同、《翰林承旨诰》学士、侍讲、侍读、直学士、待制同、修撰、应奉、编修敕亦同、《国子祭酒诰》《太仆寺卿诰》少卿同、丞敕同、《漕运使诰》同知、副使同、判官敕亦同、《尚宝卿诰》少卿同、丞敕亦同、《内外卫指挥司诰》使、同知佥事、千户、卫镇抚同、百户、所镇抚敕亦同、《功臣庶子诰》《都指挥使诰》指挥使、同知、佥事同、《承宣布政使诰》参政同、《王府武相武傅诰》《提刑按察使诰》副使、佥事同、《各处知府诰》同知、知州同。

综上所列，是明太祖亲自撰写的对于文武各部门官员的任命文书，其中对于各个官职的职掌所在，均予以较详细的规定与说明。诰文题名下的小字则说明同一部门的设官，其职掌相同，故任命的《诰命》内容相同。相对上述对于个人的任命文书，这类文书显然已经形成了任官制度化的重要部分。

由于明初丞相为大臣之首，故诰命之首，就是《中书左右丞相诰》，其下小字为"左丞右丞同"，特录全文如下：

朕闻贤者辅君，则君德备倍焉。何哉？盖冢宰之职，出纳王命，若使出纳非宜，则君德亏矣；出纳合宜，则君德张矣。然何止出纳亡命而已矣，其进退庶职亦为重要，所以庶职为重要者，为分理天下之多务。若多务理，则民之乐苦晓然矣。既知民瘼之艰辛，必使之无艰辛矣。于斯之道，岂不君德备倍焉？

若为人臣，异此道而他强为，则众职臧否不分，事多繁而不律，则君德亏矣。然用人为易，惟得人为难，若欲必得其人，使见之于行事。

今尔其国之旧臣，设施诸事，已有年矣。今特命尔为中书某官，当夙夜奉公，上美皇天之昭鉴，下契黔黎之仰瞻，使阴和而四时序，均调玉烛，海内晏然，蛮貊来宾，朕与卿等同阅熙熙皞皞之年，岂不伟欤？今承朕命，当崇乃功、广乃业，为邦之柱石，亦尔嗣之阴？安得不贤智者欤？尔宜懋哉。

由此可见，《诰命》的内容是由两部分组成，首先是训诫，重要的是要让所任命的官员明了任官的职掌所在，随后才是任命官职。

特别值得注意的是，从元代起，皇帝直接任命，也就是授官，在任命文书上不再需要其他官员的签署。这一点是大庭脩先生指出的，他同时认为："这一倾向暗示了不久到来的明代皇帝直接指挥六部的皇权的加强。"① 这是非常精辟的认识。

这里还应该提到铁券，是帝王赐给功臣世代保持优遇并予免罪免死的一种凭证。明代沿袭汉唐之制，皇帝向有功之臣颁发铁

---

① ［日］大庭脩：《秦汉法制史研究》，林剑鸣等译，上海人民出版社 1991 年版，第 9 页。

券文书，表示对功臣永世恩惠，并延及子孙，具有法律效力。明确规定："凡公侯伯初授封爵，合给铁券，从工部造完，送写诰文，转送银作局镌刻，以右一面颁给，左一面年终奏送古今通集库收贮。"[1] 明代铁券"形如覆瓦，面刻制词，底刻身及子孙免死次数，质如绿玉，不类凡铁，其字皆用金填，券有左右二通，一付本爵收贮，一付藏内府印绶监备照"[2]。朱子彦先生认为"明代是铁券最为盛行的王朝"[3]。现存留于世最早的明代铁券，是收藏于青海省档案馆的明英宗天顺二年（1458 年）赐右军都督李文的铁券。[4]

任命级别低的官员，即五品以下用敕，也称诰敕来任命。《御制文集》卷十专门收录了《敕命》共 18 通，现按照原文顺序列如下：考功监令敕 丞同、中书舍人敕、东宫官敕 洗马 中舍、兵马指挥敕 副指挥同、翰林院典簿敕、翰林院典籍敕、国子助教敕、王相府长史敕、王相府审理正敕 副同、王府典宝正敕 副同、王府典仪正敕 副同、王府良医正敕 副同、王府工正敕 副同、王府典膳敕、王府司酝敕、生药库大使敕 副使同、抄纸局大使敕 副使同、织染局官敕。

敕命的内容与诰命是相同的，首先用于说明任官的职掌所在，然后是任命，其中必不可少具有训诫的内容，因此，也就具有了法令的性质。

### （四）敕

上文述及，汉制，天子命令有四，其四曰戒书，即戒敕之诏

---

[1]　《正德大明会典》卷一六七《中书舍人》。

[2]　沈德符：《万历野获编》卷六《左右券内外黄》，《明代笔记小说大观》三，第 2067 页。

[3]　朱子彦：《铁券制度与皇权政治》，《学术月刊》2006 年第 7 期。

[4]　参见张寿年《馆藏珍品——明代金书铁券》，《中国档案》1998 年第 7 期。

令。顾炎武云："敕者，自上命下之辞。"① 清人赵翼则考述敕在古时为上下通用，魏晋以后专为帝王之用，至唐定制，必经凤阁鸾台，始名为敕，规范了上对下的用法。② 明代皇帝沿袭这种对下训诫的诏令文书，称敕谕。一般是针对具体事务的处理，对中央和地方官员训诫时使用，由有关衙门遵行办理。也有针对全国事务的。如以下《谕天下有司》，《御制文集》归类于《敕》，现录于下：

前者奸臣乱法，事觉伏诛。初，将以为中书御史台供用非人，是致上干五星躔度，下戾地气而节候乖常，既以明彰法律，扫除奸臣，想天下谙师有职掌者，必人各精审其事，与朕共治，升平安，黔黎乐，雍熙于市乡。故于二月初一日发丹符出验四方，令有司将连年秋、夏税粮课程从实具陈无隐，以奏目来闻。③

从《御制文集》的收录情形来看，《御制文集》卷五，收录的是《敕》。其中，又分为《书敕》与《敕》两种。

《书敕》包括 6 通书，从题名可见全部是给予北元君臣的。包括《与元幼主书》《与元臣秃鲁书》《与元臣乃儿不花书》《谕元幼主书》《与元臣秃鲁书》《与驴儿书》。这里明确将皇帝的书信称为《书敕》，主要是表明有训示之意，属于下行命令文书之范畴。

自《御制文集》卷五后半部分开始，至卷九，共收录《敕》141 通（其中计有书敕和一题名中有二三通者）。从这些《敕》的

① 顾炎武：《金石文字记》卷一《西岳华山庙碑记》下，《四库全书》本。
② 赵翼《陔余丛考》卷二二《敕》，中华书局 1963 年版，第 438—439 页。
③ 《御制文集》卷七，第 247 页。

内容来看，颇为庞杂，可谓包罗广泛。如果给予简单分类的话，大致可分为如下几类：

1. 政事类：如政务方面，有《谕太师李善长江夏侯周德兴江阴侯吴良等》《谕元丞相驴儿》《废丞相汪广洋》；军务方面，有《谕岐宁卫经历熊鼎知事杜寅西凉卫经历蔡秉彝甘肃经历张讷等》《敕征虏将军曹国公李文忠副将军济宁侯顾时及诸侯等》。

2. 慰劳类：如给予各地武臣的慰劳文书《劳大同都尉指挥》《劳海南卫指挥》等。有带有慰劳性质的赐敕，如《赐诚意伯刘基还乡》《赐文学赵晋致仕》《谕年幼承敕郎曹仪及给事中等省亲》。也有命官慰劳的敕书，如《命中书劳袭封衍圣公孔希学》。

3. 训诫类。如《谕群臣务公去私》《谕天下有司》《谕太学生》。

4. 祭祀类。如《命功臣祀岳镇海渎敕》《命道士祭岳镇海渎》《命使赍帛祭历代先圣》。

5. 任命类。如《命桂彦良职王傅》《命太医院官代职》《召前按察副使刘崧职礼部侍郎》。

6. 外交类。如《谕安南使臣阮士谔》《谕占城国王阿答阿者》《谕辽东都司发回高丽百姓敕》。

值得注意的是，明初王言继承前朝，又有所发展，将诫敕与谕告的功能相结合而形成的命令文书，就是"敕谕"，成为明代常用的诏令类型。值得注意的是，一些《敕》在题名上并没有"敕"的字样，而以"谕""命""赐"为句首，这类敕书中典型的特征，是在结尾处有"故兹敕谕"的字样。

还应该提到的是口谕。口谕是皇帝敕谕的一种，出于皇帝亲口，是口语传达的敕谕。其行用方式，往往是由臣下宣授皇帝的口头敕谕，也称为圣旨。明太祖出身布衣，加之元朝口语化诏敕的影响在明朝初年的延续，迄今保留了一些明太祖生动的口语敕谕，也可称作白话诏令，这是在处理日常事务中形成的，弥足珍

贵。下面就是保存在《明太祖御笔》中明太祖对外事务中的口谕
一例。

《谕安南国王》：

> 你中书省文书里，传着我的言语，说往安南去。前者，
> 我教他那里三年来朝一遍，所贡之物，惟是表意矣已。若事
> 大之心永坚，何在物之盛。今年某使至，仍前远赍丰物来朝。
> 安南国王何不遵朕至意。朕想莫不是彼中紊纪乱纲，更王易
> 位，有所疑猜而如是乎？然君臣之分本定，奈何。昔王荒昏
> 于上，致令如斯，岂不天数也欤。朕又闻方今之王，亦族中
> 人为之，或者可。吁，朕闻中国圣人有云：将欲取天下而为
> 之，吾见其不得已。天下神器也，不可为也，为者败之，执
> 者失之。今陈某夺位而为之，必畏天地而谨人神，恤及黔黎，
> 庶膺王爵。倘或慢天地而虐庶民人神，又非久长之道。又说
> 与安南，傲限山隔海，远在一隅。天造地设，各天一方，以
> 主生民。中国有道之君，必不伐；尚强无知者必征。如朕统
> 天下，惟渊民安而已，无那强凌弱之举，众暴寡之为。道与
> 安南新王，自当高枕，无虑加兵。①

值得注意的是，在《御制文集》卷二的这段口谕，已经不再
是口语化的，而已成为修饰过的让中书省颁下的官方正式文书形
式了。由此，我们了解到由皇帝口谕到形成文书体的一个过程。

实际上，谈及明太祖诏令文书的类型，不仅有上述存留在
《御制文集》中的这些。根据遗存于世的明太祖诏令，重要的还有
册、手诏、榜文、令等，现分别简述于下。

---

① 《明太祖御笔》下册，九、十。

### （五）册

册，源于周代的策命。《周礼》云："凡命诸侯及公卿、大夫，则策命之。"① 发展至汉代，策书，是汉代天子所下四大诏令文书之一。根据明人吴讷所述，"汉承秦制，有曰'策书'，以封拜诸侯王公"；又曰：唐代王言有七，一曰"册书"，"立皇后、皇太子，封诸王则用之"。② 徐师曾进一步申述了册书的由来，引述《说文解字》云："册，符命也"，说明本字作"策"，汉代"惟用木简，故其字作'策'"；到唐代以后，"逮下之制有六，其三曰册，字始作'册'"；阐明："今制，郊祀、立后、立储、封王、封妃，亦皆用册；而玉、金、银、铜之制，各有等差，盖自古迄今，王言之所不可阙者也。"③ 他指出了明代册书的广泛应用，按照严格的等级颁发。明代在颁给册文的同时，还另颁有诏书，也无例外地包括训诫的内容，因此，也应纳入法令的范畴。

现将明太祖册封高丽国王的册文一例，举于下：

> 制曰：尔高丽地有三韩，生齿且庶。国祖朝鲜，七来遐矣。典章文物岂同诸夷。今者臣服六宾，愿遵声教，奏袭如前。然继世之道，列圣相承，薄海内外，凡诸有众德、被无疵，古先哲王所以嘉尚，由是茅土奠安，袭封累世。尔王禑自国王王颛逝后，幼守基邦，今几年矣。尔方束发，智可临民。朕命吏部如敕召中书精笔朕言，钦天命尔，尔弗感礼违，仍前高丽国王，世守三韩，命使赍擎，如国以授。尔岂仰观

① 郑玄注：《周礼》，《四部丛刊》本。
② 吴讷：《文章辨体序说·册》，《文章辨体序说 文体明辨序说》，第35—36页。
③ 徐师曾：《文体明辨序说·册》，《文章辨体序说 文体明辨序说》，第115—116页。

俯察必遂群情。呜呼！国无大小，授必土穹，当斯要任，岂不阙位，艰哉。自袭之后，毋逸豫以怠政，毋由猎以殃民。洁祀境内以格神明，精丞尝之若奉。尔祖考循朕之训，福寿三韩永矣。尔其敬哉。①

## （六）手诏

手诏是皇帝诏令之重要一种，是帝王亲自手写的诏书。明人徐师曾云《御札》："按：字书'札，小简也'。天子之札称御札，尊之也。古无此体，至宋而后有之。"其后，他接着说："其文出于词臣之手，而体亦不同。大抵多用俪语，盖敕之变体也。"② 与宋代相比较，明代手诏与御札实已有很大区别，主要的不同之处，就在于手诏是皇帝亲笔诏敕，而这种手诏完全不同于宋代皇帝的所谓手诏。③ 明太祖采用手诏处理各种事务，取得简便、直接的效果。在今存于台北故宫的《明太祖御笔》中保存有手诏《暹罗进贡事》：

> 使者至京，礼已毕矣。所损船只，修理完，起程回还本国，使国王心悦。浙江布（政）司故意留难，作咨呈，有失

---

① 《高丽史》卷一三五《辛禑》三。这一通册文不见于《御制文集》，《明实录》也仅记事而无文。以往笔者在叙述外交诏令的分类时将册书误为制书，现修正之。

② 徐师曾：《文体明辨序说·御札》，《文章辨体序说 文体明辨序说》，第117页。

③ 关于宋代的御笔手诏，《宋史》卷四七二《蔡京传》记载："初，国制，凡诏令皆中书门下议，而后命学士为之。至熙宁间，有内降手诏不由中书门下共议，盖大臣有阴从中而为之者。至京则又患言者议己，故作御笔密进，而丐徽宗亲书以降，谓之御笔手诏。违者以违制坐之。事无巨细，皆托而行，至有不类帝札者，群下皆莫敢言。由是贵戚、近臣争相请求，至使中人杨球代书，号曰书杨。京复病之，而亦不能止矣。"日本学者德永洋介对宋代御笔手诏有专文研究，认为是明代内阁票拟制度的前身，见《宋代の御笔手诏》，《東洋史研究》第57号第3期，1998年。明初太祖手诏为其亲笔所写，绝不可能有如宋代徽宗时的情形出现。

怀柔远人之道。今差人前去取招，记罪一百。星夜发船起程。①

根据内容，我们可以了解到手诏具有临时处置的法令性质。

### （七）榜文

关于明代皇帝的口谕形成文字，并且公布于世的，还有榜文。黄彰健先生曾说："研究明初法律，须从律、令、诰及榜文四方面研究。"② 他是最早关注榜文研究的学者。近年杨一凡先生特撰文以详考榜例。③ 对于洪武三年（1370 年）二月，明太祖"召江南富民赴阙，上口谕数千言刻布之，曰《教民榜》"，④ 杨一凡先生认为："《教民榜》字数如此之多，可见它是若干榜文的汇集。"洪武朝初年的《教民榜》今已失传不得见，所见《教民榜文》是洪武二十一年（1388 年）户部在奉天门早朝钦奉圣旨，于洪武三十一年（1398 年）刊布的"再行申明"。⑤ 其中 41 条，对老人、里甲理断民讼和管理其他乡村事务作了详尽规定，同时也是一部民事诉讼法规。从《教民榜文》，我们可以了解到明朝皇帝诏令的法律效力。根据杨一凡先生研究，《南京刑部志》卷三《揭榜示以昭大法》收录了明太祖洪武年间发布的 45 榜榜文。最早的发布于洪武十九年（1386 年）四月初七日，最晚的一榜发布于洪武三十一年（1398 年）正月二十五日。现举例如下：

---

① 《明太祖御笔》上，四十一，朱书，题名前有阙，"修理完"后原缺数字，浙江布政司，原缺"政"字。

② 黄彰健：《明洪武永乐朝的榜文峻令》，《明清史研究丛稿》第 237 页。

③ 杨一凡：《明代榜例考》，《上海师范大学学报》2008 年第 5 期。

④ 谈迁：《国榷》卷四，中华书局 1988 年版，第 408 页。

⑤ 张卤：《皇明制书》卷九，日本东京，古典研究会，1966 年。

洪武二十三年四月二十二日，为藏匿文卷事，钦奉圣旨：
若有将文卷簿籍不在衙门架阁，却行藏于本家，或寄顿他处，
许诸人首发，官给赏钞一百锭。犯人处斩，家迁化外。①

值得注意的是，所有榜文中都以"奉圣旨""钦奉圣旨"形
式公布皇帝的旨意，以此我们可以了解到，明初圣旨是皇帝诏令
的官称，不仅是民间的称谓。以此，明代有许多圣旨碑留存至今。

值得注意的还有铁榜。为防止公侯及其家人行不法之事，明
太祖于洪武五年（1372 年）六月还特别作铁榜申诫公侯。② 铁榜
毋庸置疑地具有法律的效力。

## （八）令

明人吴讷云："行于下者谓之令。"③ 上引《正德大明会典》
也以"令"为下行文书的总称，以此明代皇帝的诏令汗牛充栋。
特别应该提到的是，早在吴元年（1367 年），时为吴王的朱元璋
就重视立法，命令修订律令，这一年十二月初二律令成。《大明
令》"凡为令一百四十五条：吏令二十、户令二十四、礼令十七、
兵令十一、刑令七十一、工令二"④。

洪武元年（1368 年）正月十八日，明太祖为颁行《大明令》
特颁圣旨：

朕惟律令者，治天下之法也。令以教之于先，律以齐之
于后。古者律、令至简，后世渐以繁多，甚至有不能通其义

---

① 原载明曹栋《南京刑部志》，嘉靖刊本，引自杨一凡、田涛主编《中国珍稀法
律典籍续编》第三册，黑龙江人民出版社 2002 年版，第 512 页。

② 《明太祖实录》卷七四，洪武五年六月乙巳。

③ 吴讷：《文章辨体序说》，《文章辨体序说 文体明辨序说》，第 11 页。

④ 《明太祖实录》卷二八上，吴元年十二月甲辰。

者，何以使人知法意而不犯哉。人既难知，是启吏之奸而陷民于法。朕甚悯之。今所定律令，芟繁就简，使之归一，直言其事，庶几人人易知而难犯。书曰：刑期于无刑天下。果能遵令而不蹈于律，刑措之效，亦不难致。兹命颁行四方，惟尔臣庶体予至意。钦此。①

由此可知，从"律令者，治天下之法"的观念出发，明太祖明辨律令的区别："令以教之于先，律以齐之于后"，说明令是关于行为的规范，而律包括制裁的内容。"果能遵令"可以"不蹈于律"，即凡是能够遵守令的规定的，就不致触犯律条；反之，违反令的规范的行为，将会被依律给以惩治。令是国家制定的规范。例如《吏令》中的《致仕》，"凡内外大小官员年七十者，听令致仕，其又特旨选用者，不拘此限"等，《大明令》中的一些具体规定，延续到明后期仍然有效。

以上对于明代诏令的形式及其功能，以明太祖亲撰诏令文书为中心，辅以其他文献作了分梳，大致可以分为8类：诏、制、诰、敕、册、手诏、榜文、令。这是所见明代诏令文书的主要类型，在文书的种类和格式上具有代表性，也可以说是明代诏令文书的荟萃。这些诏令的存世，使得我们考察明代诏令的内容和形式及其变化轨迹有了规律可循。关于明代诏令文书的类型，明末孙承泽归纳为10类："凡上所下，一曰诏，二曰诰，三曰制，四曰敕，五曰册文，六曰谕，七曰书，八曰符，九曰令，十曰檄。"② 就此而言，书、谕也可以单独列出，但考虑到实际上明初的玺书、诏谕已与其他如诏、敕等连用者多；丹符是皇帝的符信，与敕谕

---

① 《皇明制书》卷一《大明令》卷首。
② 孙承泽：《春明梦余录》卷二十三《内阁》，北京古籍出版社1992年版，上册，第326页。

同往，在《明太祖御笔》多有例证，恕不一一列举；而檄作为专门军事方面的类型所用并不多，故在此均未单列。重要的是，上述作为明代具有代表性的诏令文书，均为下行命令文书，都具有法令的效力。

自古以来的诏令文书在不断的演变过程中，至明代发生了不小的变化。明代诏令文书具有更多的变通，以上 8 种类型，有不少是综合变通的结果。如唐代重大事情颁布用制，而在明代则较少用制，诏与敕的行用多了起来，综合性的诏发展起来，吸收了制的内容，并以诏谕的形式出现。关于明代诏书，并非都是公布的、公开发布的诏书，有开读仪式，颁行于天下；而诏书与敕谕结合而成的诏谕，则往往只是传达到具体衙门和专人，并不需要公布，与一般诏告天下的诏书有了重大区别。所谓诏用得最多，就是基于诏谕连用，以及诏作为诏令统称的用途广泛的意义上说的。自明初开始，诏与敕形式的运用具有了越来越重要的作用，而其中文体混合运用的情形多见，反映了明代诏的概念使用已不严格，至此古代王言已经发生了很大变化。应该提到的是，虽然明初锐意复古，但是在诏令文书结构程式和书写格式上，明代直接承继于金元的简单化趋势，与中古以前的汉唐诏令文书渐行渐远。明代一般以皇帝名义发布的诏书，起首用语是"奉天承运皇帝诏曰"，这是明太祖的首创，影响所及 500 多年，直至帝制中国终结。此外，制在明代也已具有诏令统称之义，诰在明初的法律意义上有了极大发挥，而令在明代则始终具有法令的效力。

## 四　诏令与立法程序

从存在形态来看，诏令主要是针对重大事务乃至某事、某人发布的临时性的指令性文书。在唐宋时，要具有稳定的法律效力，必须经过一定的立法程序，加以删定整理，修纂成编，也就是法律化，才具有法律效力，由此产生了编敕，而编敕主要是补充律。① 在明代，诏令可直接形成事例，具有法律效力，产生了"因事制法"的法律效果。

诏令这种法律形式的下达方式，归纳起来不外是直接和间接两种类型，具体而言，主要有：一是皇帝的诏书或赦书在承天门公开颁布，然后派遣使臣携带诏敕前往全国各地与外国传达；二是皇帝直接颁给各级部门和官员的具体指导性政令；三是皇帝直接下达旨意给中书省或六部等，由中书省或六部等负责将圣旨传达到全国。命令中书省或六部等衙门，或其他各地官员移咨的文书，属于皇帝授权，其中不少诏敕明白宣布"奉皇帝圣旨"云云，因此也具有国家法令的效力。重要的是，在大臣的奏议上达以后，得到皇帝的批准，也就成为政令下达，这种方式也在诏令的范畴之列。

从性质来说，明代诏令可以分为通令性质和专门性质的两大类别。作为通令，是布告天下的法令性的诏旨；作为专门诏令，是给予一部门、一地或处理一事的日常政务性的法令。后者有些被"著为令"，转换为制度化的法令。一般来说，诏书有权威性，本身具有法令的性质，与处理日常事务性质的敕谕有所不同，而处理日常政务的政令，也可能形成事例，成为相对稳定的行政法令。

事实上，从用途上分类，一类是用于发布国家大政法令，另一类是处理日常事务，无论是哪一种类，都有可能"著为令"，形成定例。

"著为令"是将临时性的针对一时一事的诏令定为稳定性较长的法令，长期遵守的制度。下面将《明实录》记载的洪武年间

① 参见戴建国《宋代编敕初探》，见氏著《宋代法制新探》，黑龙江人民出版社2000年版。

"著为令"的情形列表如下，以便分析。

表3　　　　　　　　　　洪武"著为令"一览表

| 时间 | 著为令的内容 | 资料来源：《明太祖实录》 |
|---|---|---|
| 洪武元年九月己卯 | 自今凡告谋反不实者抵罪 | 卷三五 |
| 洪武二年正月乙巳 | 诏表当涂县民孙添母郑氏黎德旺妻陶氏其门曰贞节，复其家 | 卷三八 |
| 洪武二年三月戊戌 | 翰林学士朱升等奉敕撰斋戒文 | 卷四〇 |
| 洪武二年八月庚寅 | 礼部尚书崔亮奏周官天子五祀 | 卷四四 |
| 洪武三年五月乙未 | 册妃孙氏为贵妃，严宫闱之政 | 卷五二 |
| 洪武三年九月乙巳 | 诏翰林侍读学士魏观自今太庙祝文止称孝子皇帝，不称臣；凡遣太子行礼，止称命长子某，勿称皇太子 | 卷五六 |
| 洪武三年十一月辛亥 | 核民数给以户帖，仍令有司岁计其户口之登耗类为籍册以进 | 卷五八 |
| 洪武三年十二月辛酉 | 命军人月粮于每月初给之 | 卷五九 |
| 洪武四年三月丁未 | 诏凡大小武官亡殁，悉令嫡长子孙袭职 | 卷六二 |
| 洪武四年九月乙亥 | 礼部奏历代祭祀斋戒日期不一 | 卷六八 |
| 洪武四年十一月甲戌 | 国家设都卫节制方面所系甚重，于各卫指挥中遴择智谋出众，以任都指挥之职，或二三年五六年从朝廷升调，不许世袭 | 卷六九 |
| 洪武四年十一月乙亥 | 大都督府奏内外卫所武臣不能约束军士，致逃亡者众，宜立条章以示惩戒。于是定例，诏从之 | 卷六九 |
| 洪武四年十二月丁未 | 敕太常司自今岁除享太庙以其巳时行礼 | 卷七〇 |
| 洪武五年七月丙子 | 礼部尚书陶凯等奏考历代天子祭祀事，请著为令，从之 | 卷七五 |

续表

| 时间 | 著为令的内容 | 资料来源:《明太祖实录》 |
|---|---|---|
| 洪武五年十二月己亥 | 给僧道度牒,礼部言前代度牒之给,皆计名鬻钱以资国用,号免丁钱。诏罢之 | 卷七七 |
| 洪武六年十一月 | 僧道寺观禁女子不得为尼 | 卷八六 |
| 洪武七年三月甲戌 | 播州宣慰司所有田税随其所入,不必复为定额以徵其赋 | 卷八八 |
| 洪武九年正月己未 | 诏太常皇陵朔望致祭用少牢品物 | 卷一〇三 |
| 洪武九年五月癸亥 | 晋王妃谢氏薨,命礼部议丧服之制,议曰按唐制,制曰可 | 卷一〇六 |
| 洪武九年五月辛丑 | 礼部言凡殿庭颁降诏书册命,宜从中道中门出等事,从之 | 卷一〇六 |
| 洪武九年八月己卯 | 中书省言福建参政魏鉴瞿庄笞一奸吏至死,上赐玺书劳之,欲使上官驭吏动必以礼,而严之以法 | 卷一〇八 |
| 洪武十年正月甲辰 | 自今铨选之后,以品为差,皆与道里费,仍令有司给舟车送之 | 卷一一一 |
| 洪武十年正月辛酉 | 自今凡军士死亡家贫不能举者,官为给棺葬之 | 卷一一一 |
| 洪武十年正月丁卯 | 自今百司见任官员之家,有田土者输租税外,悉免其徭役 | 卷一一一 |
| 洪武十一年四月丙子 | 敕工部定天下岁造军器之数甲胄之属 | 卷一一八 |
| 洪武十二年正月丁亥 | 有官言天下有司官例以九年为满,福建汀漳二府等地瘴疠量减,从之 | 卷一二二 |
| 洪武十二年正月乙未 | 诏中书丁忧官俸事,养其廉 | 卷一二二 |
| 洪武十二年八月辛巳 | 自今内外官致仕还乡者,复其家终身无所与;庶民则以官礼谒见,敢有凌侮者,论如律 | 卷一二六 |

续表

| 时间 | 著为令的内容 | 资料来源:《明太祖实录》 |
|---|---|---|
| 洪武十三年四月丁未 | 诏五军都督府:凡大小武臣有伯叔兄弟若姊妹之夫居行伍者,皆得给聚,及分禄赡之 | 卷一三一 |
| 洪武十三年十月癸丑 | 吏部奏重定功臣及常选官封赠等第,上曰自今文官封赠必待三考,其才能显著者方许给授,封赠爵职用敕符御宝毕,然后颁降 | 卷一三四 |
| 洪武十四年正月 | 命刑官听两造之辞,果有罪验正以五刑,议定然后入奏。既奏,录其所被之旨送四辅官、谏院官、给事中覆核无异,然后覆奏,行之有疑谳,则四辅官封驳之 | 卷一三五 |
| 洪武十四年三月癸卯 | 敕刑部自今官吏受赂者必求通贿之人并罪之,徙其家于边 | 卷一三六 |
| 洪武十四年九月丙午 | 礼部尚书李淑正言州县儒学训导多以贤良等科荐至京,致师范缺员,生徒费业,即禁之 | 卷一三九 |
| 洪武十五年正月己丑 | 谕工部臣曰:曩集天下工匠隶事京师,其中有以疾病致死者,遣人收其遗骸,函送其家,各以钞七锭给其妻子瘗之 | 卷一四一 |
| 洪武十五年闰二月甲申 | 命礼部定诸司文移式 | 卷一四三 |
| 洪武十五年十一月戊辰 | 命都察院以巡按事宜颁各处提刑按察司,俾各举其职 | 卷一五〇 |
| 洪武十七年五月壬子 | 定武臣袭职例 | 卷一六二 |
| 洪武十七年闰十月癸丑 | 云南布政使司言所属大小土官有世袭者,有选用者事,上命六部官会议,凡土官选用者有犯,依流官律定罪;世袭者所司不许擅问,先以干证之人推得其实,定议奏闻,杖以下则纪录在职,徒流则徙之北平 | 卷一六七 |

续表

| 时间 | 著为令的内容 | 资料来源:《明太祖实录》 |
|---|---|---|
| 洪武十七年十二月庚戌 | 刑部尚书王惠迪言民间乞养义女事,请著为令,从之 | 卷一六九 |
| 洪武十八年三月壬戌 | 今内外文武群臣有亲没官所,路远不能归葬者,其令有司以舟车资送还乡 | 卷一七二 |
| 洪武十八年五月戊申 | 今定为三年一朝觐,其纪功图册文移藁簿赴部考核,吏典二人从其布政司,按察司官亦然 | 卷一七三 |
| 洪武十九年夏四月丙戌 | 定工匠轮班,初工部议而未行,工部侍郎秦逵复议举行,量地远近以为班次,且置籍为勘合付之,至期赍至工部,听拨免其家他役 | 卷一七七 |
| 洪武十九年十月乙巳 | 上谕兵部天下大小武臣皆以有功,故令子孙世袭事 | 卷一七九 |
| 洪武十九年十二月乙酉 | 诏自今诸司应死重囚,俱令大理寺覆奏听决 | 卷一七九 |
| 洪武二十一年五月戊寅 | 上谓户部等官天下将校军士月给俸粮议之,且令应天府将今岁民租先对一卫试行之,果便军民,则著为令 | 卷一九〇 |
| 洪武二十一年五月戊戌 | 南昌府豐城县民言农民佃官田一亩岁输租五斗,诚为太重,愿减额以惠小民。户部定议一亩输四斗。上曰两浙及京畿土壤饶沃者输四斗,江西群县地土颇硗瘠,止令输三斗 | 卷一九〇 |
| 洪武二十一年八月己酉 | 诏五军都督府凡天下武官擅调千百户军旗混乱队伍者,指挥千百户杖而罢职,总小旗从者罪同,若身自首告者升一等 | 卷一九三 |

续表

| 时间 | 著为令的内容 | 资料来源：《明太祖实录》 |
|---|---|---|
| 洪武二十二年六月丁巳 | 诏凡指挥使升都指挥使不系世袭者，出职仍授本卫世袭指挥使等 | 卷一九六 |
| 洪武二十三年二月 | 命凡广东、四川、陕西、云南诸都司卫所军士差遣至京者，人给钞五锭；江西及山东各都司至者人三锭，以为道里费 | 卷二〇〇 |
| 洪武二十三年三月庚午 | 命礼部定公侯卒葬辍朝礼，礼部议，从之 | 卷二〇〇 |
| 洪武二十三年五月癸巳 | 仍诏今后在京官三年皆迁调 | 卷二〇二 |
| 洪武二十三年九月乙未 | 自今凡开国功臣死后俱追封三代，其袭爵子孙非建立奇功者，生死止依本爵 | 卷二〇四 |
| 洪武二十五年闰十二月辛巳 | 上谕礼部今王妃以下有所出者，皆称夫人 | 卷二二三 |
| 洪武二十五年闰十二月辛卯 | 更定巡检考课之法 | 卷二二三 |
| 洪武二十六年六月辛丑 | 命礼部申严公侯制度僭侈之禁，敕将公侯食禄及服舍器用等著为定式 | 卷二二八 |
| 洪武二十六年七月庚辰 | 命吏部今后除授官员即与实授，勿令试职 | 卷二二九 |
| 洪武二十七年三月甲辰 | 诏武官子弟习骑射，自今武官子弟宜于间暇时令习弓马。当承袭者，五军阅试其骑射，娴习者方许，否则虽授职，止给半俸，候三年复试之，不能者谪为军 | 卷二三二 |
| 洪武二十七年十月庚辰 | 命各处都指挥使司自今凡武官到任，即验札付给禄，遣人覆奏还乃视事 | 卷二三五 |

续表

| 时间 | 著为令的内容 | 资料来源:《明太祖实录》 |
|---|---|---|
| 洪武二十八年八月戊子 | 诏更定皇太子亲王等封爵册宝之制，如或有犯，宗人府取问明白，具实闻奏，轻则量罪降等，重则黜为庶人，但明赏罚，不加刑责 | 卷二四〇 |
| 洪武三十年四月丙申 | 以武官多私役军卒踰法制，命礼部考定其从人额数。礼部议，上以正军占役太多宜减其数，余如所议 | 卷二五二 |
| 洪武三十年五月甲寅 | 大明律诰成，上御午门谕群臣：朕有天下，仿古为治，明礼以导民，定律以绳顽，刊著为令，行之已久。命刑官取大诰条目，撮其要略附载于律，凡榜文禁例悉除之。今编次成书，刊布中外，令天下知所遵守 | 卷二五三 |

根据以上《明实录》的不完全统计①，洪武年间总计 61 事"著为令"。其中关于刑法的 5 例，行政典制方面的最多，达到 39 例，军政方面的 16 例。由此也说明了令的性质主要是行政法规。

在汉代，《独断》曰："诏犹告也，告，教也。"再看明代，颁《大明令》已云："令以教为先。"诏与令虽然名称不同，在"教"的涵义上是完全吻合的，也就是说具有相同的功能。

"著为令"，要经过一定的法律程序。从中我们可以清楚地了解明代的立法过程有如下形式：

第一种形式，是皇帝按照自己的意志直接命令"著于令"，如上例洪武二十七年"诏武官子弟习骑射"等；第二种形式，是臣

---

① 《明太祖实录》三修，故所载已很不完全。如朱睦㮮辑《圣典》卷三《尊道》（万历刻本）记衍圣公事"著为令"，即为实录失载的一例，现录于下："十七年正月，袭封衍圣公孔讷来朝，上命礼官以大乐导至太学。明日入谢，复赐袭衣，宴礼部。吏部拟诰用资善大夫阶，上曰：既爵公，勿事散官，但诰以织文玉轴为异耳。遂著为令，每岁入觐得给符乘传，班序文臣首。"

僚上奏，皇帝认可，往往以"从之"来表述，如上例洪武四年"大都督府奏内外卫所武臣不能约束军士，致逃亡者众，宜立条章以示惩戒。于是定例，诏从之"；或有臣僚直接言请"著为令"的，如上例洪武十七年"刑部尚书王惠迪言民间乞养义女事，请著为令，从之"；第三种形式，是皇帝令臣僚草拟制度，臣僚集议定议后上奏，皇帝批准，如上例洪武二十三年"命礼部定公侯卒葬辍朝礼"，礼部议定，"从之"；还有第四种形式，是皇帝提出一事令臣僚议之，不立即作出决策，而是令在一地试行以观效果，如果试点成功，就"著为令"，如上述"户部等官天下将校军士月给俸粮议之，且令应天府将今岁民租先对一卫试行之，果便军民，则著为令"，即是典型的一例。

发展到明后期，从范钦编辑的《嘉靖事例》来看，事例的形成多是上述立法的第二种形式，特举例如下：

> 《复议宁夏抚臣条陈四事》：看得兵部咨该巡抚宁夏都御史翟条陈，议采草以苏军困、宽追陪以便完纳、复盐马以济实用、处备御以责实效四事，俱切时弊、益地方，合就议拟开立前件，伏乞圣裁。嘉靖九年十一月十二日本部尚书梁等具题，十四日奉圣旨：是，准议行。[①]

这里清楚地表现出事例的来源。题本一经圣旨"是"了和"准奏"了，就是事例，具有法令的性质，也就是明朝人认识中的"令"。《大明会典》中充满了事例，也就是充满了"令"的形式。

由此可见，事例是以诏令形成的，在大量形成事例以后，就产生了汇编的需要。

上文已提到的正德《大明会典·凡例》，将诏令文书做了归

---

① 范钦编《嘉靖事例》。

纳，这里为了具体分析，不妨再次征引于下："事例出朝廷所降，则书曰诏，曰敕。臣下所奏，则书曰奏准，曰议准，曰奏定，曰议定。或总书曰令。"① 从中我们可以区分明代诏令文书的三种形式：第一，是诏和敕，这是皇帝直接下达的旨意，有着法律效力；第二，由臣下上奏的事宜，得到皇帝批准的称奏准，又称奏定的下行文书，同样具有了法律效力；第三，科道、三卿、九卿等会议讨论通过经皇帝钦准称为"议准""议定"的下行文书，也同样具有法律效力。重要的是最后的归纳，说明以皇帝名义下行的诏令文书可以统称为令，也就是说，即使是第二、三种情形下形成的诏令，同样是具有令的法律形式。《凡例》已证明，在明朝人看来，《大明会典》中的事例，是令的汇集；事例的汇集，也就是明令的汇编。

比较而言，日本学者大庭脩在对汉代制诏进行研究时，依据内容划分了三种形式：一是"皇帝凭自己的意志下达命令"；二是"官僚在被委任的权限内为执行自己的职务而提议和献策，皇帝加以认可，作为皇帝的命令而发布"；三是"皇帝表明立法意志"与"官僚的答申采取奏请的形式得到认可"相结合的复合体。② 将汉代与明代的诏令形式两相比较，可知明代诏令文书形成的三种形式及其运行机制基本上与汉代是相同的，明朝继承汉代诏令制度由此可见一斑。

## 五　作为法源的诏令

《皇明诏制》是明末人编辑的诏令集。名曰"诏制"，实际上

---

① 李东阳等：《正德大明会典凡例》，东京，汲古书院，1989 年。

② ［日］大庭脩：《秦汉法制史研究》，林剑鸣等译，上海人民出版社 1991 年版，第 170—176 页。

收录了诏与敕两种类型的诏令。孔贞运《序》云：

> 我国家稽古考文，谕百官曰诏，曰诰、曰制、曰敕、曰册、曰谕、曰书，皆审署其体，循事而用，昭大制也。而其诞扬休命，敷告万邦，以昭一代之章程，垂万年之成宪，则无如诏。恭惟高皇帝应天受命，制作一新；文皇帝丕承治统，谟烈重光。列圣相传，与时斟酌，深仁涉泽，沦浃肌肤，密纬纤纶，纲维群象，迄今二百八十余年，昌明宏远，直配天壤。①

其中，值得注意的是"以昭一代之章程，垂万年之成宪"一句，突出了明代诏敕与国家法典密不可分的关系。

杨一凡先生曾指出："令作为法律形式的一种，其内容包括令典之令、各种单行令和皇帝发布的各种诏令。"② 他阐述了诏令可以直接视为法令的观点。笔者撰写此文也正是受此启发，我十分赞同这一观点，并认为杨先生所述的明令次序可以重新排列为：诏令、各种单行令、令典之令。诏令是后两种形式的法源。

之所以重新排列次序，是因为一般说来，典、律和其他国家常法具有相对稳定的效力，而诏令多是君主根据新的情况适时发布，属于"权宜之法"。诏令是事例的法源，也是单行令的法源。正是依据上述明人"令"即"事例"的观念，《大明会典》以事

---

① 孔贞运辑：《皇明诏制·序》，崇祯刻本，收入《四库禁毁书丛刊》。清修《四库全书》时，将《皇明诏制》列于禁毁书，八卷本《皇明诏制》仅列存目，云："是编载明代诏制，始洪武元年，终嘉靖十八年，大抵皆典礼具文，不足考一代之政务。"见《四库全书总目》卷五十六。由于是书为诏令选辑，不能反映全面，这是选辑存在的问题，但是其中所收均为明朝大政，称之为"大抵典礼具文"，实为贬低之词，仅举卷首《太祖传檄中原》在当时的影响和作用，就可揭穿清朝史官的虚妄之词。

② 杨一凡：《注重法律形式和法律体系研究 全面揭示古代法制的面貌》，《法学研究》2009 年第 2 期。

系年，相当部分是事例的汇集，实际上也是令的整理汇编。

翻开《大明会典》，"××间定""××年令""奏准""题准"乃至"节该钦奉 ×× 皇帝圣旨"等语充斥其中，说明了这部"以六部为纲，以事则为目"的明代典章制度大全，实实在在的是由诏令形成的事例、则例、条例各种例所组成，诏令与例的关系昭然。有学者曾指出："臣僚题本一经圣旨'是'了的，'准议'了的，'准拟'了，都成了'题准'和'奏准'，在当时都奉以为'例'，它完全具有律令的性质。"①这无疑是正确的。历史发展到明代，面对经济与社会的急剧变化，明朝统治者实际上必须随时修订法律，以此法律形式出现了新的变化。

有关《会典》，一般认为其中收集了大量的行政法，②是一部行政法典。③而日本学者滋贺秀三提出："会典与唐代的律令、明清的律令等不同，称之为法典并不妥切。"④山根幸夫认为："我想事先指出会典决不是法令集，而是应称为某一王朝的国制总览的一种文献。"⑤他否定《会典》作为法令集，而从上引弘治年间《凡例》反映的明人观念而言，《会典》正是由祖宗成法和令组成的；他提出的"国制总览"的看法，却也提示了我们，《会典》

①　陈高华、陈智超等：《中国古代史史料学》，北京出版社 1983 年版，第 362 页。

②　张晋藩、怀效锋主编：《中国法制通史》第七卷《明》，法律出版社 1999 年版，第 43 页。

③　曾宪义主编：《中国法制史》，北京大学出版社 2000 年版，第 203 页，等等。

④　[日] 滋贺秀三：《清代的法制》，坂野正高、卫藤沈吉、田中正俊编《近代中国研究入门》，东京大学出版会 1974 年版，第 281 页。滋贺先生认为这种文献可以上溯到《周礼》和《唐六典》，但是他忽略了《周礼》是理想而非实践，而与《唐六典》同时存在的有律、令、格、式等法律形式，特别是有令的存在，故此书在当时也没有实践意义，这与《明会典》完全不同，《明会典》以见行事例为主干，是当时行用的综合法典。

⑤　[日] 山根幸夫撰：《明代的会典》，熊远报译，《明史研究论丛》第六辑，2004 年，第 44 页。

是一部综合法典。①

　　根据弘治皇帝于弘治十年（1497 年）敕谕内阁的内容，② 我们可以更清楚地了解编纂《会典》的缘起及其性质。虽然洪武年间创业定制，御制诸书"极大而精"，但是就当时而言，已是"随制随改，靡有宁岁"，"后所施行，未尽更定"。至永乐年间，发生了"皆因时制宜，或损或益，盖有不得不然者"。其后历久，只因"顾其条贯，散见于简册卷牍之间，凡百有司，艰于考据。下至闾里，或未悉知"，所以产生了编纂会典的需要。此书虽说是"一以祖宗旧制为主"，实际上却是"而凡损益同异，具事系年，汇列于后，粹而为书"，事例、禁令皆入其中，记载明白。明代正是以日常处理庶务的诏敕为指归，寓律令之演变于事例之中，经过整理，以事系年，汇集而成《会典》，形成了令的法典。再来看万历《御制重修明会典序》，可以使我们的认识更加清晰："朕惟自古帝王之兴，必创制立法，以贻万世。而继体守文之主，骏惠先业，润色太平，时或变通以适于治，故前主所是著为律，后主所是疏为令，虽各因时制宜，而与治同道，则较若画一焉。"其下所说更为明白："盖我孝宗皇帝，尝命儒臣纂述大明会典，集累朝之法令，定一代之章程。"统治者通过诏令治理国家庶务，形成事例，也即制度化，将整个国家治理都纳入了法律范围之内。由于历朝诏令的颁布"因时制宜"，随社会变化而作出相应变通性调整，同时也造成了"累朝典制，散见迭出，未曾会于一"的状况，③ 以故在万历年间需要重修会典，

---

　　① 近来的一种观点认为《大明会典》不具有法典的性质，只是明朝编纂的一部会典体史书，见原瑞琴《大明会典性质考论》，《史学史研究》2009 年第 3 期。这仅是从史学史角度出发，显然没有考虑到作为法规汇编所具有的"辑累朝之法令，定一代之章程"的法制史内涵。

　　② 见《明会典》第 2 页，弘治十年三月十六日敕谕。

　　③ 弘治《御制明会典序》，弘治十五年十二月十一日，《明会典》，中华书局 1989 年影印本，第 1 页。

并特此说明："惟是内外臣工，展采错事，务一禀于成宪。执此之政，坚如金石；行此之令，信如四时。"① 这里明确了会典具有的法律效力。《大明会典》凡三修，特别是万历重修后的《会典》，采取典、例不分的编纂体例，凸显出主要是以事例为贯穿线索编纂而成的特点。《重修凡例》说明，当时改变了正德《大明会典》典、例分编的编排方式，不再出现洪武年间颁行的十多种法律的名称，这些法律，就是书前所列"纂辑诸书"：《诸司职掌》《皇明祖训》《大诰》《大明令》《大明集礼》《洪武礼制》《礼仪定式》《稽古定制》《孝慈录》《教民榜文》《大明律》《军法定律》《宪纲》，虽然所有这些明朝初年编纂形成的有关制度的法律，都已汇集在《会典》之中，但是重修时已不再出现其名。此时都以"××年令""××年诰"的时间顺序编排，一准于职掌例，即事例；户口、赋税等项称则例。重要的是，凡旧籍没有的，都"以见行为准"。并特别举出"宗藩恤典各条例"，因"屡经酌议题准，今以近年题议者为主"。在律法方面，则指出《问刑条例》是补律所未备者，以律例总载于前，"例用近年议定题奉钦依者"。② 《重修凡例》清楚地表明，《会典》的编制，是以累朝形成的事例贯穿起来，将以诏令随时调整法律关系的实态、因时制宜的各项诏令的条文化，整齐划一，"永为定例"地确定了下来，形成了新的法律形式。

以《实录》与《会典》比较。如《明实录》洪武三年十一月记载了"核民数给以户帖，仍令有司岁计其户口之登耗类为籍册以进"之事，当时"著为令"。③《会典》则记录：洪武三年"又诏户部籍天下户口，及置户帖，各书户之乡贯丁口名岁，以字号

---

① 万历《御制重修明会典序》，万历十五年二月十六日，《明会典》第 2 页。
② 申时行等：《明会典·重修凡例》，第 7 页。
③ 《明太祖实录》卷五八，洪武三年十一月辛亥。

编为勘合。用半印钤记。籍藏于部，帖给于民，令有司点闸比对。有不合者，发充军。官吏隐瞒者，处斩"。① 显然，《会典》中的诏令内容经过整理编辑，表述更为完善，值得注意的是，不仅是"教之为先"的令，而且也包括了刑律。因此，我们认为《会典》具有综合法典的性质。

根据杨一凡先生的研究，"重视制例，律例并用"，在明太祖时已经开端。② 后世沿袭编例，形成了各种单行令，如《军政条例》《吏部条例》等，通过编纂，成为法令的汇编。自成、弘以后，出现了大量的条例。迄今藏于天一阁的《条例全文》一书，是按年月先后编排的成化、弘治年间的条例汇编，涉及政治、经济、军事、文化等方面的违规行为的禁约和惩治。③ 追溯来源，应即"条举事例"，是各种事例的条文化。如《皇明条法事类纂》是成、弘两朝条例的分类汇编，其名称已说明是"条法"事例的分类汇编。以各部院的题本、奏本为始，引录前朝事例与现行条例，最后归结为圣旨的允准。④ 由此可见，明代事例是以诏令为基础形成的，而事例的条文化，就是条例。而在形成了大量繁杂的事例—条例以后，就产生了汇编的需要。这就产生了第二个步骤：从事例到会典，这是诏令法典化的过程。确切地说，在《会典》中被确认的事例，采取条文化的方式表述更加条理化和规范化，形成长久的定例，适用于执政的需要。

查天一阁藏《兵部武选司条例》一书，均以题本得到皇帝钦准为依据形成条例，印证了在事例基础上形成了条例及其实施，

---

① 申时行等：《明会典》卷一九《户部》六《户口》一，第129页。
② 刘海年、杨一凡总主编：《中国珍稀法律典籍集成》乙编，第二册，《明代条例》卷首《点校说明》，科学出版社1994年版。
③ 收入《天一阁藏明代政书珍本丛刊》，线装书局2010年版。
④ 戴金编次：《皇明条法事类纂》，东京古典研究会1966年版。

并在此基础上形成《会典》。其《凡例》首云："今类编条例，主《大明会典》武选条例邦政，并本部堂稿所载《会典》该载而条例邦政不载者，只依《会典》。"又云："《会典》所载略节，而条例邦政详者，依条例，邦政只于下分注曰：《会典》该载。"①《会典》是当时依照执法的法典，在这里表现得很清楚。从这里看，不断产生的新条例正是《会典》连续重修的源泉，是执政的需求，才产生了法令法规汇编为综合法典的需要。在正德六年广西都司南宁卫署指挥使刘淳事的处理中，《兵部武选司条例》记载了"正德九年本部查得《大明会典》"的事例，同时又查照正德八年以来，前及弘治年间事例，对刘淳给以降级的适当处置，并云"以后署职官员降级者，俱照此例"，得到了皇帝圣旨允准，②是《会典》应用于政务实践的例证。这里还表明，《会典》是明朝法律体系发展到顶峰的产物，却也只有相对的稳定性。明后期社会急剧变化，多变的时政，需要适时地编辑皇帝诏敕形成事例来调整法律关系，维护国家与社会秩序，以事例、条例到汇编《会典》，再由事例、条例到重修《会典》，这是明朝因时制宜，适时变通的做法。明代正是以日常处理庶务的诏敕为旨归，寓律令之演变于事例之中，经过整理，以事系年，汇集而成了《会典》。

明朝延续近 300 年，是仅次于唐朝的中国历史上存续时间最长的大一统王朝，万历皇帝所云"俾万世子孙皆得蒙业而安"，③正是指在制度安排上的完备。明代中国的法律制度已取得长足的进步，其重要特点就在于汲取总结历朝历代法律形式，创制出"例"作为法律的主要形式，并加以汇编，不仅与时俱进，因革损

---

① 天一阁藏《兵部武选司条例》，《天一阁藏明代政书珍本丛刊》第 14 册，线装书局 2010 年版，第 221 页。
② 《兵部武选司条例》，《天一阁藏明代政书珍本丛刊》第 14 册，第 253—254 页。
③ 万历《御制重修明会典序》，万历十五年二月十六日，《明会典》，第 2 页。

益，而且使法令更加规范化。

# 六  令的系统及其延续

中国古代产生了律、令、格、式的法律形式，并被进一步归纳为律令体系。实际上形成了在古代法律体系中存在律和令两大系统，律主刑法，令是法律体系的重要组成部分，是关于国家制度的法律规范。从表面上看，《大明令》成为令的系统的终结，以后没有了令的法律形式。然而事实上，作为令的系统的延续，是大量诏令形成的见行事例，明朝由临时性诏令到相对稳定的成文法，事例是一个过渡形式。明代发生法律形式的演变，明后期诏令形成的事例、条例和单行法令等汇集而成《大明会典》。形式的变换，并没有触及本质。从明朝人的观念来看，《大明会典》本质上是一种令典。

让我们由此探讨律令的关系。明代通过制订法律来维护诏令文书的权威性，律令是相维的关系。《大明律》规定："凡奉制书有所施行而违者，杖一百"；"凡弃毁制书及起马御宝圣旨、起船符验，若各衙门印信及夜巡铜牌者，斩"；① "凡诈为制书及增减者，皆斩；未施行者，绞；传写失错者，杖一百"；"凡诈传诏旨者，斩"。② 其中的"制书""圣旨""诏旨"均为朝廷诏令类文书的指称。

学术界一般认为，明清两代于律和各种法律形式的单行法外，广泛适用"例"。实际上，考察"例"的法源，均出自诏令，"例"也属于令的广义的范畴。就这一意义而言，明代是传统中国

① 怀效锋点校：《大明律》卷三《吏律·公式》，法律出版社 1999 年版，第 37 页。

② 《大明律》卷二四《刑律·诈伪》，第 191—192 页。

法律体系发展的一个重要阶段，传统文化复兴同样表现在对于古代律令制的传承与发展上。实际上，古代律令体系形成，律与令是法律上的两大系统，中国古代法律制度发展到明代，已达到比较完善的地步，在明代以"令"为正式名称的法律形式退隐了，应从令的系统考察，如果总是与从律的角度出发，则不能产生完整的认识。

在律的系统方面，明初制定《大明律》，直接继承和延续了唐律；《大明律》的补充，是以条例的形式，按照"前主所是著为律，后主所是疏为令"，前主所定的是律，后主所定的是例，也就是令；弘治年间产生了《问刑条例》，最终形成了《大明律例》，是对律的补充发展，开清代律例之先河；在令的系统方面，明初制定了《大明令》，《大明令》是在明朝甫建立时颁布的令，仅有145 条，如《工令》只有两条，在建国后很快就不敷应用，是在意料之中的。但是，此后明朝没有再颁布补充的《大明令》，这与《大明律》不再增加内容实际上是相同的做法。明代以诏令为中心的多种法律形式规范行政与调整社会，《大明令》的补充是以事例的形式出现，同样在弘治年间编纂了《会典》，主干是以事例汇集的令典。显然，在这个意义上说，有学者认为明代"令的地位已经无可挽回地下降了，令条文减少到一百多条。到清代，令干脆就消失了。而令既然已经不像早期那样包含君主的意志并逐渐变成纯粹的行政制度，其被诸如会典一类的形式所取代也就是顺理成章的了"。① 这只是看到了表面现象，而没有关注到诏令作为律令的法源，不仅是作为国家立法制定律令的基本程序，而且也直接或间接构成了律令的重要组成部分，在法律体系中发挥了重要作用。

所以我们可以说明代的令不是消失了，而是变换了形式和名

---

① 张建国：《中国律令法体系概论》，《北京大学学报》1998 年第 5 期。

称，换言之，以例替代了令的名称。成化十年（1474 年），兵科给事中祝澜提出《诸司职掌》没有备载事例，应将"'见行条例'刊板印行，则天下皆可遵守而无惑矣"。① 至弘治时编纂《会典》，就是先《诸司职掌》，后列事例，主要以《诸司职掌》及各衙门"见行事例"为基本编纂结构。

正德年间刊布《会典》，后来历有续修，《会典》以事系年，主干就是以令系年，"因革损益，代有异同"，并将总称为令形成的事例与条例，综合汇编而成《会典》。这里有两重意思：第一，依据明人的理念，从令的广义概念出发，所有事例源自诏令，是令的总称；第二，诏令超越于律令之上，事例也即令例的汇编，从内容来看，《会典》的主干是令的系统的内容，即以狭义的令的内容作为主干，就此而言也是令典。实际上，《会典》包括了律令，形成了历史上史无前例的综合法典。

日本学者大庭脩先生认为："宋以后法典编纂史上划时代的现象是会典的编纂。"② 他指出了会典的重要意义，但是没有进一步的阐述。我认为会典的意义恰恰是与令的发展演变相关，与消失适相反，明代的令凸显出重要意义，融合或者说整合了古代的律、令、格、式等多种形式，显示出古代法制体系的重新建构。以此而言，明代不仅有继承，也有创新，明代是古代法制体系发生重要演变的时期。

明代法律形式的变化，不是突如其来的。追溯"令"这种法律形式在古代法律体系中的发展及其作用，古代律令在汉代是没有区别的，"前主所是著为律，后主所是疏为令，当时为是"。③ 后来发展有了分化，区别显示了出来。晋代"律以正罪名，令以

---

① 《明宪宗实录》卷一二九，成化十年六月壬戌。
② 《秦汉法制史研究》，第 8 页。
③ 班固：《汉书》卷六〇《杜周传》，中华书局 1964 年版，第 2659 页。

存事制"①。唐代"凡律以正刑定罪，令以设范立制"。② 令的性质就在于不是刑法，而是涉及各种典章制度的法令，而诏令作为最基本的法律形式，自秦始皇建立统一帝国以来，就是以诏令运行治理全国的。宋代沿袭唐代律、令、格、式，随时损益有（编）敕。编敕可以对律、令、格、式进行补充和修改。元代的令是以条格为名出现的。明人沈德符认为《会典》前身是来自《条格》："《会典》一书，盖仿《唐六典》而加详焉。太祖初著《诸司职掌》，至英宗复辟，复命词臣纂修《条格》，以续《职掌》之后。盖《会典》已权与于此，但未及成帙耳。至弘治十年丁巳始创立，此书成于弘治十五年，赐名《大明会典》。"③

　　明人丘濬全面论述了对古代迄明代的律令认识，特择要录于下：

　　　　唐之刑书有四：律、令、格、式。令者尊卑贵贱之等，治国家之制度也；格者，百官有司之所常行之事也；式者，其所常守之法也。凡邦国之政，必从事于此三者，其有所违，及人之为恶而入于罪戾者，一断以律。④

　　　　宋法制，因唐律令格式，而随时损益，又有编敕，凡律所不载，一断以敕，乃更其目曰敕令格式，而律恒存于敕之外。⑤

---

　　①　李昉等：《太平御览》卷六三八《刑法部》四《律令》下，中华书局1960年版，第2859页。

　　②　李林甫等：《唐六典》卷六《刑部》，中华书局1992年版，第185页。

　　③　沈德符：《万历野获编》卷一《重修会典》，中华书局1959年版，上册，第25页。

　　④　丘濬：《大学衍义补》卷一〇三《治国平天下之要·慎刑宪 定律令之制》，京华出版社1999年版，中册，第884页。

　　⑤　《大学衍义补》卷一〇三《治国平天下之要·慎刑宪 定律令之制》，中册，第886页。

他特别论述了明令系统的来龙去脉：

> 我圣祖于登极之初，洪武元年，即为《大明令》一百四十五条颁行天下，制曰："惟律令者，治天下之法也，令以教之于先，律以齐之于后，今国定律令，芟繁就简，使之归一，直言其事，庶几人人易知而难犯。"
>
> 斯令也，盖与汉高祖初入关约法三章、唐高祖入京师约法十二条，同一意也。至六年，始命刑部尚书刘惟谦等造律文，又有洪武礼制、诸司职掌之作，与夫大诰三编及大诰武臣等书，凡唐宋所谓律令格式与其编敕，皆在是也，但不用唐宋之旧名尔。夫律者，刑之法也；令者，法之意也，法具则意寓乎其中。方草创之初，未暇详其曲折。故明示以其意之所在，令是也；平定之后，既已备其制度，故详载其法之所存，律是也是诰与律，乃朝廷所当世守，法司所当遵行者也。事有律不载而具于令者，据其文而援以为证，用以请之于上可也，此又明法者之所当知。①

他指出朱元璋《皇明祖训》曰"子孙做皇帝时，止守律与《大诰》，而不及令"，有律不载，援用令时需要"以请之于上可也"，即说明了《大明令》根据诏敕随时修改变动。这也恰可解答薛允升《读例存疑·自序》提出的问题："明初有《大明律》，又有《大明令》。中叶以后，部臣多言'条例'，罕言'令'者。"所谓"中叶"，应该指的就是成弘以后，我们现在可以看到成弘年间条例的大量遗存。这就是条例替代狭义的"令"的发展过程。为什么出现这种现象？值得进一步研究。

---

① 《大学衍义补》卷一〇三《治国平天下之要·慎刑宪 定律令之制》，中册，第887页。

《大明令》确实是中国古代最后颁布的以令的名称出现的法令，追寻明代法律形式变化的原因，笔者认为，时代的变化与需要是根本的原因。明后期社会经济急剧变化，出现了社会危机，正是在这种背景下发生了法令形式的变化，是适应国家对于经济迅速发展、社会急剧变化的现实而出现的。明代是中国古代国家与社会转型的时期，变化是天翻地覆的，带有颠覆的意义。具有突出的法律稳定性的令，已不能满足时代变化的需求，为适应时代变迁需求，产生了大量临时性的事例与条例，大量事例，也就是处理事务时的临时性法令在运行中起作用。而在成弘以后形成的大量条例之上，编纂综合法典的需要出现了，明代法律的主要特征就是随时应变，因此产生了大量的事例，形成大量的条例、则例乃至定例，最后总结成为综合法典的形式问世，以便在国家治理实际操作中《大明令》不敷使用时遵循应用。于是令的法律形式为各种例所替代，并形成综合法典，直接而便捷地用于治理。

令的基本概念，已为各种例所替代，例比令更具灵活性，可以应对急剧变化的国家治理与社会变迁的需求。成化以后已不可能以不变应万变，明代白银货币化，这一过程，涉及秩序的重建、典范的确立、理念的更新以及政策的调整等多重问题，作为规范的稳定性的法律形式，古代律令体系已不能满足明代社会发展的要求，不能适应时代需求。临时性的事例、条例、则例、榜例、律例大量出现，以弥补令的缺失，补充令的内容。并且形成了重要的法律形式，逐渐成为法律的主导形式。最终在例的基础上，形成了综合法典，将律令都包括了进去，彰显了明代是中国法制形成完备形态的时期。

众所周知，每一种法律形式都有其独特的功能。律典属于刑事法律的范畴，令典属于行政法律的范畴。以唐朝的法律体系为例，律令格式各有区别，"律"是有关犯罪与刑罚的规定，"令"是国家组织制度方面的规定和行政命令，"格"是皇帝临时颁布的各种单行敕令的汇编，"式"是国家的公文程式，各种法律形式共同组成唐朝的法律体系。发展到明代，伴随皇权的加强，明代诏令成为法律形式中最具活力的部分。如果说律令是中华法系的两大系统，那么诏令作为法源，既是行政法的法源，又是刑法的法源，是在律令之上。从明代文献内容分析，明代条例、则例是由事例提炼而成，经皇帝批准实施的成文法。事例、则例、条例的内容都是令的内容。如万历《清丈条例》作为国家法令推行全国，影响深远。值得注意的是，由诏令形成的条例，一部分涉及刑事的，直接成为《大明律》的补充，形成了《大明律例》，是明代的律典；由诏令形成的事例总称为令，以此为主体汇编为《大明会典》，也可以说是明代的令典。当然《大明会典》也包括律和明初编定的法律典籍的内容，因此是一个系统的明代综合法典。由诏令为基础形成的例既补充了律，也补充了令，更产生了典，完善了古代的法律体系。以此笔者认为，在历代法律形式的演变史上，明代是一个重要的变化时期，主要表现在不仅传承了中华法系的律令两大系统，而且以例的形式融会、调整了古代令、格、式的法律形式，更以典的形式综合了历代法律的律、令、格、式，是一个集大成时期，最终完善了中国古代的法律体系，为清朝所继承，直至中国的帝制终结。从这一意义上说，明代法律体系是在西方人东来之前中国本土法律知识生产的集大成产物，明代开创的不仅是有明一代近 300 年的法律体系，可谓开创了明清两代 500 多年的法制体系，是中华法系发展进程中的重大演进，在中国法制史上具有重要地位，对于古代中国本土法律的研究具有重要价值和意义。

最重要的是，明代确立了"以诏令御天下"的治理模式，诏令文书传达与运行所涉地域，遍及全国各省以及周边各国，明帝国依靠诏令文书，即广义的令的传达贯彻，实施对于国家与社会的全面治理。从法制史的角度研究诏令文书，使我们可以了解明代国家的体制建构、运行机制以及运作过程。

# 七　结语

从明朝人的观念出发，综上所述，我们可以归纳对于明令的如下认识。

第一，在广义的概念上，明代以文书治天下，诏令本身具有法令的意涵，是明令的重要形式。诏敕类文书都可包容在令的范畴之中，具体有诏、诰、敕、赦、谕、令等多种形式或者说类型，不仅《明大诰》《大明令》都可包括在其中，而且无论是皇帝自上而下颁发的诏敕，还是自下而上由臣下奏疏奏准或集议议定的得到皇帝批准认可的事例，都可总称为令。所有的诏敕类文书都是广义的令，具有至高无上的法源地位。

第二，就狭义的概念而言，皇帝的诏令，具有法令的性质，是明代最基本的法律形式。诏令的特点是具有随时而定的变通性，主要是"权宜之法"，不一定都成为制度化的法令，而是属于一种临时法或特别法的范畴。除了《大明令》，诏敕类文书中特别"著为令"的部分，是确切地作为令的形式出现的法令。一系列的"著为令"是在律条以外，根据具体的情况，将权宜之用的部分以诏敕固定下来，形成制度化的法令，对立法治国起到了重要作用。

第三，总体而言，明令的法典价值，就在于以诏敕为中心，形成大量的事例，乃至条例、则例等，形成定例，即成文法，更以例补充了《大明律》。发展到明后期，在例的基础上，最终形成了《会典》，主要是诏令的法典化，即广义的令的汇编，而且将律也包括在其中，成为史无前例的综合法典。

总之，根据上述对于明令的初步考察，可见中国古代中华法系以律令为主体，到明代出现了演变，进入了例与典的时代。而在明代关于"整体治式"的明人理念之中，例产生于诏敕，总称为令，包含在广义的令的系统之中；事例即令，会典以例为主干，也可以说是令典，这意味着一个律令整合新阶段的起点。表面上是令的隐退，实质上也可以说是以令涵盖了中国古代法律体系。近代以来中国法律史学者提出"诸法合体"是中华法系的特点，就此而言，明代中国进入了"诸法合体"的典型时期。

一般认为，明代是一个传统复兴的时代，可明代是一个传统重构的时代这一点，则往往被极大地忽略了。明代传统的重构也包括法律体系的重构。中华帝国晚期的法律形式与体系的变化，是明朝人承上启下对于中华法系做出的贡献，明代法律体系开启了后来清朝的法律体系，延续了五百多年。以中国古代国家文明延续两千多年来统计，占有几近 1/4 的时间段，凸显了明代在中国法制史上的重要地位。

（原载《中国古代法律形式研究》，社会科学文献出版社 2011 年版，现补入原载《学术月刊》2010 年第 6 期《明帝国的特性：以诏令为中心》一文内容）

# 明代内官第一署变动考

　　明代宦官二十四衙门，在明初逐步形成。起初，内官监曾为内官第一署，其地位后为司礼监所替代。对此史无明载，时至晚明，熟于时事和朝章典故的沈德符已不清楚，仅云"司礼今为十二监中第一署"；而明末宦官刘若愚专记宫廷之事的《酌中志》中，列司礼监为十二监之首，也未加说明；内官监曾为内官第一署乃至郑和为内官监太监的史实长期模糊不彰。[①] 后世学者关注司礼监的颇多，主要聚焦于司礼监地位的提升及其与内阁的关系。[②] 迄今学界缺乏对内官监的专门研究，未见对内官监沉降与司礼监上升互动关系的探讨。黄彰健先生利用《祖训录》，对明初宦官制度做了细致的研究，虽涉及内官监的变化，但主要考察了司礼监

----

　　① 沈德符：《万历野获编·补遗》卷一《内官定制》，《明代笔记小说大观》三，上海古籍出版社 2005 年版；刘若愚：《酌中志》卷一六《内府衙门职掌》，北京古籍出版社 1994 年版，第 93 页；万历年间罗懋登《三宝太监西洋记通俗演义》直云郑和为"司礼监掌印的太监"，上海古籍出版社 1985 年版，上册第 193 页；清初傅维鳞《明书》，也记载郑和"太宗即位，为司礼太监"，卷一五八《宦官传》一，商务印书馆 1937 年版。

　　② 一般说来，凡论及明代政治史，都涉及司礼监的研究，更多关注的是司礼监与内阁的关系。专门论述司礼监的论文主要有欧阳琛《明代的司礼监》，《江西师院学报》1983 年第 4 期；赵映林：《无宰相之名，有宰相之实的明代司礼监》，《文史杂志》1986 年第 3 期；欧阳琛：《明内府内书堂考略》，《江西师范大学学报》1990 年第 2 期等。

的演变。① 近年有学者探讨明初宦官制度的变化，提出是司礼监扩展权力的结果。② 在这里，我们以郑和下西洋作为一个新的视角来考察。下西洋无疑是中国古代乃至世界史上最引人注目的航海活动之一，在历史上留下了多元的深远影响，一百多年来的持续探讨，已产生了极为丰硕的研究成果，涉及方方面面；然而，迄今未见论及这一重大外交活动与内官第一署变动的关系，故本文就此略加钩稽，以见教于方家。

## 一　明初内官第一署：内官监

内官监的前身，是内使监。从名称即可看出，内使监是为内廷侍奉而设，它草创于明朝建立之前。吴元年（1367 年）九月设立内使监，其首为监令，下设监丞、奉御、内使、典簿等。③

黄彰健先生曾云：“欲论有明一代宦官制度，事固不易，而论明初之制，则以文献不足，其事犹难。明内府十二监，以司礼监职司最要，其建置沿革及职权之演变，最模糊不明者，亦以得见国立北平图书馆藏明抄本《祖训录》微卷，始有一较清晰之了解。”④ 查《祖训录》，记录当时内府十监是：天地坛祠祭署、神坛署、皇陵署、神宫内使监、尚宝监、内使监、尚冠监、尚衣监、尚佩监、尚履监。其中内使监名列第六，但其职掌却与众不同：“监令掌应办内府一应事务”，⑤ 比较其他各监职能专一而言，内

---

① 黄彰健：《论〈祖训录〉所记明初宦官制度》，《明清史研究丛稿》卷一，台湾商务印书馆股份有限公司 1977 年版。

② 胡丹：《洪武朝内府官制之变与明初的宦权》，《史学月刊》2008 年第 5 期。

③ 《明太祖实录》卷二五，吴元年九月丁亥，台北中研院史语所 1964 年校勘影印本。

④ 黄彰健：《论〈祖训录〉所记明初宦官制度》，《明清史研究丛稿》卷一，第 1 页。

⑤ 《祖训录·内官》，《明朝开国文献》三，台北学生书局 1966 年版。

使监则显然有总揽的特点。

洪武二年（1369 年），"乃定置内使监奉御六十人，尚宝一人，尚冠七人，尚衣十人，尚佩九人，尚药七人，纪事二人，执膳四人，司脯二人，司香四人，太庙司香四人，涓洁二人"。① 这里的内使监，仍是侍奉皇帝的具有庞杂职能的近侍内官。

《明内廷规制考》载："洪武三年命工部造红牌，镌戒谕后妃之词悬之宫中，申严宫闱之禁。曰：皇后之尊只得治宫中之事，宫门外事毫不得预，后妃嫔嫱宫中诸费皆尚宫奏之，发内官监覆奏，方得赴部关领。若尚宫不奏而辄发内官监，内官监不奏而辄赴部擅领者，皆论死。"②

内官监，于洪武十七年（1384 年）四月替代内使监而设立，其职掌为"通掌内史名籍，总督各职，凡差遣及缺员，具名奏请所掌文籍，以通书算小内使为之"。③ 值得注意的是"通掌"和"总督"二词，就是职掌内官内使全部名册和主管内官人事差派调动之事，无疑是掌管内官人事大权的衙门。其时，内官监位列第一，神宫监、尚宝监等各监已均位列于内官监之后，司礼监则位列第六。不仅如此，以内官监为首监，还表现在内官监的监令品秩高于其他各监，为正六品，而其他各监监令则是正七品。这无疑凸显了内官监作为内官第一署的地位。

内官监设立之初，总掌内外文移。这一职掌也继承于内使监，见于洪武五年六月规定："如六局征取于在外诸司，尚宫领旨，署牒用印，付内史监。内史监受牒，行移在外诸司。"④ 至洪武十七

---

① 《明太祖实录》卷四四，洪武二年八月己巳。

② 明佚名《明内廷规制考》卷三《戒谕》，清借月山房抄本。这里的内官监应为内使监之误，《明太祖实录》可为例证："发内使监官覆奏，得赴所部关领。"卷五二，洪武三年五月乙未。而内官监替代内使监以后，其职能也沿袭下来。

③ 《明太祖实录》卷一六一，洪武十七年夏四月癸未。

④ 《明太祖实录》卷七四，洪武五年六月丁丑。

年七月，明太祖"敕内官毋预外事，凡诸司毋与内官监文移往来"。① 这条史料说明，当时限制了内官监的权限，不许其与外廷诸司有文移往来。而在洪武二十三年（1390 年），改公主府家令司为中使司以后，又有规定："与在内衙门行移，中使司呈内官监，内官监帖下中使司；其余内府各衙门行移，俱由内官监转行。"② 由此可见，内府文移一直是由内官监在掌管。

实际上，内官监还职掌有礼仪之事。洪武二十六年（1393 年）所定亲王、公主婚礼以及朝贺传制诸仪，皆由内官监官与礼部仪礼司官共同"设仪物于文楼下"，依此，参与宫廷礼仪之事也是内官监的重要职事之一。③

洪武二十八年（1395 年），明太祖又一次调整内官制度，所颁《皇明祖训·内官》中，规定内官各监均升为正四品，包括十一监："神宫监、尚宝监、孝陵神宫监、尚膳监、尚衣监、司设监、内使监、司礼监、御马监、印绶监、直殿监"。其中内官监位列第七，而位在司礼监之前。其职掌为"掌成造婚礼衾冠舄伞扇、衾褥帐幔仪仗及内官、内使贴黄诸造作，并宫内器用、首饰、食米、上库架阁文书、盐仓、冰窖"。④ 下面我们有必要略加分析：

首先，是"掌成造婚礼衾冠舄伞扇、衾褥帐幔仪仗"，即负责造作宫廷婚礼礼仪器用。婚礼是古代五礼中的嘉礼，格外隆重。联系《皇明祖训·内令》的规定："凡自后妃以下，一应大小妇女及各位下使数人等，凡衣食、金银、钱帛并诸项物件，尚宫先

---

① 《明太祖实录》卷一六三，洪武十七年秋七月戊戌，明太祖此举是为防范内官与外臣交通，帝当时"谓侍臣曰：为政必先谨内外之防，绝党比之私，庶得朝廷清明，纪纲振肃。前代人君不鉴于此，纵宦寺与外臣交通，觇视动静，夤缘为奸，假窃威权，以乱国家。其为害非细故也，间有发奋欲去之者，势不得行，反受其祸，延及善类。汉唐之事深可叹也！夫仁者治于未乱，知者见于未形，朕为此禁，所以戒未然耳"。

② 《明太祖实录》卷二〇〇，洪武二十三年三月庚午。

③ 《明太祖实录》卷二二四，二二八，二三三。

④ 《皇明祖训·内官》，张卤辑《皇明制书》下册，日本古典研究会 1967 年版。

行奏知，然后发遣内官监官。监官覆奏，方许赴库关支。"① 可见不仅是婚礼之时，就是平时用度，内官监掌管后宫器用的职权也很明确，反映出内官监在后宫器用管理方面拥有极大的权限。

其次，是"内官、内使贴黄诸造作"。这里的"贴黄"，即内官履历及迁转事故记录，掌管"内官、内使贴黄诸造作"，也就是"通掌内史名籍"，这一职掌与内缺除授、奏请差遣等重要的人事调遣有着密切关系。②《明实录》记载，永乐二年（1404 年）吏部尚书蹇义等上言在京各衙门官定额外添设事，述及"内府办事监生，止是誊写奏本，查理文册，稽算数目，别无政务，比内官监奏准半岁授官"。③ 内府办事监生由内官监奏准授官，说明内官监掌控着内府升选差遣的人事权。晚明沈德符云："本朝内臣俱为吏部所领，盖用周礼冢宰统阉人之例，至永乐始归其事于内，而史讳之。"④ 即后来出现视当时的内官监为外廷吏部的看法，应不是无根之谈。

再次，是职掌"宫内器用、首饰、食米""盐仓、冰窖"之事。不用说"宫内器用"的范围非常广泛，"首饰"当属宫廷消费的奢侈品，而"食米""盐仓"事虽琐细，却也是宫廷生活的必需品。

最后，掌管"上库架阁文书"一项，是主管宫中档案的归库管理。这与掌管"贴黄"一样，都是宫廷中极为机要的职掌。此时，虽然内官监在品秩上已与其他诸监拉平，却仍然显示出为近侍衙门中"第一署"的特征，奠定了内官监作为内官第一署的

---

① 《皇明祖训·内令》，《皇明制书》下册。

② 黄彰健先生认为"此时内官监于内官内使贴黄，恐仅司与营造有关事项"，注引万历《明会典》卷二一三云："凡吏部贴黄，本科官一员会同稽勋司官，赴印绶监领贴"，《明清史研究丛稿》第 13 页。而《明会典》这里所指的是吏部贴黄，并非是内官内使的贴黄，恐不同。

③ 《明太宗实录》卷三二，永乐二年六月乙丑。

④ 沈德符：《万历野获编》，《补遗》卷一《内官定制》。

地位。

此外，根据洪武二十六年编《诸司职掌》，在妃家行纳征礼、发册命使仪注、醮戒仪注的仪礼中，都有内官监的参与。①

一般认为，永乐时期大量任用宦官，是明代宦官权力提升的重要时期。永乐元年（1403 年）六月，由燕王而成为皇帝的朱棣，升旧燕府承奉司为北京内官监，秩正四品。② 郑和被任为内官监太监正在此时，这一内官之首的地位，使他可以朝夕接近皇帝，对时政拥有毋庸讳言的影响力。

晚明沈德符云：

　　司礼今为十二监中第一署，其长与首揆对柄机要，金书秉笔与管文书房则职同次相，其僚佐及小内使俱以内翰自命，若外之词林，且常服亦稍异。其宦官在别署者，见之必叩头称为上司，虽童稚亦以清流自居，晏然不为礼也。内官监视吏部掌升选差遣之事，今虽称清要，而其权俱归司礼矣。③

司礼监为内官之首的情形，是在宣德以后才形成的。关于司礼监的显赫地位，在明代史籍中多有记述，学界的研究也颇多，这里不再赘述。但是有一点应该指出，那就是由于明朝司礼监后来一直作为内官第一署，使得明初内官监曾为内官第一署的事实长期以来几乎被遮蔽了，这是应该澄清的。

## 二　下西洋诏令与内官监太监郑和

郑和下西洋肇始于明朝永乐皇帝的一通诏书，这已是一个众

---

① 《诸司职掌》，张卤辑《皇明制书》下册。
② 《明太宗实录》卷二一，永乐元年六月乙亥。
③ 沈德符：《万历野获编》，《补遗》卷一《内官定制》。

所周知的事实，并由此诞生了当代的中国航海日。永乐三年
（1405 年）六月十五日永乐皇帝颁下诏书："遣中官郑和等赍敕往
谕西洋诸国。"① 可以说没有诏敕就没有下西洋，然而，对于诏书
背后"语境"的探究，即这通诏敕是如何产生的，迄今却仍是有
待发覆的问题。

　　明初出现郑和下西洋的不同寻常之处，表现在此前中国历代
都有许多出使海外的记录，但是，像郑和下西洋这样规模之大、
持续时间之长、出使范围之广的航海活动，却是史无前例的。在
中国古代安土重迁的农业社会中，明代产生了下西洋这样的航海
盛事，颇不同凡响。综观前人的论著，在郑和下西洋研究中，长
期以来已经形成了一个基本思路，就是认为郑和因各方面具备优
势条件，被选派为下西洋统帅。事实上，采取这种思路，一方面
是由于资料所限，而另一方面，是认为皇帝是最高统治者，诏敕
由皇帝所颁。然而，值得考虑的是，即使是皇帝直接颁布的"王
言"，也不会是皇帝的突发奇想，更不可能是无源之水，而应有其
特定"语境"。下西洋不是简单的出使海外，是一项重大决策。众
多中外学者对于中国这样一个历来以农业为本的农耕大国，会出
现下西洋的航海盛事而大惑不解。回答这一问题，大多数学者是
从中国古代航海技术发展和中国历史悠久的航海传统来说明，但
这只是回答了一个方面，并没有解答出为什么这样规模的航海会
发生在特定的明朝初年。换言之，这个既陈旧而又不断被加以翻
新的话题，依然摆在我们面前，并要求作出进一步的解答。

　　航海活动，最重要的是航海人群的衍生，是航海人的传承脉
络。自南宋起，蒲寿庚提举泉州市舶司三十年，② 中国官方海外贸
易，已经出现了海外民族融入的身影。中国航海人的崛起，并不

---

① 《明太宗实录》卷四三，永乐三年六月己卯。
② ［日］桑原骘藏：《蒲寿庚考》，陈裕菁译，中华书局 1954 年版，第 149 页。

自郑和下西洋始，但却是以史无前例规模的下西洋作为鲜明标志的。这里有一个细节一直没有被广泛加以注意，那就是郑和七下西洋之前，明朝有很多出使西洋的使团；郑和七下西洋之后，明朝也不是没有对于郑和曾经出使的国家或地区的出使，但是前后的出使并不冠以"下西洋"的名称，一般只以具体的出使某国而已。郑和下西洋不同凡响，在明朝已经出现，"下西洋"产生了深远影响。[①] 于是一个问题凸显了出来，那就是郑和其人。郑和的名字与七下西洋紧密联系在一起，彪炳史册。让我们回到原来的问题：诏敕如何形成？史无记载，迄今也无人探讨。然而，没有朝堂之议的记载，更使我们确信下西洋是一项在内廷形成的决策。尽管我们不能拿出郑和参与决策的直接证据，但是根据目前掌握的文献资料的整合，我们仍然可以推断郑和很可能是促成下西洋决策的人物之一。这一推断的产生，首先是注意到郑和其人是明初外来民族与异文化在中国本土融合的一个缩影；其次是因为郑和所担任的内官第一署太监在皇帝身边的显赫地位，使之可以直接参与决策。

1. 父亲的缺席与在场

众所周知，《故马公墓志铭》碑，是研究郑和家世及其本人的第一手资料。从这篇碑文，我们可以了解到多方面的信息。尽管引述这通碑文的论述很多，但是，这里仍有必要从郑和身世最基本的史料开始，结合其他明代史籍的记载，重新审视郑和与下西洋缘起的相关史事。

明朝礼部尚书大学士李至刚撰写的这篇碑文，是永乐三年（1405 年）五月初五所撰，时间上正是在郑和下西洋前夕。而永乐九年（1411 年）六月，郑和第二次远航归来，皇帝以"远涉艰

---

① 参见万明《释西洋——郑和下西洋深远影响的探析》，《南洋问题研究》2004年第 4 期。

苦，且有劳效"，曾派遣内官赵惟善、礼部郎中李至刚宴劳于太仓。① 碑阴所记的是同年十一月郑和告假还乡扫墓之事。

《故马公墓志铭》云：

> 公字哈只，姓马氏，世为云南昆阳人。祖拜颜，祖妣马氏。父哈只，母温氏。公生而魁岸奇伟，风裁凛凛可畏，不肯枉己附人，人有过，辄面斥；言无隐。性尤好善，遇贫困及鳏寡无依者，惟保护赒给，未偿有倦容。以故乡党靡不称公为长者。娶温氏，有妇德。生子二人，长文铭，次和；女四人。和自幼有材志，事今天子，赐姓郑，为内官监太监。公勤明敏，谦恭谨密，不避劳勣，缙绅咸称誉焉。呜呼！观其子而公之积累于平日，与义方之训，可见矣。公生于甲申年十二月初九日，卒于洪武壬戌年七月初三日，享年三十九岁。长子文铭奉枢安厝于宝山乡和代村之原，礼也。铭曰：身处乎边陲而服礼义之习，分安平民庶而存惠泽之施，宜其余庆深长而有子光显于当时也。
>
> 　　　　　　皆永乐三年端阳日资善大夫礼部尚书兼左春坊
> 　　　　　　　　　　　　大学士李至刚撰②

碑文说明郑和出生在云南昆阳一个穆斯林家庭，值得注意的是"世为云南昆阳人"，也就是说他的家族已经世代定居在昆阳。郑和之父曾去过伊斯兰教圣地麦加朝觐，故在家乡被尊称为"哈只"。明人史仲彬《致身录》注载："《咸阳家乘》载和为咸阳王

---

① 《明太宗实录》卷一一六，永乐九年六月戊午。
② 袁树五：《昆阳马哈只碑跋》附录，《郑和研究资料选编》，人民交通出版社1985年版，第30页。

裔，夷种也，永乐中受诏行游西洋。"① 李士厚先生在 1937 年就据
《郑和家谱》研究郑和家世，后又根据发现的《郑和家谱首序》
《赛典赤家谱》，指出郑和是元代咸阳王赛典赤·瞻思丁的六世孙。
也就是说，郑和的祖先是来自西域布哈拉的赛典赤·瞻思丁，而
赛典赤·瞻思丁的世系可以上溯到伊斯兰先知穆罕默德。② 邱树森
先生也持有同样观点。③ 赛典赤·瞻思丁入华为官，被元世祖忽必
烈任为云南行省平章政事，故举家定居云南。他在任期间，对治
理云南做出了突出贡献。明人盛赞赛典赤，叶向高《苍霞草》有
《咸阳家乘叙》云：

> 当元之初兴，咸阳王以佐命功守滇，始教滇人以诗书礼
> 义，与婚姻配偶养生送死之节。创立孔子庙，购经史，置学
> 田，教授其生徒。于是滇人始知有纲常伦理，中国之典章，
> 骎骎能读书为文辞。至国朝科举之制初行，滇士已有颖出者，
> 则咸阳之遗教也。④

赛典赤·瞻思丁在云南建立孔庙的举措，说明来自波斯的移
民已经接受了中国文化，产生了文化认同，而国家认同与文化认
同是同步的，就这样，外来移民在云南开始了中国本土化的过程。

虽然有学者对赛典赤·瞻思丁是郑和先祖提出了质疑，⑤ 但是
有一点值得注意，那就是云南的穆斯林大多是在蒙古西征时由中
亚迁徙而来的，这是没有问题的。根据学者研究，元朝是波斯及

---

① 史仲彬：《致身录》注，康熙刻本。
② 李士厚：《郑和家谱考释》，正中书局 1937 年版；李士厚：《郑氏家谱首序及赛
典赤家谱新证》，《中南民族学院学报》1985 年第 2 期。
③ 邱树森：《郑和先世与郑和》，《南京大学学报》1984 年第 4 期。
④ 叶向高：《苍霞草》卷八《咸阳家乘叙》，万历刻本。
⑤ 周绍泉：《郑和与赛典赤·瞻思丁关系献疑》，《郑和研究论文集》第一辑，大
连海运学院出版社 1993 年版。

波斯化的中亚穆斯林移居中国的最盛时期。蒙古帝国西征以后，数以百万计的穆斯林迁徙到中国定居，十三世纪时东迁的西域穆斯林（绝大多数为信仰伊斯兰教的中亚各族人以及波斯人、阿拉伯人）是云南回族的主要来源。[①] 因此，郑和家族也应该是其中之一，这是毋庸置疑的。

赛典赤家族是最显赫的回回家族之一，影响颇巨。有学者指出："赛典赤和其儿子们在发展云南并将云南与中原融合一起中发挥了如此显赫的作用，以至于中亚和波斯定居者的后代子孙们都愿意将自己的祖先要么追溯到赛典赤，或者追溯到赛典赤的部属和家族成员。"[②] 关于郑和是否赛典赤后代，是学术界有争议的问题，郑和家族与赛典赤的关系可能有上述因素存在。但是郑和出身穆斯林家庭不是谜，更重要的是，从碑文"身处乎边陲，而服礼义之习"，我们已知这一外来家族在保存了外来民族的鲜明特征——穆斯林信仰的同时，在明初业已完成了文化认同，也即中国本土化的过程。

2. 郑和的才志与地位

碑文涉及郑和的部分是："和自幼有才志，事今天子，赐姓郑，为内官监太监。赋性公勤明敏，谦恭谨密，不避劳勚，缙绅成称誉焉"。"自幼有才志"，"才"是天赋才能，"志"则是志向与抱负。自幼生长在穆斯林家庭的郑和，在少年时离开家乡，他对于家乡和亲人留有深刻的记忆，"事今天子，赐姓郑"，所指即在"靖难之役"郑村坝之战中立有战功后赐姓"郑"，可见在靖难之役以后，郑和已经深得朱棣信任，而在朱棣即位以后，作为亲信之人，他有了施展才能和抱负的有利条件。再看"赋性公勤明

---

① 杨兆钧主编：《云南回族史》，云南民族出版社 1989 年版，第 2 页。

② 王建平：《露露集：略谈伊斯兰教与中国的关系》，宁夏人民出版社 2007 年版，第 31 页。

敏，谦恭谨密，不避劳勚，缙绅成称誉焉"，说明了郑和的才能与为人，在当时得到缙绅"称誉"。李至刚，松江华亭人，时任礼部尚书，在当时拥有"朝夕在上左右"的地位。[①] 郑和与之有同僚之谊，都是在皇帝左右的亲信之人，而郑和由于是内廷之人，亲密程度自然又非外臣可比。

相士袁忠彻《古今识鉴》中的记述，适可作为郑和相貌才智的补充说明，特录于下：

内侍郑和，即三保也，云南人，身长九尺，腰大十围，四岳峻而鼻小，法反此者极贵。眉目分明，耳白过面，齿如编贝，行如虎步，声音洪亮。永乐初欲通东南夷，上问："以三保领兵如何？"忠彻对曰："三保姿貌材智，内侍中无与比者，臣察其气色，诚可任使"。遂令统督以往，所至畏服焉。[②]

这是论证选派郑和下西洋的一段重要史料，为众多学者所引用。值得注意的是，其中论及"三保姿貌材智，内侍中无与比者"。当时永乐皇帝颇信相士，而相士点明了郑和在内官中的超凡之处。

值得关注的是，上述碑文中给我们的重要信息，是当时郑和"为内官监太监"。袁忠彻记"后以靖难功授内官太监"，[③] 指出了郑和任此官职与靖难之功的直接关联。而内官监在当时是内官衙门之首监，内官监太监，即内官监的长官，这意味着郑和是内廷宦官之首的显赫地位。

因此，关于郑和有可能是对下西洋决策施加重要影响的人物

① 《明史》卷一五一《李至刚传》，中华书局 1974 年版，第 4182 页。
② 袁忠彻：《古今识鉴》卷八《国朝》，嘉靖刻本。
③ 《古今识鉴》卷八《国朝》。

之一，可以说来自两方面：第一，郑和生于穆斯林家庭，自小耳濡目染穆斯林朝圣事迹和传说，对海外有所了解，在永乐皇帝的亲随大臣中间，这方面的识见在他人之上。第二，更重要的是，燕王登基为帝后，"改旧承奉司为北京内官监，秩正四品"，[①] 郑和被任命为内官监太监。作为亲信的内官第一署的首领，他朝夕侍奉在皇帝左右，因此，其在下西洋决策中的作用，我们应该重新审视，可能不仅是被选派那样简单。一般说来，皇帝诏令，特别是关于重大政务的诏敕的产生，具有三种形式：第一种形式，是皇帝按照自己的意志直接命令"著于令"；第二种形式，是臣僚上奏，皇帝认可，往往以"从之"来表述，或有臣僚直接言请"著为令"的；第三种形式，是皇帝令臣僚草拟制度，臣僚集议定议后上奏，由皇帝批准发布的。[②] 自从封藩以后就来到北部中国的燕王，长期生活在北方，成为永乐皇帝以后，为什么会对海外情有独钟，颁旨下西洋？下西洋诏敕不是无源之水，向深发掘各种决策参与者的作用，通过正式渠道和非正式的渠道建言，都是可能的。郑和身为宫中内官第一署的太监，他的建言没有在官方文献中披露是完全可能的。虽然没有直接文献记载留存下来，但是我们仍然可以在现存史料的基础上，将富有跨文化的知识背景与其认知和才智以及担任内官第一署太监的显赫地位联系起来，推测当时永乐皇帝身边可能建言下西洋的人物之一是郑和。而为什么是他而不是他人，是基于他的职任所在。

## 三　下西洋与内官监采办职能的凸显

揭示内官监的职能，有助于我们了解下西洋的真实目的。由

---

① 《明太宗实录》卷二十一，永乐元年六月乙亥。
② 参见万明《明代诏令文书研究——以洪武朝为中心的初步考察》，《明史研究论丛》第八辑，紫禁城出版社 2010 年版。

于郑和的家世、他的才能，而更重要的，是他的职任所在，下西洋的统帅似乎是非郑和莫属，由此生成了中国史上史无前例的大规模航海活动。民族的迁徙与异文化的融合，体现在郑和的身上，作为内官第一监长官的地位，为郑和提供了参与下西洋决策与亲身实践下西洋的可能性，而郑和代表中国明朝下西洋，他的出使是隆重而不同凡响的，他所率领的下西洋船队规模庞大，每次人员达两万多，船只最多时达 200 多艘，被称为"下西洋诸番国宝船"，[①] 宝船正如其名，乃取宝之船，宝船所到之处，均为各国港口贸易集散地，印证了内官监太监下西洋与皇家经济利益紧密相连，下西洋以为宫廷取宝为直接目的。

　　行文至此，涉及下西洋的一个重要问题，即大多数中外学者都将永乐迁都视为明朝内向的标志，认为迁都是停止下西洋的重要因素。但是，从内官监的职掌来看，永乐迁都在当时不仅没有成为阻碍下西洋的因素，而且还是促成下西洋的因素，即迁都与下西洋有直接的关联。这就要从内官监的职掌谈起。根据上文，内官监的职掌主要是在三个方面：第一，是宫廷礼仪之事，这与下西洋对外交往有直接对应关系；第二，是内府升选差遣之事，这与决策和选派下西洋人员直接相关；最为重要的是第三项，即职掌宫廷成造与器用诸事，这更加将下西洋与迁都的宫廷巨大需求直接联系了起来。可以这样认为：采办是内官监的重要职掌之一，更在下西洋以后成为内官监占据首位的职掌。下西洋与迁都的关系紧密相连，特别是联系到为郑和之父撰写碑文的礼部尚书李至刚，恰恰就是迁都北京的首议之人，当时他与郑和都是永乐皇帝的左右亲信，一议迁都，一为迁都下西洋采办，这应该不仅是一种巧合，而且是合乎逻辑的内外亲信之臣的密切配合。

　　《郑和行香碑》，又称泉州灵山回教先贤墓行香碑，是在泉州

---

① 《明仁宗实录》卷一上，永乐二十二年八月丁巳。

伊斯兰教圣墓留有的郑和行香石刻一块，上刻碑文是："钦差总兵太监郑和前往西洋忽鲁谟斯等国公干。永乐十五年五月十六日于此行香，望灵圣庇佑。镇抚蒲和日记立。"其中"前往西洋忽鲁谟斯等国公干"，从福建长乐《天妃灵应之记碑》，我们知道忽鲁谟斯是郑和后四次下西洋的主要目的地。宣德五年五月初四日，宣宗发下敕书："今命太监郑和等往西洋忽鲁谟斯等国公干"①，由此郑和第七次下西洋。忽鲁谟斯扼波斯湾出口处，是13世纪下半叶兴起的波斯湾头最重要的贸易港口，也是东西方交通的要冲。郑和船队频繁去那里"公干"，目的只可能是采办。

客观地说，明朝初年郑和七下西洋，规模庞大的船队航行至亚非30多个国家与地区，持续28年之久，将中国的航海活动推向了历史巅峰的同时，大规模的采办活动，将中外物产交流也推向了一个历史高峰。

在跟随郑和下西洋的通事马欢的记述中，反映出对所到海外国家的政治、社会、制度、宗教、建筑、衣饰、艺术、礼仪、习俗等所有事务均表现出浓厚兴趣，而对人们日常生活息息相关的物产尤为关心，这与下西洋的采办目的也是有联系的。可以说凡下西洋时所见海外各国物产，《瀛涯胜览》均有详细记述。这些物产大致可以分为7大类：1. 宝物类：如珍珠、宝石、金子等；2. 香药类：如乳香、胡椒、苏木等；3. 果品类：如石榴、葡萄、波罗蜜等；4. 粮食类：如米、麦等；5. 蔬菜类：如黄瓜、葱、蒜等；6. 动物类：如狮子、麒麟等；7. 织品类：如西洋布、丝嵌手巾等。②郑和下西洋主要是为明朝统治者满足奢侈品需要而进行的航海活动，虽然这些海外物产不可能都与郑和使团发生直接关系，

---

① 巩珍：《西洋番国志》卷首《敕书》，中华书局1961年版。
② 各国物产均见于马欢《瀛涯胜览》各国条，参见马欢著、拙注《明抄本〈瀛涯胜览〉校注》，海洋出版社2005年版。

但是这些海外各国物产的重要信息，对于日后民间海外贸易的开拓发展是极为重要的信息资源，却也是毋庸置疑的。根据马欢《瀛涯胜览》，综观下西洋海外交易实例，海外物产进入采办的主要有：

犀角、象牙、伽蓝香、金子、宝石、红马厮肯的石、苏木、降真香、绵布、乳酪、胡椒、野犀牛、珊瑚、锡、珍珠、香货、西洋布、花巾、海鱼、宝石与珍珠厢宝带、丝嵌手巾、织金方帕、龙涎香、椰子、乳香、血竭、芦荟、没药、安息香、苏合油、木鳖子、骆驼、猫睛石、各色雅姑、金珀、蔷薇露、狮子、麒麟、花福鹿、金钱豹、驼鸡、白鸠、金银生活、熟食、彩帛、书籍、金厢宝带、蛇角、荜布、姜黄布、布罗、布纱、沙塌儿、兜罗锦、绢、刺石、祖把碧、祖母喇，金刚钻、金珀珠、神珀、蜡珀、黑珀（番名撒白值）、美玉器皿、水晶器皿、十样锦剪绒花毯、各色棱幅、撒哈剌、毠罗、毠纱。

以上总共是 70 种。构成了当时海上贸易的主要内容，也就是郑和采办的主体。

2001 年湖北钟祥梁庄王墓出土的金锭，长 13 厘米，宽 9.8 厘米，厚 1 厘米，重 1937 克，正面铸有铭文。铭文为："永乐十七年四月 日西洋等处买到八成色金壹锭伍拾两重。"[1] 是目前考古发现有铭文记载的直接与郑和下西洋采办有关的文物。永乐十七年（1419），是郑和第五次下西洋之时。由于内官监的职掌中，重要的一项是"掌成造婚礼奁冠舄伞扇、衾褥帐幔仪仗"和宫廷器用、首饰，因此这件由下西洋直接从海外买到的金锭，就赐给了梁庄王。梁庄王名朱瞻垍，明仁宗第九子，宣宗胞弟，他于永乐二十二年（1424 年）封梁王，宣德四年（1429 年）就藩，宣德八年（1432 年）与妃魏氏成婚，卒于正统六年（1441 年）。值得注意

---

[1]　白芳：《郑和时代的瑰宝——明梁庄王墓文物展》，《收藏家》2005 年第 10 期。

的是，铭文中的"买到"二字，是下西洋在海外公平交易的历史见证。① 梁庄王墓出土器物种类繁多，共计 5100 余件，其中金、银、玉器有 1400 余件，珠饰宝石则多达 3400 余件。结合上图的金锭，我们可以推知此墓出土的金玉珠宝也有来自西洋的。一墓随葬如此大量的金银珠宝，为下西洋的目的是去采办取宝做了一个最好的注脚。

这里还有一个来自阿拉伯的对于郑和分遣船队到亚丁采办的例证。伊本·泰格齐·拜尔迪《埃及和开罗国王中的耀眼星辰》中，有一条重要史料，可与郑和第七次下西洋的分遣船队活动相对应：（伊历）835 年"这一年 10 月 22 日，从光荣的麦加传来消息说：有几艘从中国前往印度海岸的祖努克（Zunūk），其中两艘在亚丁靠岸，由于也门社会状况混乱，未来得及将船上瓷器、丝绸和麝香等货物全部售出。统管这两艘赞基耶尼（al-Zankiyayini）船的总船长遂分别致函麦加艾米尔、谢利夫—拜莱卡特·本·哈桑·本·阿吉兰和吉达市长萨德丁·伊布拉欣·本·麦莱，请求允许他们前往吉达。于是两人写信向素丹禀报，并以此事可大获其利说服打动他。素丹复信允许他们前来吉达，并指示要好好款待他们"。据披露史料的盖双先生考，（伊历）835 年 10 月 22 日已进入 1432 年。② 这条史料直接谈到了瓷器、丝绸和麝香这些中国在吉达进行贸易的货物名称，并谈到前往亚丁的两艘船是中国前往印度海岸的几艘船中的一部分。由此可知，郑和船队的贸易船

---

① 郑和船队曾经到达东非海岸。根据杨人楩先生研究，7 世纪时，阿拉伯人就来到非洲东海岸开港。"各商业城市的统治长官均由阿拉伯人或波斯人担任"，"东非诸港，交易活跃，吞吐可观"。杨人楩：《非洲通史简编——从远古至一九一八年》，人民出版社 1985 年版，第 108 页。值得注意的是，在东非各城邦出口项目中，象牙和黄金占有重要地位。联系到梁庄王墓金锭是下西洋"买到"的，或许是来自东非，也未可知。

② 盖双：《关于郑和船队的一段重要史料——披览阿拉伯古籍札记之二》，《回族研究》2007 年第 2 期。

只在到达印度洋后分头进行贸易活动的情形，这也就是进行采办的过程。

总之，下西洋采办获得的大量财富，进入了迁都北京以后的明朝宫廷。七下西洋，内官监的采办职能凸显，"奇货重宝，前代所希，充溢库市"。[①] 北京宫中广智殿后的飞虹桥以白石制造，"凿狮、龙、鱼、虾、海兽，水波汹涌，活跃如生，云是三宝太监郑和自西域得之"。[②] 而作为内官第一署太监的郑和，却由此疏远了皇帝所在的北京宫廷，内官监地位也由此沉降。

## 四　下西洋与内官监营建功能的凸显

第六次下西洋以后，永乐皇帝去世，明仁宗即位。他下诏"一下西洋诸番国宝船悉皆停止"。[③] 洪熙元年（1425 年），帝命内官监太监郑和领下番官军守备南京。内事与王景弘、朱卜花、唐观保商议实行，外事与南京守备襄城伯李隆商议实行。[④] 当时仁宗有意将国都南迁，[⑤] 曾下圣旨修理南京宫殿，以备他来年开春回南京居住。[⑥] 从此，就是在不下西洋的日子里，郑和也被安排在南京守备的位置上，再也不能回到北京宫廷皇帝的身边，而且负责营建事务成为守备南京的主要职掌之一。

《酌中志》云：

> 司礼监外差，南京正副守备太监二员，关防一颗，其文

---

① 严从简：《殊域周咨录》卷九《佛郎机按语》，中华书局 1993 年版，第 324 页。
② 《酌中志》卷一七《内规制纪略》。
③ 《皇明诏令》卷七《仁宗昭皇帝》，明刻本。
④ 王世贞：《弇山堂别集》卷九〇《中官考》一，明刻本。
⑤ 参见万明《明代两京制度的形成及其确立》，《中国史研究》1993 年第 1 期。
⑥ 《明仁宗实录》卷一三，洪熙元年四月庚子。

曰"南京守备太监关防"，护卫留都，为三千里外亲臣。辖南京内府二十四衙门，孝陵神官监等官。奏进神帛、鲥鱼、苗姜等鲜。各衙门印文，比北京多"南京"二字。[①]

值得注意的是，郑和并非司礼监太监，最初由内官监太监郑和开始担任的南京守备太监，后来成为"司礼监外差"。如果说郑和是以内官监太监而担任南京守备，那么最初的南京守备也可说是内官监的外差。后来内官监丧失了内官第一署的地位，为司礼监所替代，由此也表现了出来。

明朝从永乐十年（1412 年）到宣德三年（1428 年）的 16 年间，重建成"壮丽甲天下"的南京大报恩寺。据明人王士性《广志绎》卷二云："先是，三宝太监郑和西洋回，剩金钱百余万，乃敕侍郎黄立恭建之。"[②] 晚明人述及的明初事迹，往往并不准确，如下西洋"剩金钱百余万"，仅为虚数而已。然而，他道出了郑和下西洋与重建大报恩寺有联系的事实，而郑和与大报恩寺兴建工程确有直接关系。

根据宣德三年三月十一日的敕书，南京守备太监有提督重建大报恩寺的职掌。敕书曰：

> 敕太监郑和等：南京大报恩寺自永乐十年十月十三日兴工，至今十六年之上，尚未完备，盖是那监工内外官员人等，将军夫人匠役使占用，虚费粮赏，以致迁延年久。今特勒尔等即将未完处用心提督，俱限今年八月以里，都要完成，迟误了时，那监工的都不饶。寺完之日，监工内官内使，止留李僧崇得在寺专然点长明塔灯，其余都拘入内府该衙门办事。

---

① 《酌中志》卷一六《内府衙门职掌》，第 99 页。
② 王士性：《广志绎》卷二《两都》，中华书局 1981 年版，第 23 页。

故敕。钦此。①

这是皇帝限定大报恩寺工程完工。同日有敕给"太监尚义、郑和、王景弘、唐观、罗智等",这里说明郑和为南京守备太监,但是在他的地位之上,还有尚义。敕书下文见尚义时为御用监太监,由此可知,南京守备太监位于御用监太监之下。原因很简单,御用监是侍奉皇帝御用的内官衙门,而南京守备已是外差。

据刘若愚《酌中志》记载:

> 按内府十二监,曰司礼、曰御用、曰内官、曰御马、曰司设、曰尚宝、曰神宫、曰尚膳、曰尚衣、曰印绶、曰直殿、曰都知。②

可见后来司礼监和御用监的地位均在内官监以上。而司礼监为十二监之首,也就是内官第一署的地位,在郑和下西洋期间已经奠定。

早在宣德元年（1426 年）,明宣宗曾"命司礼监移文谕太监郑和,毋妄请赏赐。先是,遣工部郎中冯春往南京修理宫殿,工匠各给赏赐。至是,春还奏南京国师等所造寺宇工匠亦宜加赏。上谕司礼监官曰:佛寺僧所自造,何预朝廷事?春之奏必和等所使,春不足责,其遣人谕和谨守礼法,毋窥伺朝廷,一切非理之事不可妄有陈请"。③郑和在宠信他的永乐皇帝去世以后,受到了"窥伺朝廷"的指责,这是他长期疏离皇帝所在中枢的悲剧性结果。

---

① 葛寅亮:《金陵梵刹志》卷二,四库全书存目丛书本。
② 《酌中志》卷一六《内府衙门职掌》,第 93 页。
③ 《明宣宗实录》卷一六,宣德元年四月壬申。

就在这一年，《明实录》记载："行在工部奏内官监造诸王府婚礼仪仗等物，材料缺者，请于有司收买。上曰：民力正艰，见有者支用，无者暂停。"① 其后，又见载："上谓行在工部尚书吴中曰：前日卿奏内官监欲取民间幼丁学匠艺，行移应天府选取五千人，彼幼未谙事，令习技艺不能，则必加督责。其父母之心如何？且人家谁无幼子，尔其体此心，速止之。"② 从上面两段文字可以看出，内官监的营建活动由工部上奏皇帝，说明内官监与外廷工部相对应的营建职能已经凸显。

明末《酌中志》记载内官监职掌：

> 内官监，掌印太监一员，其所属有总理、管理、佥书、典簿、掌司人数、写字、监工。自典簿以下，分三班宫中过夜，每班掌司第一人日掌案。所管十作：日木作、石作、瓦作、搭材作、土作、东作、西作、油漆作、婚礼作、火药作，并米盐库、营造库、皇坛库、里冰窖、金海等处。凡国家营建之事，董其役。御前所用铜、锡、木、铁之器，日取给焉。外厂甚多，各有提督、掌厂等官。真定府设有抽分木植管理太监一员，则内官监之外差也。③

以之与明初内官监职掌相比较，清楚的是，已经发生了不小的变化。变化后的内官监职掌，凸显的是"凡国家营建之事，董其役"，也就是与工部对应的部分；即便是供应御前所用的器物，也已经改变了性质。沈德符所云"内官监视吏部掌升选差遣之事，今虽称清要，而其权俱归司礼矣"④，当非虚语。

---

① 《明宣宗实录》卷一九，宣德元年七月戊戌。
② 同上。
③ 《酌中志》卷一六《内府衙门职掌》，第102页。
④ 沈德符：《万历野获编》补遗卷一《内官定制》。

# 五 结语

内政与外交彼此关联，内官第一署的变动，是外交影响内政的典型一例。内官监由内官第一署演变为掌管宫廷营造等事务的内官衙门，而司礼监取而代之首领内府，郑和下西洋是一个关键的转折点。

一般而言，外交是内政的外延，内官第一署在郑和担任掌印太监期间，极大地扩张了权力，郑和成为钦差总兵太监出使西洋诸国，为宫廷谋取了外交和经济上的巨大利益。然而，却没有使内官监地位得以上升，相反丧失了内官第一署的地位。内官监与司礼监角色转换与地位转变的轨迹相当清晰：一向外，主内外采办和工程营建；一主内，向职掌诏敕批红发展，关节点即在郑和下西洋。

郑和在第七次下西洋时故于印度古里，而内官监的内官第一署地位的丧失，可以说是从郑和第一次下西洋时就已经开始了。为什么如此说呢？内官监之所以为内官第一署，居于总管、统领其他宦官机构的地位，主要是由于在皇帝身边的亲信地位。下西洋持续近 30 年，内官监从局部疏离到全面转变的标志是命郑和守备南京，在永乐迁都北京以后，南京虽然重要，但也只是陪都；同样，守备南京虽然重要，但也只是外差，远离了天子所在中心，这是内官监地位沉降的根本原因。司礼监取代内官监为内官第一署，除了司礼监原本具有的职掌礼仪、文书等因素以外，这一变动过程与内官监太监郑和的经历有着密切关系，郑和的仕途经历为日后内官监的走向做了基础铺垫。通过下西洋，内官监采办和营建的职能凸显，形成了后来内府工部的定位，而司礼监和御用监分解了其在宫廷中的重要职能。至宣宗时，郑和为代表的内官监已较长时间远离了皇帝所在的北京中枢之地，失去了近侍衙门的根本之地，不再在中枢起关键作用，就此而言，其内官第一署的地位被取代是必然的，并非是司礼监单方面扩张权力的结果。

关注基本的历史事实，郑和下西洋对于内官第一署变动具有影响，是变动生成的重要历史渊源。因此，当我们研究内官制度时，要深入了解制度的变化，不能单是考察制度，还有必要把当时发生的重大外交事件影响下的变迁全过程纳入学术视野。

（原载《北京联合大学学报》2010 年第 4 期）

# 明代财政国库管理述论

国库，顾名思义，即国有仓库，是国家财政储备的汇总、出纳、保管机构，在国家经济活动中占据重要地位。国库收入是国家凭借政治权力参与赋税收入分配和再分配的一种方式，国库的收入无论是货币还是实物，都代表着国家财政的总收入。在古代中国，国库是随着人类社会的进步、社会生产力水平的提高、国家的产生而发展起来的，是社会生产发展到一定阶段的必然产物。随着生产力的发展和物物交换的出现，产生了私有制，出现国家职能，向百姓征税，这是国库收入的最初形式。随着税收形式的出现，有了公共财富的积聚，国库也就应运而生。公元前11世纪，周朝建立后，设有大府、玉府、内府、外府等专司府库之职，专门负责管理各种财务的出纳。从国库职能作用来看，这便是中国最早的国库雏形。秦始皇统一中国，建立中央集权帝国以后，历代王朝建立中央集权政治体制，行使国家财政管理职能，设有中央与地方的仓庾与库藏，属于大一统王朝所有的国库成型。明朝建立以后，沿袭前朝，也不例外。

由于明代国库长期以来被笼统地带过，而缺失专门研究，因此，这里首先要对明代国库的概念加以界定。从广义上说，明王朝为受纳、储运、分配每年所征赋税，设置了从中央到地方的仓与库，这些仓与库是明朝国家中央集权财政体制的组成部分，都属于国库的范畴；从狭义上说，主要是指明朝都城所在地由中央户部直接管辖的京仓与内库。由于明朝建立以后主要是通过赋税制度向全国农民征敛财赋，以维持整个国家机器，而王朝以农立国，自给自足的自然经济占主导地位，赋税的主要形态是实物而不是货币，实物的主要种类是粮食和丝绢等。仓储粮食，库藏财物，仓库在明代财政中翻阅明代史籍，"国库"一词，已有明确记载，只是在明初文献中未见，是在明后期文献记载中出现的。所见《皇明嘉隆疏钞》中都给事中李已题本，有云"方今国库纵使十分充实，陛下犹当慎乃俭德"之语；① 《明神宗实录》工部复疏中有"应解国库钱粮"一语。② 《西园闻见录》中，也见有明臣云"云南银场利国未十之一，贻害恒百且千；况十一之利未必全归乎国库，而百千之害未免滋蔓于他方"之语。③ 这里的国库，已是银库，与明初已大不相同。

　　所谓明初中央库藏分为内库、外库两类，分别储藏各类财物，只是笼统而言，至于有明一代国库的设置及其演变过程，迄今未见有专门论著，仅见中国财政史、明代政治制度、国家机构等方面的论著中有所涉及，大多语焉不详。而明代财政史被学界称作20 世纪的"世纪遗憾"，④ 黄仁宇先生（Ray Huang）《十六世纪明代中国之财政与税收》（*Taxation and Governmental Finance in Six-teenth-Century Ming China*）⑤ 一书中，未见专门章节；而陈光焱先

---

① 户科都给事中李巳：《听忠言信诏旨以防欺蔽疏》，张卤《皇明嘉隆疏钞》卷八，万历刻本。

② 《明神宗实录》卷五三三，万历四十三年六月辛巳。台北中研院史语所校印，1962 年。

③ 张萱：《西园闻见录》卷九十二，《工部》六，民国哈佛燕京学社，1940 年。

④ 张建民、周荣：《明代财政史概要》，叶振鹏：《20 世纪中国财政史研究概要》，湖南人民出版社 2005 年版，第 296 页。

⑤ Ray Huang：*Taxation and Governmental Finance in Sixteenth-Century Ming China*. New York, N. Y., Cambridge University Press, 1974. 中译本《十六世纪明代中国之财政与税收》，阿风等译，生活·读书·新知三联书店 2001 年版。

生的《中国财政通史·明代卷》① 也没有系统述及。鉴于这一问题涉及明代财政的作用及其在有明一代的发展演变，是一个有重大研究价值的课题. 在此不揣冒昧进行初步考察，略述管见，还祈方家赐教。

# 一　明初国库的设置及其制度

一般而言，仓储谷物，库藏财物，因此明代国库也包括仓与库两大组成部分。下面分别述之。

## （一）内府库

内库之属，历代皆有。明太祖建立新王朝，首先就设立了内府库。

洪武二年（1369 年）八月，明太祖"命吏部定内侍诸司官制"，官制设置中，有"内府库设大使一人、副使二人，内仓监设令一人、丞二人"。② 这是明朝建国后对内官的一次制度安排，内官机构及其职能至此已相当完备，管理内府库是内官的一项重要职能。

洪武三年（1370 年），明太祖"命中书省臣凡行郊祀礼，以天下户口钱粮之籍陈于台下，祭毕收入内库藏之，其天下城池、山川地理形胜，亦皆图以成书，藏之内库，以垂久远"。③ 四年（1371 年）命吏部月理贴黄，岁终以籍"进贮于内库，遂为定制"。④ 同年闰三月，明太祖又"命吏部定内监等官品秩"，这次

---

① 　陈光焱：《中国财政通史·明代卷》，中国财政经济出版社 2006 年版。

② 　《明太祖实录》卷四四，洪武二年八月己巳，台北中研院史语所校印本，1962 年。

③ 　《明太祖实录》卷四九，洪武三年二月癸酉。

④ 　《明太祖实录》卷六〇，洪武四年正月戊子。

内府库大使定为正七品。①

　　洪武六年（1373 年）六月，内仓监更名为内府仓，内府库改称"承运库"。②这样一来，明代"天下户口钱粮之籍"与"天下城池、山川地理形胜之图"均入内库，内府既有仓，又有库。一般来说，古代仓为储粮之所，库为储财物之所，明代国家税收称为钱粮，内库之国库作用凸显了出来。

　　此后，洪武八年（1375 年）三月，"以内府钞库为宝钞库，秩正七品，设大使、副使各一人，以内官为之"③。明太祖初置内府钞库，因为此时开始实行宝钞制度，造大明宝钞，遂改内府钞库为宝钞库，以内官为大使、副使。十二年（1379 年）四月，设置内府甲、乙、丙、丁四库。④

　　洪武十六年（1383 年）五月，内府库任官首次任命流官，也就是外官掌管，"置内府宝钞广源库大使一人，正九品，用流官；副使一人，从九品，用内官；内府宝钞广惠库大使二人，正九品，副使二人，从九品，俱以流官、内官兼之，职掌出纳楮币，入则广源库掌之，出则广惠库掌之"⑤。这里的任命说明，明太祖对内府库的管理进行了调整改革，内府库管理以内官专掌的时期结束了。但是值得注意的是，兼用流、内官，内官并没有撤出。

　　洪武十七年（1384 年），明太祖进一步规定了内库职掌权限以及各库官员的设置，并对皇室与国家财政进行了一定的分割："内承运库掌供御金、银、缎匹等物，设大使一人，正九品，副使二人，从九品；司钥库掌皇城各门管钥，设大使一人，正九品，

---

① 《明太祖实录》卷六三，洪武四年闰三月乙丑。
② 《明太祖实录》卷八三，洪武六年六月己酉。
③ 《明太祖实录》卷九八，洪武八年三月壬申。
④ 《明太祖实录》卷一二四，洪武十二年四月丁巳。
⑤ 《明太祖实录》卷一五四，洪武十六年五月乙卯。

副使四人，从九品"，明确"皆于内官内选用"；此外，"外承运库掌收金、银、缎匹等物，甲字库掌收铜钱、布匹、颜料，乙字库掌收衣服、衾帐、纸札等物，丙字库掌收丝、绵、纱线，丁字库掌收铜、铁、锡、香、茶、蜡诸物，戊字库掌收氆衫、胡椒并支收军器，广源库掌收贮宝钞，广惠库掌收支宝钞"，"每库设大使一人，正九品，副使一人，从九品"，特别值得注意的是，这些库藏大使、副使均改为"于流官内选用，隶户部"。①

洪武二十二年正月，明太祖"命户部官运钞物贮于殿庑下，以备内府赏赐，每月户科、礼科给事中更直掌之，岁终户部稽其所出之数，著为例"。② 这是由户部更多参与内库具体运作的制度化安排。值得注意的是，以户科、礼科给事中"更直掌之"，给事中是监察官员，说明财政监督体制已完善。

至洪武二十五年（1392 年）十月，明太祖重订"中外文武百司品阶、勋禄之制"，其中宝钞广惠库，广积库，赃罚库，甲、乙、丙、丁、戊字库，外承运库，均设有大使、副使，③ 这些库藏，根据《诸司职掌》，均归属于户部管理。④

洪武二十八年（1395 年）九月，明太祖"重定宫官六尚品职及内官监司、库、局与诸门官并东宫六局、王府承奉等官职秩"，归属于内官的有三，"曰内承运，曰司钥，曰内府供用"：

内承运库掌收支缎匹、金、银、珠玉、象牙诸宝货之物，及同司钥库掌钞锭之数；

司钥库掌各门锁钥及收支钱钞之事；

内府供用库掌御用香米及内用香烛、油、米并内官诸人饮食、

---

① 《明太祖实录》卷一六一，洪武十七年四月癸未。

② 《明太祖实录》卷一九五，洪武二十二年春正月甲申。

③ 《明太祖实录》卷二二二，洪武二十五年十月丙午。

④ 《诸司职掌·吏部·官制》，张卤辑《皇明制书》卷三，日本古典研究会，1966 年。

果实之类。①

应该说，这里的三库是皇室财政库的性质，已从户部掌管的具有国家财政属性的其他内库里分离了出来。

### （二）内仓

明朝初年，明太祖不仅设置了内府库，还设置了内府仓。

洪武二年（1369 年）八月，明太祖"命吏部定内侍诸司官制"，官制设置中有"内仓监设令一人、丞二人"。②说明在内府，洪武初年已设有内仓。洪武三年（1370 年）定内仓库官品级，"仓设监令，从五品；丞，从六品。库设提点，从五品；大使从六品，副使从七品"。③洪武四年（1371 年）三月，又规定："内府库大使、内仓监令，俱正七品"，④这就是说，在提升内仓与库官的品级时，也是内府库与内仓监内官一起提升的。洪武六年（1373 年）六月，在内府库改称"承运库"的同时，内仓监更名为内府仓，以内仓监令为大使，监丞为副使，"皆以内官为之"。⑤这都说明明朝初年内府既有库也有仓，可统称内库。

综上所述，可以看出明代的国库形成是一个非常特殊的过程。起初内库直属皇帝，管理权高度集中，只有内官才能具体掌管，皇室财政与国家财政是合而为一的。洪武中期以后调整改革，才让户部介入内库管理。至洪武末年，皇室库藏与户部职掌的国家财政库藏分离，这是明代国库正式形成的标志。

---

① 《明太祖实录》卷二四一，洪武二十八年九月辛酉。
② 《明太祖实录》卷四四，洪武二年八月己巳。
③ 《明太祖实录》卷五六，洪武三年九月甲辰。
④ 《明太祖实录》卷六三，洪武四年三月乙丑。
⑤ 《明太祖实录》卷八三，洪武六年六月己酉。

### （三）明太祖的国库设置思想

关于明太祖对内库的整体看法，可从下面一段话清楚地了解到：

> 上览宋史，见太宗改封椿库为内藏库。顾谓侍臣曰："人君以四海为家，因天下之财，供天下之用，何有公私之别？太宗，宋之贤君，亦复如此。宋自乾德开宝以来，有司计度之所缺者，必籍其数以贷于内藏，俟课赋有余则偿之。凡有司用度乃国家经费，何以贷为？缺而许贷，贷而复偿，是犹为□贾者自与其家较量出入。太宗首开私财之端，及其后世困于兵革，三司财帛耗竭，而内藏积而不发，间有发缗钱几十万以佐军资，便以为能行其所难，皆由太宗不能善始故也。"①

明太祖认为，君主以四海为家，享有天下财富，应供用于天下，没有公私的区别，因此作为贤君应不屑于设立私库，宋太宗错误地设立私库，不用于国家经费，是宋代后世财政困难，不能应付军事乃至灭亡的原因。

我们还可以从下面这段话进一步了解明太祖任用内官管理内库的思想由来。《皇明祖训》中云：

> 凡内府饮食常用之物，官府上下行移，不免取办于民，多致文繁生弊，故设酒醋面、织染等局于内。既设之后，忽观《周礼》，酒人、浆人、醢人、染人之职，亦用阉人，乃知自古设此等官，其来已久，取用不劳民而便于用也。其他如

---

① 《明太祖实录》卷一七九，洪武十九年八月乙酉。

各监司局及各库，皆设内官职掌，其事甚易办集。①

总结了宋代的历史教训，又从《周礼》中参悟了设内官职掌各库"甚易办集"的明太祖，终其统治之世，家国一体的特色极为浓重，也体现在皇室库与国库不能截然分离上。外承运、甲字等库虽已改由户部管理，但仍位于内府，且有内官的参与。明初，明太祖制定官制的特点就在分权，内官与外官是两个不同的体系，内外官兼用的情况，也表现在内库的管理上。《诸司职掌》规定，各地起解的金、银、绢、布等项课程，"内府各门照进，且如铜钱、布匹赴甲库交纳，钞锭广惠库交纳，金、银、绢匹承运库交纳"。②

综上所述，至洪武末年，内库包括 12 库和 1 个内府仓，其中内承运库、司钥库、供用库，此 3 库由内官管理，属于皇室财政性质；同时，内府仓也是由内官负责管理的。外承运库、宝钞广惠库、广积库、赃罚库、甲、乙、丙、丁、戊字库，此 9 库归户部官员管理，属于国库的性质。值得注意的是，虽然明代内库与国库的关系终明一代始终纠结，但明代国库从内库分离出来，主要由户部管理，这是洪武朝的定制。

## 二　明代国库的管理机构及其制度

从制度上说，明代国库分为仓储与库藏两大系统，均由户部管理。明初户部设有金科、仓科，分别进行管理。

户部又名计部、计曹、地曹、户曹，是明代国家的中央财政管理机构。在古代为"地官""司徒""大司徒""司农""大司农"。隋朝称民部，唐朝贞观年间改户部。历代相沿。明朝户部始

---

① 《皇明祖训·内官》，《皇明制书》本。
② 《诸司职掌·户部·金科》。

设于洪武元年（1368 年）。八月，明太祖始置六部官，六部排列顺序为吏、户、礼、兵、刑、工部，由六部取代先前设立的钱谷、礼仪、刑名、营造四部，分理庶务。定六部官制，"部设尚书，正三品，侍郎正四品，郎中正五品，员外郎正六品，主事正七品"。①

洪武五年（1372）六月，制定六部职掌，其中，"户部掌天下户口、田土、贡赋、经费、钱货之政"。其属有四："一曰总部，掌天下户口、田土、贡赋、水旱灾伤；二曰度支部，掌考校、赏赐、禄秩；三曰金部，掌课程、市舶、库藏、钱币、茶盐；四曰仓部，掌漕运、军储、出纳料粮"。② 其中，金部职掌"库藏"，仓部掌管"军储、出纳料粮"，直接管理国库。而实际上其他户部各部，也无不与国库管理相关。

洪武六年（1373）六月，明太祖又增定六部及所属官之数："部设尚书二人，侍郎二人"，户部设一科、二科、三科、四科、总科，共有五科，"每科设郎中、员外郎各一人，主事各四人，惟总科郎中、员外郎各二人，主事五人，通三十七人"。③

明初政治的重大改革，发生于洪武十三年（1380 年），这一年明太祖废相后，革去中书省，"升六部，仿古六卿之制，俾之各司所事"。明太祖谕文武百官曰："朕自临御以来，十有三年矣，中间图任大臣，期于辅弼，以臻至治。故立中书省以总天下之文治，都督府以统天下之兵政，御史台以振朝廷之纪纲。岂意奸臣窃持国柄，枉法诬贤，操不轨之心，肆奸期之蔽，嘉言结于众舌，朋比逞于群邪，蠹害政治，谋危社稷……赖神发其奸，皆就殄灭。朕欲革去中书省，升六部，仿古六卿之制，俾之各司所事。更置五军都督府，以分领军卫。如此，权不专于一司，事不留于壅蔽，

---

① 《明太祖实录》卷三四，洪武元年八月辛酉。
② 《明太祖实录》卷七四，洪武五年六月癸巳。
③ 《明太祖实录》卷八三，洪武六年六月辛未。

卿等以为如何？"①

同月，明太祖任命六部尚书，颁给诰命，由此建立起"一元多维"的政治体制。②徐铎为户部尚书，尚书诰是明太祖亲撰，诰曰：

> 国家以户口、土田、赋役、税粮之事与夫仓廪、府库、会计出入之方，一归户部，古之制也。非才识周遍、练达时务者，安能居此任乎？尔铎在职公勤，处事通敏，今以尔为户部尚书，尔尚明生财之道，务培邦本，使食货充而国用足，以副朕节用爱人之意。③

这里明确说明，明代国家财政的"仓廪、府库"之事，均归于户部管理，这是古代传统制度在明朝的沿袭，而户部尚书的职责是"使食货充而国用足"，这是明朝中央财政管理机构最高长官的职责所在。

洪武二十三年（1390年）九月，明太祖按当时省区，分户部四部为十二部：河南、北平、山东、山西、陕西、浙江、江西、湖广、广东、广西、四川、福建，云南由四川部兼领。"每部分领一布政司及直隶府州钱谷、金帛之事"，"每部置郎中员外各一人，主事二人"。④

二十九年（1396年），明朝改六部属部十二部为十二清吏司，明太祖以六部之属都称为部，混而无别，所以变更名称。"凡诸属部皆曰清吏司，更其名者十有三。户部十二部改名清吏司"⑤。宣

---

① 《明太祖实录》卷一二九，洪武十三年正月己亥。

② 参见万明《明代政治新探——以诏令为中心》，《明史研究论丛》第九辑，紫禁城出版社2011年版。

③ 《明太祖实录》卷一二九，洪武十三年正月庚子。

④ 《明太祖实录》卷二〇四，洪武二十三年九月戊戌。

⑤ 《明太祖实录》卷二四六，洪武二十九年五月庚戌。

德十年（1425 年）增至十三清吏司，遂成定制，相沿不改。

户部内部分工十分细密。尚书主政，侍郎佐之。首领官多于吏部，除司务与吏部职掌相同，又有照磨，正八品；检校，正九品，掌相关文书出入之数。由于各司事务涉及方方面面，颇为庞杂，也分为十三司各掌分省之事（如浙江司管浙江省），又兼领所分两京、直隶贡赋，诸司卫所禄俸，边镇粮饷，并仓场、盐课、钞关。

明初设有内库十二库、里库和外库，分别储藏各种财物，包括金银、缎匹、宝石、齿角、羽毛、布匹、棉花、铜铁、军用品以及粮食等物。当时实行比较严格的勘合制度，是以经济凭证作为基本依据的，会计凭证运用水平得到明显提高。

终洪武朝，明朝中央国库主体基本定型，分内库与外库。在内府的，有甲字库、乙字库、丙宁库、丁字库、戊字库、外承运库、广盈库、广惠库、广积库、赃罚库，合称十大库，而内承运库虽然是由内官管理，户部职掌也与之有极大关联。而外库，则泛指内府以外由明朝户部管理的库藏与仓庾。

## 三　明代国库的发展与演变

### （一）库藏

明代国库的库藏系统包括内库与外库。此外还有里库，设在宫内，有两库：内东裕库与宝藏库，专属皇帝。凡会归门、宝善门迤东及南城磁器诸库，明朝也都称外库。

明代内库的专库有以下几个：

1. 内承运库；凡缎匹、金银及诸宝货总隶之。洪武中定，各处解到金银缨玉象牙等物，及浙江、福建布政司、直隶苏、松、常、镇、徽、宁、扬州等府、广德州，岁解墒疋、并山西布政司岁造黄生素绫，俱送本库收。所谓"各库所掌最大者金花银，即国初所折粮者俱解南京，供武臣俸禄，而各边或有缓急，间亦取足其中。正统元年，始自南京改解内库，岁以百万为额。嗣后除折放武俸之外，皆为御用"。①

2. 外承运库：凡浙江、江西、湖广、山西、四川等布政司，直隶苏、松、常、镇、庐、凤、淮、扬、徽、宁、池、太、安庆等府，滁、徐、广德等州，岁解绢疋并阔生绢、翠毛皮，俱送本库收。

3. 供用库：凡浙江、湖广、四川、福建、江西、广东、山东、河南等布政司，直隶苏、松、常、镇、宁、太、安庆、庐、凤、淮、扬等府，岁解黄白蜡、芽叶茶并苏、松、常三府，解到白熟糙粳糯米，俱送本库收。

4. 甲字库，初贮铜钱、布匹、颜料。《诸司职掌》中《金科·库藏》记，明初收储有"铜钱"，后来则主要收贮布匹、颜料，铜钱归由广惠库收贮。凡浙江、江西、福建、广东、四川、湖广、河南、山东、山西、陕西等布政司，应天、直隶苏、松、常、镇、庐、凤、淮、扬、徽、宁、池、太、安庆等府，滁、徐、和、广德等州，解到绵布、银硃、蜜陀僧、百药煎、黑铅、二硃、栀子、五倍子、乌梅、紫草、姜黄、藤黄、明矾、蓝靛、红花、槐花、水胶、黄丹、白芨、光粉、绿矾、茜草、靛花青，俱送本库收。

5. 丙字库，贮棉花、丝线，内官冬衣、军士布衣皆取于此。凡浙江、河南、山东、并北直隶真定府解到丝绵、花绒，南直隶池州、扬州，岁解土丝，俱送本库收。

6. 丁字库，贮铜、铁、锡、香、茶、蜡诸物，还有兽皮、苏木。凡浙江、福建、广东、四川、江西、湖广、河南、山东、山西布政司，并应天、直隶苏、松、常、镇、庐、凤、淮、扬、徽、宁、池、太、安庆等府，滁、徐、和、广德等州，解到铜、

---

　　① 《明会典》卷三〇《库藏》一《内府库》，中华书局1988年影印本。金花银的问题，经过仔细爬梳史料，可知正统元年不仅没有金花银的名目，而且金花银的定型也不在《明史》所云的正统初年。参见万明《明代白银货币化的初步考察》，《中国经济史研究》2003年第2期。

铁、生漆、桐油、皮张、水牛角、牛觔、黄蜡、黄白麻、翎毛、鱼线胶等料，及工部召买苏木，俱送本库收。

7. 广惠库，贮钱贯、钞锭。[①] 凡临清、河西务、苏州、扬州、杭州、淮安、九江等钞关，及五府六部等衙门官吏盐钞，并各处地亩枣株、钞贯，俱送本库收。

8. 天财库：凡正阳等九门，并各钞关本折钞钱，及皇城各门锁钥，俱送本库收。

9. 赃罚库，贮没入官物。凡各处官民犯法律，合籍没家财，及有不才官吏接受赃私，追没到金银、钱钞、衣服等项，俱各札付赃罚库交收。

此外，还有乙字库，收贮毛袄、狐帽、胖袄、裤鞋等物，属于兵部。

戊字库，收贮弓箭、弦条、盔甲等物；广积库，收贮焰硝、硫黄等物；广盈库，收贮抄没违禁物，及礼部开送外国进来罗纻、绫䌷，工部退回墒疋，这些库俱属工部。

重要的是，有太仓库之设，原指太仓粮库。正统七年（1442年）置太仓库，为银库。明朝添设户部主事一员，又称"银库监督主事一员"，[②] 专管凡南直隶苏、常等府解到草价银，赴部转送管库官处交收。此时的太仓库，虽然已经由纯粹的粮库，向收贮银两的银库过渡，但是由于明朝自上而下的白银货币化趋向尚不明显，初始阶段发展并不快。成化十六年（1480年）明宪宗令巡抚、巡按官，清查各处运司及提举司积年收贮，并变卖过私盐车船等项银两，尽数解部，转发太仓库，以备边储支用。成化年间白银货币化自上而下全面铺开，白银在财政中的地位急剧增长，

---

① 洪武十七年（1384年）有广源库"掌收贮宝钞"，广惠库"掌收支宝钞"，各设大使。见《明太祖实录》卷一六一，洪武十七年四月癸未。

② 刘斯洁：《太仓考》，北京图书馆古籍珍本丛刊本，书目文献出版社 1989 年版。

储藏也有了较大加增，为银库的定型奠定了坚实的基础。嘉靖十一年（1532年），添委员外郎一员、专管太仓银库，收放漕运一应折银、折草、盐课等项，并解到户部各处象马牛房及供应等，并十库折色银两。其仓库折色应召商者，另项收贮。嘉靖初年，白银货币化发展至此时，已经成为明代社会流通领域的主币，因此，在国库中储存白银的太仓库地位也有了相应的大幅度提升。

明初，《诸司职掌·户部·金科·库藏·课程》详细记载了全国各地财物收入国库的具体运作程序，现全录于下：

> 凡府州县税课司局、河泊所岁办商税鱼课，并引由契本等项课程，已有定额。其办课衙门所办钱钞、金银、布绢等物，不动原封，年终具印信文解，明白分豁存留、起解数目，解赴所管州县。其州县转解于府，府解布政司，布政司通类委官起解，于次年三月以里到京。本部将解到金银、钱钞、布绢等物，不动原封，照依来文分豁明白，札付该库交收，出给印信长单及具手本关领勘合，回部照数填写，责付原解官收执。将所解物件同原领长单并勘合，于内府各门照进，且如铜钱、布匹，赴甲子库交纳；钞锭，广惠库交纳；金银、绢匹，承运库交纳。其勘合既于各门照进，该库收讫，就于长单后批写实收数目，用印钤盖，仍付原解官赍赴本部告缴，立案附卷备照。仍令该部主事厅于原解官差批内，将实收过数目批回，候进课毕日，将已解并存用课数通行比对原额，如有亏兑，照依所亏数目，具本奏闻，类行各司府州着落办课衙门经该官吏人等追理，足备差人解赴京库交纳。凡十二布政司并直隶府州遇有起解税粮，折收金银、钱钞并赃罚物件应进内府收纳者，其行移次第皆仿此。各布政司并直隶府州课程钱钞并金银布帛等项，折收总计三百六十三万七百七十八锭有零。外有各处土产茶盐、硝矾、朱

砂、水银等物，虽有定额数目，琐碎难以备载。

以上大段文字说明，各布政司并直隶府州课程钱钞并金银、布帛等项，是国库收入的重要部分。全国各地州县自下而上将钱钞、金银、布绢等物缴到中央，户部不动原封，一一清点登记注销，交付内库收贮。如铜钱、布匹，赴甲子库交纳；钞锭，广惠库交纳；金银、绢匹，承运库交纳。

《诸司职掌》还记载：

> 凡民间一应桑株，各照彼处官司原定则例。起科丝绵等物，其丝绵每岁照例折绢，俱以十八两为则折绢一匹。所司差人类解到部，札付承运库收纳，以备赏赐支用；其树株、果价等项，并皆照例征收钱钞，除彼处存留支用外，其余钱钞一体类解本部，行移该库交收。①

国库收贮中，最重要的是国家法定货币。洪武八年（1375年），明朝开始印造大明宝钞，作为国家法定货币，推行国家纸币制度。规定凡印造大明宝钞与历代铜钱相兼行使，每钞1贯准铜钱1000文。每年宝钞提举司在三月内兴工印造，十月内停工，"所造钞锭具印信长单及关领勘合，将实进钞锭照数填写，送赴内府库收贮，以备赏赐支用"。②

内库收贮的不仅有钞，还有铜钱，交纳到内府司钥库："凡在京鼓铸铜钱，行移宝源局，委官于内府置局……如遇铸完，收贮奏闻，差官类进内府司钥库交纳。"③

---

① 《诸司职掌·户部·民科》。
② 《诸司职掌·户部·金科》。
③ 《明太祖实录》九八，洪武八年三月辛酉。

赃罚物入赃罚库："凡各处官民犯法律合籍没家财及有不才官吏接受赃私，追没到金、银、钱、钞、衣服等项，俱各札付赃罚库交收。"[1]

值得注意的是，除了户部为主管理国库之外，其他部也有国库收入的管理：

礼部所司朝贡之物："凡诸蕃国及四夷土官人等或三年一朝，或每年朝贡者，所贡之物……通进内府陈设交收。"[2]

军器、军装、铁等属于工部：凡解运的皮张、翎毛，送入丁字库，"军器专设军器局，军装设针工局，鞍辔设鞍辔局掌管，时常整点，若有缺少件数，随即行下本局，算计物料，委官监督，定立工程，如法造完，差人进赴内府该库收贮"。[3] 并冶铁也"送库收贮"。[4]

纸札入乙字库，也归属工部："凡每岁印造。茶盐引由、契本、盐粮勘合等项，合用纸札，着令有司批解……抄造解纳，如遇起解到部，随即辩验堪中如法，差人进赴乙字库收贮听用。"[5]

### （二）仓庾

明朝以农立国，田赋是国家收入的主要来源。因此，高度重视仓库建设。明太祖在南京建国，依据的就是江南的财富之区。永乐皇帝定都北京以后，军国之需，仰给东南，依靠漕运的巨额漕粮供给京师。明朝在京城大量设仓贮存，形成了比较完备的仓储制度。明朝从中央到地方，从皇室、藩王到各级地方政府，都设有仓库，在供给皇室、平抑物价、调控市场、赈灾备荒、供应

---

[1] 《诸司职掌·户部·金科》。
[2] 《诸司职掌·礼部·主客部·朝贡》。
[3] 《诸司职掌·工部·军器军装》。
[4] 《诸司职掌·工部·铜铁》。
[5] 《诸司职掌·工部·虞部》。

军需等方面起了重要作用，产生了重要影响。

明朝规定：凡天下设置仓廒，其在各该卫所，常存二年粮斛，分为二十四廒收贮，以备支用。其在各司府州县，各有仓廒收贮粮米以给岁用。且如在京卫所仓粮，必须查勘，见数分豁某字廒原收某年分秋粮米若干，本部攒造印信文册一本，进赴内府该科收贮……其在外仓廒，凡有勘合下仓放支，亦必禀请提调正官眼同支给。比候年终，将支过数目同实在粮斛通行开报，以凭稽考。①

万历《明会典》云："国家设仓庾储粟，以赡军赈民。两京、直隶、各布政司、府州县、各都司卫所以及王府，莫不备具。其收贮有时，支给有数，注销有册，各有通例。"②户部管理的中央仓库，最重要的是京通二仓，也称内、外仓，所谓"京仓为天子之内仓，通仓为天子之外仓"。③永乐五年（1407年），因"淮安、河南漕运皆至通州"，特命增设通州左卫，"建仓庾以贮所漕运之粟"；七年（1409年）扩大设置："设北京金吾左、右，羽林前，常山左、右、中，燕山左、右、前，济阳，济州，大兴左，武成中、左、右、前、后，义勇中、左、右、前、后，神武左、右、前、后，忠义左、右、前、后，武功中，宽河，会州，大宁前、中，富峪，蔚州凡三十七卫仓，及锦衣中、怀来守御二千户所仓"，又设通州卫仓。④以后陆续增加设置，《明史·食货志》云："凡京仓五十有六，通仓十有六"。⑤

自宣德末年开始，在京、通二仓设置了总督中官。正统三年（1438年），明英宗令户部侍郎一员同内官总督在京、通州粮仓，

---

① 《诸司职掌·户部·金科》。
② 申时行等：《明会典》卷二一《户部·仓庾一》。
③ 孙承泽：《天府广记》卷一四《仓场·漕仓》，北京古籍出版社 1984 年版。
④ 《明太宗实录》卷七三，永乐五年十一月戊辰；卷九四，永乐七年七月丁丑、戊戌，台北中研院史语所校印本，1962 年。
⑤ 《明史》卷七九《食货志》三，中华书局 1974 年标点本，第 1925 页。

及提督马牛羊等房草豆料，以后总督中官逐渐增至二三十人，设中瑞馆管辖。至嘉靖时尽革。

为清楚表明明代后期国库仓储系统的主要状况，特列下表。

表4　　　　　　　　　万历国库主要仓储一览表①

| | 仓名 | 设卫仓 |
|---|---|---|
| 京仓 | 长安门仓 | |
| | 东安门仓 | |
| | 西安门仓 | |
| | 北安门仓 | |
| | 旧太仓11卫（永乐七年设） | 献陵卫仓、景陵卫仓、昭陵卫仓、羽林前卫仓、忠义前卫仓、忠义后卫仓、义勇右卫仓、蔚州左卫仓、大宁中卫仓、锦衣卫仓、神武左卫仓 |
| | 新太仓7卫（宣德年设） | 裕陵卫仓、茂陵卫仓、康陵卫仓、义勇前卫仓、大宁前卫仓、富峪卫仓、会州卫仓 |
| | 海运仓6卫（宣德年间即旧海子地设） | 泰陵卫仓、永陵卫仓、忠义右卫仓、宽河卫仓、燕山左卫仓、义勇后卫仓 |
| | 南新仓8卫（永乐七年设） | 府军卫仓、燕山右卫仓、彭城卫仓、龙骧卫仓、龙虎卫仓、永清右卫仓、金吾左卫仓、济州卫仓 |
| | 北新仓5卫（永乐年设） | 府军左卫仓、府军右卫仓、府军前卫仓、燕山前卫仓、金吾前卫仓 |
| | 大军仓4卫（永乐年设） | 永清左卫仓、旗手卫仓、大军仓、武成中卫仓 |
| | 济阳仓2卫（永乐七年设） | 金吾右卫仓、济阳卫仓 |
| | 禄米仓2卫（嘉靖四十一年改） | 彭城卫南新仓、府军前卫南新仓 |
| | 西新太仓4卫（永乐年设） | 虎贲左卫仓、金吾后卫仓、府军后卫仓、羽林左卫仓 |
| | 太平仓2卫（弘治十七年设） | 留守前卫仓、留守后卫仓 |
| | 大兴仓（永乐年设） | 大兴左卫仓 |

① 《明会典》卷二一《户部·仓庾一》。

续表

| | 仓名 | 设卫仓 |
|---|---|---|
| 通州仓 | 大运西仓（永乐七年设） | 通州卫西仓、通州左卫西仓、通州右卫西仓、定边卫西仓、神武中卫西仓、武清卫西仓 |
| | 大运南仓（天顺年添廒） | 通州卫南仓、通州左卫南仓、通州右卫南仓、定边卫南仓 |
| | 大运中仓（正统元年定名） | 通州卫中仓、通州左卫中仓、通州右卫中仓、神武中卫中仓、定边卫中仓、神武中卫东仓 |
| 顺天府 | 坝上等二十三马牛房仓 | |
| 南京 | 41 卫仓 | |
| 应天府 | 常平仓 | |
| 附水次仓 | 5 处 | 天津左右三仓（永乐十二年建，今18廒）<br>德州常盈二仓（宣德五年建，今28廒）<br>临清广积常盈三仓（永乐四年建，今48廒）<br>徐州永福广运二仓（永福，洪武元年建；广运，永乐十四年建，今4廒）<br>淮安常盈一仓（永乐十三年建，弘治二年存27廒） |

　　自永乐以后，明朝对京仓格外重视，建立了一整套管理和监督制度。国库仓储部分的最高管理机构为户部总督仓场。据《明会典》卷二《京官》记述："宣德五年，添设本部尚书一员，专督仓场，后或用侍郎，无定衔，俱不治部事。"实际上，直到正统十二年（1447 年），户部上言"仓场事繁，宜专官理之"，才罢兼理之制。户部在京设有公署，在通州新城也设有总督衙门，称尚书馆，以供总督仓场尚书或侍郎巡视通仓时使用。[①] 太监总督仓场则始设于宣德年间，起初止一员，正统年间添设一二员提督，后更增至五六员；监督始设于正统元年，初止一二员，后增至十七八员。正统三年（1438 年），令户部侍郎一员同内官总督在京通州仓粮，及提督象马牛羊等房草豆；十年（1445

---

① 高寿仙：《明代京通二仓述略》，《中国史研究》2003 年第 1 期。

年），令总督在京通州仓侍郎兼提督临清、徐州、淮安等处仓粮。十四年（1449 年）令内外各仓场监督收放粮草郎中、主事等官一年一代，回日备开数目缴部。仍将经行卷簿、相沿交割。若有亏折欺蔽，续差官员径自具奏。成化十一年（1475 年），令京通二仓各委户部员外一员，"定廒坐拨粮米"。务令挨次，不许徇情。正德十二年（1517 年），令京通二仓监督员外郎、每月调取各仓收卷簿，查算放支未尽的粮米仓廒，尽数造册送部、并内外总督衙门查照。户部委坐粮员外郎、挨次坐拨放支。嘉靖九年（1530 年）题准请敕一道，赍付通仓坐粮员外郎，会同巡仓御史、督理运粮。其各总轻赍银两、照例验给官军，雇脚完粮。其通惠河成，解送太仓库，以备修河等项支用。这里的太仓库，无疑是指银库。内官在国库仓储的管理中，一直占据一定的地位，正德年间又有额外添置，因此嘉靖皇帝即位后有令将京通二仓、水次仓，皇城各门京城九门各马场、仓场、各皇庄等处额外添置的内臣查参取回之令。嘉靖七年（1528 年）又通行晓谕禁革，"凡遇有指称太监名目，勒要茶果等钱；各官攒、斗级人等，索取常例银物，生事刁难，听各该官员并缉事衙门访拏送问枷号，照例发遣。干碍职官，奏请处治"。对于国库仓储进行了整顿。[1]

明朝各省布政司府州县的仓，是供给地方官吏俸给及赈济灾荒之用，由各布政司府州县管理。此外，明朝还有预备仓之设。初设是明太祖"命户部遣耆民于各郡县籴粮置仓，于民间储之，委富民守视，以备荒歉"。[2] 预备仓是国家重视备荒救恤之政的产物，至嘉靖、隆庆时均有设置。

---

① 以上涉及的明代仓储制度沿革，均为《明会典》卷二一《户部·仓庾》所载。
② 《明太祖实录》卷二三一，洪武二十七年正月辛酉。

# 四　明代国库相关法规与监督机制

法律学家杨鸿烈先生曾言："中国法律到了明代可以说有长足的进步。明太祖朱元璋和其他一般立法家都极富有创造精神，所以那一部洪武三十年更定的《大明律》，比较唐代的《永徽律》更为复杂，又新设许多篇目，虽说条数减少，而内容体裁，俱极精密，很有科学的律学楷模。后来的《大清律》，也都是大部分沿袭这部更定的《大明律》，可以见得，这书实在算得中国法系最成熟时期的难得产物。"①

明朝不仅给予各级官吏享有一定的行政权力，同时也较详尽地规定了各级官吏应担负的相应法律责任，如果官吏在行政过程中发生各种违法违纪行为，都可依照《大明律》《大明会典》及各类法典法规追究其法律责任，由此保障明帝国庞大的国家机器有效运转。

## （一）相关法规

为了维护社会的安定，明朝对经济违法、违纪行为予以严厉惩治。《大明律》是明朝制定的基本法典，由明朝开国皇帝明太祖总结历代法律施行的经验和教训，详细制定而成。洪武七年（1374 年）公布，洪武二十二年（1389 年）更定，洪武三十年（1397 年）又进行了修订，作为根本大法通行于整个明代，其中《户律·仓库》，计有 24 条，可见明朝对于国库管理的重视。

赋税收归国家，转入府库，对这笔巨大财产的保管和支出使用，明朝有明确规定。以法律对管理国库的官吏严加约束，特别强调"监临主守"的职责，对侵吞、骗取、套取、贿赂、取利等

---

① 杨鸿烈：《中国法律发达史》，商务印书馆 1934 年版，第 746 页。

等，都要治罪；对于各种渎职行为，也是严惩不贷的。下面列举几例相关条文：

对于多收税粮斛面的，处以杖刑。《大明律》云："凡各仓收受税粮，听令纳户亲自行概，平斛交收，作数支销，依令准除折耗。若仓官斗级，不令纳户行概，趺斛淋尖，多收斛面者，杖六十。若以附余粮数，计赃重者，坐藏论，罪止杖一百。提调官吏知而不举，与同罪。不知者，不坐。"

对于揽纳税粮的，也要处以杖刑。《大明律》云："凡揽纳税粮者，杖六十。着落赴仓纳足，再于犯人名下，追罚一半入官。若监临主守揽纳者，加罪二等。其小户畸零米麦，因便凑数，于纳粮人户处附纳者，勿论。"

对于虚出通关，收受贿赂的，严加惩治。《大明律》云："凡仓库收受一应系官钱粮等物不足，而监临主守，通同有司提调官吏虚出通关者，计所虚出之数，并赃，皆以监守自盗论。若委官盘点钱粮，数本不足符同申报足备者，罪亦如之。受财者，计赃以枉法从重论。其监守不收本色，折收财物，虚出硃钞者，亦以监守自盗论。纳户知情，减二等，免刺，原与之赃入官。不知者，不坐。其赃还主。同僚知而不举者，与犯人同罪。不知及不同署文案者，不坐。"

对附余钱粮私自补数，明朝法律也是不允许的；擅将金帛等物带出，是处斩重罪。《大明律》云："各衙门及仓库，但有附余钱粮，须要尽实报官，明白正收作数。若监临主守，将增出钱粮私下销补别项事故亏折之数，瞒官作弊者，并计赃，以监守自盗论。若内府承运库，收受金帛，当日交割未完者，许令附簿寄库。若有剩余之物，本库明白立案正收，开申户部作数。若朦胧擅将金帛等物出外者，斩。守门官失于盘获搜检者，杖一百。"

由于失职，而致使财物损坏的，需"着落均赔还官"。《大明律》云："仓库及积聚财物，主守之人安置不如法，晾晒不以时，致有损坏者，计所损坏之物，坐赃论。着落均赔还官。若卒遇雨水冲激，失火延烧，盗贼劫夺，事出不测而有损失者，委官保勘覆实，显迹明白，免罪，不赔。其监临主守若将侵欺、借贷、那移之数，乘其水火盗贼，虚捏文案，及扣换交单籍册，申报瞒官者，并计赃，以监守自盗论。同僚知而不举者，与同罪。不知者，不坐。"

以职务侵欺、借贷的，《大明律》云："凡官物，当应给付与人，已出仓库而未给付，若私物，当供官用，已送在官而未入仓库，但有人守掌在官，若有侵欺、借贷者，并赃计，以监守自盗论。"

如仓库被盗，依被盗情况，可分为官吏失职被盗和失察被盗，后者减罪三等。《大明律》云："故纵者，各与盗同罪。"

财产一经入库，任何人等均不得私自挪用。《大明律》云："若官物有印封记，其主典不请原封官司，而擅开者，杖六十。""若监临主守不正收、正支，那移出纳，还充官用者，并计赃，准监守自盗论。罪止杖一百，流三千里，免刺。"[①]

如是监守自盗，则从重论处。《大明律》规定："凡监临主守，自盗仓库钱粮等物，不分首从，并赃论罪。并于右小臂上刺盗官粮、钱、物三字。"[②] 监守官盗一贯以下杖八十；十贯杖七十，徒一年半；二十贯杖一百，流二千里。四十贯斩。这是严惩监守自盗。清末法学家薛允升指出："大抵事关典礼及风俗教化等事，唐律均较明律为重。贼盗及有关帑项钱粮等事，明律则又较唐律为重。"[③]

《大明律》中仓库条文的制定，说明明朝对于管理国库官吏的

---

①　以上各条，均引自怀效锋点校：《大明律》卷七《户律·仓库》，法律出版社1999年版，第69—76页。

②　怀效锋点校：《大明律》卷十八《刑律·贼盗》，第137—138页。

③　薛允升：《唐明律合编》卷一九，台湾商务印书馆1977年版。

各种违法行为，采取了严厉的制裁，以保证国库管理的效能。此外，明太祖为了惩治贪污腐败，亲自主持制定了《御制大诰》《大诰续编》《大诰三编》和《大诰武臣》等惩罚贪官污吏为主的法规汇编。《御制大诰》中"仓库虚出实收"、《续编》中"钞库作弊"，都是涉及仓库的案例，《三编》中"库官收金"的案例，是处置承运库官李廷珪等的案例。① 随着时间的推移，有明一代明朝对于国库管理的法令法规形成了大量的事例、条例与则例，《问刑条例》是《大明律》补充，在明后期的国家综合法典《明会典》中也有着国库相关法律法规的详细记录。② 台湾学者李钟声所撰《中华法系》统计，有明一代各类法典、法律著述，流传至今竟达400余种。③ 在此不一一列举了。

### （二）监督机制

明代具有国库监督职能的机构，有都察院、六科给事中以及户部十三清吏司等。明代监察制度在中国古代监察制度中最为完备，监督机构的职责既有分工，又互相交叉，纵横交错，形成多层次、全方位的监督网络。

#### 1. 都察院

明太祖初设御史台，洪武十三年（1380 年）废丞相，机构改组，权分于六部。都察院是在洪武十五年（1382 年）由御史台改

---

① 明太祖：《御制大诰》，《仓库虚出实收第三十四》；《御制大诰续编》，《钞库作弊第三十二》；《御制大诰三编》，《库官收金第三十五》，《皇明制书》本。

② 一般认为《明会典》是行政法典，近来的一种观点认为《大明会典》不具有法典的性质，而只是明朝编纂的一部会典体史书，见原瑞琴《大明会典性质考论》，《史学史研究》2009 年第 3 期。这仅是从史学史角度出发，而显然没有考虑到作为法规汇编所具有的"辑累朝之法令，定一代之章程"的法制史内涵。应该说《明会典》是一部综合法典，参见万明《明帝国的特性：以诏令为中心》，《学术月刊》2010 年第 6 期。

③ 李钟声：《中华法系》下册，台湾华欣文化事业中心 1985 年版，第 747 页。

组而成。其正官为都御史、副都御史和佥都御史，下设十三道监察御史，对于全国不仅有对官员进行财政监督的权力，而且在查处经济违法违纪案件中，也拥有较大的权力。在都察院中，具体实施财经监督的是十三道监察御史。监察御史对中央各衙门实施财政监督，包括对于国库的监督。其职掌主要是监督、察举文武百官的经济违法行为，对于中央与地方衙门的公务文书进行清查核实，并巡视仓场、内库，审查国库钱粮出纳账籍，检查有无侵吞、挪用、盗窃、亏空和霉变残次等问题。

十三道监察御史作为中央派往地方实施财政监督，有专差和按差两类。专差，即专项财政监督；按差是巡按御史代天子巡狩，赴地方实施财计监督。专差御史中包括巡仓御史。洪武四年（1371 年）九月，明太祖"分遣监察御史往山东、北平、河南等府州，核实盐课并仓库逋负之数"，① 就是一次较大规模的仓库财政督察。值得注意的是，发生于政治机构改组之后。

洪武十三年（1380 年）四月，明太祖"命官检校在京诸仓，及在外府州仓粮储之数"，② 审查核对在京、在外的仓库粮储数目，是对国库的一次全国性的大检查。

巡按御史巡视地方仓库，查算钱粮，禁约奸弊。盘查仓库。监察御史的出巡是由都察院"引御史二员，御前点差一员"；监察御史出巡回京之后，须向都察院述职，"都察院堂上官考其称否具奏"。③ 巡按御史代天子巡狩，"大事奏裁，小事立断"，亲临实地监督的内容，包括"存恤孤老，巡视仓库，查算钱粮，勉励学校，表扬善类，剪除豪蠹 ，以正风俗，振纲纪"。④ 巡按御史的职掌庞杂，而国库的监督，是其重要职责之一。回任时查理过的仓库钱

---

① 《明太祖实录》卷六八，洪武四年九月丙辰。
② 《明太祖实录》卷一三一，洪武十三年四月壬申。
③ 《明会典》卷二一一，《都察院》三。
④ 《明史》卷七三《职官志》二，第 1768—1769 页。

粮若干数，旧管新收，开除实在，都须逐项明白开报；禁约过仓粮奸拏获弊若干起，凡各府州县仓库处所，曾经拿获包揽侵盗之徒，也须具实开报。①

审查中央政府各部门和地方各级政府的国库收支，是财政监督的重要内容。英宗时《宪纲书类》中《巡视仓库》云：“凡在京及各布政司，并巡历地方仓库、局务等衙门，但系钱粮出纳去处，从监察御史、按察司并分司官不时巡视，若有作弊就便究治”。②

2. 六科

明初设给事中，洪武六年（1373 年），始分吏、户、礼、兵、刑、工六科，每科各设给事中二人，秩从七品，推年长者一人掌科事。洪武二十四年（1391 年），基本确定了六科的编制。定六科各设都给事中一人，左、右给事中各一人，给事中吏科四人，户科八人，礼科六人，兵科十人，刑科八人，工科四人。六科官员共五十八人。后各科官员数有增减。六科不属于都察院管辖，是完全独立的只对皇帝负责的监察机构。给事中不仅拥有参政议政、谏议封驳之职，还有监察弹劾权，文武百官无一不受其监督。

给事中的财政监督体现在监察中央六部等官署，考察官员等方面。户科监察户部等衙门的财政事务、钱粮征收：“凡有司征收秋粮，各该仓库填写实收数目，奏缴其勘合，仍送本科（指户科）注销”；对于仓库收支的监督：“凡每年户部将五府、六部、都察院、国子监并京通、武成中等卫、长安等四门仓，一应见在粮斤数目，磨算明白，分豁废座，各另造册，奏闻送科，收侯各衙门放过粮斤，照数注销。”③

①　《明会典》卷二一一，《都察院》三。
②　《宪纲书类》，《皇明制书》本。
③　《明会典》卷二一三，《六科》。

六科给事中在官员考满、考察过程中，审核其经济政绩。这由吏科和户科实施，"凡天下诸司官吏，三年朝觐到京，奏缴须知文册到科（指吏科），查出钱粮等项数目差错者，经该官吏参奏究治"；"凡甲字等库官遇考满等项，本科（指户科）官一员引奏，将收过钱粮等物，委官查盘"。此外，工科"同御史巡视节慎库，与各科稽查宝源局"。①

重要的是，六科虽以吏、户、礼、兵、刑、工分隶，"其事属重大者，各科皆得通奏。但事属某科，则列某科为首"。②

3. 户部十三清吏司

户部十三清吏司对地方财政的审计监督，是其兼职财政监督职能的主要体现。按照明制，明朝将部分财政监督职权划归财政管理机构户部，是一种财审合一的制度。每岁终在逐级上报的基础上，由各布政司及府州县派遣计吏到户部送统计报告，奏销该年的钱粮军需等事项。户部则由十三清吏司对该管布政司的报告进行审核。如没发现错误，户部便书写回批，加盖印章，准予报销；否则予以驳回。其中如发现有贪污挪用等不法行为，则交都察院处置；如仅为计算和编报问题，则退回重报。

户部十三清吏司对各地赋税征收、起运、存留情况进行审查。隆庆二年（1568年）："各处起解粮，户部更定格眼文簿式样，发司府州县各一样二本，逐项完欠、解纳、批收各照格开填。每岁终，将查比过钱粮，各完欠分数，填注各格眼内，用印铃盖。仍照具由，呈部查考。"③

户部十三清吏司，基本上按照十三布政使司设立。以行政区划为国库监督设置的办法，是明朝所创立的。它不仅为清朝所承

---

① 《明会典》卷二一三，《六科》。

② 《明史》卷七四《职官》三，第1806页。

③ 《明会典》卷二九，《户部·征收》。

继，也是现代国家财审机构设置区域化的先声。

4. 提刑按察使司

提刑按察使司是与布政使司、都指挥使司并列的省级三司之一，是设置于地方的监督机构。设按察使一人，副使无定员；佥事无定员。按察使的财政监督职能为"总理各道，肃清郡县"，所谓"总理各道"，为统领一省的分巡道及其他的道，审查省内府州县衙门的财政，纠劾地方官员的经济违法行为。分巡道前身是按察分司，洪武二十九年（1396 年）改为分巡道，其官员巡历地方有一定的时间规定，分巡官、分守官每年春二月中出巡，七月中回司；九月中出巡，十二月中回司。按察司官员会同巡按御史随时考察，地方官员纠劾地方官员的经济违法行为。

总之，明朝把大部分财政监督权赋予科道监察系统，因此都察院及十三道监督御史、提刑按察使司和六科给事中便承担了主要的国库监督职能。都察院侧重于纠察全国，十三道监察御史稽核的重点在地方，而六科给事中则主要对口监督中央六部等机构。从中央来看，虽有六科给事中稽核监督，但十三道监察御史也带管各自所分的内府监局、在京各衙门等相关国库管理的中央机构；从地方上看，形成了按察司、巡按御史、巡抚和总督的三层国库督察网络。多层次交叉制约的监督机制，强化了国库的稽查审核，但同时也造成机构重叠设置，职权混淆纠结的弊端。到了明后期，吏治败坏，如户科注销，"簿大半遗漏不全，所销号件不具文牒，但凭吏役口报为故事。且吏役皆雇觅代身，问其缘由，茫然不知也"。① 更有"巡按淮、扬，括库中赃罚银十余万入己囊"的巡按御史，② 国库的财政监督已名存实亡。

---

① 孙承泽：《春明梦余录》卷二五，光绪间刊本影印本。
② 《明史》卷二五三《薛国观传》。

# 五  结语

明朝建立起一个完备的国库体系，分为仓储与库藏两大系统。户部是国库的主要组织、管理机构。明朝国库户部管理国库的主要职责有以下几点：

（一）组织规划各级国库准确、及时办理国家财政收入的收纳、起运和留存。

（二）组织各级国库对全国财政收支进行会计核算，按期向中央报送年度报表，定期监督。

（三）监督、管理、指导各级国库及国家赋税征收工作；监督管理赋税收纳、支拨、协济等事项，对其过程中存在的问题提出解决办法；负责国库内控管理，会同有关部门对发生的国库事件及时进行处理。

（四）参与制定和完善国库管理办法，指导地方财政国库管理制度运行。

（五）参与修订各种有关国库的事例与条例，制定国库管理规章制度，并组织实施。

（六）协调全国各地省直等地方国库与中央国库之间的关系；监督检查财政、税务方面的情况，对违规问题会同有关部门及时进行处理；核查监察部门对国库稽查时提出的问题，落实改进。

（七）编制国库总收支统计各类报表，分析财政执行情况，监测国库资金变化情况；为财政改革提供参考性建议。

（八）参与制定市场的管理，通过设置仓廪，制定制度以平抑商品价格，统一度量衡，并且起到储粮备荒恤民的作用。

特别需要说明的是，明代白银货币化，商品货币经济迅速发展，导致明代赋役—财政改革，赋税统一以白银作为计量单位，并逐渐成为赋役的征收形态，在这一中国古代财政体系发生转型的历史进程中，各级国库逐步从储存实物为主的仓库向以收贮白银货币为主的银库过渡，而纳税凭证——税票的产生，是赋役—财政改革收取白银进入国库的历史见证。[1]

（原载《现代国库理论与实践》第三辑，经济科学出版社2013年版，所载有删节，现用原稿）

---

[1]　关于明代白银货币化，万明已有系列论文。关于明代财政体系转型，请参见万明《明代财政体系转型：张居正改革的重新诠释》，《中国社会科学报》2012年7月4日，税票的考察见万明《明代税票探微：以所见徽州文书为中心》，《明史研究论丛》第十辑，故宫出版社2012年版。

# 万历君臣关系:《明实录》所见情感世界的个案分析

　　中国古代的经典《礼记·礼运》曰:"何谓人情?喜、怒、哀、惧、爱、恶、欲,七者弗学而能。"[①] 情感是人类所共通的,人的情感是天生的,人的情感世界无比丰富。情感词语,可以表达身份各异、等级不同、位置悬殊的人们的不同心态,藉此可以洞察内心,展现情感世界。毋庸置疑,文学作品是研究情感表现的重要来源,对古典文学作品的研究,由单纯价值判断到关注情感世界,是研究向新领域的发展;对于史学文献一类作品,关注情感世界的研究,是一个尚待打开的领域。笔者有幸参加史华罗教授主持的关于情感词语的国际合作研究项目,进行中国史籍中情感词语的搜集、分析和研究,有感于一方面,人们研究情感世界,往往探寻的是文学作品,鲜见考察史学资源;另一方面,近年心理史学不断发展,但也鲜见从情感词语出发,研究特定历史时期人物心态和心理特征以及人物之间的关系。西方学者认为:"情感是人这个现象的核心。只有依据并通过情感,才能从现象与本质两个方面对人究竟为何

---

① 《礼记·礼运》,《十三经注疏》本。

物作出界说。情感和心境是通向揭示人的世界的道路。"① 这里仅以《明实录》中情感词语的分析，结合明朝当时的历史背景，研究万历君臣心态以及他们之间的关系。

# 一　明神宗万历皇帝与《明神宗实录》

明朝（1368—1644 年）先后经历 16 个皇帝，276 年。

明神宗朱翊钧，于 1573—1620 年在位，是明朝在位时间最长的皇帝，他的年号是万历，庙号神宗，因此被称为明神宗万历皇帝。《实录》是根据皇帝左右史官建立的《日历》《起居注》等编纂而成的官修史书。在中国，虽然从唐朝就开始编纂这种编年体裁的史书，但是迄今为止，保存下来的最早的《实录》是《明实录》。由于万历皇帝在位时间长，所以《明神宗实录》，也是《明实录》中最长的一部，长达 596 卷。② 朱翊钧 10 岁即位。万历初年，杰出的政治家张居正在朝为内阁首辅（相当于宰相），进行了一系列改革，政治比较清明。万历十年（1582 年）张居正死后，万历皇帝亲自执政，走向张居正改革的反面，他不仅抄没了张居正的家，而且罢免了张居正任用的一批有才能的大臣，自己则荒淫终日，到后来发展到长期不上朝，不理朝政，官员缺位不补，大臣章奏也常常留在宫中，不加批答，朝中大臣党争激烈，朝政日益腐败。在这一背景下，虽然对外关系取得了援助朝鲜抗日的战争胜利，但是内部东北女真族趁势兴起。一般认为明朝灭亡，是从万历皇帝开始的。与此同时，在这一历史时期，商品货币经济发展，社会道德结构解纽，人们的思想解放，

---

① ［美］诺尔曼·丹森（Denzin, N. K.）：《情感论》，魏中军、孙安迹译，辽宁人民出版社 1989 年版，第 5 页。

② 《明神宗实录》596 卷，台北中研院史语所 1962 年校勘影印本。

中国社会正发生从传统到近代的重大转型。

《明神宗实录》是一部不同于一般文学作品的官修史书，其中的情感词语具有不同文学作品的鲜明特征。这部《实录》是万历皇帝死后，由史官编纂而成，比较真实地再现了万历君臣的言行，也是他们情感交流的一个极好的观察点。其中，情感表达方式多种多样，爱与恨、喜与悲、恐惧与焦虑、发怒与平息还有各种情感欲望等，不一而足。更重要的是，在情感词语的背后，提供给我们大量的潜信息，揭示了万历君臣之间关系的真实面貌。这是一般文学作品所不具备的。

## 二　《明神宗实录》中的情感词语概述

根据考察，《明神宗实录》（以下简称《实录》）中的情感词语使用数量相当大，仅抽取一卷，如卷二一九，粗略统计就达160处。《明神宗实录》总共596卷，初步考察情感词语使用的大致情况，统计共有"怒"224处，"大怒"8处；"情"554处，"人情"187处；"念"379处，"伏念"13处，"共念"7处；"恩"531处，"圣恩"46处，"厚恩"16处，"大恩"7处，"恩庇"2处，"任使之恩"1处；"爱"272处，"忠爱"61处，"忠"531处；"乞"587处，"喜"187处，"孝"552处，"责"528处，"恐"446处，"畏"287处，"畏避"19处；"厚"309处，"安"591处，"不安"75处；"敢"477处，"岂敢"31处，"不敢"314处，"何敢"26处，"敢不"87处；"上下"200处，"尊卑"8处，"尊卑上下"1处；"意"555处，"圣意"70处，"加意"161处，"至意"133处；"候"489处，"义"454处，"感"207处，"贺"367处；"妄"283处，"妄言"67处；"肆"303处，"肆然"4处，"放肆"11处，"肆口"3处；"罪"573处，"训"358处，"谢"379处，"负"

291 处，"有负" 18 处；"幸" 318 处，"美" 165 处，"同心" 112 处，"气" 354 处，"望" 513 处，"观望" 120 处，"悬望" 12 处；"和" 418 处，"愿" 324 处，"疑" 365 处，"小臣" 145 处，"无知小臣" 2 处；"慰" 373 处，"悔" 136 处，"痛" 193 处，"激" 296 处，"怀" 420 处，"虑" 321 处，"过虑" 9 处，等等；此外，还有相当多的情感词语，恕在此不一一列举了。

《实录》中的情感词语，可以分为有身份型与无身份型两种类型，有身份型有上与下之分，表达在"上"的皇帝身份的专用词语，如"圣恩""圣意""圣慈""幸""责""训""宽宥""恩庇""省躬""眷绥""眷温"等，无不表现出皇帝上对下的至高无上地位；表达在"下"的臣僚身份的词语，有"乞""仰见""贺""谢""俯从""伏念""陈请""叩头""忠""悬望""尽心""尽心图报""小心""候""瞻仰""侍奉"等，无不表现出下对上的恭敬遵从态度。无身份型是指皇帝与大臣无论上下都可用来表达的"情""爱""喜""悲""念""欲""感""悔""痛""泣""意"等，属于人之常情，并无上下之别，均可使用的词语。

让我们抽取几个使用频率最高的词语略作分析。上述情感词语中，我们见到用得最多的有"安"，591 处，其下使用频率高的几个词语依次为："乞" 587 处，"情" 554 处，"孝" 552 处，"忠" 531 处，"恩" 531 处，"责" 528 处等。

"安"是平静、稳定的意思，君臣等级的固定，与统治的安稳紧密联系，是中国古代等级制社会的特征，尊卑上下不可逾越，由此形成一个秩序井然的社会。在《实录》中为广泛人群所使用，可以看出明朝上下延续传统的一面。其次是"乞"的使用，达 587 处，这一词语见证了下对上的遵从状态。"情"是上下都可以使用的情感词语，应用广泛。"孝"的使用有 552 处，相差无几的是"忠" 531 处，"恩" 531 处。根据《说文》，"孝"的本义是"善事父母者"，指对父母尽心奉养并顺从。因此，君臣关系如子对父，是将父子之情引申到君臣之情，本身带有下对上应有义务的内涵。《实录》卷二一九中的一段话，明确表述了作为臣子的规范："臣事君犹子事父，子不可不孝，臣不可不忠。"① 这段话为"孝"与"忠"的频繁出现做了最好的说明。我们知道，"孝"与"忠"都是中国古代的儒家话语，是在中国漫长的历史上被不断强化。这里就是一个典型的体现。相对而言，从上对下的角度，《实录》出现538 处"责"，分明流露了当时皇帝对臣子不满的心态。

## 三　情感词语所见万历君臣之间张力的个案分析

综上所述，从《实录》情感词语的表达，我们可以看到明朝君臣对古代传统的延续，而这不等于说在万历君臣之间不存在着张力。《实录》中情感词语的表达，也使我们认识到在传统延续中，万历君臣关系也有所变化，二者之间的张力表明其间和谐失衡，有一种君臣关系重新建构的迹象。

让我们以《实录》记载的一个具体事例，进行个案分析。

《实录》卷二一八记载了在万历十七年（1589 年）年底，有一个七品官员雒于仁，他从外地调到京城才一年多，了解到万历帝荒废政事的情况，献上了一个《酒色财气箴》给万历皇帝。② "箴"的意思是规谏，是古代一种文体，这种文体表达的主题是规诫。他的这个《酒色财气箴》，名义上是"敬陈"，但在内容上直接指出要治疗皇帝的四大毛病："皇上之病在酒色财气者也。"第一是"好酒"，第二是"好色"，第三是"贪财"，第四是"尚

---

① 《明神宗实录》卷二一九，第 56 册，第 4103 页。
② 同上。

气"，全部以情感词语表达出来。我们从第一条说起，"好"就是"喜好"，他指出皇帝喜好饮酒，指责万历皇帝日夜嗜酒纵乐；第二条"好色"，意思是皇帝喜欢女色，指责的是万历皇帝宠爱郑贵妃，由于恋色，至今不立太子；第三条"贪财"，说的是皇帝索取银子，动辄几十万两，为了要银子，甚至在宫中拷打宦官，并且接受内官张鲸的贿赂而任用他，指责的是皇帝对财富的贪婪占有；第四条"尚气"，规劝的是皇帝的任性、意气用事。

　　这里应该谈一下背景。万历十六年（1588 年）冬，朝中负责监察的科道官员上疏揭发太监张鲸的进贿行为。当时李沂也是其中之一，他上疏称京师传言张鲸广献金宝，到处求官，皇帝不治他的罪。他初以为富有四海的皇帝，岂爱金宝？但后来方知传言是真的。他认为这"亏损圣德"。[①] 奏疏送到宫中，皇帝大怒，立即把李沂下狱。大臣们一再求情，最后廷杖斥为民。《实录》记载，因为李沂的事，皇帝"怒甚"，由此出现了"连日称疾不视朝"的情况。

　　这次雒于仁上疏，是要劝谏皇帝不要耽迷酒色，一味追求财富，处理事务时不要任性使气。这是从个性到喜好，对皇帝言行活动的全面规劝，涉及万历皇帝的整个情感世界。可以设想，在这尖锐的规诫、指责声中，皇帝的尊严又何在呢？《酒色财气箴》呈给皇帝以后，一石激起千层浪，皇帝的情感又被极大地激发了。

　　《实录》卷二一九，记录了万历帝为此气愤难平，在宫中召见内阁大臣申时行等的场景，万历君臣都处于一种高度的情感体验之中。让我们从这里对情感词语加以分析：

　　　　（申时行等）入见于西室，御榻东向，时行等西向跪，至

---

① 《明神宗实录》卷二一八，第 56 册，第 4085—4088 页。

词贺元旦新春，又以不瞻睹天颜，叩头候起居。①

　　上段话首先是"跪"，显示出下对上的恭敬之意；其次是"贺"，表明的是下对上的恭敬之情；再次是"瞻"，是恭敬地看望皇帝之意，特别用了"天颜"代表皇帝的容貌，更显示出下对上的恭敬态度；最后是"叩头"，这里把下对上的恭敬之情表达到了极致，在这种状态中的"候"，即问候皇帝的起居。这里的情感词语说明，古代君臣之间是有严格界线的。君臣之间相见时履行了严格的尊卑仪式。

　　中国古代皇帝是全国最高的统治者，地位至高无上，声称受命于天，称为"天子"。君权天授，皇帝的尊严神圣不可侵犯。从孔子、孟子、荀子到后世的众多思想家，都一直论说着君主统治的神圣性、合理性和永恒性。皇帝是全国土地和臣民的主人，皇帝的权力通过他任命的大臣贯彻执行。古代通过等级制度的尊卑上下，界定了君臣关系，形成了一种固定的秩序。君尊臣卑，作为皇帝，为了树立和维持君主的绝对权威，要求臣下无条件地服从；作为臣，忠君是道德的首要标准，感谢皇恩，尽忠报效。凡大臣觐见皇帝，一般要叩头朝拜，仪式表明君主至尊地位，起着维护君主权威的作用。而臣下对君主的一种敬畏自卑的心理，对于君主权威的存在也是至关重要的。

　　进入君臣特定情境的情感过程之中，很快万历皇帝就将召见大臣的本意表达了出来。显然他是要向他们诉说自己在收到《酒色财气箴》以后，心中所强烈感受到的那些情感——羞耻感、愤怒感等。通过这些感受，万历皇帝向大臣们表明，皇帝也是人，也有七情六欲，而臣下的指责，恰恰全部指向他的私人爱好和情感，因此他气病了，不能上朝理事。

---

　　① 《明神宗实录》卷二一九，第 56 册，第 4097 页。

这里他接连用了几个情感词语:

> 肆口妄言,触起朕怒,以至肝火复发,至今未愈。[①]

由此,我们知道万历皇帝认为雒于仁"肆口妄言",即放肆地发出狂言,完全激怒了他,愤怒使他的"肝火复发",以致直到召见时他还没有痊愈。值得注意的是,这里提到的是"复发",可见他的肝火发作不只一两次了。

接下来万历皇帝开始为自己辩解,下面就是他所辩解的话:

> 他说朕好酒,谁人不饮酒?若酒后持刀舞剑,非帝王举动,岂有是事?又说朕好色,偏宠贵妃郑氏。朕只因郑氏勤劳,朕每至一宫,她必相随,朝夕间小心侍奉,勤劳如恭。妃王氏,她有长子,朕着她调护照管,母子相依,所以不能朝夕侍奉。何尝偏她?说朕贪财,因受张鲸的贿赂,所以用他。朕若贪张鲸之财,何不抄没了他?又说朕尚气,古云少时戒之在色,壮时戒之在斗,斗即是气,朕岂不知,但人孰无气?[②]

他从"好酒"谈起,提出"谁人不饮酒"?并且说自己没有在酒后"持刀舞剑",失去帝王的风度;说到"好色",他说郑贵妃勤劳侍奉,自己并没有偏宠她;又说"贪财",皇帝带着气说,如果他贪张鲸的财,抄了张鲸的家不就得到张鲸所有的财富了?以此反证自己不是贪张鲸的财才任用张鲸;最后辩解的是"尚气",他说古人云少年应戒女色,壮年应戒争斗,自己知道"斗"

---

① 《明神宗实录》卷二九,第56册,第4097页。
② 同上书,第4097—4098页。

说的就是斗气，但是，在这里他反问道："哪个人又能没有生气的时候呢？"

申时行等人马上开始劝解："此无知小臣误听道路之言，轻率渎奏。"① 这里的"无知小臣""误听""轻率"，都是情感词语。"误听道路之言"，也就是成语"道听途说"的意思。当皇帝说要从重处置雒于仁时，申时行等人也是以情感来打动他的心：雒于仁既然沽名钓誉，如果皇帝从重处置他，反而会使他成名，而损害了皇帝的德行。即使说到损害皇帝的德行这么严重的后果，在此事的处理上，《实录》记载皇帝仍然气愤难平，说："朕气他不过，必须重处。"② 由此可见，万历帝对这份尖锐的奏本有多么的生气。申时行等接着仍然是动之以情，又劝说道：雒于仁的奏本是轻信了讹传，如果处分他，传到各地，人们还以为真有此事，所以还是仍旧留在宫中为好，我们将皇帝的宽宏大量记载在文书中，"传之万世，使万世颂皇上为尧舜之君"。③ 尧是中国古代的皇帝陶唐氏之号，舜是中国古代的皇帝有虞氏之号。尧和舜，传说是上古的贤明君主，后来泛指圣人。大臣的话分析透彻，处分雒于仁反而会使有损皇帝名誉的事情扩大影响，而不处分他，将让后世的人都称颂皇帝是像尧舜一样的贤明君主。两条路一比较，使得万历帝再生气也无法从重处置了。

在大臣们的劝说下，万历皇帝才稍稍消了气。

六天后，在申时行等人的安排下，雒于仁迫于压力，上疏称病，请求回原籍休养。皇帝声称他越权上疏，言语狂妄，在得到宽容的情况下，又借口有病逃避责任，下令罢免了他的官职。

围绕这场情感的论辩，《实录》情感词语将我们带入了万历君

---

① 《明神宗实录》卷二九，第 56 册，第 4098 页。
② 同上书，第 4099 页。
③ 同上。

臣的情感世界。本文所要论述的万历君臣情感世界，已经在活生生的实际情感表现中得以显示和证明了。

从皇帝来看，万历皇帝肝火一再复发，经年动火，到底是为什么？平心而论，一方面是皇帝自身存在问题，另一方面是臣子对皇帝所作所为的大胆评论甚至指责，使皇帝无法平静。从臣子来看，权高位重的官员上层对皇帝的一味阿从姑息，而位卑言轻的小臣敢于直言犯上。情感词语多所揭示了万历君臣之间关系和谐失衡的状态。虽然申时行等人极力调节，仍然存在君臣之间的剑拔弩张。从结果来看，小臣对皇帝提出了尖锐批评，而皇帝呢，面对小臣的指责，在尧、舜等圣明君主模式的规范下，皇帝无法仅依据自己的意愿行事，为所欲为，他的言行受到臣子一定的监督。这里说明了道德规范对皇帝的制约作用。

更大的问题还在于，在皇帝看来，"如今没个尊卑上下，信口胡说"。① 他认为当时人们没有尊卑上下的等级观念，张口胡说八道。《实录》里的情感词语向我们揭示了在万历君臣之间，表面上延续恪守着古代君臣尊卑上下的一切礼节，然而实质上，小臣对皇帝私人爱好和情感超乎寻常的尖锐批评，表明尊卑上下的观念已经发生了动摇，皇帝至高无上的权威显然在现实中受到了挑战。

对皇帝提出大胆的批评，可以与晚明社会观念变化联系起来考察。不同的历史时代，赋予情感以不同的时代色彩。随着社会生产力和商品货币经济的迅速发展，晚明人们行为的道德准则和社会风气发生了变化，出现了新的评价标准和新的情感态度，不少学者认为是一种启蒙思潮。此时人们思想比以往任何时期都活跃，平等观念流行。王阳明的良知学说在社会上影响很大，有突破传统、追求思想解放的意义，对儒家传统形成冲击。在王阳明看来，人们只要将自己内心的"良知"体认明白，就可以达到

---

① 《明神宗实录》卷二九，第 56 册，第 4100 页。

"圣人气象"。① 于是"圣人"与"愚夫愚妇"之间不存在不可逾越的鸿沟。人人皆可为尧舜，这种观念是晚明特有的道德上的平等观，是对等级观念的冲击，必然影响到现实中的君臣关系和父子关系。万历皇帝之"怒"，就在于"如今没个尊卑长上"，不能不说是他对等级观念衰败的气恼。晚明冯梦龙撰《情史》，《序》云："我欲立情教，教诲诸众生。子有情于父，臣有情于君。"② 从某种程度上说，君臣之间也在进行着"子有情于父，臣有情于君"的"情教"。从"忠"的词源来看，《说文解字》释为："敬也。从心，中声。"段玉裁注曰："敬者，肃也。未有尽心而不敬者。……尽心曰忠。""忠"的本义强调"尽心"和"敬"。雒于仁上疏的本意是为了治疗皇帝的病症，以格外激烈的方式表达出来，完全不顾皇帝的尊严，说明在他的心里敬重之情已荡然无存，又如何不使皇帝视为耻辱，不激起皇帝的恼怒呢？从李沂到雒于仁，臣下一再犯颜上谏，形式上不断表达的君臣秩序，此时分明出现了不和谐。

# 四　结语

综上所述，《实录》不同于文学作品的鲜明特征显示了出来。史华罗教授认为："中国文学作品的作者不可避免地受到他们所生活时代的思想和价值观的影响。"③ 那么，史书中反映的情感因素，往往伴随的是真实的场景，这又是文学作品中往往难以见到的。

---

① 《王阳明全集》，《知行录》二《传习录》中，红旗出版社1996年版，第61—62页。

② 吴人龙子犹：《情史序》，冯梦龙撰《情史》，岳麓书社1984年版。

③ 史华罗：《重新阅读一些明清文学作品：用从情感与心境的角度分析文学作品的方法来建立中国人类学史》，万明译，《汉学研究》第6辑，中华书局2002年版，第310页。

当然，官方修纂的史书有为皇帝避讳等问题，但是，其中的情感词语透露出中国古代君臣独特的情感心理结构和情感历程，真实传递给我们一个不加渲染的情感世界，反映了万历君臣关系的实态。

（原载《明史研究》第 10 辑，黄山书社 2007 年版）

# 明代徽州汪公入黔考

## ——兼论贵州屯堡移民社会的建构

在贵州安顺屯堡地区，人们大多以明初屯军后裔自居，始于徽州，随后移入贵州的正月十八抬汪公的古风犹存，对汪公的信仰远远超过了祖先崇拜的范畴，汪公成为屯堡的保护神。本文在对屯堡进行社会调查的基础上，考察作为社会文化现象的抬汪公仪式在屯堡保存的意蕴，并以此作为探究文化与国家、社会之间互动关系的一个视角，说明明初大规模移民的国家行为，形成贵州大开发的局面，明朝国家权力随之对地方移民社会渗透。伴随着文化移植和文化认同的过程，国家观念通过文化传播深入民间社会，同时民间信仰起了社会整合作用。文化在国家和社会二者之间架起了沟通之桥，不仅参与了移民社会的建构，而且产生了一种令人震撼的力量，延续至今。

## 一　从屯堡抬汪公谈起

屯堡不是一般的地名概念。至今在贵州安顺地区，以安顺为中心，东起平坝县城西及长顺县西北，西至镇宁县城，北迄普定县城，南抵紫云县界，大约 1340 平方公里的土地上，聚居着 20 余万自称明朝屯军后裔、人称屯堡人的汉族居民。这一特殊群体具有鲜明的文化特征，因此产生了"屯堡"这一特殊的地域名称。

屯堡又是一个地名的概念，并非只是贵州安顺的专有名词。屯，本是聚集的意思。《庄子·寓言》："火与日，吾屯也。"注文："屯，徒门切，聚也。"① 有驻守之意。《管子·轻重乙》："请以领发师，置屯籍农。"② 《史记·傅宽传》："一月，徙为代相国，将屯。"《集解》："案律谓勒兵而守曰屯。"③ 屯堡是军卒的驻所，唐朝人记载："屯堡相望，寇来不能为暴。"④ 明代屯军一般指驻守各地从事垦殖的军人。据粗略统计，《明史》中有 21 处出现"屯堡"，涉及的都是沿边且耕且守的军事驻防地。具体到贵州，设立屯堡，是明初统一战争平定云南，所谓征南战役中建立的一种军事基层组织，且耕且守，遂成为明初大规模军事移民开发的一种重要形式。

最早注意到屯堡的，是日本人类学者鸟居龙藏。20 世纪初，1902 年他到贵州饭笼塘（今平坝县天龙镇）考察，记录了"明代的遗民凤头鸡"，并对"那些变成了土著的屯兵的子孙"在 500 年后"继续保留着祖先的遗风"，感到"真是不可思议"。⑤ 80 年代后期以来，屯堡文化以其特有的标志——地戏闻名于世，引起了中外学者关注。⑥ 民族学者对屯堡人进行社会调查，发表了具有相当分量的研究成果，⑦ 并开展了屯堡文化研究。⑧ 而文化学者从地

① 庄周著、郭象注：《庄子》第九卷《寓言》，诸子百家丛书本。

② 房玄龄注：《管子》第二十四《轻重乙》，诸子百家丛书本。

③ 《史记》卷九八《傅靳蒯成列传》，中华书局标点本。

④ 韩愈：《昌黎集》卷二一《送水陆运使韩侍御归所治序》，四部丛刊本。

⑤ 黄才贵编著：《影印在老照片上的文化：鸟居龙藏博士的贵州人类学研究》，贵州人民出版社 2000 年版，第 324 页。

⑥ 1986 年 9 月安顺地戏应邀参加法国巴黎第 15 届秋季艺术节，名扬海外。

⑦ 重要成果结集见贵州省民族研究所、贵州省民族研究学会 1995 年编印的《贵州民族调查》卷十三"屯堡人、贵州少数民族爱国主义专辑"，共收入 11 篇；日本民族学者塚田诚之撰、黄才贵译《贵州省西部民族关系的动态——关于"屯军"后裔的调查研究》，《贵州民族研究》1999 年第 3 期；《对民族集团应该怎样研究——以贵州"屯堡人"为例》，《贵州民族研究》2000 年第 1 期。

⑧ 重要的有翁家烈《屯堡文化研究》，《贵州民族研究》2001 年第 1 期等。

戏入手，也在社会调查的基础上取得了不少成果。[1]

明代何以给屯堡留下如此深刻的时代印记？屯堡的文化底蕴何以深厚至此？确实值得我们思考和探讨。2002 年 5 月，我们"晚明社会变迁研究课题组"一行四人去安顺进行社会调查。[2] 在前期准备中，查阅一些历史文献，我们得知在历史上屯堡民间盛行正月抬汪公（或名迎汪公）的习俗，至今一些村寨还在进行。进而追寻汪公的来源，不无惊讶地发现这位在屯堡民间如此显赫的崇拜对象原来出自徽州，这引起了我们的很大兴趣。当我们去大西桥镇吉昌屯时，虽然已经将抬汪公的时间错过了，但是，见到了那里位于村中心的汪公庙，以及热情的村干部给我们看的作为文化节的盛大庆典录像，[3] 足以使我们真实地感觉到抬汪公仪式在屯堡的保存和延续。

关于抬汪公仪式和汪公其人，有学者在 20 世纪 90 年代初进行了考述。[4] 但是缺乏对汪氏族谱资料的利用，对屯堡文化与徽州文化联系的考察也往往被忽略了；[5] 与此相联系的是，作为一种社

---

[1]　沈福馨、王秋桂编：《贵州安顺地戏调查报告集》，台北，施合郑基金会 1994 年版。度修明：《安顺地戏简史》，1987 年。

[2]　课题组许敏、黄卓越、张金奎和本文作者此行得到贵州师大张新民教授及其学生田景星等、安顺市委宣传部副部长李晓和安顺师专孙兆霞老师等大力帮助，谨此深表谢忱。

[3]　虽然村干部告诉说抬汪公有可能让人产生与迷信联系的误解，所以特意将这部分录像删去了。

[4]　关于抬汪公仪式，参见沈福馨《广州省安顺市大西桥镇吉昌屯村正月十八的"抬汪公"仪式》，见《贵州安顺地戏调查报告集》，第 206—234 页。其中作为附录一的《汪公考》主要依据社会调查，引用文献不多；杨玉君《"生为忠臣，死为名神"——汪公信仰探源》一文比较全面地钩稽了汪公生平，见《贵州安顺地戏调查报告集》，第 270—286 页，但惜未用汪氏家乘资料，忽略了汪氏家族入黔一支的作用。

[5]　我们在社会调查中，得到汪希鹏主编《汪氏宗谱》（颍川——黔腹），2001 年印制。这部宗谱虽为新修，但据称修谱时依据黔腹汪氏残存家谱，并查阅大量汪氏各派家谱，特别是查阅了黄山博物馆所藏明休宁汪尚和编《汪氏统宗谱》一五六卷，其中收入汪氏入黔始祖资料，为别谱所不载。如日本学者白井佐知子曾阅读大量汪氏族谱，但她介绍的谱中就完全没有贵州支系的内容，见《江淮论坛》1995 年第 1—2 期，因此，虽然此谱错误不少，但具有独特的史料价值。下文凡引用此谱者，一般不另加注。在此对帮助购得此谱的安顺市委宣传部李晓副部长谨表谢忱。

会文化现象，汪公信仰从徽州移植到西南边陲贵州，并且跨越时空 600 年延续至今。在屯堡传说中有背负汪公入黔之说，但是到底汪公是如何入黔，如何扎根于屯堡这片土地的，应该说这个谜还有待解读，迄今没有专门研究成果。为了追根寻源，我们有必要从汪氏家族入手，首先将视线移向徽州。

汪公本名汪华，隋末歙州人，在战乱中投身戎伍，成为隋末唐初群雄之一。事见《旧唐书》卷五六《杜伏威附王雄诞传》：

> 歙州首领汪华，隋末据本郡称王十余年。

在唐朝建立后，汪华明识大势而降唐，载于《新唐书·高祖本纪》。具体时间在武德四年（621 年）九月，不久，他就得到唐高祖敕封。《全唐文》卷一，载高祖皇帝《封汪华越国公制》曰：

> 汪华往因离乱，保据州乡，镇静一隅，以待宁晏。识机慕化，远送款诚。宜从褒宠，授以方牧。可使持节总管歙、宣、杭、睦、婺、饶等六州诸军事，歙州刺史，上柱国，封越国公，食邑三千户。①

另据汪台符《歙州重建汪王庙记》：

> 隋鹿不醒，群雄率起，公矫翅一鸣，声著千古。提山掬海，沃沸颠危，扫平反侧之源，归我唐虞之际。武德四年，高祖下制曰……②

---

① 《全唐文》卷一，高祖皇帝《封汪华越国公制》，中华书局 1983 年影印本。
② 《全唐文》卷八六九，汪台符《歙州重建汪王庙记》。

汪华于隋末战乱中起而保护本土，镇定地方，保乡卫民十余年，唐朝建立以后，作为拥兵群雄之一而降唐，被命为歙州总管，仍行保乡卫民的作用。因此，汪公对家乡及周边地区的保境安民作用是历史的事实，他受到家乡地区人们爱戴也实有其事。那么汪华又是怎么成神的呢？[①] 他于贞观二十二年死于长安，唐永徽二年（651年）归葬歙州，当地兴建起汪王庙，史称"郡人请祠于刺史宅西偏"。后来唐代宗大历、宪宗元和年间两度迁徙增修，都是刺史所为，可知此庙为官方所重。唐昭宗天复二年（902年）陶雅为刺史，"重修灵宫"，由郡人汪台符撰《重建汪公庙记》。到宋代，苏辙作《致祭灵惠汪王之神文》，提到汪华"世享庙祀"，这时的汪华已经不仅具有军事上保土的作用，而且发展成驱逐瘴厉、使水旱不为虐乡里的神灵了。事实上，自唐朝建祠后，一直有地方官员参与修祠祭祀，汪公成为官方正祀的形象。罗愿《新安志》这部徽州最早的志书，清楚地记载了汪华的神化过程在宋代已经完成。在此不赘。

依据《汪氏通宗世谱》卷二《国朝颁给榜文》，明朝初年，明太祖曾为汪公庙颁发榜文如下：

> 皇帝圣旨：江南等处行中书省，诏得徽州土主汪王福祐一方，载诸祀典。本省大军克复城池，神兵助顺，累著灵威，厥功显赫，理宜崇敬。除已恭迎神主于天兴翼祠祀外，据祖庙殿庭，省府合行出榜晓谕，禁约诸色人等毋得于内安歇，损坏屋宇，砍伐树木，拴系马匹，牧养牲畜，非理作践，以

---

① 有趣的是，汪华少年时放牛的传说，与明太祖朱元璋少年时放牛的传说很有相似之处；作为放牛娃，以后成为群雄之一的身份也是相同的。当群雄兴起之时，汪华应募入军，不久以自身才干功绩为众人推举为首领，成为地方上保境安民的力量，并且扩大地盘，拥有宣、杭、睦、婺、皖五州，建号吴王。这一切与朱元璋的经历何其相似，说明了民间造神，或者说造就权威的历史传承关系。

至亵渎神明，如有似此违犯之人，许诸人陈告，痛行治罪，仍责赔偿。所有榜文颁议出给者，洪武四年七月　日。[1]

不仅是族谱有记录，而且弘治《徽州府志》也记载了全文，仅于前面加"国朝初颁给榜文云"。由此，我们可以了解到汪公在明朝初年由于在明朝大军克复城池时曾经显示了神灵，因此明太祖颁旨特别保护汪公庙。值得注意的是，洪武四年（1371年）是"太祖大正祀典，凡昏淫之祠一切报罢"的一年，榜文时间系于这一年七月，据载当时徽州所存庙宇唯有"越公及陈将军、程忠壮公二庙"，明朝"改封唐越国汪公之神"，汪公庙得到"命有司春秋致祭"的殊荣，进入国家正祀的行列。因此，徽州府的祠庙记载中，第一是城隍庙，第二就是汪公庙，正庙在歙县乌聊山，弘治时有地方官在汪公诞辰祭祀于汪公庙。此外，徽州各县都有汪公庙，最著名的有6所，还有"忠助八侯庙，以庙唐越国公八子"。在休宁县北山有专祠，建立在宋朝淳熙年间，弘治年间史载"迄今岁正月十八公生日有司致祭"，而"忠烈行祠""各乡多有之"。[2]

据富山县忠烈庙所藏《忠烈庙唐宋元诰敕碑》跋，自唐以后，历朝对汪华都有褒封，至元顺帝，诰敕"共十二通"，颁给汪氏家族的诰敕有"四十二通"。跋中记载，明朝"初定江右，神兵助顺，蒙颁榜以严祀事。洪武四年封越国汪公之神，命春秋祭祀"。[3] 这与《徽州府志》记载相同。

由于有历朝皇帝敕封，官方致祭，汪公祠庙在徽州是万姓同祭。忠烈庙之名是宋朝所赐，宋封为昭忠广仁武神英圣王，至元，

---

① 汪嘉祺纂修：《汪氏通宗世谱》卷二《国朝颁给榜文》，乾隆五十九年刻本。

② 弘治《徽州府志》卷五《祠庙》，天一阁藏明代方志选刊续编本。

③ 《汪氏通宗世谱》卷二，孙遇《忠烈庙唐宋元诰敕碑跋》；《汪氏宗谱》（颍川—黔腹）第609页所记相同。

顺帝封为昭忠广仁武烈英显王；进入明朝，洪武四年封越国汪王之神。① 自唐到明，历经四朝，可注意的有两点：一是明朝封号字数减少，且在榜文中没有出现正式封号全称；二是从封王到封神，虽然表面上封号减少了字数，但是实际上却是从人到神，上升到了不同境界。总之，有一点可以确认，明朝初年，神化的汪公得到了国家正统的认可。

## 二　汪氏家族入黔与汪公信仰移植

有关汪公的文献记载，说明汪公实有其人其事，祠祀始自唐代。可是，这一来自徽州地区的民间信仰，在明代于贵州屯堡得到了广泛流传，又是经历了怎样的历程呢？

这里有必要说到以往研究中，存在似是而非地谈及屯堡文化来源的问题。一般说来，明初大军多来自江南，是没有问题的，明初都城南京曾呈现出江淮人多势众的情况，有明初诗人贝琼诗为证："马上短衣多楚客，城中高髻尽淮人。"② 但是以军人多凤阳籍或江淮人而笼统称为江南，作为祭祀汪公的依据，是有问题的。经考察，凤阳一带并不祭祀汪公，祭祀只在汪华的故乡徽州盛行，徽州当时属于南直隶，在江南地区，但抬汪公并不是江南地区普遍流传的习俗。神祇行为拟人化，也就是人神并存，是祖先崇拜的特征。那么，作为徽州地区保护神的汪公，从徽州传入屯堡，应该说也是没有疑问的。因此，我们考察汪公的入黔，主要应追寻徽州，而不是笼统的江南，以寻查汪氏家族为重要线索。因为在移民社会的文化移植过程中，家族的作用尤应给以关注，可惜这一点在屯堡的调查和研究中却往往被忽视了。

---

① 弘治：《徽州府志》卷五《祠庙》记"越国汪公之神"，有一字差异。
② 贝琼：《清江贝先生诗集》卷五《秋思》，清刻本。

　　关于汪氏家族，汪公信仰肇始于 7 世纪的徽州，到宋代汪氏已达极盛。南宋淳熙十五年（1188 年）朱熹作《汪氏族谱序》，开首即言：“新安汪氏，其族之贵盛，非他族可比。”推本溯源，汪氏出自鲁成公，至第三十一世汪和“渡江迁会稽令，遂家于歙”，第四十四世汪华“值隋末唐初，以讨贼有功，食邑三千户，晋爵为英济王”。汪华三十一世孙入赘唐模程氏，“汪氏之族自此而益盛”，于是子孙日繁，布满一郡，“而非他族之所能及也”。与大族程氏的联姻，是汪氏在徽州巩固地位的重要因素。朱熹在序中列举了汪氏子孙在宋朝登第入仕“蝉联簪祖，辉映先后”的显赫经历，足以证明序文开端汪氏“其族之贵盛，非他族可比”的断言。① 但是，这种情况在贵州屯堡新移民地区最初是不可能存在的，所以徽州的祭祀并不奇怪，倒是屯堡形成九屯十八堡都有祠祭，有超乎常情之处。因此，下面我们主要从族谱入手，循着汪氏家族入黔支脉发展过程，探索汪公信仰入黔的历程。

　　据《汪氏宗谱》，汪华娶有五位夫人，生有建、璨、达、广、逊、逵、爽、俊、献九子。九子之后发展繁衍，子孙遍及大江南北，成为江南一大望族。据黔腹汪氏残存家谱记载，黔腹汪氏是汪华第八子汪俊的后裔。汪俊在唐朝官拜郑王府都督参军，敕封衍泽王，宋追封崇仁衍庆王，娶罗氏，生有五子：处默、处方、处忠、处思、处静。五支子孙主要分布在今天安徽省歙县、黟县、休宁、旌德、绩溪等地区。入黔的汪氏家族属于汪俊第二子汪处方的一支。谱载汪俊五传至汪晏，其子汪言迁徙到休宁，汪言长

　　① 朱熹：《汪氏族谱序》，汪希鹏主编《汪氏宗谱》（颖川—黔腹）第 22 页，2001 年印制，这部宗谱为新修，修谱时据称根据黔腹汪氏残存家谱，并查阅大量汪氏各派家谱，特别是查阅了黄山博物馆所藏明休宁汪尚和编《汪氏统宗谱》一五六卷，收入汪氏入黔始祖资料，为别谱所不载，如日本学者白井佐知子阅读大量汪氏族谱，但她介绍的谱中就完全没有贵州支系的内容，见《江淮论坛》1995 年第 1 期，因此，虽然此谱错误不少，但具有独特的史料价值。下文凡引用此谱者，一般不另加注。在此对帮助购得此谱的安顺市委宣传部李晓副部长谨表谢忱。

子一支世居休宁。被入黔汪氏家族奉为始祖的汪灿，就是出于这一支系，是汪华第八子汪俊第二子处方的嫡传后裔。①

据入黔汪氏旧谱，谱首原文如下：

> 原籍生于江南徽州府休宁县，阳宅住址梅林街，阴地葬于登源洞，应我——
>
> 太祖汪华公为王为神，本诸此矣（依）据。
>
> ……
>
> 入黔始祖汪灿公，系汪华公第八相公支派后裔，后因洪武十四年调北征南留守普定卫（今安顺），钦封世袭前所百户指挥之职。灿公始建立祠堂于安顺府城南门内，其地名曰青龙山，前殿太祖金容，后殿设列各位夫人，合族先王神主俱供在内，每年正月十八日太祖圣诞之期，凡属汪氏五房宗支会祭祀典，祠堂立甲山庚向，前面排列双童侍讲，后耸三公笔文峰左右，罗城周密，族当发贵，即此地也。②

汪公入黔是在徽州成神后，入黔是以祖先崇拜的形式，由家族建立祠堂，以至后来遍布屯堡，都与汪氏家族地位提高、繁衍昌盛有直接关系。

《汪灿公墓志铭》（灿公传略）记：汪灿原籍江南徽州休宁县梅林街，系唐越国公忠烈王汪华第八相公诰封衍泽王汪俊支系后裔。"公十八从军，历任九夫长、镇抚军官。洪武十四年奉旨南征，统军入黔，平靖黔境，因功钦封，奉为普定卫（今安顺）世袭前所指挥之职。公由此留守黔腹，宅居安顺姬龙街。后娶黄公

---

① 明休宁汪尚和等编著《汪氏统宗谱》卷一三五载有汪灿以上各代支派。汪灿是休宁藏溪迁休宁梅林街支系后裔。黔腹汪氏上由黄帝至得姓始祖汪满是三十四世，自汪满至汪灿经七十七世，在汪灿的名下，记载着"戎伍入黔"。

② 《入黔始祖汪灿公家乘旧谱实录》，《汪氏宗谱》，第48—49页。

之女为室，共生五子，长子汪福、次子汪祯、三子汪祥、四子汪裕、五子汪祚。此即后世所谓的五房宗支。"① 汪灿是自得姓始祖起的第七十七世，是汪华第三十世孙。② 这是入黔汪氏最主要的一支，此外，如志书所载，汪氏是徽州大姓，还有其他汪姓入黔，如汪恕，而来自徽州与汪氏有亲戚关系的人也有很多。

安顺青龙山汪氏祠堂，也称汪公庙，坐落于安顺老城南端青龙山顶。据汪氏旧族谱载，是由汪灿创建，③ 他置下安顺青龙山周边大片土地，地契载入汪氏老谱，惜于明末与谱一起毁于兵燹。经过筹措，汪灿于洪武二十六年正月初八午时破土奠基，汪公庙历时年余告竣，洪武二十八年正月二十八日，举行了汪华等汪氏先贤塑像开光迎坐仪式。青龙山汪氏祠堂占地约 1500 平方米，建筑由围墙、前殿、后殿及左右厢房组成。正殿五间，坐东朝西，分为左、中、右三堂，中堂供奉汪公为主，其次是天瑶、铁佛二公及汪华九子或前或后、左右侍立。汪氏历代祖先灵位设于左右堂中。后殿供汪华五房夫人及汪氏历代祖妣儒人太君外，设观音菩萨等神供奉于内。左右厢房作僧尼、僧佣及远路香客住宿和厨房之用。一年一度的正月十八汪公圣诞之日，汪氏族人汇聚于此，由五房宗支轮年执事，举行祀典。"恭抬华公圣像迎游四门，满城百姓虔诚礼拜。焰火弥漫，炮竹轰然，其盛况颇具壮观"。④

神是靠显示神灵让世人信奉的，在贵州也有汪公显灵的传说。以此可解释汪公在贵州屯堡的移植成功。据说汪公在明朝征南之

---

① 《汪氏宗谱》（颍川—黔腹），第 63 页。

② 据《自得姓之始汪氏历世世系图》《俊公处方公支世系图》，《汪氏宗谱》（颍川—黔腹），第 117—123 页。

③ （嘉靖）《贵州通志》卷七《祠祀》记载普定卫汪公庙在卫治内南青龙山之巅，位置与《汪氏宗谱》同，但却记"永乐二年指挥王辕建"，无论是时间，还是创建者都不同，是年代久远，记载不确，抑或是汪灿当年仅为百户身份，故以指挥名？已不得而知，姑存待考。

④ 《安顺青龙山汪氏祠堂（汪公庙）》，《汪氏宗谱》，第 53 页。

战中曾大显神灵。洪武十四年傅友德率师征南，兵至贵州山羊岩，敌负隅顽抗，大军不能进，"公以忠魂显灵，大获全胜，以是顺利进军，克复云贵，明太祖以公忠贞为国，没世不忘，又追封公为显灵大帝"。[①] 追封之事别无证据，似不可信。汪氏在卫城建立汪公庙，开始借助汪公作为国家正祀权力的象征，形成地方的势力倒是确实的。此后，汪氏家族发生了重要变化，这便是汪氏自第二代起以科举改换门庭，赢得了社会地位的显著提高，这无疑对汪公在地方的传播具有重大意义。入黔汪氏在明朝的科举状况，详见下表。

表5　　　　　　　　　　　明代汪氏科举名录[②]

| 姓名 | 世系 | 科举 | 任官 |
|---|---|---|---|
| 汪祚 | 二世，汪灿第五子 | 正统十二年（1447年）举人 | 湖广德安知州 |
| 汪钟 | 三世，汪灿长子汪福之子 | 成化元年（1465年）举人 | 云南广南知府 |
| 汪汉 | 四世，汪钟之子 | 成化十年（1474年）举人 | 云南云屏州学政 |
| 汪润 | 四世，汪钟之子 | 弘治十七年（1504年）举人 | 桃源教谕、广州府推官 |
| 汪大章 | 五世，汪汉之子 | 弘治十四年（1501年）举人 | 湖广德安知府 |
| 汪大量 | 五世，汪汉之子 | 弘治八年（1495年）举人 弘治十二年（1499年）进士 | 浙江提督学政 云南布政司左参议 |
| 汪大宜 | 五世，汪润之子 | 正德八年（1513年）举人 | 云南蒙自知县 |
| 汪大有 | 五世，汪润之子 | 正德十一年（1516年）举人 | 浙江金华知县 |
| 汪大智 | 五世，汪灿次子汪祯支 | 正德十二年（1517年）优贡 | 四川长寿知县 |
| 汪汝含 | 六世，汪大宜之子 | 正德十一年（1516年）举人 | 云南昆明知县 |

①　《华公事略》，《汪氏宗谱》（颍川—黔腹），第603页。不知所本，恐只是民间传说。

②　据《汪氏宗谱》（颍川—黔腹）灿公后裔科举考试题名表明代部分，第581页，（嘉靖）《贵州通志》卷六《科目》，（万历）《贵州通志》卷六《普定卫·科贡》制。（嘉靖）《贵州通志》载汪祚任官为"云南通安州知州"。

入黔汪氏始祖汪灿只是一个百户，以此而言，汪氏是一个世袭的低级军官家庭，但自第二代起，汪灿第五子汪祚参加科举，"首开入黔汪氏仕第之风"，于正统十二年中举，从此家族中"人文蔚起，家声丕振"。当时贵州乡试附于云南，数额鲜少，要到嘉靖十六年（1537 年）贵州才专门设科，至嘉靖二十五年（1546 年）才增加名额。汪祚在正统年间的中举，是普定卫中举的第二人，在明朝当时"人才以科目重"的社会中，可以想见他的中举一定会使家族地位骤升。其后，汪氏长房中三世汪钟，四世汪汉、汪润，五世汪大量、汪大宜、汪大有，六世汪汝含，二房五世汪大智接连高中，都自科举入仕。终明世汪门登科及第的有九举一进士。中进士的五世汪大章，是在弘治年间高中的，普定卫自明初至万历年间仅有 4 人中进士，汪大章是第二名中进士者，史载：他"幼年称为奇童，至二十联登科甲。历官清廉，不阿逆瑾。所经宦处，皆入名宦"。① 在普定卫，也就是安顺城中，立有两个汪氏牌坊，一是科第重光坊，为举人汪大量建；一为进士坊，为汪大章建。② 由此，通过科举入仕，汪氏"跻身于安顺最有名的汪娄等七姓之首"。③ 于是，汪公信仰先是被作为改变入黔汪氏社会地位的手段，而后又随通过科举改换了门庭，进入地方社会上层的汪氏家族身份地位的改变，极大地扩展了传播面，以至逐渐形成屯堡地区移民社会认同的标记。

汪氏家族在有明一代随着社会变迁而沉浮，发生巨大变化。汪氏长房七世汪国泰，在明末于六枝木岗镇嘎老塘移居丁旗。由兼营商业，家声大振，跻身于丁旗大户之首。从军人到入仕，再到经商，汪氏长房一支的生活经历，是与社会变迁紧密联系在一

---

① （嘉靖）《贵州通志》卷九《人物》，天一阁藏明代方志选刊续编本。
② （万历）《贵州通志》卷六《坊市》，日本藏中国稀见地方志选刊本。
③ 《汪氏宗谱》（颍川—黔腹）第 31 页。

起的。另外，在《汪氏宗谱》中，收录汪氏苗族后裔上千人。由于明末水西安氏起兵，影响所及，安顺一带战乱，汪氏家族遂衰落。明末清初汪灿第十四代孙汪方卓入赘安顺苗族为婿，后来还宗，立下"还姓不还俗，还宗不还教"的信誓。因此，张指挥支大山脚这支汪氏长房后裔至今沿守苗族风俗习惯。①

但是，汪公信仰一旦得到社会层面的广泛认同，屯堡一种"族群"认同的地域空间格局就此形成，并一直延续下来。

咸丰《安顺府志·祭礼》详细记载了抬汪公的盛况：

> 安顺普定正月十七日五官屯迎汪公至浪风桥（城东南小五官屯），十八夜放烟火架。狗场屯、鸡场屯共迎汪公，亦于十七日备执事旗帜，鼓吹喧阗，迎至杉木林，观者如堵。汪公庙二场屯中皆有，如本年自狗场屯迎至鸡场屯庙中供奉，次年自鸡场屯迎至狗场屯庙中。祈祷多应。

不仅记载中当时汪公庙在"各屯等寨皆有"。而且这一文化现象，正如我们所知道的，甚至在今天汪华的故乡已不存在的情况下，在屯堡却仍在延续。

人是文化的载体。文化自徽州入黔的汪灿一支，作为明朝初年的屯军后裔，经过600多年的繁衍生息，至今大部分仍然生活居住在安顺地区，少数移居于周边地区。② 他们大多从事农业，扎根在这片土地上，成为世代的农民。

现将汪灿五房人口分布及人口数字列表如下：③

---

① 汪希鹏：《黔腹汪氏民族变异说》，《汪氏宗谱》（颍川—黔腹）第 47 页。

② 按汪希鹏《颍川—黔腹汪氏源流序》："相传二十五世，现已繁衍子孙二万余众"，则人数更多。《汪氏宗谱》（颍川—黔腹）第 32 页。

③ 据《汪氏宗谱》（颍川—黔腹）各房人口分布图，第 126、313、392、469、514 页。

表6　　　　　　　　　　　汪灿五房人口分布一览表

| 各房支系 | 地区分布 | 人口 |
|---|---|---|
| 长房汪福支 | 嘎陇塘、普定（含化处等）、丁旗、镇宁城内、贵阳、安顺城内、重庆、关岭六塘、六枝麻窝、林脚底、岩上等，白果寨、干苑塘、马场煤洞、张指挥、大山脚、偏坡、六枝那克、普定格江、鲍家庄、马官平寨 | 4515 人 |
| 二房汪祯支 | 陶官、石柱、镇宁南街、鸡场寨、坝阳、沙坝地等，镇宁江龙新院、凉水、新屯、石官、镇宁西门、六枝六堡、六枝下坝、楼梯湾、普定断桥、计王寨，其他 | 1980 人 |
| 三房汪祥支 | 张官屯、龙旗屯、纳雍、段家庄、织金、织金阿弓、补郎西北、珠藏凤凰山、玉官屯、猫洞下黑石，其他 | 2200 人 |
| 四房汪裕支 | 吉昌、阳宝、大凹、其他、九溪、平坝肖家庄、汪井村、高寨、金平、七眼灶、烂坝、新冲 | 1200 人 |
| 五房汪祚支 | 汪家官克瓦、龙井坡、黄土塘、陈家堡、岩腊、木叶寨、高寨、竹林寨、黄家龙潭、汪井村、汪家关、弯子寨、丫口寨 | 2000 人 |
| 总计五房 | 主要分布于安顺地区平坝、旧州、宁谷、普定、丁旗、镇宁、关岭、紫云等地，东面远及贵阳，西面及六盘水地区六枝、水城，北面至毕节地区织金、纳雍 | 11895 人 |

　　考察汪公信仰入黔，能够成功移植，主要有三方面因素：一是自汪氏家族传入，与汪氏家族地方上取得身份地位，如中举、中进士为官，成为地方上望族的过程同步；二是有国家颁发的榜文，属国家正祀，所以在移居地很快就建立起祠庙，汪公为屯堡来自各地的军民所认同，向屯堡地方保护神成功转化，并与国家推行教化的过程重合；三是与屯堡地区复杂的社会人文环境有关，周边是少数民族，民间需要保护神，与民间信仰的实用性有密切联系。

## 三　明初移民社会建构与文化移植的社会功能

徽州汪氏家族的一支扎根于贵州安顺屯堡，至今繁衍了600多年，遍及安顺地区。这是明初实行卫所军户世袭制和军屯制的后果。屯堡是从卫所制直接派生出来的，尽管卫所制在经历不到百年时间就开始了衰败的历程，屯田制伴随卫所制的衰败而败坏，明后期屯军的身份已经改变；尽管岁月悠悠，政权更替，当年的卫所早已荡然无存，当年的屯军也早已踪迹全无，然而，在经历明初大规模移民开发的贵州屯堡地区，与这段历史紧密连接而形成的特质文化却历代相传，延续至今。那里的人们不顾已经多次改朝换代，仍旧将自己的祖先追溯到明初的屯军，仍然维护当年的道德楷模，这不能不说是文化令人震撼的力量使然。

对明初平定云贵的军事过程及以后实行的大规模军事移民政策，过去评价的角度是比较单一的，作为国家行为，它给予贵州政治社会结构嵌入了一种新的机制，引发了新的历史进程。贵州在明朝建省，明初是贵州社会发展的重要转折时期。明朝怎样一步步将乡村社会结构化于国家政治经济体系之中的呢？伴随国家政权强有力的移民行为，是移民社会的建构，文化的移植和流布，与之是同步发生的。汪公信仰入黔，徽州文化移植到新的移民地区，对移民社会的建构产生了重要影响。屯堡的形成可以说是明初大规模军事移民——国家教化和民间信仰结合——移民社会建构过程的一个典型事例。

明太祖在完成全国统一大业之时，派遣大军挺进西南，扫荡残元势力，发动了大规模的征南战役。洪武十四年（1381年）九月，帝命颍川侯傅友德为征南将军，永昌侯蓝玉为左副将军，西平侯沐英为右副将军，率军30万往征云南。傅友德率领主力军从应天出发至湖广，自湖广的辰州、沅州西向，直取普定，也就是今天的贵州安顺地区，这条路线是明太祖精心策划的，大军攻取普定以后，"分据要害，乃进兵曲靖"。① 史称："罗鬼、苗蛮、仡佬闻风而降。"② 由此可见，在明朝大军入普定之前，那里是少数民族聚居地区。此后见之于史籍的是明朝设置普定等卫，从此，大军屯兵于这一入滇的咽喉要道之上。

明初所谓"国初军饷，止仰给屯田"。③ 军屯"有边屯，有营屯。边屯，屯于各边空闲之地，且耕且战者也；营屯，屯于各卫附近之所，且耕且守者也"。④ 《明会典》载："洪武十一年，置贵州都司卫所，开设屯堡。"⑤ 这是贵州最早设置屯堡的记载。贵州安顺屯堡兴起于明朝统一战争过程中，随着明朝大军的入黔，设置普定等卫所，军屯制度在贵州安顺地区推行，作为一项国策，大规模移民国家行为的施行，使安顺地区遍布屯堡，"且耕且战"，不仅具有巩固边防的作用，而且还有开发边陲的作用。

征南和填南是明初贵州具有标识性的重大事件。尽管对于当地人口中的填南，至今难寻官方文献准确记载，但从某种意义上说，征南和填南无例外的都是大规模的移民，是具有国家行为性质的两度大规模移民，贵州的移民社会由此产生，贵州的大规模开发也由此开始。

明朝征南大军大规模留守在贵州安顺地区，也就是军事移民过程的开始。贵州屯堡与北方情况有所不同，北方一般是在原有

① 《明太祖实录》卷一三九，洪武十四年九月壬午条，台北中研院史语所校勘本。
② 《明太祖实录》卷一四〇，洪武十四年十二月辛酉条。
③ 万历《明会典》卷二十八《户部》一五《会计》四《边粮》，中华书局1988年影印本。
④ 顾炎武：《天下郡国利病书》卷三《北直》二《屯田》。
⑤ 万历《明会典》卷一八《户部》五《屯田》。

居民聚居地屯田，而贵州则是占地屯田，故北方有社屯之分，贵州屯堡则是清一色的屯田，无论是军屯，还是商屯，都是国家行为影响下的移民，形成的都是移民的聚落。在其周边是少数民族聚居。洪武二十年十二月，太祖命西平侯沐英自永宁至大理，每60里设一堡，置军屯田，并兼理驿传之事。①说明云贵的这种堡是戍守与屯种合一的组织形式，而且与驿站也联系在一起，具有多重功能。同时，卫所是地方的军事机构，也是地方的行政机构，这种机构职能的复合性，成为国家控制移民社会的有效手段。军事建设与区域政治、经济、文化的建设无法区分，形成了浓重的特色。这一特色为汪公的传播准备了良好的条件。汪灿就是征南而来，发生在明代的汪公信仰在贵州屯堡的普及过程，与贵州屯堡移民社会融入国家体系的过程相一致。汪公由一姓的祖先崇拜，发展到地方保护神，随移民从徽州传播到屯堡地区，扎根于且耕且战、军事色彩浓厚的异乡土壤，并发挥了整合地域秩序的作用。

有功于国、有德于民的道德典范，是古代"圣王之制祀"祭祀人物的特点，建立忠义的楷模，是为了让人们仿效。这是国家教化的重要内容之一。忠义的提倡，本身就是传播忠君爱国思想的一种有效方式。在屯堡，保卫国土、巩固边陲与忠君爱国联系在一起，成为屯军的职责所在，这种正面引导，使官民的对立在此得到了统一，伴随汪公的崇祀，这种官方的伦理道德在屯堡深入人心，而这种道德象征的树立，正是移民社会稳定的基础。因此，汪公忠君保民楷模与国家教化的推行是融为一体的，正是在这种崇祀中，培养了移民社会对国家王朝的认同感。当汪公崇拜扩大到地域范围的时候，通过这种崇拜，就将整个地域的人们联

---

① 万历《明会典》卷十八《户部》五《屯田》。

系在一起，形成了一种社会秩序。①

汪公象征说明了忠君的行为模式或准则在屯堡的确立，这是一种理想模式，在人与神的关系上，作为神，人们祈求汪公保护；作为人，汪公又是现实生活中人们的楷模，这是一种二重角色。于是在屯堡民众的选择中，汪公成为崇拜的对象之一，区域性祠祭兴起，参与了移民社会的建构。在屯堡大地上，曾经遍布着汪公的祠庙，人们向汪公祈求他们所希望得到的一切，包括从日常生活中最基本的物资需要到精神寻求。就崇祀的意义说，汪公可以说是三层意义集于一身的：祖先崇拜—英雄崇拜—神灵崇拜。

明后期，卫所制与军屯制衰败，以普定卫为例，万历二十七年（1599 年）贵州巡抚郭子章记载：普定卫旗军原额 6905 名，查存 2439 名，军田原额 94713 件，查存仅 32726 件。② 但是，屯堡是从卫所直接派生出来，随卫所趋于解体，屯堡的村落化加速进行。汪公庙的普遍建立，成为屯堡村社活动的场所，成为一种社区的中心地，作为一种社会组织发挥着重要作用。在屯堡，抬汪公将迎神赛会、傩事仪式、地戏融会在一起，而且加入了鲜明的军事气息，这些都与一境平安有关。这些明朝时代所赋予屯堡的东西，至今虽不能说一成未变，但是却惊人的一直流传了下来。汪公事实上成为地方社会与政府之间的中介。汪公作为屯堡人们信仰的神，成为地方权力的象征，不仅与人们社会生活密切连接，并被用来组织人们的社会生活，产生了凝聚和动员、整合的力量和作用。正是因为有如此重要的作用，所以今天仍可看到吉昌屯

---

① 关于乡村的神明信仰如何体现了王朝的秩序，中外人类学者已有不少成果。祭祀圈理论由日本学者冈田谦最早提出，此后台湾学者成功运用于台湾史研究。在本文初稿写就后，看到刘志伟先生《地域社会与文化的结构过程——珠江三角洲研究的历史学与人类学的对话》（《历史研究》2003 年第 1 期）一文，他认为应把神明崇拜理解为乡村秩序的表达，笔者深表赞同。

② 郭子章：《黔记》卷二一《兵戎志》，清刻本。

的汪公庙位于村中心，而且屯堡才会有许多抢抬汪公的传说和故事，如吉昌屯（鸡场屯）与狗场屯、鲍屯共抬一尊汪公神像，循环接送，清末兵乱，三屯分别抢得神像和祭祀仪仗、肩舆等，准备各自祭祀。而九溪村的事例则更可说明祭祀本身代表的是一种正统权力。那里的老人告诉我们这样一个故事：原来抬汪公在村中流行，主要是大堡人抬，传说有一年抬汪公到小堡，抬不动了，只见空中有两只老鹰在打架，村民以为是汪公和五显神在打，所以就不敢再向前抬了，从此，九溪村改为抬亭子。表面上看像是信仰分歧，实际上这正是因为征南来的大堡人与后来的移民小堡人之间争夺权力的事例，结果是妥协解决，权力共享。

　　汪公信仰在屯堡使忠君爱国思想深入民心，发挥了巨大的社会教化功能，产生了对个人观念行为潜移默化的作用。大众文化和信仰为正统权威树立提供了场所，这样形成的社会，是有共同意识的社会，因此也是具有深刻文化内涵的社会。在屯堡这一社会场域中，通过仪式，村民建立起对朝廷国家的具体感，形成共同参与的空间。国家或者王朝这个概念正是在汪公信仰的普及中得到了具体化，而忠君爱国思想观念在一次次抬汪公的仪式中逐渐养成，并根深蒂固地存在于屯堡人心中。这一通过民间仪式整合起来的社会，文化世代相传，至今那里的人们仍称自己为明朝屯军后裔；一年一度的抬汪公，作为一个社会活动的场域，成为一个宣传正统、凝聚民众意志的场所。随汪公信仰逐渐遍及屯堡，屯堡社会意识逐渐发展成熟，进而形成一种社会行为，凝聚为一种社会结构。个人通过这一活动中介和整体社会发生关联，深入到屯堡民间社会现实生活中的忠君爱国思想，将屯堡社会整合成为一个具有特质的社会，保持屯堡特质文化至今，说明了这一文化整合的力量。至今我们在屯堡一家人的堂屋正面墙上，还见到贴有"天地君亲师"，虽然仅此一例，但也提醒我们，可以想见在屯堡几乎每家每户恭奉"天地国亲师"之前，都是如此恭奉"天地君亲师"的，在国的观念没有形成意识时，就是君的意识占据主导地位。随着年复一年的抬汪公仪式的重复和继续，屯堡人的社会意识在成长和加固，产生了地戏这一屯堡文化特质的表现形式，强化的文化特征就是忠义，他们的这种国家意识，也就是王朝意识，甚至强化到了改朝换代之后被视为异民族的地步。①

从汪公与地戏的关系而言，地戏在明代传入或者说在这一时期于屯堡出现，似乎是没有问题的。随着明朝征南大规模战争的发生，大批军事移民贵州屯堡地区，带入了异地文化，这些文化本土化的过程，也是伴随着移民的定居化、移民社区成为居民社区的过渡完成而完成的。徽州本有抬汪公出游与演戏相结合的习俗，而且徽州演戏也有戴面具的记载，傩文化本身也有类似表现形式。汪公移植到贵州屯堡，与傩文化、地戏结合，形成了一种特殊的文化模式，可以推测，没有明朝当时人记载地戏，可能是因为当时的地戏只是抬汪公仪式中的一项程式而已。在屯堡傩文化、汪公信仰融合在一起，产生了地戏，或者说衍生出了地戏这种颇具地方特色的文化形式。地戏唱本均为明中后期以前的内容，说明了它产生的时间应是在明后期。徽州地方戏随汪公入黔，衍生出了今天我们所见到的地戏，地戏特点表现的正是屯堡文化的特征。看过面具以后，人们都会留下深刻印象，那就是极为鲜明的善恶特征。值得注意的是，地戏是与傩文化有明显传承关系的，而傩文化在徽州一带本是存在的，傩文化由徽州传入是一条线索，与当地苗族具有的傩文化的融合，是又一条线索。地戏从不演反戏，专门演忠君爱国的正剧，而且专门演军事戏剧，都说明了其产生的地域人文历史背景，带有明朝初年大规模军事移民的深刻印记。

---

① 参见贵州省民族研究所、贵州省民族研究学会 1995 年编印的《贵州民族调查》卷十三"屯堡人、贵州少数民族爱国主义专辑"。

对抬汪公的解读，可以使我们认识和了解屯堡文化特质的来源和变迁。在屯堡不断被复制的汪公庙，说明汪公的合法性与权威性，反映了汪公从客体到主体的演变过程。一方面官方敕封，纳入正祀；另一方面保留着民间信仰的特征，这使之在时代巨变发生时能够存续下来。作为徽州地区的保护神，作为异地文化移入屯堡的成功，与其忠君爱民象征意义有直接关系，这样一个形象，在新的移民地区为统治者所需要，也为民间社会所需要，更与屯堡具有的鲜明军事气息的忠义风尚相结合，正是这种文化和国家与社会的契合，文化移植得以成功，得到新的移民的普遍认同，并建构了移民社会的特质文化。地戏是突出表现形式之一。

统治者通过利用神道设教，达到稳定统治的目的；而民间社会通过一次次的汪公仪式，传承着民间文化传统的同时，也起着整合地方社会的作用。汪公本身反映了国家与社会融合的一面，说明国家和社会不是完全对立的，作为上层政治文化资源与下层民间文化传统之间有着密切联系。汪公由徽州地区保护神，发展到贵州屯堡社区，成为屯堡军民"自己"的神，是与他具有多种实用性或者说功利性的功能相关的。正因为如此，卫所制败坏以后，这种深深扎根于社会之中的民间信仰文化，成为屯堡特质文化的主干，至今保存和延续了下来。

# 四　结束语

以上从家族入手，探寻了汪公入黔的历程，以及汪公信仰在移民社会建构中的作用。进而以此为视角，追寻屯堡文化得以顽强的生命力延续至今的深层次原因，明朝大规模军事移民的国家行为，改变了贵州屯堡的民族成分，更重要的是人文特征，其中，移植文化起了重要作用。

抬汪公庆典确认了屯堡与徽州的直接联系。无论在历史文献中，还是在实地考察中，我们都发现汪公信仰在屯堡的特殊地位，以及屯堡移民社会通过信仰和祭祀，形成了地方社会文化和权力网络的轨迹。研究这一个案，显然涉及了一个理论问题，那就是文化对于国家和社会关系的作用问题。将考察延伸到文化与国家和社会关系的层面，我们注意到汪公信仰这一上千年传统文化的积淀，在时间上和空间上都集中体现了屯堡文化的特质，在时间上年代久远，长期延续；在空间上表现了移植文化的新旧连接。汪公这一乡土气息十分浓厚的地方神灵，来自他的故乡徽州，起源于祖先崇拜，明初大规模军事移民的国家行为成为徽州汪公入黔的契机，伴随汪氏家族一支移民贵州安顺，汪公以其特殊的身份，在贵州屯堡成为国家与社会之间的中介，参与了屯堡移民社会的建构。

文化与国家和社会关系是一个重叠交错与互动的过程，通过一年一度的汪公仪式，明代国家或者说王朝意识得到了屯堡人的认同，同时，形成了屯堡人主体的观念和行为。由此，明代国家与社会在屯堡高度融合，家国一体，在移民地区形成一种融合性和凝聚力极强的本土文化，就某种意义上说，正是这种特质使屯堡文化卓然不群，历600年不衰，乃至延续至今。

（原载《中国史研究》2005 年第 1 期）

# 《万历会计录》的重新认识与
# 明史研究的新议题

## 一　引言

　　《万历会计录》（以下简称《会计录》）系由明朝户部编纂的大型财政数据文献，共四十三卷（现存四十二卷），约百万字，是迄今留存于世的中国古代官方编纂的唯一一部大型国家财政总册，弥足珍贵。这部明代财政会计总册对于研究明代财政史、经济史具有重要的史料价值，更重要的是，《会计录》是在张居正改革背景下产生的，是张居正改革的直接产物，也是张居正改革的重要组成部分。

　　中国国家图书馆藏《万历会计录》封面，见有"卷之一目录：旧额、见额、岁入、岁出，十三司分理"；下有墨笔书写："《会计录》四十三卷全，少六卷山东布政使司田赋。"

　　根据统计，《会计录》具有4.5万条数据，是一部古代大型财政数据文献。在《会计录》的大量数据中，主要是万历六年（1578）户部掌握的中央财政的会计数据，也有少量其他年代的数据，如万历八年（1580年）的数据。这部大型财政数据文献，容纳了明代财政制度的演变轨迹，包括了财政的收支结构及其运行机制的实态，也涵盖了明代经济、政治、文化、社会等诸多领域的问题，特别是反映了明朝兴衰的症结所在。

明朝以户部为国家财政主体掌控机构，《会计录》就是户部编纂的国家财政总册。明朝户部始设于洪武元年（1368 年），又名计部、计曹、地曹、户曹，是职掌国家财政的中央机构。洪武五年（1372 年）六月，定六部职掌，"岁终考绩，以行黜陟"。其中户部职掌：

> 天下户口、田土、贡赋、经费、钱货之政。其属有四：一曰总部，掌天下户口、田土、贡赋、水旱灾伤；二曰度支部，掌考校、赏赐、禄秩；三曰金部，掌课程、市舶、库藏、钱帛、茶盐；四曰仓部，掌漕运、军储、出纳、料粮。①

从诏令出发的实证研究表明，洪武十三年（1380 年）废除丞相制，重构了政治体制的新模式，形成了一元多维的政治体制，②即"革去中书省，升六部，仿古六卿之制，使之各司所事"。③ 在一元多维的政治体制中，提升了六部职权地位，户部直接参与决策过程，更是财政决策的执行机构，掌管天下户口田土及其政令，尚书直接面对皇帝。当时明太祖给户部尚书徐铎《诰》曰：

---

① 《明太祖实录》卷七四，洪武五年六月癸巳，第 1361 页。

② 笔者认为：广泛的参政、议政的制度化，是明初政治的一大特点。明初权力集中于上的同时，权力又分散于下，是集权化的政治，却又体现了政治参与面扩大、集议性决策的特点。特别是官僚士大夫的权力不是由于废相而被剥夺，而是由于六部地位的提升，有更多士大夫的参政、议政权得到了提升，成为参政、议政的主体，在明代政治中发挥了重要作用。特别是明初从民间荐举的官员众多，再加上科举制的实行，朝为田舍郎，暮登天子堂，以扩大的常朝、集议和建言为特征，明初更多的官民参与了议政。皇帝不仅扩大了接触面，也扩大了信息的资源，更扩大了政治决策的参与面，影响所及，是政治决策参与权力的分散，而不是集中。故称之为一元多维政治体制新模式。参见万明《明初政治新探——以诏令为中心》，《明史研究论丛》第九辑，紫禁城出版社 2011 年版。

③ 《明太祖实录》卷一二九，洪武十三年正月己亥，第 2049 页。

国家以户口、土田、赋役、税粮之事，与夫仓廪、府库、会计出入之方，一归户部，古之制也，非才识周遍、练达时务者，安能居此任乎？而铎在职公勤，处事通敏，今以尔为户部尚书，尔尚明生财之道，务培邦本，使食货充而国用足，以副朕节用爱人之意。[1]

这里明确表达了将户部作为主管全国财政的机构，主要表现在"稽版籍、岁会、赋役实征之数，以下有司"[2]。

洪武年间，史载户部设官及其所属衙门如下：

户部：正官尚书一员，左右侍郎各一员。

属官浙江等十二部，郎中各一员，员外郎各一员。

首领官浙江等十二部主事各二员，内北平部四员。

照磨所照磨一员，检校一员。司务四员。

所属衙门：宝钞提举司，提举一员，副提举一员，典史一员；

抄纸局，大使一员，副使一员；

印钞局，大使一员，副使一员；

宝钞广惠库，大使一员，副使一员；

广积库，大使一员，副使一员，典史一员；

赃罚库，大使一员，副使一员；

外承运库，大使一员，副使一员；

甲乙丙丁戊字库，大使各一员，副使六员，丙丁字库一员；

军储仓，大使一员，副使一员；

---

① 《明太祖实录》卷一二九，洪武十三年正月庚子，第2050—2051页。

② 张廷玉等：《明史》卷七十二《职官志》一，中华书局1974年版，第1740页。

　　龙江盐仓检校批验所，大使一员，副使一员。①

　　这是洪武二十三年（1390 年），按照当时分省区划为十二子部以后之设置。二十九年（1396 年），改十二子部为十二清吏司。后随省区划分变化，定名为户部浙江、江西、湖广、陕西、广东、山东、福建、河南、山西、四川、广西、贵州、云南十三清吏司。十三清吏司分掌各省之事，兼领所分两京、直隶贡赋，诸司、卫所禄俸，边镇粮饷，仓场、盐课与钞关等事。根据万历《明会典》：户部正官在尚书一员，左右侍郎各一员外，宣德五年（1430年）又增设尚书一员，督仓场，后也或用侍郎，间有裁革，至万历十一年（1583 年）复设。②

　　明代财政之权主要集中于户部，因此，国家财政会计总册的编纂，正是户部的职掌所在。这里需要说明的是，明朝户部不是唯一的财政管理机构，但是中央财政管理的主体部门。《会计录》卷三三后有一段编纂按语，可以说明户部的制度安排及其职能所在，特引如下：

　　　　臣等谨按：国初设户部，以尚书、侍郎总其纲，设金、仓、民、支四子部分理之。继罢子部，设十三司与司务、照检，互相稽核，其后又以出纳浩繁，不能兼摄，则又为差者三，铨部选授，谓之注差；疏名请命谓之题差；部堂檄委谓之部差。其限或三年、一年，按季而代，无非以共经国计而已。顾钱谷所出，掌之有司，道里既有远近，而条目繁琐，则弊孔易生焉，故其患难于周知；今四方民力竭矣，而岁费

――――――――――

　　① 明佚名《大明官制》，《明朝开国文献》（四），台湾学生书局 1966 年版，第 2225―2228 页。其文与《诸司职掌》所载相同。

　　② 《明会典》卷二《吏部》一，第 4 页。

视国初增至数倍，故其患难于撙节；中外奏报与公私之所仰给，要在酌盈济虚，以求可继，然此故未易言者，故其患难于调停。尔时大小臣工，皆奉法守职，惟恐不称德意；矧部中所掌，皆民膏国脉，以佐仁俭之德，富庶之治。其职视诸曹独繁难焉，尚其夙夜而恪共乃事乎。①

## 二　《万历会计录》编纂的渊源

追寻《会计录》编纂的渊源，向远可以追溯到两汉的"上计簿"，唐代《国计簿》、宋代《会计录》。两宋时期，自宋真宗朝丁谓编制《景德会计录》之后，直至南宋末，据《玉海》第一百八十五卷记载，有《景德会计录》《祥符会计录》《皇佑会计录》《绍兴会计录》等十几种。宋朝《会计录》的基本内容，是以年报资料为基础，对于财政收支项目进行归类整理，将当年全国财政收支总额和分类数字，如户口、赋税、经费、储运、禄食等项目加以编纂，并进行会计分析；目的在于使朝廷掌握财政收支盈亏情况，通过对比分析，找出存在问题及产生问题的症结，为解决问题和制定因时制宜的财政政策提供参考证据，达到稳定政权的最终目的。② 可惜的是，无论是唐代《国计簿》，还是宋代《会计录》都已佚失，没有留存下来。

明朝成化年间，已有人提出效仿前朝，编纂《会计录》的建议。成化二十三年（1487），孝宗初即位时，礼部右侍郎邱浚上言，现录于下：

---

① 《会计录》卷三三，下册，第 1058 页。
② 参见郭道扬《中国会计史稿》上册，自汉至宋的相关章节，中国财政经济出版社 1982 年版。

　　每岁户部先移文内外诸司及边方所在，预先会计嗣岁一年用度之数，某处合用钱谷若干，某事合费钱谷若干，用度之外，又当存积预备若干，其钱谷见在仓库者若干，该运未到者若干，造为账籍，一一开报。又预行各处布政司，并直隶府，分每岁于冬十月百谷收成之后，总计一岁夏秋二税之数，其间有无灾伤逋欠，蠲免借贷，各具以知。至十二月终旬，本部通具内外新旧储积之数，约会执政大臣，通行计算嗣岁一年之间所用几何，所存几何，用之之余，尚有几年之蓄，具其总数，以达上知。不足则取之何所以补数，有余则储之何所以待用。岁或不足，何事可以减省，某事可以暂已。如此，则国家用度，有所稽考，得以预为之备，而亦俾上之人知岁用之多寡，国计之盈缩，蓄积之有无云。①

值得注意的是，丘浚又在追溯自唐宋以来财政会计总册编纂渊源的基础上，提出了非常具体的建议：

　　自唐李吉甫为《元和国计簿》，丁谓因之为《景德会计录》。其后，林特作于祥符，田况作于皇祐，蔡襄作于治平，韩绛作于熙宁，苏辙作于元祐。元祐所会计者，其别有五：一曰收支，二曰民赋，三曰课入，四曰储运，五曰经费，所以总括天下财赋出入之数，而周知其有无多寡。以为丰杀增减者也。使今之知昔，而后日之知今，以岁计定国用．实有赖于斯焉。臣愿敕掌财计之臣，通将洪武、永乐以来，凡天下秋粮、夏税、户口、盐钞及商税、门摊、茶盐、抽分、坑

---

　　①　丘浚：《大学衍义补》卷二〇，《制国用·总论理财之道》上，京华出版社1999年版，上册，第198—199页。

冶之类，租额年课，每岁起运存留，及供给边方数目，一一开具。仍查历年以来，内府亲藩及文武官吏、卫所旗军，并内外在官食粮人数，与夫每岁祭祀、修造、供给等费。洪武、永乐、宣德、正统、天顺、成化，至于今日，每朝通以一年岁计出入最多者为准，要见彼时文官若干，武官若干，内官若干，凡支俸几何；京军若干，外军若干，边军若干，凡食粮几何。其年经常之费若干，杂泛之费若干，总计其数，凡有几何。运若干于两京，留若干于州郡，备若干于边方。一年之内所出之数比所入之数，或有余，或不足，或适均称，依唐人之国计，宋人之会计，每朝为一卷，通为一书，以备参考。万几余暇，时经御览，使国计大纲，了然在目。如或一岁之入，不足以支一岁之出，则推移有无，截补长短，省不急之用，量入为出，则国计不亏，而岁用有余矣。①

他的"依唐人之国计，宋人之会计，每朝为一卷，通为一书，以备参考"之议，当时并没有被采纳。

嘉靖中，户部尚书潘潢论编纂本朝《会计录》，云：

该本部议得国家财赋国计总于户部，营缮总于工部，太仆、光禄各有司存，谨于每岁终会计成录进览，一曰岁征，一曰岁收，一曰岁支，一曰岁储。总数会其略，散数注其详。大率一年以岁征为定额，如岁收少于岁征，则拖欠可查；岁支多于岁征，则撙节可计；岁收比岁征加多，则查交纳某年某项钱粮；岁支比岁征较少，则计本年余剩若干。收支既明，岁储虚实自见，即为次年岁派实征通融

---

① 《大学衍义补》卷二四《制国用·经制之义》下，上册，第233—234页。

节缩之计。①

根据潘潢的记述，嘉靖二十九年（1550 年）遵奉钦依，户部会计进呈，备行在京各衙门、并各督抚、巡按等官。②

隆庆年间，又有庞尚鹏上奏有关国家财政会计之议。鉴于朝廷经费增长无度，他提出编纂《会计录》以进呈皇帝，崇尚节俭：

> 乞敕户、工二部，会查祖宗时郊庙之享祀，内府之供亿，监局之织造，岁时之赏赉，旧额几何，今增几何；王府之禄粮，百官之俸薪，卫寺校尉厨役，京边之兵马，城池经理、漕河供给匠作，旧额几何，今增几何；至若各省军民之赋税，天下山川之盐铁，凡有关国家经费者，各撮其总目，照款类开，贵在简明，不用烦琐。仍申言岁入几何，岁出几何，题曰隆庆某年《会计录》进呈御览，时或有所增减，各于项下改填，每季翻刻成书，照常封进。伏望皇上置之座右，就事深思……以祖宗节俭为法，以海内虚耗为忧。③

根据上述嘉、隆年间的奏疏，我们可以了解到，明朝至此已有一种统一格式和编制成法的财政会计总册编纂的完备基础，而万历初年张居正改革的需要，则催生了《会计录》的编纂。重要的是，这部《会计录》与上述一般的年度财政会计有所不同，不仅进呈御览，而且根据钦依，形成了国家财政会计总册，作为国

---

① 潘潢：《弘远虑责实效以济富疆疏会计岁用》，陈子龙等：《明经世文编》卷一九九，中华书局 1962 年版，第三册，第 2083 页。
② 同上书，第 2084 页。
③ 庞尚鹏：《百可亭摘稿》卷二《进呈会计录以便御览以崇节俭疏》，《四库全书存目丛书》据万历二十七年庞英山刻本影印，齐鲁书社 1995 年版，集 129 册，第 148 页。

家法令文书颁布全国一体遵行，成为今天所见中国古代唯一的一部留传下来的国家财政总册，为我们研究明代财政史提供了得天独厚的第一手资料。

## 三　《万历会计录》编纂的三个阶段及其定性

### （一）第一阶段

根据《明实录》记载，万历四年（1576 年）二月户部尚书王国光进《会计录》，上嘉之，仍命户部再订缮写进览。[①] 这是《会计录》的首次进呈。《会计录》卷首户部尚书王国光的进呈奏本，述及编纂原委云：

> 始视事，阅诸司掌故，省府岁征，谓濬其源则可以永流，习其数则可以考实。乃簿牒错落，多寡混淆，间遭回禄，奸吏乘而舞文，去籍者有之，窃叹国家命脉在是，因循不整，弊将何极？因考前代，唐有《平赋书》《国计录》，宋有《会计录》，逮祥符、皇祐、治平之间复辑之。我朝《会典》《一统志》虽载有户事，然采摭大概而已，惜未有专书。辄不自量，会同侍郎李幼滋属各司诸郎，遍阅案牍，编辑逾年，而都给事中光懋复议请修明旧典，刊定章程进呈，赐名以垂永利。

王国光于二月二十四日上奏，二十六日得到圣旨：“览奏，具见留心国计，所编书册著户部再加订证，缮写进览。钦此。”[②]

根据上述，《会计录》的初稿是由王国光主编。王国光于隆庆六年（1572 年）七月任户部尚书，当时神宗已即位，王国光在户

---

① 《明神宗实录》卷四七，万历四年二月庚寅，第 1076 页。
② 《会计录》卷一，户部尚书王国光奏本，第 6 页。

部尚书任上，与侍郎李幼滋等编辑部中前后条例，费时"逾年"，编纂成书。至万历四年（1576年）二月王国光再疏乞休，神宗许之，他临行时进呈所辑书册，圣旨着户部再加订正缮写进览。这是《会计录》编纂的第一个阶段。

**（二）第二阶段**

至万历九年（1581年）四月，《明实录》载：

> 户部进《万历会计录》。先是，尚书王国光辑部中前后条例，编纂成书，濒行奏上，请刊布中外。上览之，嘉其留心国计，命户部再加订证。至是书成，凡四十三卷，名《万历会计录》。部臣缮写进呈，仍乞刊布。上命留览，依拟刊行，仍送史馆采录。①

此时距离首次进呈，已有5年之久，是《会计录》正式成书，再次进呈。

《会计录》卷首录有后任户部尚书张学颜的两次进呈题本，一为万历九年四月二十日上奏，上奏中云：

> 朝廷欲复旧制，计臣欲考旧额，而案牍纠纷，考核无据。查得吏部有《四司职掌》，礼部有《宗藩条例》，刑部有《问刑条例》，况本部职掌国储钱谷出入，视各部尤为繁重，是以尚书王国光任事四年，殚忠编辑，虽力疾遄归，恳请刊布。伏蒙皇上鉴其留心国计，命本部再加订证。臣等钦遵明旨，督率司属袁昌祚、钟昌等备将前集复行参校，首遵《大明会典》，次考历年条例，次查本部册籍，补其缺遗，厘其讹误，

① 《明神宗实录》卷———，万历九年四月乙卯，第2132页。

计期二年，编已成帙。①

这里清楚说明了编纂的第二阶段由户部尚书张学颜主持再加订正，经历了两年，《会计录》成书进呈。

### （三）第三阶段

至万历十年（1582年）二月，《明实录》记：户部进《万历会计录》四十四册。② 这是张学颜任为户部尚书以后的第二次进呈《会计录》。

《会计录》卷首录张学颜的另一进呈题本，时间在万历十年二月十五日，其奏云：

> 看得钱粮事体重大，出入条目浩繁，臣等于前书恭进之后，恐有遗缺差讹，复将本部新题事例、各省直续报文册，督率司属郎中等官曹楼等再行检阅，重加磨算。订其未确，增其未备，除清丈田粮候各省直奏报通完之日，另为一书续辑刊布外，所据刻完《万历会计录》共计四十四册，分为四套装订二部进呈御览。另将一部送史馆采录，再陆续印刷，颁行省直边镇，一体遵守。

两天以后，万历十年二月十七日，奉到圣旨："知道了。钦此。"③

这是《会计录》编纂的第三个阶段。至此，今天所见《会计录》正式问世。如从万历三年（1575年）算起，到万历十年

---

① 《会计录》卷一，户部尚书王张学颜题本，第4页。
② 《明神宗实录》卷一二一，万历十年二月丙午，第2261页。
③ 《会计录》卷一，户部尚书张学颜题本，第7页。

（1582 年），已有 8 年之久，① 经历了编辑、参校、增补、检阅、重加磨算等繁复的过程。最终，颁行省直边镇，一体遵守，成为国家法令文书性质的财政会计总册。

# 四　《万历会计录》的编纂人员

在张学颜的进呈题本最后，罗列了一批参与编纂官员的名字。当时参与的人员有仓场总督左侍郎刘思问，右侍郎王之垣，贵州清吏司署郎中主事周希毕，员外郎袁昌祚，主事钟昌、程沂、刘庭芥、房守士、曹楼、朱期至、萧良、顾宪成、苗淳然、温显、李时芳、李三才、赵南星等。也就是说前后有两任户部尚书、三位户部侍郎、一位代理郎中、一位员外郎、十三位户部主事，共 20 位户部官员参与了编纂工作。现考其生平简况，列于下表。

表7　　　　　　　　参与编纂《会计录》人员简表

| 姓名 | 生卒年 | 字号与籍贯 | 官职 | 主要资料来源 |
|---|---|---|---|---|
| 王国光 | 1512—1594 年 | 字汝观，号疏庵，山西沁水南阳人，一作山西阳城人；嘉靖二十三年（1544 年）三甲进士 | 隆庆六年（1572 年）七月（时神宗已即位）至万历四年（1576 年）二月任户部尚书 | 《会计录》卷一《王国光进呈奏本》；《明神宗实录》卷四七，万历四年二月庚寅；《明史》卷二二五《王国光传》；《明清进士题名碑录索引》② 上册 |

① 黄仁宇先生认为张居正时代是 1572—1582 年，而《会计录》这项工程始于1572 年，止于 1582 年，恰好是在张居正任职期间。见《十六世纪明代财政与税收》第424 页。查王国光于隆庆六年（1572 年）七月任户部尚书，但他于万历四年（1576 年）进呈的时候，明确讲费时"逾年"，是超过一年之意，故在此定于万历三年（1575 年）始。

② 朱保炯、谢沛霖：《明清进士题名碑录索引》上、中、下，上海古籍出版社1980 年版。

续表

| 姓名 | 生卒年 | 字号与籍贯 | 官职 | 主要资料来源 |
|------|--------|-----------|------|-------------|
| 李幼滋 | 1514—1584 年 | 字义河，湖广荆州府应城人（今湖北荆州）；嘉靖二十六年（1547年）三甲进士 | 时任户部侍郎 | 《会计录》卷一《张学颜进呈题本》；《明清进士题名碑录索引》中册 |
| 张学颜 | ？—1598 年 | 字子愚，号心斋，北直隶肥乡人（今河北肥乡）；嘉靖三十二年（1553年）三甲进士 | 万历六年（1578年）七月至十一年（1583年）四月任户部尚书 | 《会计录》卷一《张学颜进呈题本》；《明神宗实录》卷一一一，万历九年四月乙卯；卷一二一，万历十年二月丙午；《明史》卷二二二《张学颜传》；《明清进士题名碑录索引》上册 |
| 刘思问 | 1519—1583 年 | 字汝知，号紫山，云南河阳人（今云南澄江）；一作河南孟县；嘉靖三十五年（1556年）三甲进士 | 时任户部仓场总督、户部左侍郎 | 《会计录》卷一《张学颜进呈题本》；《明清进士题名碑录索引》下册 |
| 王之垣 | ？—1607 年 | 字尔式，号见峰，山东桓台人，一作山东新城人；嘉靖四十一年（1562年）三甲进士 | 时任户部右侍郎 | 《会计录》卷一《张学颜进呈题本》；《明清进士题名碑录索引》上册 |
| 周希旦 | | 四川重庆府忠州人，嘉靖四十四年（1565年）三甲进士 | 时任贵州清吏司署郎中事主事 | 《会计录》卷一《张学颜进呈题本》；《明清历科进士题名碑录》① 第二册；《明清进士题名碑录索引》下册。 |

---

① 《明清历科进士题名碑录》，台北华文书局 1969 年版。据美国夏威夷大学藏清光绪三十年（1904 年）本《国朝历科题名碑录初集》影印。

续表

| 姓名 | 生卒年 | 字号与籍贯 | 官职 | 主要资料来源 |
|---|---|---|---|---|
| 袁昌祚 | 1536—1615 年 | 原名炳，字茂文，号莞沙，广州府东莞横冈人（今东莞茶山横江村）；隆庆五年（1571 年）二甲进士 | 时任户部员外郎 | 《会计录》卷一《张学颜进呈题本》；《明清历科进士题名碑录》第二册；《明清进士题名碑录索引》中册 |
| 钟昌 | | 字继文，广东广州府东莞人；隆庆五年（1571 年）三甲进士 | 时任户部主事 | 《会计录》卷一《张学颜进呈题本》；《明清历科进士题名碑录》第二册；《明清进士题名碑录索引》下册 |
| 程沂 | | 号春野，湖广武昌府咸宁人；隆庆二年（1568 年）三甲进士 | 时任户部主事 | 《会计录》卷一《张学颜进呈题本》；《明清历科进士题名碑录》第二册 |
| 刘庭芥 | | 福建漳州府漳浦人；万历五年（1577 年）二甲进士 | 时任户部主事 | 《会计录》卷一《张学颜进呈题本》；《明清历科进士题名碑录》第二册；《明清进士题名碑录索引》下册 |
| 房守士 | 1537—1606 年 | 字升甫，号备吾，山东济南府海河人，一作山东齐河；万历五年（1577 年）二甲进士 | 时任户部主事 | 《会计录》卷一《张学颜进呈题本》；《明清历科进士题名碑录》第二册；《明清进士题名碑录索引》中册 |
| 曹楼 | | 直隶徽州府歙县人；隆庆五年（1571 年）三甲进士 | 时任户部主事 | 《会计录》卷一《张学颜进呈题本》；《明清历科进士题名碑录》第二册；《明清进士题名碑录索引》中册 |
| 朱期至 | | 字子得，湖广黄州府蕲水人（今湖北浠水）；万历二年（1574 年）二甲进士 | 时任户部主事 | 《会计录》卷一《张学颜进呈题本》；《明清历科进士题名碑录》第二册；《明清进士题名碑录索引》上册 |

续表

| 姓名 | 生卒年 | 字号与籍贯 | 官职 | 主要资料来源 |
|---|---|---|---|---|
| 萧良幹① | | 直隶泾县人，隆庆五年（1571年）二甲进士 | 时任户部主事 | 《会计录》卷一《张学颜进呈题本》；《明清进士题名碑录索引》中册 |
| 顾宪成 | 1550—1612年 | 字叔时，号泾阳。直隶无锡泾里（今江苏无锡县张泾）人，万历八年（1580年）二甲进士 | 时任户部主事 | 《会计录》卷一《张学颜进呈题本》；《明史》卷二三一《顾宪成传》；《明清进士题名碑录索引》中册 |
| 苗淳然 | | 直隶广平府曲周人；隆庆五年（1571年）三甲进士 | 时任户部主事 | 《会计录》卷一《张学颜进呈题本》；《明清历科进士题名碑录》第二册《明清进士题名碑录索引》中册。 |
| 温显 | | 字公宣，号纯庵，福建泉州府晋江人；万历八年（1580年）二甲进士 | 时任户部主事 | 《会计录》卷一《张学颜进呈题本》；《明清历科进士题名碑录》第二册；《明清进士题名碑录索引》中册 |
| 李时芳 | | 陕西西安府乾州武功县人，万历二年（1574年）二甲进士 | 时任户部主事 | 《会计录》卷一《张学颜进呈题本》；《明清历科进士题名碑录》第二册；《明清进士题名碑录索引》中册。 |
| 李三才 | ？—1623年 | 字道甫，号修吾，顺天通州（今北京通州人）；一作武功右卫（陕西临潼）；万历二年（1574年）二甲进士 | 时任户部主事 | 《会计录》卷一《张学颜进呈题本》；《明史》卷二三二《李三才传》；《明清进士题名碑录索引》中册。 |
| 赵南星 | 1550—1627年 | 字梦白，号侪鹤，别号清都散客。北直隶高邑（今河北高邑县）人；万历二年（1574年）三甲进士 | 时任户部主事 | 《会计录》卷一《张学颜进呈题本》；《明史》卷二四三《赵南星传》；《明清进士题名碑录索引》中册 |

---

① 《会计录》原缺"幹"字，查《明清进士题名碑录索引》，并无"萧良"其人，知有脱漏，应为"萧良幹"。

# 五 《万历会计录》的具体内容

依据户部档案文册与各省直奏报文册的基础编纂而成的《会计录》，是户部的财政会计总册，包括了户部掌控的当时中央财政收支中的一切会计账目。根据《会计录》全书四十三卷的目录可见：

卷一，原额、见额、岁入、岁出总数，附十三司分理；备载洪武、弘治以及万历六年的全国各项钱粮原额、见额、岁入、岁出总数；十三司分理各省直田粮岁额、岁入、岁出总数，北直隶在福建清吏司项下，南直隶在四川清吏司的项下；山东省的数据，是书中唯一保存的关于山东省的总额数据。

卷二至卷十四，浙江、江西、湖广、福建、山东、山西、河南、陕西、四川、广东、广西、云南、贵州等十三布政司田赋，贵州附协济；洪武与弘治年间的田赋数据，只记录了省直一级的田赋数据，而万历六年的田赋数据是按省、府、县的顺序排列记载的。

卷十五至十六，北、南两直隶田赋，北直隶附庄田；两直隶的田赋数据较为详细，记载了弘治与万历六年的北直隶下辖各府的田赋数据，以及洪武、弘治与万历六年南直隶下辖各府的田赋数据。卷一五附记了庄田子粒的数据。

卷十七至二十九，辽东、蓟州、永平、密云、昌平、易州（附井陉）、宣府、大同、山西、延绥、宁夏、甘肃、固原等十四个边镇的饷额；

卷三十内库供应，依次为内库各子库收入及其来源的数据。首先是内承运库，包括所收入的麦米、年例金与朱砂及其来源地，所收各宫子粒银及其来源地；以下是承运库收入，承运库只收本色绢，其来源地为浙江、江西、湖广、山西以及南直隶的苏州府等五地；供用库的收入，来源地较多涵盖了浙江等九省与北、南两直隶所辖的十八个府，以及长芦都转运盐运使司；甲字库的收入，甲字库主要收入为颜料与棉布，其来源地为浙江等十省与北、南两直隶所辖的十八个府；丙字库收入，丙字库收贮丝与棉花绒，这些丝与棉花绒来自浙江、山东、河南三省与北直隶顺天等七府；丁字库收入，丁字库所收物料主要为漆、桐油、铜、锡与牛皮等物，其来源地广泛，几乎涵盖了全国各省直；广惠库与天财库的收入，此二库主要收贮宝钞与铜钱，来源地为各钞关与正阳门等九门，以及燕山右等四卫；内官监收入，主要是米、草与盐，来源地为北、南直隶所辖苏州府等九府与长芦盐运司；尚膳监的收入，尚膳监的收入简单，只有川椒、粟谷、菊秔三项，来源地为四川、顺天府与河间府三地；酒醋面局收入，其收入除了米麦豆等外，有曲 108800 斤，是由张家湾宣课司供应；司苑局收入，只有黑豆与谷草两项，来自山东、河南与北直隶顺德等四府；惜薪司收入，只有白熟糯米与红枣两项，分别来自顺天府与永平府；宝钞司收入，只有稻草与香油两项，全部来自北直隶。

卷三十一光禄寺供应，对于弘治年间、嘉靖初年的数据记录简单，对万历六年数据记录详细。弘治、嘉靖、万历年间光禄寺供应的总数，只列了岁派米粮与果品厨料两项。万历六年光禄寺供应的详细数据，除了列出各种物料的数量外，还给出了其来源地，以及某来源地供应该项物料的数量。

卷三十二宗藩禄粮，宗藩禄米分为本折色，按顺序记录王、郡王，镇国、辅国、奉国将军与中尉，郡、县、乡主君及仪宾禄粮。

卷三十三本部职官，首载圣谕、圣训、敕谕等文字，随后按照十三清吏司分别记载职掌所辖。

卷三十四文武官俸禄，首列在京文武官俸粮本折则例与各衙门吏典监生等役月粮则例，其次列各衙门官员吏典监生等役岁支俸禄的约数，按部门分本色米、折俸银与铜钱三项列出。公、侯、驸马、伯岁支本折禄米，除给出禄米的总数外，还给出了本色与折色的具体数值。

卷三十五漕运，额数共计岁额四百万石，分别为兑运粮三百三十万石与改兑粮七十万石。并且列出了漕粮的来源地，及各来源地的漕粮额数。同时兑运粮的本折数，兑运加耗米，两尖米，轻赍银等也均列出。还有各仓改兑粮，改兑加耗米，支运米与预备米的具体数据，以及运船官军的人数配备数据。

卷三十六仓场，附马房牧地，是京、通等仓，御马等仓场的数据；马房牧地的地亩数、征银数。

卷三十七营卫俸粮，给出了五军都督府并京卫武官俸粮、冬衣布花等则例，和万历六年各军都督府、锦衣、旗手等各卫及其他所、营等部门的营卫官军俸粮岁支约数。

卷三十八屯田，各都司卫所的屯田数据。北京锦衣等卫、后军都督府的屯田数据较为详细，其他卫所的屯田数据基本上只有三项，即原额屯田数，现额屯田数与粮数。

卷三十九盐法，依其目录应有十个统计单位，但由于陕西灵州盐课司、广东海北盐课二提举司、四川盐课提举司内容残缺，只保留了两淮盐运司等七个统计单位，列有该盐运司所辖的分司、盐课司等下属机构的名单、行盐地方，以及原额、现额、岁解、岁派等具体数据。

卷四十茶法，数据极少，只有课茶原额与见今两组数据，分为陕西与四川两地。

卷四十一钱法，只有文字记录，而没有数字。

卷四十二钞关船料商税，记河西务等七个钞关的数据，各类船只的征收则例，该钞关解太仓的银数、解广惠库的宝钞与铜钱数，每年船铺户牙税银，船料商税正余银，经纪牙税牙行银及条船贰税银的数量。

卷四十三杂课，附积谷，分别列出了在京九门等处所征的课钞数，但有的记录是只有额征课钞数，没有岁征课钞数；有的记录是岁征课钞数，没有额征课钞数。附有全国各地积谷数据。

以下略加归纳：

卷一：按四柱格式排列各项总额，包括旧额、见额的岁入、岁出总额；

卷二至卷二十六：按全国各布政司、两直隶列出各项田赋收入，包括田土状况、贡赋数额、夏税秋粮数额、人户数字等；

卷二十七至卷二十九：列出各屯兵边镇的粮饷开支数额；

卷三十至卷四十三：按支出专项，包括内库供应、光禄寺供应、宗藩禄粮、本部职官、文武官俸禄、漕运、仓场、营卫俸粮；按收入专项，包括屯田、盐法、茶法、钱法、钞关、船料、商税、杂课，分别列出各项财政收支。

《会计录》"分理则以司冠郡，以郡冠县；分款则以总冠撒，以撒合总"，全面而系统地记载了万历初期（16世纪七八十年代）国家财政的整体实态，目前是中国古代唯一一部留存于世的大型国家财政会计总册。更重要的是，《会计录》是作为张居正改革的需要而编纂的，是张居正改革的产物。

关于此部文献存留于世的来历，梁方仲先生曾云：

> 明承唐宋之遗制，会计录之作，亦代有所闻。《明史·艺文志》载有汪鲸《大明会计录类要》十二卷，及张学颜《万历会计录》四十三卷。汪著今已不传，其事迹亦无可考。至张学领的《万历会计录》，则于民国二十二年由国立北平图书馆以八百金自山东购入，此三百多年前的政府会计，至今犹留存天壤，得与吾人相见，真是对于研究公家财政史的人们

的一件最大的幸事。①

梁先生谈及《会计录》这部珍本自山东购得，当初就是一部残本，其他一些残阙不说，卷六“山东布政司田赋”整卷遗失，凸显了《会计录》存在不完整的问题。如不补齐，则无法进行全面整理，换言之，对于全面整理和研究，这无疑存在一个现实的挑战。下面将述及我们如何应对此难点。

# 六　《万历会计录》的资料来源、可信度及其定性

作为国家财政会计总册，编纂《会计录》依据的资料，首先出自户部档案，主要是有关钱粮的条例及其簿册。实际上，王国光到任以后，就开始整顿户部所掌握的簿册。根据《会计录》卷首户部尚书王国光进呈上奏云：

> 先考本部册籍，未的者，移查边腹及求省旧诸臣家藏，参互考订。旧额新增，备述端委，类分款列，悉明数目。②

他说明《会计录》的编纂程序，首先根据户部案牍册籍，经过与各地档案以及官员家藏旧档相互考订；凡旧额新增，都详细述出由来，分门别类列出数目。张学颜自万历六年（1578年）七月继任户部尚书，掌管《会计录》的编纂，其进呈题本云：

---

① 梁方仲：《评介〈万历会计录〉》，《中国近代经济史研究集刊》第 3 卷第 2 期，1935 年；收入《梁方仲经济史论文集补编》，中州古籍出版社 1984 年版。
② 《会计录》卷一，户部尚书王国光奏本，第 6 页。

首遵《大明会典》，次考历年条例，次查本部册籍，补其
缺遗，厘其讹误。①

也就是说，在重新参校中，首先是遵行《大明会典》，② 其次
参考了历年的条例，③ 再次调查了户部档案册籍，所作的主要工作
是补充阙失遗漏，修订厘清正误。这一订正的过程长达两年的
时间。

其后，在户部尚书张学颜的二次进呈题本中，述及"钱粮事
体重大，出入条目浩繁"，恐有所"遗缺差讹"，于是率户部官员
再行检阅了户部新题事例，以及各省直续报文册，重新加以磨算，
"订其未确，增其未备"。④ 并讲明在万历十年（1582 年）当时清
丈田粮的各省直奏报还没有通完，留待另为一书续辑刊布，由此
可知，清丈条例颁布，推行全国，但至十年，全国各省直的清丈
田粮奏报还没有通完，所以《会计录》没有编入。

在《明会典》的《户部·会计》项下，记录了洪武二十六年
（1393 年）、弘治十五年（1502 年）、万历六年（1578 年）三个时
间段的"各布政司并直隶府县实征夏税秋粮总数"，我们特别注意
到，在万历六年项下，记录了"实征"一词。⑤ 经将《明会典》

---

① 《会计录》卷一，户部尚书张学颜题本，第 4 页。

② 根据最近的研究，笔者对于《明会典》与诏令的关系进行了梳理，突出了其综
合法典的性质，见笔者《明令新探》，收入杨一凡主编《中国法律基本形式研究》，社
会科学文献出版社 2011 年版。

③ 条例是明朝重要的基本法律形式之一。关于明朝历代条例，杨一凡先生有专门
研究，他指出："明代的条例与宋代的条例、断例和元代的条格、断例有类似之处，并
在其基础上有所发展。重视制例，律例并行，于明太祖朱元璋执政的洪武朝已开其端。
永乐及以后各朝沿相编例，从未中断。仁宗、宣宗、英宗、景帝即位时均曾颁诏，将前
朝所定事例、条例革去，故这几朝颁行的定例已不多见。宪宗以后，新定的例辅律而
行。"见《明代中后期重要条例版本略述》，收入《法学研究》1994 年第 3 期。

④ 《会计录》卷一，户部尚书张学颜题本，第 7 页。

⑤ 《明会典》卷二五，《户部·会计》一《税粮》二，第 168 页。

与《会计录》夏税秋粮正赋加以比对，二者仅有极个别的数字差别，如粮米或有几十石之差，布匹或有几匹之差，等等。因此，《会计录》基于各省直册报的基础，又有《明会典》"实征"一词印证，可以认为《会计录》反映的是明代户部掌握的中央财政正赋在万历六年的实征数字。换言之，明代国家所掌握的全国财政收支的官方数字，就是这些各省直册报的数字，虽然在数额上会与地方实际征收有所差距，但却是明朝中央财政实际上能够掌控的主体部分。就此而言，我们认为这些官方数据是具有一定可信度的。

需要说明的是，当时十三布政司和两直隶依各自的不同情况，在国家财政中占有很不相同的比例与地位，不宜一概而论，但必须以全国一盘棋来看中央财政，户部是掌控当时中央财政的主体，至于各省直的财政状况，《会计录》所掌握的是中央根据各省直上报文册上的数字，而各省直具体财政及其运行情况，还需要从省直及各级府州县文书得到更具体的资料来源，如《河南赋役总会文册》等。而地方文书不能替代中央文书，如《山东经会录》，是从省的角度编制而成，我们发现以之无法弥补中央财政的山东部分，就是一个最好的例子。这说明《会计录》作为明代中央财政会计总册，是明代中央掌握的全国财政数字，具有不可替代性，也具有相当的可信度。

关于《会计录》中的数字，可归纳以下三点认识：

第一，《会计录》中的数字，有一定的可信度，是在各省直册报基础上的档案册籍的汇编。

第二，《会计录》中的数字，是实征数字，并非是完全估算而来。

第三，《会计录》中的数字，是明代国家财政的官方统计的数字，与地方实际收支的具体运作有所区别。

这里还有一个我们不能回避的问题：《会计录》的定性

问题。

我们认为《会计录》是明代国家财政会计总册。① 而《会计录》是预算书吗？中国古代大一统帝国在唐代出现了中央财政账册《国计簿》，宋代出现《会计录》，尽管已有学者以预算的视角来看待唐代与宋代财政史，但唐宋会计簿册并没有留存下来，从唯一存留于世的明代财政总册《会计录》来看，其本身内容说明，中国古代财政会计总册与现代西方预算书存在相当大的距离，这一点即使是认为《会计录》是预算书的赖建诚先生也无法否认。"预算"这个词在中国出现很早，原意是预先计算，与财政无关。中国古代财政会计和近代国家预算不同之处，主要表现在中国古代主要以编造年份的（预算执行的前一年份）的实际财政收入作为编造基础，而近代国家预算则是以预算年份的估计收入为编造基础。一般认为，中国第一次使用现代意义的"预算"一词，是黄遵宪 1895 年所刊的《日本国志》，是从日本舶来的。陈锋先生指出，清末才有近现代意义上的预算，传统的称为奏销制度，与具有现代色彩的预决算制度有别，预算的完成标示出传统奏销制度的终结和传统财政体制向现代财政体制的转折。②

我们认为，《会计录》的性质应该根据其本身内容来定性，不应以现代西方预算书的概念来简单套用。《会计录》的内容主要可分为两部分：一是国家财政会计、统计资料，主要是各省直万历六年（1578 年）呈给中央的册报，属于年度报告，参考了历年条

---

① 起初，我们将《会计录》称作"明代国家财政总账册"，感谢国家社会科学基金结项评审专家李晓先生指出会计上报称"表"，所谓"账"是不上报的。我们考虑称"明代国家财政会计总表"不太合适，故采用"明代国家财政会计总册"或简称"明代国家财政总册"。

② 陈锋：《晚清财政预算的酝酿与实施》，《江汉论坛》2009 年第 1 期。

例，还有事例，① 以及户部掌握的各种相关档案文册资料；二是对于这些国家财政基础资料的分析。因此，我们认为定义为明代国家财政总册，或国家财政会计总册更为合适。

我们的根据是《会计录》主要以编造年份的（预算执行的前一年份）实际财政收入作为编造基础，与近代国家预算以预算年份的估计收入为编造基础是不同的。换言之，《会计录》与预算书面向的时间范围不同。会计是面向过去，以过去的年份事项为依据，是对过去的状况进行确认和记录。而预算是关注未来，是基于一定的假设条件，在对历史资料和现实状况进行分析以及对未来情况预测和判断的基础上，侧重对未来的预测和决策。根据收入多少来定开支的限度，即量入为出，一直就是明朝财政的基本原则。正是因为如此，编纂《会计录》才有可能使得朝廷实际了解与掌握当时财政收支的详细数字。其编纂的目的，是在对当时财政现状进行全面了解和分析后，为改革的进一步深入奠定基础。

## 七　《万历会计录》的创新性整理与研究

关于《会计录》的介绍，迄今主要有三篇论文。首先，是1935 年著名经济史学家梁方仲发表的《评介〈万历会计录〉》一文；② 其次，有徐蜀《明代重要经济文献〈万历会计录〉》一文，

---

① 《正德大明会典·凡例》云：“事例出朝廷所降，则书曰诏，曰敕。臣下所奏，则书曰奏准，曰议准，曰奏定，曰议定。或总书曰令。”就此而言，在明朝人的观念中，“事例”的形成与诏敕有着直接的密不可分的关系，诏令作为广义的令，是明代的基本法律形式。条例、则例、榜例都是以皇帝名义发布的，其中不少内容来自诏敕和事例。见笔者《明令新探》，杨一凡主编《中国古代法律形式》，社会科学文献出版社2011 年版。

② 《中国近代经济史研究集刊》第 3 卷第 2 期，收入《梁方仲经济史论文集补编》，中州古籍出版社 1984 年版。

发表于 1989 年即将影印出版之时；① 最后，是台湾经济学者赖建诚《〈万历会计录〉初探》一文，是更为详细的介绍。② 经查，黄仁宇先生的《十六世纪明代之财政与税收》一书，仅利用了《会计录》6 个数据。鉴于《会计录》的重要史料价值尚未开发，自 2002 年起，笔者与华北电力大学数学教授徐英凯合作，首次由史学与数学学者联合攻关，对《会计录》进行全面整理与研究，我们的课题《十六世纪明代财政研究——以〈万历会计录〉的整理为中心》，是国家社会科学基金项目，也是笔者自 20 世纪末开始的明代白银货币化研究学术理路的延伸研究。

中国传统史学不重视统计数字，也不注意统计数字资料的搜集、整理和研究。以往在古代历史记载中，常见是约数，缺乏具体数字，在一些经济史著作中对社会经济，特别是财政的变革，也很少运用数字说明问题。但是实际上无数字可作为依据，就会使得定性研究过于笼统与空泛，或者含混不清。这也是在许多重要经济问题上，长期以来观点歧出、争议纷纭的重要原因。因此，有必要打破学科限制，进行"跨学科"的合作，对于《会计录》进行整理与研究。我们以史学与数学学者首次合作，尝试通过大型财政数据的整理和财政白银货币化的研究，将史学与数学研究方法进行整合，定性分析与定量分析相结合，希望对明代财政史乃至明史的深入研究作出绵薄贡献。

《会计录》是依据全国各地呈报的财政报告编制而成，是 16 世纪 70—80 年代明代国家财政的实态记录，有大规模的量的记载，对于我们研究明代财政提供了极其宝贵的、不可替代的数据资料。《会计录》卷一"天下各项钱粮见额岁入岁出"后，有一段极为关键的编纂者"按语"，现全文录于下：

---

① 《文献》1989 年第 4 期。
② 台湾《汉学研究》第 12 卷第 2 期，1994 年 12 月。

　　臣等谨按：国家疆域尽四海，田赋户口逾于前代，载在会典者可考也。今额视先朝增者少，减者多，何哉？田没于兼并，赋诡于飞隐，户脱于投徙，承平既久，奸伪日滋，其势然也。顷荷明旨，清丈田粮，原额可冀渐复。但今每年所入本折各色通计壹千肆百陆拾壹万有奇，钱钞不与焉。所出除入内府者陆百万余，数莫可稽。他如俸禄、月粮、料草、商价、边饷等项，逾玖佰叁拾壹万有奇，是一岁之入，不足供一岁之出。虽岁稔时康（廪）已称难继，况天灾流行，地方多虞，蠲赈逋欠，事出意外，又安能取盈也。怀已安已治之虑，清冗费冗食之源，去浮从约以复祖制，臣等深于朝廷有至望焉。①

　　根据这段文字我们了解到，至万历年间，明代户部已经有以白银作为统一计量标准的部分会计总账，这一点从"但今每年所入本折各色通计壹千肆佰陆拾壹万有奇，钱钞不与焉"，即通计1461万有奇而表露无遗。根据《会计录》本身分析，"本"是本色实物，"折"在当时已多折以白银。按照当时白银货币化的情况，流通领域以白银为主币已经发生，所见方志和地方赋役册籍的记录，各地赋役改革都是以折银征银为手段，越来越多地以白银为计量单位；中央财政除了白粮与其他一些地方特产外，也越来越多地朝向以白银作为主要收入。然而，其下的"十三司分理各省直的田粮岁额岁入岁出总数"都是以实物为计量单位的账目，那么，需要对这种状态做出解释。我们认为，一是在户部已经采用白银为计量标准来会计部分财政总数，这种类似于全面盘点的会计总数，说明明代财政已有部分以白银作为计量单位；而《会

---

① 《会计录》卷一，上册，第22页。

计录》是以各省直册报为基础的，由于下面征收是以实物为计量单位的原额为基础，即使折银，也是要有田亩粮食石为基础依据，否则就会失去征收标准。因此，从《会计录》的整体记录来看，是既有实物，又有折银乃至征银的一种混杂实态，亟待全面加以整理。全面系统整理明代国家财政的第一手资料《会计录》，以白银货币化为主线索，以白银作为统一的计量单位，探讨16世纪明代财政收支总量、规模、结构及其货币化程度，是本课题整理与研究的基本思路。

由于包含数据庞大，这次我们对《会计录》的整理与研究，是以蚂蚁啃骨头的决心来实现的。关于整理与研究的基本过程，首先我们特别说明：我们的整理为了注意保存《会计录》的原貌，第一步是系统整理原书的原始数据，在保持原生态的状况下，整理形成现代表格形式，"揽万里于尺寸之内，罗百世于方册之间"，以统计表格特有的表达方式，使得原文献内容表述达到详尽、明白的效果，以便下一步提供学界利用研究。其次我们还要特别说明的是，为了还原明朝财政的本来面貌，我们在研究中，仅就《会计录》原始数据列表和依据《会计录》原始数据进行统计分析，一般不掺杂其他文献进行比较和考证。

中国古代社会经济发展，至明代白银货币化，形成了以贵金属白银作为统一的计量单位，为我们进行定量分析提供了前此所不具备的有利条件。我们的研究建立在整理中国古代唯一一部传世的大型财政会计总册上，从世界历史连成一个整体、全球化开端的高度来看待晚明财政，全面吸收已有的研究成果，试图突破以往研究的框架，依据明代白银货币化的理论，以白银货币化为主线索，重新审视晚明财政史。我们以《会计录》原书作为资料来源，以统计分析为主要研究方法，以白银作为统一的计量标准，探索明代白银货币化与明代财政的关系，以统计表格形式复原16世纪明代财政结构和整体财政史。我们在全面系统整理的基础上，根据《会计录》中的数据，对于 16 世纪明代财政体系及其发生的变化，国家财政收支从实物税向货币税的转变究竟达到了什么程度，国家财政的总量规模、结构、货币化比例等问题，进行了研究。整理《会计录》的大量数据进行统计分析，做出系列表格；《会计录》卷六山东田赋数据全部阙失，我们在由系统聚类分析模型得到的山东与南直隶为一类的结论基础上，结合明代文献记载，应用系统聚类分析模型和随机数学中的线性回归模型，以白银为统一的计量标准，对万历初年山东省及其所辖府州县田赋数据进行了补遗，并给出了田赋货币化结构。以田赋为因变量，积谷为预测变量，对于所分各类分别进行线性回归分析，在显著性水平 $\alpha = 0.01$ 下，模型回归效果显著，误差百分比很小，模型的拟合度 $R^2$ 较高，回归效果理想。并以白银作为主要的研究变量，应用数理统计多元分析与随机数学理论对《会计录》进行回归、相关、判别及聚类等定量分析；进一步将定量分析与定性分析相结合，采用白银为统一的计量单位，重点对财政中最重要的田赋部分，十三布政司、两直隶的田赋数据资料，进行统计分析与研究，对田赋白银化程度作出具体估算，最终将《会计录》中财政收支全部采用白银为统一的计量单位计算，求得明代财政收支的总额。在研究中，我们严格依据《会计录》记载，划分实物与白银货币两部分，在将财政中实物与货币部分分别以白银为计量单位计算，得出财政总货币数后，又在财政总货币数中除去实物换算的货币部分，求得财政收支的货币化比例，切实获得 16 世纪明代国家财政的总体结构规模与货币化比例数字，揭示晚明中国财政体系的变化实态，进而了解明代财政体系的发展趋向及其历史规律，探索中国社会发展特殊性及其与世界发展进程的趋同性。

在明代白银货币化研究的学术理路延伸下，以明代白银货币化为主线，我们的工作包括整理录入财政数据达 4.5 万条，采用了统计列表方法，撰著本书处理的数据多达 20 万条以上。

我们将整理与研究分为三个部分，第一部分整理篇，编制表格133个，第二部分统计篇编制表格134个，第三部分研究篇，编制表格288个，共编制统计表555个，附图28个。关于表格的设置、形式、安排和一些表格中的具体问题，我们经过反复讨论。《会计录》显示，明代财政已经具有以统一的白银货币为计量单位的财政总额，其中的赋税征收与支出，逐渐走向采用统一白银为计量单位的发展趋向极为明显，但是还必须指出，这一财政总册中还保存有不少实物部分，计量单位没有完全统一。对此，我们认为，这正反映了财政在急剧变化之中的过渡形态。下面对于我们的整理与研究工作加以简单说明。

第一篇：整理篇

首先，对《会计录》进行整理，是为第一篇"整理篇"。

我们对《会计录》所载数据的整理，是在明确目标的指导下进行的：保留《会计录》的原生态，以便于学者们研究使用。《会计录》数据资源是来自明代各省的册报数字，主要是万历六年（1578年）年度的财政册报及其分析，也有少量其他年度，如迟至万历八年（1580年）的数字。关于当时明朝中央户部所掌握的全国财政的状况，总账册足资凭证。因此，我们在第一篇中首先撰写了整理凡例，编制了133个甲表，这些表格严格依据《会计录》原书的顺序，保留了原书的全部内容，使得《会计录》这部大型历史数据文献，首次具备了现代统计表格的形式；将原书中以汉文字表达的数字资料，也改为以阿拉伯数字的形式表示，并将原书《沿革事例》的文字附于各卷之后。

《会计录》中的数字非常繁琐，包括小数点后七八位，为了便于整理与应用，在一般情况下，我们保留了数据小数点后两位。个别数值过小的数据，为了使其能够便于识别和比较，保留了小数点后三、四位。原书中的注释，我们以脚注的形式给出。在本篇的最后，给出了原书的"残缺情况一览表"，并附录了卷三二中的一段衍文及其考源。

整理篇解决了长期以来，由于原书内容繁杂、数字量巨大等特点，给应用者带来的困惑与麻烦，希望将对明代财政史研究有所助益。

第二篇：统计篇

其次，在整理《会计录》全书基础上，编制了统计表格，是为"统计篇"。

此篇分章节顺序编制排列表格，每章前附有说明。根据整理篇原始统计表所记录的数据，编制了134个初步统计表格，做了简单的统计分析。这样做的目的，是为了得到一些常用的统计结果，便于研究的使用。但是更重要的目的，是为了下一步以白银作为统一的计量单位，对晚明国家财政结构进行分析打下一个坚实的基础。这部分表格主要是对整理篇133个甲表分别进行比较、归类等简单的统计分析，以便为后一个目的实现做好前期的准备工作。需要特别说明的是，其中"全国田土、人户、人口"的统计，不是实际意义上的全国土地、人口、人户数字，只是明代户部掌握的财政册籍上的数字。下面所统计的田土、人口、人户的平均税负，也是明朝财政所掌握的税亩、税丁、税户的数字。①

第三篇：研究篇

最后，对《会计录》进行货币化研究，是为第三篇"研究篇"。此篇分章节顺序编制排列表格，每章前附有说明。

研究统计表，是从明代白银货币化的理论出发，以统一的白银作为计量单位，将《会计录》中所有收支数据折算为白银，对全国财政规模与状况进行统计分析，编成一套系统的货币化统计表格288个，附图28个。由于《会计录》中所载的大量数据，大

---

① 此点是非常重要的，经张研先生在结项评议中一再强调，故特出此注加以说明，并致以深切谢忱。

多是以实物记账的方式出现，因此将财政所有田赋等项全部折银，就成了解决问题达到预期目标的关键。

最后，为了给读者与研究者提供方便。附有附录 7 个，包括皇帝世系表，万历初年行政区划，户部十三司职掌，度量衡说明，主要参考文献，万历《明会典》户部数据，《明实录》户口、田地、田赋数据。

# 八　结语：明史研究新议题的提出

至此，我们的工作形成了一个近 400 万字的阶段性成果。笔者认为明代是一个大变革的时代，经过一个半世纪的赋役改革，也即白银货币化的白银货币迅速扩张过程，来到了重要的改革关节点，《会计录》是张居正改革进入攻坚阶段的产物。根据其中已经出现以白银货币统计部分财政收支总额的认识，我们认为《会计录》已经展现出一个新的财政体系的雏形。这个张居正改革重构的财政体系，是一个什么样的财政体系？无疑，这个新的财政体系是建立在白银货币为主的基础上，也就是建立在货币经济基础之上，是中国经济货币化的过程，与明初建立在自然经济基础上以实物和力役为主的财政体系已经迥然不同了，换言之，新的财政体系是对以往财政体系的颠覆。这一点前贤没有指出，而当我们以白银作为统一计量标准，将《会计录》中财政收支数据全部货币化，求得财政的总量与整体规模时，财政结构的变化极为明显，一个实物与货币二元结构的出现，凸显了白银货币的意义，反映出财政体系在急剧变化之中的过渡形态；而我们的统计说明，万历初年财政支出的货币化比例已经超出了财政收入的货币化比例，因此，改革朝向既定的货币化趋向发展是一种必然选择。值得我们关注的是，从明代整体财政体系来看，此时发生了重大转型。

在《万历会计录》的整理与研究的基础上，我们尝试了理论的提升：16 世纪明代财政从实物向白银货币的全面转型，标志着中国古代建立在自给自足自然经济基础上的以实物和力役为主的财政体系，向商品货币经济发展基础上的以白银货币为主的财政体系转型，这是中国两千年亘古未有的变革，是现代货币财政的开端，也就是中国古代传统赋役国家向近代赋税国家转型的开端。这一国家转型新观点的提出，其意义即在于是在以往社会转型研究的基础上，更推进了一步，是明史研究的一个新议题，有待于深入的研究。

（原载《明史研究论丛》第 13 辑，中国国际广播电视出版社 2014 年版）

# 传承与重塑：万寿寺的历史记忆

　　万寿寺位于北京西直门西七里，是明清北京著名的皇家佛教寺院，始建于明万历五年（1577 年），距今已有 400 多年的历史，有"京西小故宫"之称。它兴起于明，鼎盛于清。至今遗存的一幅《香林千衲图》，绘有清乾隆二十六年（1761 年）为皇太后七十寿辰在万寿寺皇家寺院举行庆典的盛况。庆典是皇家的，气势宏大，寺院前面，上千僧人诵经祝釐（祈求福佑），寺院与僧人、戏台之间形成一个空间，向街巷辐射蔓延。

　　佛教原本产生于公元前 6 世纪的印度，自汉代传入中国后，在晋代和南北朝时期得到了极大发展，逐渐形成了具有中国文化特色的本土化佛教，至隋唐进入繁盛时期。寺院是佛教僧团修道念佛的处所，自佛教传入中国，祝釐祈福就是佛教寺院佛事活动的一项相当重要的内容，与社会各阶层人们的崇佛信仰密不可分，乃至今天仍长盛不衰。

　　寺院的建立主要在于祈福，予人吉利的庇护，同时使得大自然事物与神祇融合为一，在人神间实现交往与沟通。明代是北京佛教发展鼎盛时期，北京万寿寺自万历五年（1577 年）动工，次年六月落成，名万寿寺，从此成为皇家寺院。自建寺起，万寿寺就以佛事祝釐而闻名，其重大佛事活动，包括大钟的安置与撞击，均与祝釐相关，集中体现了皇家寺院所具有的祝釐功能，又与明清两代的皇帝特别是皇太后结下了不解之缘。由明朝神宗之母慈圣皇太后发心，明神宗出内帑银建造，作为神宗和皇太后祝厘之所的万寿寺，在清朝重修与延续，引发了祝厘新的一波，为清圣祖康熙皇帝的祝厘之处，高宗乾隆之母孝定皇太后 60、70 岁两度寿诞祝厘之所，文宗光绪之母慈禧皇太后 60 岁寿诞祝厘之地，彰显了皇家寺院重要的政治和文化功能。关于万寿寺，已经有不少学者介绍与研究，本文拟以明清皇家寺院万寿寺的祝厘活动为中心，聚焦其祈福功能及其活动乃至延伸形成庙会的发展过程，以祈方家教正。

# 一　万寿寺皇家寺院的缘起

祈福是皇家寺院一条主线。祝厘，即祈求福佑，馨香祷祝。最早见于《史记·孝文本纪》：

> 昔先王远施不求其报，望祀不祈其福，右贤左戚，先民后己，至明之极也。今吾闻祠官祝厘，皆归福朕躬，不为百姓，朕甚愧之。夫以朕不德，而躬享独美其福，百姓不与焉，是重吾不德。其令祠官致敬，毋有所祈。①

这里说的是汉孝文帝祝厘不忘百姓之事。祝的本义有祷告，向鬼神求福之意，也指代男巫。当时由宫廷里主管祭祀的祠官负责祝厘，祭祀时有祝祷之辞；喜庆活动中有祝颂之辞，与佛教传入后主要由寺院或僧人承担祝厘活动有所不同。

京西万寿寺，一直以来往往被误认为是明神宗万历皇帝母孝定李太后出资所建，实际上由首辅大学士张居正撰写《敕建万寿

---

① 司马迁：《史记》卷一〇《孝文本纪》，北京燕山出版社 2001 年版，第 119 页。

寺碑》写得很明确，是由皇帝奉李太后之意，出内帑建寺，以司礼监大珰冯保监造，因此此寺颇不同寻常：

> 初，禁垣艮隅有番、汉二经厂，其来久矣。庄皇帝尝诏重修，以祝厘延贶，厥工未就。今上践阼之五年，圣母慈圣宣文皇太后谕上，若曰：朕一以藏经焚修，成先帝遗意。上若曰：朕时佩节用之训，事非益民者弗举，惟是皇考祈祐之地，又重之以圣母追念荐福慈意，然不可以烦有司，乃出帑储若干缗。潞王、公主暨诸宫御、中贵亦佐若干缗，命司礼监太监冯保等卜地于西直门外七里许，广源闸之西，特建梵刹，为尊藏汉经香火院。①

万寿寺之建，皇太后的初衷是完成穆宗皇帝的遗愿。起初，隆庆五年（1571）穆宗染病，命重修番经厂、汉经厂，未成，穆宗崩，因此皇太后欲建"一寺以藏经焚修，成先帝遗意"。万历帝则以"惟是皇考祈祐之地，又重之以圣母追念荐福慈意"，所以建立此一寺院。

张居正撰碑文中谈及番、汉二经厂，这使得有学者将番、汉二经厂混同一起，将收藏佛教经文，理解为将番经厂的藏传佛教经典也收进万寿寺之误。查当时翰林院日讲官朱赓撰《敕建万寿寺碑文》，可以证明万寿寺仅为汉经厂香火院：

> 尝于内地东北隅设番、汉二经厂，使内臣习经典法事。盖二百年于兹矣。隆庆五年，先皇帝不豫，因命重修为祈祝地。其后圣母慈圣宣文皇太后追念先皇帝不置，则语上以重

---

① 张居正：《张太岳集》卷十二《敕建万寿寺碑》，上海古籍出版社 1984 年版，第 150 页。

修故，语辄泣。上亦泣。已乃奉圣母命，思先帝遗意而推广之，出帑储若干缗，潞王、公主暨诸宫御、中贵复佐若干缗，命司礼监太监卜于都城西直门外广源闸之西，故太监丘聚地一区而建刹焉，是为汉经厂香火院。①

一般来说，香火院是营建专供诵经祈福的佛教寺院，由此可知，万寿寺从建立时起，就已定位：是一座收藏汉传佛教经文和念诵祈福的皇家寺院。万寿寺于万历五年（1577 年）三月开工，次年六月竣工，当时以内臣张进主寺事。万寿寺建成后，明神宗赐名万寿寺，下令将京城内汉经厂的汉经移置于此：

> 先是京师有番经、汉经二厂，年久颓圮，穆皇命重修未竟，上移贮汉经于其中。②

刘若愚《酌中志》记载《汉经厂》颇详：

> 释典具宗、教两门，而诵经持咒，劝化群生，此度世津梁，必不可缺者。我二祖列宗咸多御制序文，隆重佛典，自宫壶、藩封以及学士大夫，近而村里，远则边塞，罔不藉佛力以寓劝化，布经典以坚款贡。神庙在宥，孝侍两宫圣母，琳官梵刹，遍峙郊坼，丹篆梵文，无远弗届。
>
> 皇城内设汉经厂。内臣若干员。每遇收选官人，则拨数十名习念释氏诸品经忏。其持戒与否，则听人自便。如遇万寿圣节、正旦、中元等节，于宫中启建道场，遣内大臣瞻礼，

---

① 朱赓：《朱文懿公文集》卷二《敕建万寿寺碑文》，天启刻本。
② 沈德符：《万历野获编》卷二七《释道·京师敕建寺》，中华书局 1959 年版，下册，第 687 页。

扬幡挂榜，如外之应付僧一般。其僧伽帽、袈裟、缁衣，亦舆僧人同，惟不落发耳。圆满事毕，仍各易内臣服色。神庙曾选择经典精熟、心行老成、持斋者敷员，教习宫女数十人，亦能于佛前作法事，行香念经，若尼姑然。①

他首先记述了皇家特意隆重佛教之故，接着述及汉经厂具有"如遇万寿圣节、正旦、中元等节，于宫中启建道场"的功能。汉经厂承担建立道场，举办汉传佛教法事，以及宫人平时"习念释氏诸品经忏"的职责，因此随着汉经厂的迁置，我们知道，万寿寺为皇家祝厘的功能就更加彰显了出来。虽然汉经厂原址经修缮后，汉经厂又迁移回去了，但是举办汉传佛教法事为皇家祝厘的功能，却在万寿寺保留了下来。

《明史》记载孝定李太后云：

孝定李太后，神宗生母也，漷县人。侍穆宗于裕邸。隆庆元年三月封贵妃，生神宗。即位，上尊号曰慈圣皇太后。旧制，天子立，尊皇后为皇太后，若有生母称太后者，则加徽号以别之。是时，太监冯保欲媚贵妃，因以并尊风大学士张居正下廷臣议，尊皇后曰仁圣皇太后，贵妃曰慈圣皇太后，始无别矣。仁圣居慈庆宫，慈圣居慈宁宫。居正请太后视帝起居，乃徙居乾清宫。②

万寿寺建于万历五年（1577 年），当时万历皇帝尚未大婚，由太后在乾清宫照顾皇帝起居，管教颇严。帝或不读书，就召使

---

① 刘若愚：《酌中志》卷十六《内府衙门职掌·汉经厂》，北京古籍出版社 1994年版，第 116—117 页。

② 张廷玉等：《明史》卷一一四，《后妃》二《孝定李太后》，中华书局 1974 年版，第 3534—3535 页。

长跪。六年（1578年），帝大婚，太后才返回慈宁宫。皇太后寿命较长，此后庆典屡行，徽号也屡增，到万历三十四年（1606年）春，皇太子长孙出生时，徽号已加至十二个字，称慈圣宣文明肃贞寿端献恭熹皇太后。至万历四十二年（1614年）二月李太后崩时，上尊谥曰孝定贞纯钦仁端肃弼天祚圣皇太后。这也就是原称慈圣皇太后、后称孝定皇太后的来历。

由于李太后笃信佛教，在明朝宫廷里称为"九莲菩萨"，这在明清文献记载中均可以见到：

太后梦中，菩萨数现，授太后经，曰《九莲经》，觉而记忆，无所遗忘，乃入经大藏，乃审厥象，范金祀之。寺有僧自言梦，或告曰：太后，菩萨后身也。[1]

九莲菩萨者，神宗母，孝定李太后也。太后好佛，宫中像作九莲座，故云。[2]

九莲菩萨者，孝定皇后梦中授经者也，觉而一字不遗，因录入佛大藏中。旋作慈寿寺，其后建九莲阁，内塑菩萨像，跨一凤而九首，乃孝定以梦中所见，语塑工而为之。寺僧相传，菩萨为孝定前身。[3]

明慈圣太后生于漷县之永乐店，事佛甚谨，宫中称为九莲菩萨。每岁十一月十九日为其诞辰，百官率于午门前称贺。长安百姓妇孺俱于佛寺进香祝厘。享天子奉养四十三年，古今太后称全福者所未有也。[4]

---

[1] 刘侗、于奕正：《帝京景物略》卷五《西城外》，北京古籍出版社1982年版，第216页。

[2] 《明史》卷一二〇《诸王》五《悼灵王慈焕》，第3659页。

[3] 杨士聪：《玉堂荟记》卷一，借月山房汇抄本。

[4] 于敏中等编纂：《日下旧闻考》卷一一〇，引《菊隐纪闻》（三），北京古籍出版社1983年版，第1840页。

九莲菩萨者，孝定皇后梦中授经者也。觉而一字不遗，因录入大藏中。旋在慈寿寺殿后建九莲阁，内塑菩萨像，跨一凤而九首。寺僧相传菩萨即孝定前身也。①

万历四十二年（1614 年）李太后死后，神宗上尊号为"九莲菩萨"，并于万历四十四年（1616 年）编刻《佛说大慈至圣九莲菩萨化身度世尊经》（又名《九莲经》），在慈寿寺立殿祭祀。至于万历四年李太后就授《九莲经》，慈宁宫"莲生九蕊"之说，都属编造或清人之附会。②

其实，万寿寺不仅与太后崇佛、为太后祝厘有密切关系，其受到尊崇，首先因为其成为皇帝的祝厘之所。明朝自太祖崇奉佛教，至神宗年间，史载：

> 逮至今上，与两宫圣母，首建慈寿、万寿诸寺，俱在京师，穹丽冠海内，至度僧为替身出家。③

当时皇上及东宫与诸王降生时，都要剃度一位幼童替身出家：

> 本朝主上及东宫与诸王降生，俱剃度童幼替身出家，不知何所缘起，意者沿故元遗俗也。今京师城南有海会寺者，传闻为先帝穆宗初生受厘之所。今上万历二年重修，已称钜丽。本年又于城之西南隅鼎建承恩寺，其壮伟又有加焉。今

---

①　吴长元：《宸垣识略》卷十三《郊坰》二，北京古籍出版社 1982 年版，第 275 页。

②　参见周绍良《明万历年间为九莲菩萨编造的两部经》，《故宫博物院院刊》1985 年第 2 期；何孝荣《明代北京佛教寺院修建研究》（上），南开大学出版社 2007 年版，第 294 页。

③　《万历野获编》卷二七《释道·释教盛衰》，第 679 页。

上替身僧志善，以左善世住持其中，盖从龙泉寺移锡于此。其在城外者曰慈寿寺，去阜成门八里，则圣母慈圣皇太后所建，盖正德间大珰谷大用故地，始于万历四年，凡二岁告成，入山门即有窣堵坡高入云表，名永安塔，华焕精严，真如游化城乐邦。所费甚多。盖慈圣既捐帑，各邸俱助之，因得速就如此。①

至万历五年（1577 年）三月，建万寿寺于西直门外七里，"时，司礼故大珰冯保领其事，先助万金。潞邸及诸公主诸妃嫔，以至各中贵，无不捐资"。明人沈德符记当时建造的几处佛教寺院"俱帝后出供奉之羡，鸠工聚材，一以大珰莅之，有司例不与闻。民间若不知有大役，亦太平佳话也"。②

明末清初孙承泽有诗作《万寿寺志感》，指出："寺乃万历初所造，为母氏祝厘，最为钜丽"，并对于其实皇家寺院建筑是百姓膏血有所揭露，特列于下：

巍巍万寿寺，建自万历中。慈宁事母后，九莲铸金容。彼时称清宴，车书万国同。闾阎乐输将，太仓帑藏充。更遣榷税使，处处虎狼踪。诛求及纤毫，捆载内府供。官家顾之笑，宁计四海穷。嗟此膏与血，广置佛氏宫。飞甍连疏绮，缥缈摩穹隆。丹垩尚焕烨，俄警劫火红。供奉邀慈护，曾不护其躬。形骸原土木，焦烂倾西东。谁复慰憔悴，悔懊应蛰龙。彼教来西土，大惑被愚蒙。乘伦及佛性，遂为奸盗丛。孟代辟杨墨，千载称禹功。萧禹生空桑，异端乃所攻。何当

---

① 《万历野获编》卷二七《释道·京师敕建寺》，第686页。
② 同上书，第687页。

邪说熄，立见圣道崇。男耕而女织，重游三代风。①

万寿寺建成后，皇帝赐名护国万寿寺。万历七年（1579 年）四月，皇帝为万寿寺颁下了敕谕一道：

> 万寿寺庄房果园地玖顷柒拾亩。皇帝敕谕官员军民诸色人等：朕惟慈悲之教，盖以阴翊皇度，化导群迷，乃于万历五年，命建僧寺一所于西直关外广源闸地方，以崇奉三宝，庇佑民生，赐额曰"护国万寿寺"。凡殿阁、廊庑、方丈、庖庾规制咸备，复念寺众无以养赡，于寺基后置果园及白地共计五顷五十亩。又买到顺天右宛平县香山乡强花村民庄房果园四顷二十亩，其房地所出租课，俱供本寺香火之费，悉照先年大慈仁寺事例，一体优免。仍令内官监太监张进等侍奉香火，率督僧众焚修。尚虑愚顽之徒，罔知禁忌，或至毁亵侵凌，兹特赐寺禁谕，凡内外官员，军民诸色人等，俱宜仰体至意，敢有不遵敕旨，辄肆侵犯者，必重罪不宥。故谕。万历七年四月初四日。②

这是万历皇帝为保护这座敕修寺院，特别颁下的禁止"内外官员，军民诸色人等"侵犯的敕谕。当时赐额曰"护国万寿寺"，"令内官监太监张进等侍奉香火，率督僧众焚修"，内官监在明初为明代宦官二十四衙门第一监，后来虽然位次于司礼监，但主管皇家建筑之事，以内官监太监率督侍奉香火与焚修，足见这座敕修寺院的品级之高，在京城诸多佛教寺院中的超群地位。

---

① 孙承泽：《天府广记》卷四四《诗》三，北京古籍出版社 1982 年版，下册，第760—761 页。

② 沈榜：《宛署杂记》卷十八《万字》，北京古籍出版社 1980 年版，第 208—209页。

万寿寺之所以特别，主要是神宗替身僧志善原在承恩寺，后也到了万寿寺，志善死后，"内主僧年未二十，美如倩妇，问之亦上替僧，但怪其太少，盖志善者已谢世，此又代职者，自承恩移居此中耳"。[①] 万历皇帝的替身一直在万寿寺中，万寿寺担负着为皇帝祝厘的重大佛事活动也就在情理之中了。

当时建成的万寿寺：

> 中为大延寿殿五楹，旁列罗汉。殿各九楹。前为钟鼓楼、天王殿。后为藏经阁，高广如殿，左右为韦驮、达摩殿各三楹……又后为假山，山之上有观音像，下为禅堂，文殊、普贤殿，山前为池三，后为亭池各一。最后果园一顷。[②]

明人评曰：

> 其正殿曰大延寿；阁曰宁安，重楼复榭，隐暎蔽亏，视慈寿寺又加丽焉。其后垒石为三山，以奉西方三大士，盖象普陀、清凉、峨嵋。凡占地四顷有奇，亦浃岁即成。
>
> 其藻绘丹艧，视金陵三大刹不啻倍蓰。盖塔庙之极盛，几同《洛阳伽蓝记》所载矣。[③]

《帝京景物略》记述万寿寺景观尤细，现备述于下：

> 慈圣宣文皇太后所立万寿寺，在西直门外七里，广源闸之西。万历五年时，物力有余，民已悦豫，太监冯保，奉命

---

① 《万历野获编》卷二七《释道京师敕建寺》，第 687 页。
② 张居正：《张太岳集》卷十二《敕建万寿寺碑》，第 150 页。
③ 《万历野获编》卷二七《释道·京师敕建寺》，第 687 页。

大作。虽大作，役不逾时，公私若无闻知。中大延寿殿，五
楹。旁罗汉殿，各九楹。后藏经阁，高广如中殿。左右韦陀、
达摩殿，各三楹，如中傍殿。方丈后，辇石出土为山，所取
土处，为三池。山上，三大士殿各一。三池共一亭，僧云万
历十六年上幸寺，尚食此亭也。山后圃百亩，圃蔬弥望，种
莳采掇，晨数十僧。寺成，赐名万寿。万寿者，文武吏士、
商旅井陌，燕私之诵声，四十八年如一日也。寺之碑，大学
士张居正奉诏撰，其词曰："惟君建极，敛福锡民，民有疾
苦，如在其身。巍巍大雄，转轮弘教，毗卢光明，大千仰照。
佛力浩衍，君亦如然，其以悲智，济彼颠连。琅函贝叶，藏
之天府，以诩皇度，自我列祖。沿及我皇，……跻民极乐，
祇奉慈命，复轸民瘼。毋烦将作，乃发帑储，鸠工庀材，龙
宫蔚起。……翼翼莪莪，有截其所，仰侔神造，俯瞰净土。
凡斯钜丽，前武之绳，聿追来孝，旋观厥成。景命有仆，永
锡纯嘏，既相烈考，亦佑父母。保兹天子，亿万斯年，本支
百世，蛰蛰绵绵。"①

万寿寺不仅宏敞壮丽，而且僧人众多，寺成，赐名万寿。"万
寿者，文武吏士、商旅井陌，燕私之诵声，四十八年如一日也。"②

明人沈德符云："予再游万寿时，正值寺衲为主上祝厘，其梵
呗者几千人，声如海潮音。"由此可见，明朝万历时万寿寺的祝厘
场面必定相当宏大，可惜没有图册留传下来。

漳州张燮有诗咏《万寿寺》：

大千荫盖法云迥，万寿同声万姓垓。深院鼓传雷洊至，

---

① 《帝京景物略》卷五《西城外》，第 202—203 页。
② 同上书，第 202 页。

隔林钟报海潮来。峦危近寺斜窥洞，树古穿篱别有台。千叶莲华轮许大，祝厘遥对尚方开。①

万寿寺之所以著名，还因为皇帝曾经在此"尚食"。明人撰《长安客话》记载：

> 寺在广源闸西数十武，为今上代修僧梵处。璇宫琼宇，极其宏丽。有山亭在佛阁后，可结跌坐。十六年上曾于此尚食，不敢启视。②

明人孙国敉《燕都游览志》记万寿寺因万历皇帝"幸山陵"，曾为皇帝的驻跸地：

> 万寿寺在真觉寺西二里，神宗朝敕建。丹楼绀宇，几与大内等，盖上幸山陵，尝为驻跸地也。方丈筑山，上有广榭，下峙小亭，寺僧云：先帝曾于此尚食。③

作为皇家寺院，万寿寺之著名，还由于明朝永乐皇帝时铸造的大钟置于此间，即将原存于汉经厂的永乐大钟悬于寺内的钟楼里，"日供六僧击之"。史载：

> 先是，文皇帝铸大铜钟，侈弇齐适，舒而远闻。内外书华严八十一卷，铣于间，书金刚般若三十二分，字则铸欤，点画波捺楚楚，如碾如刻，复如书楷，其笔法，必沈度、宋

---

① 《帝京景物略》卷五《西城外》，第 205 页。

② 蒋一葵：《长安客话》卷三《郊坰杂记》，北京古籍出版社 1982 年版，第 47 页。

③ 《日下旧闻考》卷七七《国朝苑囿》，第 1296 页。

克也。向藏汉经厂，于是勒悬寺，日供六僧击之。每击，八十一卷，三十二分，字字皆声。是一击，竟华严一转，般若一转矣。内典云：人简钟鸣未歇际，地狱众生刑具暂脱此间也。天启年中，钟不复击，置地上，古色沉绿，端然远山。①

寺有方钟楼，前临大道，楼仅容钟。钟铸自文皇，径长丈二。内外刻佛号弥陀法华诸品经，蒲劳刻楞严咒。铜质精好，字画整隽，相传为沈度笔。少师姚文荣公监造。数百年朱翠斑隐隐欲起，即置商周彝鼎间，未多让也。近年自宫中移此，昼夜撞击，声闻数十里。②

沈德符曾言：“上从内府赐出永乐间所铸铜钟，内外书《华严》全部，婆娑环读，此身真在忉利天宫也。”③

明末万寿寺大钟不鸣，其原因有一说：

赐出万石大钟，乃太宗时制。昔悬于楼，迩年有讹言帝里白虎分，不宜鸣钟者，遂卧钟于地。④

明末清初孙承泽《天府广记》中也谈及万寿寺所悬大钟来自汉经厂：

万寿寺，万历五年建。大珰冯大用寺基，慈圣李太后出资巨万，命太监冯保督造。寺悬永乐时所铸大钟，内外书华严八十一卷，名曰华严。按钟在汉经厂，此其一也。厂在德胜门内，旧铸高二丈、阔余一丈余者尚有十数，仆地上。皆

---

① 《帝京景物略》卷五《西城外》，第203页。
② 《长安客话》卷三《郊坰杂记》，第47页。
③ 《万历野获编》卷二七《释道·京师敕建寺》，第687页。
④ 《日下旧闻考》卷七七《国朝苑囿》，第1296页。

楷书佛经，端劲如帖，非沈度、夏昶不能也。①

　　由帝师姚广孝监造的"昼夜撞击，声闻数十里"的大钟，是万寿寺的镇寺之宝和吉祥之物，使得万寿寺闻名遐迩。明末此钟已卧地不鸣，到清代乾隆十六年（1751 年），移至城北觉生寺，即今大钟寺：

　　　　万寿寺在广源闸西数十武，明万历五年建，殿宇极其宏丽。左钟楼，前临大道。钟铸自永乐，径长丈二，内外刻佛号、弥陀、法华诸品经，蒲牢刻楞严咒。铜质精好，字画整隽，相传沈度笔，少师姚恭靖公监造，名曰华严钟，击之声闻数十里。有敕建碑，大学士张居正撰。后钟弃于荒地。本朝乾隆十六年，移钟于城北觉生寺，有御制碑，清、汉、蒙古、西番四体书。②

　　综上所述，明代万寿寺这座宏丽的寺院，是由皇太后以穆宗遗愿发心、神宗皇帝出内帑始建的皇家藏经香火院，万寿寺采用传统汉式建筑法式，取法于皇家建筑，坐北朝南，轴线对称，重点居中，两翼为辅，并结合流行园林景观，构筑亭阁山池，颇见特色。正殿取名大延寿殿，阁取名为宁安阁，寺的后面有石垒假山，供奉西方三大士，形似普陀、清凉、峨眉，占地四顷多，时人以为较之南京三大名刹也有过之，比之于《洛阳伽蓝记》中所记。重要的是，万寿寺是为皇帝、皇太后祝厘之地，是皇帝替身所在之地，还因位于皇帝从皇宫出幸山陵的中途，成为驻跸之地。

　　① 《天府广记》卷三八《寺庙》，下册，第 587 页。
　　② 吴长元：《宸垣识略》卷十四《郊垌》三，北京古籍出版社 1982 年版，第 282 页。

明人记载万寿寺收藏佛教经典，召集僧人诵经祝厘，僧人众多，梵呗者有几千人，声如海潮，置身其间，便如同身在忉利天宫（佛教中帝释所居）一样，是一幅相当壮观的祝厘场景。

## 二　万寿寺皇家寺院的全盛

清朝万寿寺是在明朝万寿寺的基础上发展起来的。我们既要注意到明朝万寿寺与清朝万寿寺的差别，又要注意到明朝万寿寺与清朝万寿寺的联系，这样思考有助于我们更好地认识万寿寺的景观文化现象。

明末万寿寺衰落，进入清朝，以皇帝的崇佛，万寿寺复为皇帝和皇太后祝厘之所，在清代达于全盛。清初顺治二年（1645年），清世祖福临赐寺匾额"敕建护国万寿寺"。康熙年间，有重修并增建。雍正曾赐正殿大延寿殿御书匾额"慧日长辉"。最值得注意的是，一般谈及万寿寺，均会涉及乾隆年间的重修和扩建不是偶然的，两次大规模扩建均为乾隆母皇太后祝寿，使万寿寺达于全盛。

然而，清代万寿寺的繁盛仍是以为皇帝祝厘开端的。康熙五十二年（1713年），时值康熙皇帝六十寿辰。当时翰林院编修高舆率浙江耆老300余人在万寿寺举办千佛道场，为皇帝祝厘庆寿。此有《万寿图记》为证：

> 康熙五十二年癸巳，我圣祖仁皇帝六旬万寿，内直诸臣，纂录《万寿盛典》一百二十卷，分列六门，其五曰《庆祝》，有图有记，以及名山祝厘、诸臣朝贡之仪，罔不备载。书中图二卷，媛本为宋骏业所创，后王原祁等重加修润。[1]

---

①　方浚师：《蕉轩随录》卷一〇《万寿图记》，中华书局1988年版，第387页。

乾隆之母为雍正孝圣宪皇后，《清史稿》有传云：

> 孝圣宪皇后，钮祜禄氏，四品典仪凌柱女。后年十三，事世宗潜邸，号格格。康熙五十年八月庚午，高宗生。雍正中，封熹妃，进熹贵妃。高宗即位，以世宗遗命，尊为皇太后，居慈宁宫。高宗事太后孝……上每出巡幸，辄奉太后以行，南巡者三，东巡者三，幸五台山者三，幸中州者一。谒孝陵，狝木兰，岁必至焉。遇万寿，率王大臣奉觞称庆。乾隆十六年，六十寿；二十六年，七十寿；三十六年，八十寿；庆典以次加隆……四十二年正月庚寅，崩，年八十六。葬泰陵东北，曰泰东陵。初尊太后，上徽号。国有庆，屡加上，曰崇德慈宣康惠敦和裕寿纯禧恭懿安祺宁豫皇太后。既葬，上谥。嘉庆中，再加谥，曰孝圣慈宣康惠敦和诚徽仁穆敬天光圣宪皇后。①

《日下旧闻考》详细记载了清朝时万寿寺"自正殿后殿宇佛阁凡六层"的整体景观，以及当时皇帝御书的所有额联，特录于下：

> 万寿寺，明万历五年建，国朝乾隆十六年重修，二十六年再修。寺门内为钟鼓楼，天王殿，为正殿，殿后为万寿阁，阁后禅堂。堂后有假山，松桧皆数百年物。山上为大士殿，下为地藏洞，山后无量寿佛殿，稍北三圣殿，最后为蔬圃。寺之右为行殿，左则方丈……正殿恭悬世宗宪皇帝御书额曰

---

① 赵尔巽等：《清史稿》卷二一四《孝圣宪皇后传》，中华书局 1976 年版，第 8914—8915 页。

"慧日长辉"。皇上御书联曰："戒慧光中，烟云皆般若，清凉界外，花石尽真如。"万寿阁额曰"欢喜坚固"，大士殿额曰"声闻普遍"，三圣殿额曰"法云常住"。殿柱南面联曰："性海波澄，静涵功德水；福林荫溥，妙涌吉祥云。"北面联曰："甘露洒诸天，现清净身，说平等法；慈航超彼岸，以自在力，显大神通。"方丈额曰："栖情物外。"联曰："爽气挹冲襟，翠速空色；明漪淡尘虑，影借天光。"皆皇上御书。正殿前恭立乾隆十六年御制文碑亭二，左为国书及汉字，右蒙古字、梵字。假山之后恭立乾隆二十六年碑亭二，左为国书及汉字，右蒙古字、梵字。又行殿内西间联曰："春物薰馨含慧业，名禽宛转入闻思。"东间联曰："于淡泊中寻理趣，不空色际忘言诠。"又联曰："树色溪光成静赏，花香鸟语绝尘缘。"后院楼宇下穿堂联曰："花宫具见言而妙，别室还饶清且嘉。"书室联曰："欣于所遇何空色，乐在其间足古今。"又联曰："听松真偈演，观水道心存。"皆皇上御书。①

**万寿寺正殿大雄宝殿前，《御制敕修万寿寺碑》记曰：**

自昆明湖循长河而东，缘岸多乔林古木，僧庐梵舍远近相望。广源闸西万寿寺实为之冠。宏敞深静，规制壮丽。考碑志，建自明神宗初，迄今二百余载矣。朕时从舟过之，乾隆辛未之岁，恭值圣母崇庆慈宣康惠敦和裕寿皇太后六旬大庆，海内臣民举行庆典，朕恭奉大安舆由畅春园道西直门，至大内。銮御所经，兹寺适居其中，且喜其嘉名符祝厘之意，命将作新之，更加丹雘，绣幢宝铎，辉耀金碧，以备临览。传有之曰：万，盈数也。诗书之称寿者曰：欲至于万年，曰

---

① 《日下旧闻考》卷七七《国朝苑囿》，第 1291—1292 页。

万寿无疆。①

乾隆十六年（1751年），乾隆皇帝为给其母亲崇庆皇太后庆祝六十大寿，下令重修万寿寺。当时皇太后常住畅春园，做寿时需回宫接受朝贺，乾隆皇帝乘船从畅春园沿长河回宫，经过万寿寺。"自昆明湖循长河而东"，沿岸佛教寺院远近相望，"兹寺适居其中"，而"万寿寺实为之冠"，以"万寿"寺名称万寿之吉利，"喜其嘉名符祝厘之意"，于是就促成了乾隆帝重修此寺。另一个缘故是乾隆与皇太后经长河来往于紫禁城和畅春园，由于长河上下水位高低不一，需要在广源闸换船，因此广源闸附近的万寿寺就是最好的驻跸行宫。

万寿寺在乾隆十六年（1751）和二十六年（1761）两次举办为皇太后祝寿的大型庆典仪式，极其奢华铺排，分述于下。

乾隆十六年（1751年）十一月二十五日，是皇太后六十寿辰，乾隆为之举行庆典，《清实录》记载："谕本年恭逢圣母皇太后六旬万寿，普天同庆。所有在京及各省在籍人员等，恳请设立经坛，以申庆祝……以上崇庆慈宣康惠敦和皇太后徽号，遣官告祭天地、太庙、大社大稷。"其后记有："上奉皇太后诣万寿寺瞻礼。"②

《国朝宫史》记载颇详：

皇太后六十圣寿，于二十一日加上徽号，恭进册、宝。皇帝率王公、大臣等行庆贺礼，颁诏天下。先期修葺寿安宫，为奉觞之所。王公、宗戚、京外文武各衙门大臣、官员，辇下绅士、耆老，自高梁桥至西华门豫设彩棚、乐剧，恭祝圣

---

① 《日下旧闻考》卷七七《国朝苑囿》，第1292页。
② 《清高宗纯皇帝实录》卷四〇三，乾隆十六年十一月庚辰，钞本。

寿。是月癸未，皇太后銮舆自畅春园回宫，皇帝御龙袍衮服，乘马前导。王公、大臣咸蟒袍、补服，满汉命妇咸采服，各于祝厘彩棚前夹道跪迎。皇太后颁赐赏赉各有差。帝率皇后、皇子、皇孙等侍皇太后于寿安宫，称庆凡九日。[①]

当时中外臣僚，纷集京师，举行大庆，场面极尽铺排，清人赵翼亲历其境，加以描绘：

> 从西华门至西直门外之高梁桥，十余里中，各有分地，张设灯彩，结撰楼阁。天街本广阔，两旁遂不见市尘。锦绣山河，金银宫阙，剪彩为花，铺锦为屋，九华之灯，七宝之座，丹碧相映，不可名状。每数十步间一戏台，南腔北调，备四方之乐，侲童妙伎，歌扇舞衫，后部未歇，前部已迎；左顾方惊，右盼复眩，游者如入蓬莱仙岛，在琼楼玉宇中听霓裳曲，观羽衣舞也。[②]

并详记各省官员庆贺云：

> 其景物之工，亦有巧于点缀而不甚费者。或以色绢为山岳形，锡箔为波涛纹，甚至一蟠桃大数间屋，此皆粗略不足道。至如广东所构翡翠亭，广二三丈，全以孔雀尾作屋瓦，一亭不啻万眼。楚省之黄鹤楼，重檐三层，墙壁皆用玻璃高七、八尺者。浙省出湖镜，则为广榭，中以大圆镜嵌藻井之上，四旁则小镜数万，鳞砌成墙，人一入其中，即一身化千

---

①　鄂尔泰、张廷玉等：《国朝宫史》卷五《典礼》一，北京古籍出版社 1994 年版，第 85—86 页。

②　赵翼：《簷曝杂记》卷一《庆典》，赵翼、姚元之《簷曝杂记·竹叶亭记》，中华书局 1982 年版，第 9—10 页。

百亿身，如左慈之无处不在，真天下之奇观也。时街衢惟听妇女乘舆，士民则骑而过，否则步行。绣毂雕鞍，填溢终日。余凡两游焉。此等胜会，千百年不可一遇，而余得亲身见之，岂非厚幸哉！京师长至月已多风雪，寒侵肌骨，而是年自初十至二十五日，无一阵风，无一丝雨，晴和暄暖，如春三月光景，谓非天心协应，助此庆会乎？二十四日，皇太后銮舆自郊园进城，上亲骑而导，金根所过，纤尘不兴。文武千官以至大臣命妇、京师士女，簪缨冠帔，跪伏满途。皇太后见景色钜丽，殊嫌繁费，甫入宫即命撤去。以是，辛巳岁皇太后七十万寿仪物稍减。后皇太后八十万寿、皇上八十万寿，闻京师钜典繁盛，均不减辛未，而余已出京不及见矣。①

昭梿记载了乾隆年间庆典演剧的情形：

乾隆初，纯皇帝以海内升平，命张文敏制诸院本进呈，以备乐部演习。凡各节令皆自奏演，其时典故如屈子竞渡，子安题阁诸事，无不谱入。谓之月令承应，其于内庭诸喜庆事。奏演祥征瑞应者，谓之法宫雅奏。其于万寿令节前后奏演群仙神道添筹锡禧，以及黄童白叟含哺鼓腹者，谓之九九大庆。②

在乾隆朝，由朝臣主撰的“历史大戏”出现在戏剧舞台上。这些“历史大戏”大多数统一在十本二百四十出之内。如张文敏，即张照主撰的《升平宝筏》，演的就是吴承恩《西游记》的故事。

---

① 赵翼：《簷曝杂记》卷一《庆典》，第 10 页。
② 昭梿：《啸亭续录》卷一《大戏节戏》，《啸亭杂录》，中华书局 1980 年版，第 377 页。

王政尧先生认为："《九九大庆》说的是凡是在皇帝、皇后过生日时演唱的祝寿戏曲。在这种日子里。每次都需连演几天或十几天。上演的剧目有《双星永寿》《八仙祝寿》《永寿无疆》《五方呈仁寿》《洞仙拱祝》《慈容衍庆》《司花呈瑞果》《灏不伏老》《遐龄晋祝》等。需要指出的是。这种祝寿演出并不包括他们'逢十'或老年时的逢十整生日。遇到上述情况。那种庆祝规模就更大了！"①

刘潞先生专门撰文探讨故宫所藏《崇庆皇太后万寿庆典图》，这一长达四卷的纪实性画卷，是乾隆帝为祝其母皇太后六旬大寿命宫廷画师绘制的。每卷卷首有乾隆皇题笺。其中第二卷"川至迎长"画的是自长河万寿寺起到高粱河止一段路的情形。②

长河上众官员簇拥皇太后冰船（《崇庆皇太后万寿庆典图》局部）

---

① 王政尧：《清代戏剧文化史论》，北京大学出版社 2005 年版，第 11 页。

② 刘潞：《〈崇庆皇太后万寿庆典图〉初探——内容与时间考释》，《故宫学刊》2014 年第 2 期。

乾隆二十六年（1761 年），皇太后七十寿诞时，乾隆皇帝又为其母大修了万寿寺，此举有《御制重修万寿寺碑》为证。记曰：

> 而我圣母皇太后七秩庆辰适逢斯盛，朕将率亿兆臣庶祝
> 嘏延洪，以圣节重启经坛，莫万寿寺宜。爰敕内府丹垩即工，
> 视乾隆辛未例，弗懈益虔，事载藏，系之辞曰：维兹寺修建
> 端委，暨诸天无量寿义著在前文者，无竢繁称矣。曷记乎？
> 则敬颂我圣母爱民延禧之懿训，以质言胪近事可乎？向者东
> 南耆老，颙迓安舆，树颔翘趾者相属。偶会偏隅赒赈，朕上
> 体慈怀，载稽撰日。①

这一年值皇太后七十寿辰。《清实录》中记：乾隆帝"以上崇庆慈宣康惠敦和裕寿纯禧皇太后尊号，遣官告祭天地、宗庙、大社。谕：今年恭逢圣母皇太后七旬万寿，普天同庆。在京及各省在籍人员，恳请设立经坛，共申庆祝"。并"以加上崇庆慈宣康惠敦和裕寿纯禧恭懿皇太后徽号礼成，颁诏天下"。②

《国朝宫史》记载：

> 乾隆二十六年十一月，皇太后七十圣寿，于二十日加上
> 徽号。是月己酉，皇太后銮舆自畅春园回宫，皇帝率皇后以
> 下暨皇子、皇孙称庆于寿安宫，凡十一日……余如十六年。③

早在乾隆二十五年（1760 年）十二月，以大臣傅恒、兆惠、阿里衮三人为核心的 20 人的庆典筹备班子已开始准备庆典。当时

---

① 《日下旧闻考》卷七七《国朝苑囿》，第 1293 页。
② 《清高宗纯皇帝实录》卷六四九，乾隆二十六年十一月壬子，抄本。
③ 《国朝宫史》卷五《典礼》一，第 86 页。

在寿安宫添建了一座戏楼。自畅春园至西华门的二十多里中，戏台远近相望，演出盛况空前。演出的剧目多属《九九大庆》中的戏。为庆祝皇太后七十寿辰，万寿寺张灯结彩，两侧长街列肆，对岸大戏楼侧畔千名僧人祝厘诵经，这一盛大场景为《胪欢荟景图册》中的《香林千衲图》记录了下来。

　　《香林千衲图》，系清《胪欢荟景册》绢本中一页。清宫旧藏佚名《胪欢荟景册》，绢本，设色，纵 97.5 厘米，横 161.2 厘米，描绘了乾隆二十六年乾隆帝为其母庆寿各个景点的举国胪欢盛大场面。绢本，设色，画凡八开，（一）万国来朝，（二）合璧联珠，（三）回人献伎，（四）慈宁燕喜，（五）寿宇同游，（六）九老作朋，（七）香林千衲，（八）厘延千梵。此图册分景点描绘了乾隆为其母七十寿辰举行的大规模庆典活动，均见御题画名，并钤"乾隆御笔"朱文方章。其中，《香林千衲图》所绘的是万寿寺举行的诵经祝厘和戏台演艺的庆典盛况，该图绘内容大致可分为长河两岸的两段，上段画长河北岸的万寿寺祝寿人群，下段绘万寿寺对面长河南岸张设戏台和上千僧侣念诵经文祝厘的庞大场景，体现了皇家寺院宏大的排场。祝厘仪式是庆典的一个组成部分，这种祈福仪式显然是代表皇帝向皇太后表达孝心，而演戏是庆典的又一个组成部分，表明普天同庆，于是佛事与演艺融于一个场景之中。这幅图不仅绘出明清时期皇家寺院流行的祝厘场面，也见证了皇家寺院万寿寺全盛时期的盛况。

扩建后，万寿寺沿袭了明代寺庙建筑和园林建筑结合的特点，分为三部分：中路为主体佛殿，东路为方丈院，西路为行宫。进入山门，是天王殿，大雄宝殿，又名大延寿殿，其中是释迦牟尼像，两旁为十八罗汉，乾隆御制碑二分立于殿前。大禅堂，是僧众作佛事的场所。禅堂背后是假山，山上有观音、文殊、普贤三大士殿，象征普陀、清凉、峨眉，山下有仙桥、地藏洞。山后御碑亭，亭后是无量寿佛殿，两旁有月门与十景窗，月门上的装饰是巴洛克风格，中西合璧。将明代五进改为七进，前后有山门殿、天王殿、大延寿殿、尊经阁、禅堂、观音殿、无量佛殿、三圣殿和千佛阁，总共九座建筑："前后殿宇九层，庄严色相，巍焕如新"。①西部为行宫，是帝王与皇太后行幸之所，乾隆皇帝陪同皇太后从畅春园回宫中经过的休憩之处，也是慈禧太后后来从颐和园回宫的休憩之处。乾隆两次为其母在万寿寺祝厘而扩建，万寿寺成为集寺院、园林和行宫为一体的皇家寺院。

此后，万寿寺一直是长河一大景观。乾隆二十八年（1763年）有御制《舟过万寿寺戏题》诗，曰：

> 广源高水拍船唇，船过祇园古岸滨。识矣松篁三径路，置之空色不言津。爱他有力风前布，笑我竟为门外人。望雨忧愁得雨喜，欲询调御属何因。②

光绪二十年（1894年），为庆祝慈禧太后六旬大寿，万寿寺

---

① 励宗万：《京城古迹考》，北京古籍出版社1981年版，第18页。
② 《日下旧闻考》卷七七《国朝苑囿》，第1295页。

再次重修，增建御碑亭一座，户部尚书翁同龢撰写了重修碑文，还增加了后来称为"梳妆楼"的建筑。寺院前的长河设有码头，慈禧太后从紫禁城走水路到颐和园避暑，在此下船休息。光绪年间曾任总理衙门大臣、军机大臣、内阁协理大臣的那桐，在《那桐日记》中记载：光绪十八年（1892 年），那桐曾"约广兴少掌柜傅益三到海丰居早饭，午后查勘阜成门外路南勇寿庵、万寿寺、昌运宫、关帝庙四处工程。万寿寺啜茶少坐"。光绪十九年（1893 年），记"皇太后移驻颐和园，寅刻到万寿寺伺候"。光绪二十年（1894 年），云"午刻进署办事，酉刻归约柏轩，仲路、阶平、裕如、正斋、佩珂晚饭，议万寿寺工程事"。① 当时准备"设彩棚经坛，举行庆典"，"因朝鲜军事急"而罢之。②

## 三　万寿寺皇家寺院的延伸

万寿寺作为一所为明代皇帝与皇太后举行祝厘仪式的特定皇家寺院，在清朝有了延伸发展，表现在不仅成为清代皇帝与太后大规模做寿祝诞的场所，极尽奢华，在朝鲜使臣的记载中也有述及，乾隆三十年（1765 年），朝鲜使臣洪大容曾到万寿寺，记曰："殿中帘帐、器物极华丽"③；而且作为尊藏汉文经书的香火院和祝厘之处，万寿寺延伸形成的庙市，承载着皇家与民间的联系。皇家祝厘活动，体现了皇家寺院在皇家庆典活动中所具有的宗教祈福和文化娱乐功能，这在上述《香林千衲图》的祝厘场景中描绘得淋漓尽致，一边是千衲的诵经祈福，一边是戏台高筑，结彩演艺，这种大规模的祝厘活动，即皇家庆典丰富多彩的举国同庆，

---

①　参见北京市档案馆编《那桐日记》，新华出版社 2006 年版。

②　《清史稿》卷二一四《孝钦显皇后传》，第 8929 页。

③　［朝］洪大容：《湛轩书》，［韩］景仁文化社 1969 年版，第 384 页。

生动热闹的空前盛况，成为一个特定的空间，却也形成了上层文化和下层文化的交融点。寺院所具有的文化娱乐与商业功能也都由此而来，而庙会附着于庙，由此生发，因庙而起也就顺理成章了。

庙会，又称庙市。一般的释义为：设在寺庙内或其附近的集市，在节日或规定日期举行。赵世瑜先生早已指出："庙会是中国古代民间社会生活的一项重要内容。"[1] 中国古代因庙为市的集市出现很早，公元六世纪北魏时代的《洛阳伽蓝记》中所记载的洛阳大市，就是设在寺院里的市。北宋（960—1127 年）首都开封城内的相国寺有当时最著名的庙会，渗透到百姓的日常生活之中。

万寿寺西有苏州街，在北京很出名，主要是因为那里的庙市。清代《天咫偶闻》云：

> 四月初一日至十五日，蓝靛厂广仁宫进香，西直门外万寿寺有庙市。[2]

值得注意的是，昭梿记载庙市的由来，正是源自皇太后的七旬诞辰：

> 乾隆辛巳，孝圣宪皇后七旬诞辰，纯皇以后素喜江南风景，以年迈不宜远行，因于万寿寺旁造屋，仿江南式样，市廛坊巷，无不毕具，长至数里，以奉銮舆往来游行，俗名曰苏州街云。[3]

---

《宸垣识略》也记有万寿寺西的万寿街俗称苏州街：

> 在万寿寺西，路北设关门，有长衢列肆，北达畅春园，居人称为苏州街。
>
> 魏之绣诗描绘曰：楼馆青红百货俱，水村山郭似姑苏。小人近市真堪羡，翻作人间大隐图。[①]

乾隆二十六年（1761 年）是乾隆母亲的 70 寿辰，起初，皇太后常居畅春园，她在随乾隆下江南时，曾到过苏州，特别喜爱苏州的风光和习俗。乾隆皇帝六次下江南，深知皇太后很喜欢江南风景。庆典之时，乾隆帝陪同其母由畅春园到万寿寺，然后由万寿寺到西直门，再回皇宫，于是乾隆帝在重修万寿寺、下令让万寿寺僧侣皇太后念长寿经的同时，就下令从畅春园直达万寿寺之西，整修了一条街道，街道的两侧铺面林立，均仿江南建筑式样修建，长至数里，喧闹非常，可奉舆游览，这一条街就称为万寿街，俗称苏州街。俗称之来，很容易理解。由于店中人员都是从苏州当地选派而来，江南情调的市井商铺与街道之中的吴侬软语，给人一种置身在苏州城里的印象，因此才有俗称这条街为苏州街的说法。

自此万寿寺的庙会十分繁盛，皇家的祝厘活动形成了规模不小的民间定期庙会活动。万寿寺在每年四月有半个月的庙会期，甚至最盛之时，曾经可与西顶碧霞元君娘娘庙的庙会媲美：

> 西顶娘娘庙在万寿寺西八九里，每至四月自初一日起，开庙半月，繁盛与万寿寺同。[②]

---

① 《宸垣识略》卷十四《郊坰》三，第 282 页。
② 富察敦崇：《燕京岁时记·西顶》，北京古籍出版社 1981 年版，第 62 页。

西直门外万寿寺、万仁宫（俗呼西顶）皆于是月初一日至十五日为庙会之期。

万寿寺西垣外有走马场，但不甚修广，备一格而已。①

万寿寺在西直门外五六里，门临长河，乃皇太后祝厘之所。每至四月，自初一日起，开庙半月，游人甚多。绿女红男，联蹁道路，柳风麦浪，涤荡襟怀，殊有天朗气清、惠风和畅之致，诚郊西之胜境也。②

繁盛一时的苏州街庙市，其发展的终结，在文献记载中是这样的：

嘉庆末年，因顺天府尹蒋之照之请，每届万寿寺庙会之期，许乡民在苏州街自由设市，于是禁地遂变为公共市场。迨咸丰年英法联军之役，该市乃肇焚如。现均成民田，阡陌相连，无复当年面目。③

至嘉庆末年，万寿寺的庙会，已经允许乡民"自由设市"，也就是由皇家"禁地"完全成了百姓的公共市场。到咸丰十年（1860 年），万寿寺遭遇了英法联军进入北京城的破坏，当年英法联军于 10 月 13 日占领北京，11 月初才撤出北京。侵略军烧杀抢掠，不仅焚烧了著名的皇家园林圆明园，造成中国文化的巨大损失，而且使万寿寺的繁华庙会一去不复返，后来竟然成了农田。

---

① 北京市东城区园林局：《北京庙会史料通考》，北京燕山出版社 2002 年版，第 8 页。

② 《燕京岁时记·万寿寺》，第 61 页。

③ 马芷庠编：《北平旅行指南·苏州街》，全国图书馆缩微复制中心，2004 年。

# 四　结语

万寿寺自明朝建寺起，就以佛事祝厘而闻名，宏大的祝厘仪式，包括大钟的安置与撞击，均与皇家祝厘祈福相关。明朝之后，清朝延续，万寿寺重修，为康熙皇帝祝厘之地，特别是乾隆年间两度为皇太后庆典重修扩建，引发了皇家祝厘新的一波，也由此形成了皇家寺院的延伸，以庙市形式将皇家与民间连接了起来。既彰显了皇家寺院的特征，又体现了皇家与民间的联系。庙会的诞生，为宗教文化与世俗文化之间，在皇家寺院与百姓生活之间打通了空间，直至遭遇外侵，才毁于一旦。

（原载《明清论丛》2016 年第 16 期）

# 对甲申年李自成大顺政权在北京的思考

　　360 年前，是历史上的甲申年。这一年北京城里"新桃换旧符"，三月至五月，如走马灯般地更换了三个政权。最为引人注目的，是推翻了明王朝的李自成农民军建立的大顺政权，如摧枯拉朽而来，如风卷落叶而去，仅在北京存在了 40 天。郭沫若先生于 60 年前撰写了著名的《甲申三百年祭》，专门论述这支起义军从胜利到失败的历史经验教训，至今仍有重要意义。这里想谈谈，大顺政权在北京的日子里究竟做了些什么？为什么会出现这样的举措？以及与之紧密相关的，政权失败为何如此迅速？从时代变化的角度来思考和探讨。

## 一　在京日程所见主要活动

　　李自成农民军是在明崇祯十七年（1644 年，甲申年）三月十九日进入北京，四月二十九日撤离的，算起来大顺政权在北京只有 40 天时间。其中包括出征山海关的 14 天。如果我们减去这 14 天，实际上李自成在京仅有 26 天时间。那么，这 26 天里农民政权主要做了些什么呢？历史事实说明，他们大部分时间是用来进行追赃助饷活动。

自三月二十三日至四月初八，共 15 天，占了大顺政权在京时间 26 天的一半多。三月十九日进入北京后，大顺政权发布命令，让明朝文武官员于第二天一早，也就是三月二十日前去报到，随后就押在军营中。当时在京的明朝官员有两三千人。三天后，三月二十三日，由刘宗敏和牛金星按照姓名册唱名，挑选录用人员，对明朝官员进行了甄别，点用 96 人。其余明朝勋戚、官僚等八百多人，分别送到刘宗敏、李过等大将营里，进行拷讯追赃。在李自成"有罪者杀，贪鄙多赃者刑"（《甲申传信录》卷四）的指令下，大顺政权在北京开始全面的追赃活动。一般说来，大顺政权对三品以上的明朝大官不予录用，都发到各营追赃助饷。这一活动一直进行到四月初八那天，由李自成亲自下令停止，除了勋戚和大官僚 32 人之外，释放了所有人员。农民军在北京进行追赃助饷共得 7000 多万两白银。据载，其中得自勋戚之家占十分之三，来自宦官十分之三，得自百官的是十分之二，来自与上述人等有关商铺的占十分之二。另有记载说，大顺政权对京城富商和有房产的人，征其资产十分之三的重税（彭孙贻《平寇志》卷十，赵士锦《甲申纪事》）。

大顺政权在北京 26 天的其余 11 天，比较短暂，又有间隔，分别在刚入京和出征山海关前后。从时间上看，入京就是筹划追赃助饷的开始；而自四月初八追赃基本结束，初十以后山海关急报迭至，谣言纷起；李自成等匆忙准备，于四月十三日启行，二十六日败回北京；二十九日李自成在武英殿即皇帝位，旋即撤离北京。这些时间是在诸事丛集、琐碎繁忙的情况下度过的。

总之，大顺政权在北京期间的活动主要有：稳定社会秩序；清理明朝中央机构和官员；开科取士；筹备即位典礼；接见城郊耆老；招降山海关一带明朝武官；出征山海关等。由上述时间排比来看，持续时间最久，也是大顺政权在京最重要的举措之一，应该说是追赃助饷。

需要说明的是，作为农民军政权的一项主要政策，追赃助饷不是在大顺政权进入北京以后才开始的，也不是结束在北京。即使在北京基本结束以后，政权所在各地仍然在普遍推行。

## 二　追赃助饷析

说起来，追赃助饷不是什么鲜为人知的历史事实，但是，其意义却至今没有得到全面阐释。在当时，无论是作为进入北京后的大顺政权日常工作，还是作为政权在北京日程的规划安排，都可以看出追赃助饷是农民政权的基本活动之一，也是衡量其政权的最重要的特征之一。

说到底，追赃助饷成为大顺农民政权的鲜明特色。而这一特色的形成，与时代背景紧密相连。明末皇族勋戚、贪官污吏利用政治上的特权，搜刮和积聚巨额的社会财富。农民政权的追赃，是对非法聚敛社会财富的明朝腐败政治的荡涤。

"赃"，是在财物被非法取得时，才具有的性质。在古代刑法中，"货财之利谓之赃"（《晋书·刑法志》）。"追赃"，是对违法犯罪所得财物，予以追缴的一种法律规定。对此，唐律中已有相当详细的处罚规定。大顺农民军认为明朝皇族勋戚、官僚富绅的所有资产"非盗上则剥下，皆赃也"（戴笠《怀陵流寇始终录》卷十八）。这说明农民政权对于官员贵戚非法获得的财富，判定具有非法性，采取了追缴非法所得赃款、赃物的政策，是以政权强制力追缴赃物上缴国库的性质，具有合理性。而追赃与助饷紧密联系在一起，使我们对农民军为什么追赃可以有进一步的认识。

农民军追缴的对象，主要是明朝皇室勋戚和贪官污吏，而他们追拷的"赃""饷"，则首先是白银货币。这里应该说明，随着农民军的扩大发展和建立政权以后，政府与军费开支需求也日益增大，财政收入成为重大问题。早在西安时，农民政权就开始实行追赃助饷的政策。主要是让地方乡绅们输饷助军，此后推行于农民军所到之地。发展到北京，追赃助饷的规模最大，影响也最大。根据记载，大顺政权对在京各官，无论用与不用，都要派饷。当时按照官级大小，对追比银两数目作出了具体规定：内阁官员十万两；部、院和锦衣卫等大官，分别为七万、五万、三万两不等；十三道御史、六科给事中、吏部文选司、兵部武选司等官，分为五万、三万、二万两不等；翰林院官分别为三万、一万两；其他郎中、员外郎以下官员各一千两。对明朝勋戚的追拷则不限数，直至财产追尽为止。

追拷中，仅刘宗敏一处就同时在押拷问数百人。一方面，株连同乡、亲戚、朋友等人，在所难免，甚至涉及"典肆市贾"，连累到"菜佣卖浆之家"，以致史料记载说严重到"里巷罢市"；另一方面，富商也是追赃的对象，如徽商在京人数多，一般都有白银资产积累，故"掠之尤酷"，死者达千人之多。后来李自成发现"滥及无辜"，反映强烈，下令停止追赃与此有关。但是，刘宗敏却认为："但畏军变，不畏民变。"那么，农民军为什么如此不顾一切地追赃？还是刘宗敏一语道出了其中的原委："军兴日费万金，若不强取，安从给办？"（《平寇志》卷十）至此我们可以恍然大悟，归根结底，大顺政权的财政基础就是建立在追赃助饷之上。

至于追赃助饷的影响，也不可谓不重大，甚至直接关系到了政权的生死存亡。从农民军一进一出北京城的场景，可以看出鲜明的对照。进京时，市民各持香立门，门上尽贴"顺民"，大书"永昌元年，顺天王万万岁"；撤出时，城中百姓用物横塞在胡同口，以飞石瓦片投向农民军，有"大呼杀贼"的，也有从小巷突然出击的。农民军从北京的败退，非同小可，以致一败涂地，覆水难收。如果仅以山海关之战来说明，缺乏足够的说服力，山海关之战不过起了推波助澜的作用而已。悲剧的发生，恐怕还应该考虑到追赃助饷扩大化，严重失去民心的因素。

# 三　追赃助饷：农民观念如何变化？

如上所述，追赃助饷是大顺政权广泛推行的既定政策，成为农民政权的鲜明特色。值得关注的是，农民要求打破贫富不均，他们的矛头所向是明朝腐败政治中的非法获得。政策的重心则明显不在土地，而是在白银货币上。这里提示我们，应该从时代变化的角度来认识。事实上，大顺政权在北京时间有限，追赃助饷作为政权重要的财政来源，主要是获取白银货币，显示出农民政权的财政来源是由货币为主组成，折射出的是晚明社会经济货币化的重要时代特征，反映了农民价值观念的变化。

根据大量历史文献记载，明代前后期呈现出迥然不同的面貌，说明社会发生了重大变迁，而变迁最重要的指征之一，是白银货币化。随着贵金属白银由非法货币发展成为合法货币，并且形成社会流通中的主币，这一货币化进程的迅速推进，使货币商品经济得到了前所未有的扩大发展。正如马克思所说："货币不是东西，是一种社会关系。"[①] 白银货币的扩展，将社会各阶层无一例外地全部包容了进去，这应视为中国社会经济货币化的过程，也就是市场经济萌发的重要进程。它推动了人们的社会关系从对人的依附关系向对物的依赖关系转变，传统社会小农经济向市场经济转变，社会转型由此开端。

白银货币化，整个社会经济货币化的进程加速进行。晚明，一方面货币化的社会经济保持着它的进展速度；另一方面，它也无法脱离与社会现实的冲突矛盾。我们看到，当农民政权一味追赃获得白银作为财政基础的时候，似乎他们别无选择。一方面要

---

① 《马克思恩格斯全集》第 4 卷，人民出版社 1958 年版，第 119 页。

解决庞大的军费和政府开支，另一方面农民军提出"三年免征"，也就不可能形成正常的税收制度。对农民军攻下北京以后，是否得到了明朝宫中窖藏的白银，史学界是有争议的。实际上，农民军并没有得到明朝内库白银的储积，这从他们大规模追赃助饷活动的展开，也可以得到部分的说明。换言之，由于明朝末年确实已山穷水尽，宫中并无窖藏白银之事，所以才有追赃助饷的急迫出台。然而，也正是这种对于货币的急切追求，导致了大顺农民政权不幸而步明朝后尘，无法稳定政权的基础，最终遭遇了灭顶之灾。对大顺政权在北京 40 天主要活动的探讨，有助于我们找到农民军失败的答案。农民军将日常政务重点放在追赃助饷上，无异于走向了明朝灭亡的老路。

先来看追赃。此前，有明一代的赎刑已经相当发达，起初是应职役来赎罪，到成化、弘治以后，除了真犯死罪以外，都可以纳银代刑了，也就是说纳银成为主要赎罪条例的内容。在具体实行上，赃罚成为明朝财政的重要来源之一。如在地方上，以十分为率，八分归中央，二分归地方。对"赃"的追收，遂成为明朝一大利源，财政的一大补充。

再来看助饷。劝捐助饷也是明末财政上常见的事例，无论在朝廷，还是在地方都大量存在着。明末勋戚官僚的贪污腐化，已经是普遍的现象。他们利用政治上的特权，"居官有同贸易"，财富尽入私家。与此同时，朝廷国库空虚，军饷的筹措成为朝廷的重大负担，议兵议饷是朝中日常讨论的问题。朝廷早就想到了让勋戚和官员、乡绅们出银的筹集办法。可是每一提出，就会遭到抵制。比如崇祯十年（1637 年），崇祯皇帝一次召见大臣时，提到前一年他曾经下令让勋戚之家捐助，而勋戚之家"至今抗拒"，因此，他指责"全无急公体国之心"。此外，明末还对各省籍官员实行摊派，比如江南八千两、江北四千两、浙江六千两等，就是陕西也要出四千两。对于地方乡绅的不捐助，崇祯皇帝除了表示不满外，却也无可奈何。还有一个可以进一步说明明朝派捐助饷的事例。崇祯十七年（1644年），农民军入京前一个月，当明朝面临覆没之时，崇祯皇帝又提出让勋戚大臣捐银救急，他要求周后之父嘉定伯周奎拿出白银十二万两，然而，周奎最终只肯出三千两。北京守城士兵饥疲不堪，明朝尽朝廷所有，只发出白银四千五百两，每兵仅发银五钱，以致官兵倒卧城头，"鞭一人起，一人复卧"，根本无法抵抗农民军的攻势。

晚明，白银货币成为社会财富的集中代表，它不像粮食，便于资产积累；不类铜钱，可以轻便移动。白银成为货币后，无形中使贪污更为便利了，所以晚明的贪污问题比之历朝历代，显得尤为突出，这也可以说是一个因素。王朝财政货币化，赋役货币化，军饷也货币化，到处都是要银子。官员考选"惟论钱粮"，"各边将士视米豆如泥沙，止欲金钱而已"，这里所谓的"钱粮""金钱"，主要都是白银。即使是田连阡陌的皇族王庄，也是从土地上索取白银货币。于是，首当其冲的是农民。明朝末年加紧加派和催饷，一时剿饷、练饷、加增饷，各种名目的饷，沉重地压在了农民身上。朝廷需要银子，地方政府也需要银子，军队更需要银子，那么承担赋役的老百姓呢？他们的生活也就这样与货币紧密联系在一起了。

在晚明社会经济货币化历史大潮中，不仅越来越多的农民被抛离了土地，而且即使是在穷乡僻壤，农民生活也已经日益与货币联系在一起，这成为历史的事实。货币商品经济的扩大发展，对农民产生了深刻触动和影响，更导致了观念的变化。就明末这一场景中的李自成个人而言，对他如何参加起义，存在几种说法，但是仔细考察，其中最关键的导因可以说与白银或者说货币相关：比如他本是明朝驿站雇佣的驿卒，明末为了节省银两以给军饷，裁撤经费，才使他失业归乡；在乡里遭遇饥荒，生活所迫，走投无路，他向乡绅艾同知借贷，无力偿还，被艾同知告到县衙，荷枷于烈日之中。这种苦难经历迫使他义无反顾地投身于农民军。又如李自成领导的农民军，除了基本成分是破产农民外，也有不少小手工业者、小商贩、矿工以及星、相、卜、医等人员参加，在农民军进入河南后，有大批"矿徒"加入，他们与商品货币经济都有一定的联系。再从李自成建立的大顺政权来说，追赃助饷的推行，反映了社会转型中农民价值观念的变迁，代表了农民自身对社会财富资源重新分配的要求和态度，具有鲜明的时代特征。

无疑，这是一个发生历史巨变的时代，在这个历史关头，农民作出了自己的抉择，无论我们今天夸赞其保持革命性也好，还是指责其政策的失误也罢，历史事实却无情地证明了这一抉择带有时代的烙印。

正是在晚明社会经济货币化特定的历史场景中，从某种意义上说，农民军成也白银，败也白银。大顺政权在没收和追赃助饷的基础上，得到了 7000 万两以上白银，但是也迅速消失在历史舞台上。农民不是新的生产力代表，不具有完成社会形态更替的历史任务的能力，已为历史所显现。在追赃助饷之上，农民政权既不可能建立坚实的财政基础，也不可能建立稳定的社会秩序，在北京酿出了一幕历史悲剧。而清朝遂成为这一结果最大的受益者。

（原载《文史知识》2004 年第 8 期）

档案·文献

# 试谈几部明史中的《张居正传》

  《明史》是清雍正十三年（1735 年）成书，乾隆四年（1739 年）刊行，由张廷玉领衔编修的。它实际的蓝本是康熙五十五年（1716 年）及雍正元年（1723 年）王鸿绪两次进呈清廷的王氏《明史稿》。然而，一般学者认为，王氏《明史稿》是据康熙十八年（1679 年）开史局时，诸学者分撰后，由万斯同复审、初步定稿的万氏《明史稿》纂改的。而自清顺治二年（1645 年）开史局纂修《明史》至刊行，共历时九十六年，所以，《明史》是二十四史中纂修时间最长的一部，其间辗转周折，经过众多学者之手，并数易其稿。本文试以上述三部明史的《张居正传》，以及与之有关的明王世贞所著《嘉靖以来内阁首辅传·张居正传》加以比较，理出脉络，说明其渊源与因袭痕迹；同时，通过比较，也谈谈对张居正的评价问题。

## 一 四部明史中的《张居正传》的渊源及因袭

  万斯同《明史纪传》（以下简称《万稿》）有这样一段文字："黔国公沐朝弼数犯法，当逮，朝议皆难之。居正请立其子代镇，而驰单使械系之。既至，则请贷死，锢之南京。居正患岁漕缓，逾春乃行，值水横溢，非决则涸，乃采漕臣议，督漕卒以孟冬月兑运，岁初毕发，少罹水患。其始民颇不便，后以为常。复以边市马饶，减太仆种马，令民输直，积金四百余万。"①

这段文字王鸿绪《明史稿》（以下简称《王稿》）中记载为："黔国公沐朝弼数犯法，当逮，朝议难之。居正擢用其子，驰使缚之，不敢动。既至，则请贷其死，锢之南京。漕河通，居正以岁赋逾春发，水横溢，非决则涸，乃采漕臣议，督艘卒以孟冬月兑运，以岁初毕发，少罹水患。行之久，太仓粟充盈，可支十年。互市饶马，乃减太仆种马，而令民以价纳，太仆金亦积四百余万。"②

以上文字说明在逮治不法的黔国公，以及漕运、种马输直问题上，《万稿》与《王稿》所述大同小异，《王稿》较《万稿》略多"行之久，太仓粟充盈，可支十年"等语。

王世贞《嘉靖以来内阁首辅传》（以下简称《首辅传》）的记述是："时黔国公朝弼数犯法，当逮，而朝议皆难之，以为朝弼纲纪之本，且万人不易逮，逮恐失诸夷心。居正擢用其子，驰单使缚之，卒不敢动。既至，请于上，贷其死，而锢之南京，人以为快。漕河通，居正以岁赋往往迂缓，逾春而后发，即水横溢，非决则涸，乃采漕臣议，督艘卒以孟冬月兑运，及岁初而毕发，少罹水患。其始民颇不便，之久而习以为常，太仓粟至支十年。岁开边互市饶马，则减太仆种马，而多令民以价纳，民既乐于不扰，价以时上，太仆金亦积至四百余万。"③ 由此可知，《万稿》与《王稿》这段文字的渊源明显地来自《首辅传》，《王稿》中所说"可支十年"云云，亦本之《首辅传》。

再看《明史·张居正传》（以下简称《明史·张传》），这段

---

① 万斯同：《明史纪传》三百十三卷清抄本，卷一五九《张居正传》。
② 王鸿绪：《明史稿》敬慎堂本，卷一九七《张居正传》。
③ 王世贞：《嘉靖以来内阁首辅传》卷七《张居正传》。

文字的记述与《王稿》一字不差①。

衔接上段文字，《万稿》是："万历元年，命居正知经筵事……"在叙述明神宗以师待之，以及冯保欲借王大臣案陷害高拱未成等事实后，接着讲张居正"寻上疏行考成法，令天下吏民所上封事及有事下四方郡国者，以大小缓急为期，月令给事、御史按之，迟误者抵罪。诸司益凛凛奉法"②。

而《王稿》紧接上段文字的则是："又为考成法，以责吏治。初，部院覆奏奉行抚按勘者，尝稽不报。居正令大小缓急为限，误者抵罪。自是，一切不敢饰非，政体为肃"③。

《首辅传》中记述为："又为考成法，以责吏治。前是，六部、都察院有覆奏而行抚按勘者，度事之不易行，或有所按核，或两讦当质成者，其人各以私轧，则故稽之，至数十年而不决，遂废寝。居正下所司，以大小缓急为期限行之，误者抵罪。自是，一切不敢饰非，政体稍肃，而渐有不便于居正者矣。"④ 经过比较，《万稿》与《王稿》的文字渊源明显地出于《首辅传》，特别是《王稿》仅对《首辅传》文字稍加改动、删削，而叙事的顺序则完全一致。

《明史·张传》记述此事，甚至文字亦与《王稿》雷同。

通过以上的比较，以一斑而窥全豹，可归纳为以下几点：

（一）《万稿》撰修过程中曾参考过《首辅传》，这可以从引文中一些相同的词句得到证明。但是，综观《万稿·张传》全文，在编排顺序乃至文章结构上不同于《首辅传》。万斯同在撰修时，曾参考过大量史书、资料，如第一段引文后的知经筵事、王大臣

① 张廷玉：《明史》卷二一三《张居正》。
② 万斯同：《明史纪传》三百十三卷清钞本，卷一五九《张居正传》。
③ 王鸿绪：《明史稿》敬慎堂本，卷一九七《张居正传》。
④ 王世贞：《嘉靖以来内阁首辅传》卷七《张居正传》。

案，为其他三部史书所无，其行文与《明史纪事本末》相同①。
而与他肯定参考过的《神宗万历实录》有关部分加以对照，却并
未发现有相同的叙述词句。

（二）《王稿·张传》并不像一般学者所认为的，由篡改《万
稿》而成，而是在《首辅传》基础上删节而成的。除上述引文之
外，《王稿》袭用了《首辅传》的行文顺字和整个结构，沿用
《首辅传》的文字比比皆是，犹如《首辅传》的缩写本。无怪乎
清代学者汪由敦曾说："王本列传，聚数十辈之精华，费数十年之
心力，后来何能追躅万一……今即以行文而论，《江陵传》自是神
宗朝第一大传，而王本竟就《史料·首辅传》（王世贞《弇州山
人史料》）删节成文，其中描写热闹处，皆弇州笔。"② 对比之后，
可以相信此说是有根据的。王鸿绪在万斯同死后，删改万氏手定
的明史稿时，对张居正一传改动很大，而其改动乃本之《首辅
传》。

（三）《明史》是在《王稿》基础上修订而成，这是确实有
据的。

因此，要探求《明史·张传》撰修过程与它的渊源，可以说，
王世贞的《首辅传》是明史中最早的底本，《万稿》曾参考过
《首辅传》；《王稿》则主要据《首辅传》删节《万稿》；随后，在
《王稿》的基础上，《明史·张传》具有了完整的规模。

## 二　几部明史中《张居正传》对张居正的评价

张居正（1535—1582 年），字叔大，湖北江陵人。他于明中
叶穆宗隆庆元年（1567 年）进入内阁，在神宗万历元年（1573

---

① 谷应泰：《明史纪事本末》卷六一《江陵柄政》。
② 汪由敦：《松泉文集·致明史馆某论史事书》，又见刘承幹《明史例案》卷六。

年）任内阁首辅，前后当政十六年，是明代著名的大政治家。但其身后，评价可以说长期是毁誉参半，前述几部明史对他的评价就不尽相同。

笔者曾在北京图书馆馆藏中看到两部署名万斯同的清抄本明史稿，一为三百十三卷本《明史纪传》，另一为四百十六卷本《明史》。《明史纪传》仅有本纪、列传，而《明史》纪传表志俱全。根据方苞《万季野墓表》所说："季野所撰本纪、列传，凡四百六十卷，惟诸志未就。"[①]《李恕谷先生年谱》辛巳（万斯同卒于前一年）十月中亦云："时季野修明史，纪传成，表志未竣。"两人都提到万斯同所撰明史的表志未完成，而今见四百十六卷本却表志俱全，对此本文不拟考证，权且都称之为万氏《明史稿》。两部史稿抄本中的《张居正传》除最后的评论（论曰）不同外，几乎一字不改。

上述几部明史《张传》后都有评论，唯独《王稿》是例外，以下依次进行比较：

王世贞《首辅传》传后"野史氏曰"："居正申商之余习也，尚能以法劫持天下，器满而骄。群小激之，虎负不可下，鱼烂不复顾，寒暑移易，日月亏蔽，没身之后，名秽家灭。善乎夫子之言：'虽有周公之才之美，使骄且吝，其余无足观也已。'"[②] 这是对张居正持完全否定的态度。

三百十三卷本万氏《明史纪传》传后对张居正的评论，节录如下："夫是非之际，相胜则衡决。此称为桀，则彼颂为尧，彼尊之以曾史，则此置之以跖蹻，诚解酌情剂量，不纵不苛，斯为称物平施者也。居正之行事具在，按籍求之，是非较然，岂必智者能辨之乎，孰谓瑜可以掩瑕乎？虽曰瑕不掩瑜，而瑕实甚矣。夫

① 《方望溪全集》卷十二。
② 谷应泰：《明史纪事本末》卷六一《江陵柄政》。

事幼主，秉国政，非易事也。以霍光之忠，而犹祸萌于骏乘，况乎挟宫闱之势，以骄蹇无礼于其主，其谁能堪之！人臣之道，以敬为上，大节一失，余无足观。况设施举措又多未厌众心者乎？祸不旋踵，谁实致之，以是责居正，其无辞矣。"① 万斯同认为张居正柄政于主少国疑之时，确实不容易，但张居正凭借太后，对皇上骄蹇无礼，大节已失，不能容忍，因此连他的功绩也一概抹杀，否定了张居正。

四百十六卷本万氏《明史·张传》论曰："张居正生平事业皆由冯保，保得罪，而居正随之矣。况于凌上无礼，忘亲非孝，大节既失，余何足观。即其设施措注于公家不无裨补，而任情挟诈，铺张操切之为，纯心辅国者顾如是耶？呜呼！古之大臣委身事主类皆以正直自持，兢兢寡过，而后有勋业之可见，不然，彼奸人之雄者，岂无智能，岂无干济，只是私欲填胸，遂不胜其矫诬灭裂之害矣。孔子小管仲而美蓬瑗，良有以也哉。"这段评论与三百十三卷本比较起来，使人感到更加强调了张居正政治上的污点，把张居正摆在了奸雄的位置上。这是进一步地否定了他。

《王稿》传后既无"论"，又无"赞"，但通观全文，便可得知撰者对张居正也是持完全否定态度的。张居正在《稿》中被描绘为一个专横骄纵、奸诈狠毒、凌上压下、勾结宦官的奸臣的典型。

至于《明史·张传》，传后有赞曰："张居正通识时变，勇于任事。神宗初政，起衰振隳，不可谓非干济才，而威柄之操，几于震主，卒至祸发身后。书曰：'臣罔以宠利居成功'，可弗戒哉。"② 这段记载肯定了张居正的远见卓识、他的政治家的气魄，以及在神宗初年的政治活动中所起的重要作用，承认了张居正的

---

① 万斯同：《明史纪传》三一三卷清抄本，卷一五九《张居正传》。
② 张廷玉：《明史》卷二一三《张居正》。

功绩。当然也提到张居正把持朝廷大权，震慑当今皇上，终于酿成了身后大祸。

比较以上几部明史，对张居正贬得最厉害的莫过于王世贞的《首辅传》。《首辅传》丝毫没有涉及张居正的功绩，对张采取了全面的否定态度。按《首辅传》成书的时代背景加以考察，这是不难理解的。张居正执政期间，实行了一系列改革，其目的是为挽救明王朝当时面临的危机，最终巩固明王朝的封建统治。但在明王朝后期，地主阶级封建统治日趋没落的情况下，他的振奋有为同当时统治阶级中的万历皇帝为首的腐朽势力有相当大的抵触，所以张居正死后立即遭到了全面否定。王世贞是张居正同时代人（1536—1590 年），并与张是同科进士。他想在政治仕途上有所作为，曾对张居正表示过好感和亲近，然而，张居正给他的信里却讲："吴干越钩，轻用必折，匣而韬之，其精乃全。"① 流露出对这位文学家的政治抱负的轻视。姑不论个人的恩怨，王世贞是张居正病死（1582 年）及两年后抄家的目睹者，他的《首辅传》成书于这一事件之后，在"终万历世，无敢白居正者"② 的政治背景下，王世贞又如何能对张居正一生的功过公平地论断呢？所以，《首辅传》对张居正毁多于誉是不足为奇的。

吴晗先生认为："明清两代诸史家中，万季野最推崇明实录。"③ 万斯同历来主张写史"要以实录为指归"④。因此，很可能他的史稿主要参考的是明朝天启年间修成的《神宗万历实录》。然而，这部《实录》，却在张居正死后作了如下的评论："居正沉深、机警，多智数，为史官时尝潜求国家典故及政务之切时者剖析之，遇人多所咨询。及赞政，毅然有独往之志。受顾命于主少

① 《江陵张文忠公全集》卷三《答廉宪王凤洲》二。
② 张廷玉：《明史》卷二一三《张居正》。
③ 吴晗：《读史札记·记明实录》。
④ 钱大昕：《潜研堂文集》卷三八《万先生斯同传》。

国疑之际，遂居首辅，手揽大政，劝上力行祖宗法度，上亦悉心听纳。十年来海内肃清，四夷詟服，太仓粟可支数年，同寺积金不下四百余万，成君德，抑近倖，严考成，核名实，清邮传，核地亩，询经济之才也。使其开诚布公，容贤远佞，持止足之戒，敦宽大之风，虽古贤相何以加焉。惜其褊里多忌，小器易盈，钳制言官，倚信佞幸，方其怙宠夺情时，本根已斫矣。威权震主，祸萌骖乘，何怪乎身死未几，戮辱随之也。识者谓居正功在社稷，过在身家。"① 在万历十二年八月，对张居正夺官抄家以后，《实录》又有一段大体意思相同的评论，最后提到："若其才其功则固卓乎不可及矣。"② 虽然这部《实录》出自阉党顾秉谦等人之手，但是因为成书时间在天启初年张氏"诏复故官，予葬祭"③ 之后，故其评论不是一味贬毁。万斯同既参考《实录》，但其论张仍然否定多于肯定，其故安在？万斯同曾在《书张居正传后》一文里给张居正归纳了二十四条大罪：逐顾命元老；交结冯保，不奔父丧，谪削忠谏臣；两宫并尊，乱朝制；穆宗附庙神主不由中门，使天子得罪其父；废锢名贤；用天下凶邪；考白卷者登上第；以王府为私第；与亲王抗礼；杀戮名士；以私憾致侍郎，破坏朝选；服丧时着蟒服巡城，每岁决囚勒成定额；以催科为考成，使吏治大坏；禁天下报灾异；用游棍为锦衣，传道禁中消息；纵家奴干预部院公务；兴王大臣狱，几杀顾命大臣，公然自称宰相，尽揽大权，使九卿不能举职；废天下书院，禁士子不得讲正学；任用顽钝无耻之徒布高位，使朝廷几无正人④。将如此众多大罪加之于张居正，可以看出，万斯同对张居正的偏见该有多么深！尽管他在史稿中没有过多地采用《首辅传》等贬毁张居正的文字，也没有

　　① 《神宗万历实录》卷一二五。
　　② 《神宗万历实录》卷一五二。
　　③ 张廷玉：《明史》卷二一三《张居正》。
　　④ 万斯同：《群书疑辨》卷十二。

把他历数张的二十四条大罪尽情写入，可是他对张居正所持的否定态度是明显的，因此，他的评价是带有偏见的，不公允的。

清末学者魏源曾引陶澍对王鸿绪《明史稿》贬张居正之评论，称："闻安化陶文毅公之言曰：王鸿绪史稿……张居正一传尽没其功绩，且谤以权奸叛逆，尤几于无是非之心。"① 《王稿》在删改《万稿》同时，参考了《首辅传》，而基本上以《首辅传》为底本，对其中的贬笔沿用非常之多，如下面一段："俺答款塞，久不为害。独小王子部众十余万，东北直辽左，以不获互市，数入寇。然其人少弱，非久即退。而总兵李成梁悍勇善战，数拒却之。又数掩杀泰宁、福余诸属国以为功。居正张大其捷，帝数褒美，加恩辅臣，成梁至封伯。两广督抚殷正茂、凌云翼辈亦以破贼功，爵赏亚辽左。戚继光镇蓟门，多挟南兵从，北人嫉之。继光俱，因兵部尚书谭纶购美姬进居正，他所摹画亦多得居正指。以是畀之事权，诸督抚大臣，唯继光所择，欲不利继光者即为徙去之。而成梁、正茂等亦皆媚居正。然数人故善用兵，功多，帝谓居正运筹力，而世亦称居正知人。"② 这段记述对张居正好像是褒贬互用，而实际上许多褒笔都在为贬笔做铺垫，这种笔法来自《首辅传》，甚至词句也大半录自《首辅传》。这说明了王鸿绪对张居正的好恶同王世贞是相同的。这里需要指出的是，当人们批评《王稿》对张居正评价不公允的时候，王世贞不能代王鸿绪受过，因为《王稿》缩写《首辅传》之时，已是张居正恢复名誉后多年，但王鸿绪对张居正的评论仍采毁多于誉的一面，不能不说是掺杂了他个人的好恶和偏见。

然而，在《王稿》基础上撰成的《明史·张传》却作出了较为公允的评价。例如上面所引的有关张居正任用各将领的一段，

---

① 魏源：《古微堂外集》卷四《书明史稿二》。
② 王世贞：《嘉靖以来内阁首辅传》卷七《张居正传》。

在《明史》中为："俺答款塞，久不为害。独小王子部众十余万，东北直辽左，以不获通互市，数入寇。居正用李成梁镇辽，戚继光镇蓟门。成梁力战却敌，功多至封伯，而继光守备甚设，居正皆右之。边境晏然。两广督抚殷正茂、凌云翼等亦数破贼有功。浙江兵民再作乱，用张佳允往抚既定。故世称居正知人。"① 同时删去了戚继光"因兵部尚书谭纶购美姬进居正""成梁、正茂等亦皆媚居正"等明显的贬笔，充分肯定了张居正对边事任用得人，使边境得到安宁。此外，《明史》对《王稿》中写吏部尚书"（王）国光与六曹咸倾心事居正，虽对妻子床笫，无不颂居正。士大夫初谈以伊周臣，其后至拟之舜禹，居正不为怪，益自任，宫府内外多所裁抑"等贬笔也多有删削，这绝非仅从文字运笔简洁上着眼，而反映出撰者对张居正持有较为公允的评价态度。

以上对四部明史关于张居正的评价做了比较，这里还要提及另一部史书——《罪惟录》对张居正的评价。《罪惟录》为明末清初史家查继佐私撰，也是反映明代历史的著名纪传体史书。书中《张传》② 历数张居正最初入阁"威望重于他相"，以后"慨然以天下为己任，政自己出"，"期于法之必行，言之必效，首重考成，于部院六科及外抚按，凡所奉行章奏，各以大小缓急为期限，违限者递劾之"，以及清丈土田，清理释传，槽节理财，任用得人，"数年间法纪大张，弊亦尽剔"，"五千余里几无烽火"的种种功绩；并引张居正的答书"仆以一竖儒，拥十余龄幼主，立天下臣民之上，威德未建，民有玩心，仆一以尊主庇民、振举颓废为务。凡以定国是、一人心，所谓刚过乎中，吾知安国耳，诸何足惜"为据，说明张居正的一心辅国。最后论曰："天下事往往有持其是不足以济，共持其是益不足以济，各持其是，既不足以济，

---

① 张廷玉：《明史》卷二一三《张居正》。
② 查继佐：《罪惟录》传卷四一《经济诸臣列传下·张居正传》。

且为祸。事有大小，时有缓急，善百世者，不顾一时，制万物者，不姑息一事，此岂竖儒所能解！明兴，无大臣实拜三公者，止文忠一人耳，功在社稷也。别山即无可见，其节概亦无愧乃祖。"

查氏鉴于明亡的惨痛教训，对张居正这位有所作为的封建政治家眷念不已。他认为张氏功在社稷，所以一再强调了张居正的功绩，并说明张氏是为了治理好国家才不姑息一切、勇于任事的，而这绝非一般人所能了解。经过比较，《罪惟录》是几部明史中对张居正评价最高的一部。

综观以上各书对张居正的评价，是贬多于褒的。而面对着当时政治腐败、边防松弛、民穷财竭的局面，作为一个封建地主阶级的政治家，张居正在执政的十六年里，曾为扭转危机，振作朝政尽了最大的努力。他在政治、经济、军事各方面进行了一系列改革，对于他的这一番作为，尽管有些史家想要把他完全否定，但他的功绩是不能抹杀的。当然，史书中也反映出他的专制和跋扈，因权倾一时而忘乎所以，同时，和一切地主阶级代表人物一样，对农民起义也是残酷镇压的，因此，我们在适当地肯定他的功绩的同时，也要看到他的历史局限性。

（原载《文献》第 18 辑，1983 年）

# 北京图书馆藏四种明代科举录

明代科举录是研究明代科举制度及明史的重要资料。

北图现藏有明代进士登科录十五种，其中存台湾七种，有缩微胶卷。《嘉靖四十四年进士登科录》，除天一阁藏有外，北图也藏有明刻本一卷。十五种里，唯有《万历三十五年进士登科录》仅见北图善本书目著录。

北图藏会试录七种，其中存台湾四种，有缩微胶卷。其余三种仅见北图善本书目著录，为《成化十一年会试录》《正德三年会试录》《正德十五年会试录》。

北图藏乡试录三十八种，其中二十三种存台湾，有缩微胶卷。仅见于北图善本书目的共十二种：

《成化四年浙江乡试录》一卷一册 成化刻本

《正德二年浙江乡试录》一卷四册 明抄本

《嘉靖四年浙江乡试录》一卷二册 嘉靖刻本

《嘉靖二十五年浙江乡试录》一卷一册 嘉靖刻本

《嘉靖三十四年应天府乡试录》一卷四册 嘉靖刻本

《嘉靖四十三年陕西乡试录》一卷一册 明刻本

《隆庆元年山东乡试录》一卷四册 隆庆刻本

《万历二十二年浙江乡试录》一卷一册 万历刻本

《万历四十六年河南乡试录》一卷一册 万历刻本

《天启元年山西乡试录》一卷一册　天启刻本

《天启四年云南乡试录》一卷一册　天启四年刻木

《崇祯十二年山东己卯乡试录》一卷一册　崇祯刻本

北图现藏武举录三种，均存台湾，有缩微胶卷，其中一种为武举会试录，两种为武举乡试录。《嘉靖二十八年苏松武举录》为骆兆平同志载于本刊第二十辑的《谈天一阁藏明代科举录》一文目录所未著录。

综上所列，北图现藏明代科举录总计为六十三种。下面仅谈谈北图独家所藏的《万历三十年进士登科录》和成化十一年、正德三年、正德十五年的三种会试录。

# 一　《万历三十五年进士登科录》

一卷一册，明万历刻本。半页十行，大小字不一，黑口，四周双边。

封面有墨笔题写："万历三十五年进士登科录一卷是岁太岁丁未。"

扉页上有潘祖荫跋："若农阁学①得此□示，胜朝掌故，可备稽考，此亦剥复关键也。祖荫跋"②，钤有"伯寅"朱文方印。

登科录开卷为"万历三十五年进士登科录玉音"，这是礼部尚书给皇帝的奏文及皇帝的批文。奏文云："……恭依太祖高皇帝钦定资格，第一甲例取三名，第一名从六品，第二、第三名正七品，赐进士及第；第二甲从七品，赐进士出身；第三甲正八品，赐同进士出身。"玉音后是参与考试的官员，有读卷官、提调官、监试

① 指李文田，若农为其别名。李为咸丰进士，官至礼部左侍郎，充经筵讲官，领阁事，有《宗伯诗文集》。

② 潘祖荫，字伯寅，为清内阁侍读学士播曾缓之子，咸丰进士，官至工部尚书。喜收藏，储金石甚富，有滂喜斋、功顺堂丛书。

官、受卷宫、弥封官、掌卷官、巡绰官、印卷宫等，仅从空行可知读卷官十三人，提调官三人，监试官二人，受卷官四人，弥封官十二人，掌卷官五人，巡绰官十三人，印卷官四人，供给官大约七人。

下面刻有"恩荣及第"四个大字。大字以下记载了万历三十五年（1607 年）贡士们参加殿试前后几天的活动日程。

之后，是按一甲三名、二甲五十七名、三甲二百三十八名排列的进士名录。内容包括姓名、籍贯、身份、治何经典、字、排行、年龄、生日；曾祖、祖、父名，母姓氏，兄弟名、妻姓氏；某地乡试第×××名，会试第×××名。

名单后，有皇帝制文，大字刊刻。

最后载有一甲三名黄士俊、施凤来、张瑞图的三篇策论文章。

这一年，即明万历三十五年（1607 年）殿试的结果，共取进士二百九十八名。一甲状元授翰林院修撰，榜眼、探花授翰林院编修，二、三甲经考选庶吉士的馆选，选出钱龙锡等二十二人为庶吉士，其余则分别授予给事、御史、主事、中书、行人、评事、太常、国子博士及府推官、知州、知县等官职。

中了进士，在封建社会便是仕途的开始，从登科录中，我们可以了解到这一科进士近三百人的生平线索。例如，明代赫赫有名的东林六君子之一左光斗，是这一科的三甲九十一名，在他的名下记有："贯直隶安庆府桐城县民籍，宁国广径县人。桐城县学附学生，治《易经》。字拱之，行五，年二十五，九月初九日生。曾祖麒寿官，祖轸，父出颖，母周氏，具庆下兄光霁、光朝、光前、光启、光胤、光表、光璨、天德贡士、光楚、光辰、弟光裕、光先、光明、光国、光儒。娶周氏，继娶戴氏。应天府乡试第十一名，会试第十一名。"

另一位东林六君子之一杨涟，取中这一榜三甲一百五十七名，他的名下记有："贯湖广德安府应山县民籍。县学增广生，治《诗经》。字文孺，行二，年二十三，七月初十日生。曾祖锋，祖万春，父彦翱，母刘氏，继母王氏，慈侍下兄清。娶张氏，继娶詹氏。湖广乡试第四十七名，会试第二百五十名。"

东林六君子中还有三人取中这一榜的进士，即顾大章、袁化中、周朝瑞。

由此可知，登科录中所记的进士的籍贯、生日、年纪、三代及家庭都较正史列传中所记要翔实，可做《明史》列传的补充。

对于一些在《明史》中仅存有附传或根本没入列传的人物来说，登科录的记载就显得更加有价值了。例如，这一榜三甲一百十二名丁绍轼，他虽然官至宰辅，但是《明史》并无传，仅在《明史·宰辅年表二》记有："天启五年八月晋礼部尚书兼东阁大学士入（阁），九月，加太子太保文渊阁大学士。六年四月晋少保兼太子太保户部尚书武英殿大学士。寻卒。"登科录在丁绍轼名下记有："贯直隶池州府贵池县民籍。选贡生，治《诗经》。字文远，行二，年三十五，正月十九日生。曾祖伦，祖魁寿官，父旦通判，母张氏，慈侍下兄绍皋知县、绍伊、绍辕。娶陈氏。应天府乡试第二十名，会试第一百九十八名。"根据这些记载，我们就可以进一步从方志以及其他史乘中寻找到这一人物的生平事迹了。而这一榜的三甲三十五名谢陞，为崇祯十三年至十五年（1640—1642年）宰辅，《明史》无传，也可以在登科录中找到其生平线索。

现将这一科登科录所载人员与《明史》核对，凡《明史》有列传者，据登科录补充，列表如下：

表8　　　　　　　　　　《明史》有传者登科补录表

| 姓名 | 籍贯 | 中式名次 | 授官 | 明史传卷 | 简　　注 |
|---|---|---|---|---|---|
| 黄士俊 | 广东顺德 | 一甲一名 | 翰林院修撰 | 卷253 张至发传附 | 崇祯九年至十一年宰辅 |

续表

| 姓名 | 籍贯 | 中式名次 | 授官 | 明史传卷 | 简　注 |
|---|---|---|---|---|---|
| 施凤来 | 浙江平湖 | 一甲二名 | 翰林院编修 | 卷306 阉党传顾秉谦传附 | 天启六年至崇祯元年宰辅 天启七年十一月至崇祯元年三月为首辅 |
| 张瑞图 | 福建晋江 | 一甲三名 | 翰林院编修 | 同上 | 天启六年至崇祯元年宰辅 |
| 钱龙锡 | 直隶华亭 | 二甲十八名 | 庶吉士 | 卷251 | 崇祯元年至二年宰辅 |
| 成基命 | 直隶大名 | 二甲十九名 | 庶吉士 | 同上 | 崇祯二年至三年宰辅 |
| 王家桢 | 直隶长垣 | 二甲四十七名 | | 卷264 | 崇祯时曾总理河南、湖广、山西、陕西、四川、江北军务，镇压农民起义军 |
| 余大成 | 应天府江宁籍直隶祁门人 | 二甲五十二名 | 户部主事 | 卷248 徐从治传附 | 天启年间为山东巡抚，曾镇压白莲教起义。后孔有德反，陷登州，削籍 |
| 焦源清 | 陕西三原 | 二甲五十五名 | | 卷264 焦源溥传附 | 崇祯时官至宣府巡抚，因万全左卫失守，夺官谪戍 |
| 李养冲 | 直隶永年 | 三甲十一名 | 池州府推官 | 卷248 颜世祖传附 | 为崇祯朝被戮巡抚十一人之一 |
| 顾大章 | 直隶常熟 | 三甲十六名 | 泉州推官 | 卷244 | 东林六君子之一 |
| 徐林治 | 浙江海盐 | 三甲二十一名 | 桐城知县 | 卷248 | 天启年间曾镇压徐鸿儒起义，后任山东巡抚，孔有德反，中炮死 |
| 袁化中 | 山东武定州 | 三甲二十九名 | 内黄知县 | 卷244 | 东林六君子之一 |
| 熊文灿 | 贵州永宁卫籍四川泸州人 | 三甲七十四名 | 黄州推官 | 卷260 | 崇祯年间任兵部尚书兼右副都御史，总理南畿、河南、山西、陕西、湖广、四川军务，镇压农民起义。因张献忠谷城再起，被杀 |
| 左光斗 | 直隶桐城籍宁国广泾人 | 三甲九十一名 | 中书舍人 | 卷244 | 东林六君子之一 |
| 郑国昌 | 陕西邠州 | 三甲九十九名 | | 卷291 忠义传3 | 崇祯初为山西右布政使，清兵陷城，死之 |
| 麻僖 | 陕西庆阳卫 | 三甲一百名 | | 卷264 | 天启年间官至太常寺少卿 |

续表

| 姓名 | 籍贯 | 中式名次 | 授官 | 明史传卷 | 简　注 |
|---|---|---|---|---|---|
| 李标 | 直隶高邑 | 三甲一百十三名 | 庶吉士 | 卷251 | 天启年间曾被阉党列入"东林同志录"，崇祯即位后至三年为宰辅，一度为首辅 |
| 倪思辉 | 直隶祁门 | 三甲一百五十一名 | 太常寺博士 | 卷246 侯震旸传附 | 天启时曾因论客氏贬官，崇祯时官至南京督储尚书 |
| 易应昌 | 江西临川 | 三甲一百五十五名 | 御史 | 卷251 乔允升传附 | 天启中被劾为东林，削籍，崇祯初官左副都御史 |
| 杨涟 | 湖广应山 | 三甲一百五十七名 | 常熟知县 | 卷244 | 东林六君子之一 |
| 夏之令 | 河南光山 | 三甲一百九十名 | 攸县知县 | 卷245 爆传附 | 天启时为御史，为阉党所害 |
| 陆大受 | 直隶武进 | 三甲一百九十二名 | 行人 | 卷235 何士晋传附 | 万历时为户部郎中，请大减福王田额。后出为抚州知府 |
| 邹维琏 | 江西新昌 | 三甲二百二十七名 | 延平推官 | 卷235 | 天启中曾因汪文言狱戌贵州。崇祯时代熊文灿巡抚福建，曾抗击荷兰侵略者 |
| 周朝瑞 | 山东临清籍江西南城人 | 三甲二百二十九名 | 中书舍人 | 卷244 | 东林六君子之一 |

校记：

1. 综上表，万历三十五年（1607年）取中进士二百九十八名，其中《明史》有传者二十四人（列传十四人，附传十人）。这一科官至宰辅的有八人，其中丁绍轼、谢升《明史》无传，施凤来、张瑞图列于《阉党传》中。而天启年间著名的东林六君子，有五人中在这一榜中。从《明史》列传中可以看出，这一科进士大多活动于万历、天启、崇祯三朝的政治舞台，其中许多人官至巡抚或布政使等方面大员。

2. 此科三甲三名王化行，仅于《明史》卷二百九十三《忠义传五·刘振之传》中一见，无事迹，故上表未收录。

3.《明史》传中仅记："余大成者，江宁人也。"上表中籍贯据登科录补。余大成在康熙《江宁府志》、道光《祁门县志》均有记载。

4. 上表中授官一栏凡空白者，因《明史》缺。如余大成、李养冲、倪思辉三人的初授官职均为《明史》所不载，是从方志中查到的。

5. 二甲四十七名王家桢，《明史》传作王家祯，按《明清进士题名碑录索引》（下面简称《索引》），与康熙《长垣县志》，均作王家桢。

6. 三甲四十九名姚之骥，《索引》作姚之麒。

7. 三甲六十六名孙弘绪，《索引》作张弘绪。

8. 三甲一百五十五名易应昌，《明史》传记为"万历四十一年进士"，查《索引》，对照籍贯，知《明史》传所记有误。

9. 三甲一百八十二名程正己，《明清进士题名碑录索引·历科进士题名录》（下面简称《名录》），作程正色，但在后面加注"碑作己"，从登科录可知，"己"是正确的。

# 二　《成化十一年会试录》

一卷一册，明成化刻本。半页八行，行十八字，黑口，四周双边。

卷首《会试录序》，为会试两考试官之一、詹事府少詹事兼翰林院侍讲学士徐溥所撰。序文云："……天下士领荐书而至者几四千人，围棘而三试之……取三百人。遂次第其氏名与其文之尤者，勒成一钜编，曰会试录，以献诸宸御，而播之天下……。"

《会试录序》后是参与这次会试的官员三十九人，列有官衔、姓名，并附有籍贯、功名。有知贡举官二人，考试官二人，同考试官十二人，监试官二人，提调官二人，印卷官二人，收掌试卷官二人，受卷官一人，弥封官三人，誊录官二人，对读官二人，巡缉监门官六人，供给官三人。因为这是全国性的考试，所以考试官及同考试官纯用京职官员，大多为翰林院官员，少数是六科部属行人司官，这种情况是从景泰时开始形成的。

官员名单后面，是三场考试的题目，第一场考《四书》《易》《书》《诗》《春秋》《礼记》；第二场考论、诏、诰、表、内科一道，判语五条；第三场考策五道。实际上，考试官主要是看考生的第一场考试，也就是通常所说的八股文的考试。

再下面，于大字"中式举人三百名"之下，开列这次会试录取中的人名单。会试录较登科录的记载简略，只记载姓名、籍贯、出身、治何经典。例如，第一名王鏊名下只有："直隶苏州府学生，《诗》"几个字。而从籍贯这一线索，便可追根寻源去查找到地方志以及其他史乘中这一历史人物的传记资料。

从第二册开始，至第四册，都是考生试卷录文（从第一场《四书》起，至第三场策问止），文前有考试官或同考试官的批语。录文中第一名王鏊的文章有四篇，第三名谢迁（成化十一年状元）的文章也有四篇。

最后，刊有《会试录后序》，由另一位考试官、翰林院侍讲学士丘浚撰。后序文云："我太祖高皇帝建国之明年即开设学校，又明年诏开科取士，然甫行又亟罢，至于十有七年，士习既成，始以今制试士，定为一代之制。……自开国至今百有八年，开科至今九十有二年，而为科者凡三十矣……惟谨故事，登载贡士之氏名及简其文之尤异者为录……。"丘浚在"后序"中说明自明初开科到成化十一年（1475 年）的九十二年里，明代共举行科举考试三十次，而会试录是在洪武二十一年（1388 年）形成了程式的。

《明会典》卷七七记载："会试中额无定，大约国初以百名为率，间有增损，多者如洪武十八年，四百七十二名；少者如洪武二十四年，三十一名。成化以后，以三百名为率，或增二十名，或增五十名，皆临时钦定。"《续文献通考》卷三十五则记载："至宪宗成化乙未而后，率取三百名，有因题请及恩诏而广五十名或百名者。"可见自成化十一年起，会试录取贡士才有了"率取三百名"的定额。

现将此科会试录所载人员与《明史》核对，凡《明史》有传者，据会试录补充，列表如下：（见下页表9）

校记：

1. 综上表，成化十一年（1475 年）会试取中贡士三百名中，《明史》有传者十七人，其中列传六人，附传十一人。这一科有三人后来官至宰辅，其中曹元勾结刘瑾、焦芳，入《阉党传》。从《明史》列传中可以看出，这些人物活动于成化、弘治、正德年间的政治舞台。除一些人在后来官至巡抚和布政等方面大员外，有不少人因谏言或于正德时迕刘瑾被贬斥。

2.《明史》卷一百一十八《汪奎传》附有彭纲、秦昇、童枕、苏章四人外，还载有与四人为"同科进士"的周轸一人，会试录及《成化十一年进士登科录》均查无此人。查《索引》，周轸为正德八年壬辰进士，于此知《明史》所记有误。

3.《明史》传中记载："汤鼐，……寿州人。"上表汤鼐籍贯据会试录补。汤鼐在弘治《句容县志》、嘉靖《寿州志》均有记载。

4. 会试录中一百二十三名张西铭，《名录》作张铭；一百三十五名刘傅，《名录》作刘传；一百七十七名刘纶，《名录》作刘伦；一百八十四名俞深，《名录》作俞深；二百二名雷士梅，进士题名碑作雷士拚，二百十一名秦璛，《名录》作秦王巇；二百二十五名方陟，《名录》作方涉；二百四十八名潘胜，《名录》作播盛；二百七十二名黄玹，《名录》作黄浓。经核对《成化十一年进士登科录》，仅有潘胜、黄玹二人与会试录不同（但与《名录》

相同），其他均与会试录人名相符，于此知《名录》所记有误。

表 9 据会试录补充《明史》有传者

| 姓名 | 籍贯 | 中式名次 | 明史传卷 | 简 注 |
|------|------|----------|----------|-------|
| 王鏊 | 直隶苏州 | 第一名 | 卷181 | 正德元年至四年宰辅 |
| 谢迁 | 浙江余姚 | 第三名 | 卷181 | 成化十一年状元，弘治八年至正德元年宰辅 |
| 杨茂元 | 浙江鄞县 | 第四名 | 卷184 杨守陈传附子茂元 | 弘治、正德时均因忤中官被谪、被勒致仕，刘瑾诛后，巡抚贵州。终南京刑部右侍郎 |
| 秦昇 | 江西南昌 | 第十一名 | 卷180 汪奎传附 | 官给事中，成化二十一年因星变谏言贬官 |
| 曹元 | 大宁前卫 | 第十四名 | 卷306 阉党传焦芳传附 | 正德五年二月至八月宰辅 |
| 刘戬 | 江西安福 | 第十五名 | 卷158 章敞传附 | 弘治时为侍讲，使安南 |
| 章玄应 | 浙江乐清 | 第十九名 | 卷162 章纶传附子玄应 | 成化四年因冒籍中式被革斥，令再入试。后官至广东布政使 |
| 马中锡 | 直隶故城 | 第二十四名 | 卷187 | 正德时官右都御史提督军务，镇压刘六、刘七起义不利，下狱死。曾作有《中山狼传》 |
| 费瑄 | 江西铅山 | 第五十八名 | 卷193 费宏传附 | 弘治时为兵部员外郎。曾抚贵州苗民，官终贵州参议 |
| 冒政 | 直隶泰州 | 第六十一名 | 卷186 张鼐传附 | 正德时官左副都御史巡抚宁夏，忤刘瑾被罢。瑾诛，复职致仕 |
| 苏章 | 江西余干 | 第六十五名 | 卷180 汪奎传附 | 成化时官主事，二十一年因星变谏言被贬。终浙江参政 |
| 汤鼐 | 应天府句容籍直隶寿州人 | 第七十九名 | 卷180 | 弘治时官御史，后因吉人之狱戍肃州 |
| 张鼐 | 山东历城 | 第一百二十一名 | 卷186 | 弘治时官右佥都御史巡抚辽东，正德时巡抚宣府，忤刘瑾，斥为民 |
| 洪钟 | 浙江钱塘 | 第一百二十五名 | 卷187 | 弘治时以右副都御史巡抚顺天，整饬蓟州边备。正德时曾镇压蓝廷瑞、鄢本恕起义 |

续表

| 姓名 | 籍贯 | 中式名次 | 明史传卷 | 简　注 |
|---|---|---|---|---|
| 彭纲 | 江西清江 | 第一百五十七名 | 卷180 汪奎传附 | 成化时官武选员外郎,因星变谏事被贬。终云南提学副使 |
| 童枑 | 浙江兰溪 | 第二百三十二名 | 卷180 汪奎传附 | 成化时官给事中,星变谏事被贬。终袁州知府 |
| 缪樗 | 应天府溧阳 | 第二百六十四名 | 卷180 姜绾传附 | 弘治时官给事中,论事被谪,终营州判官 |

5. 会试录一百五十名金怡,查《成化一十年进士登科录》并无此人;登科录载有二百八十名进士陆怡,经将二人籍贯核对后,同为直隶武进人。金怡与陆怡估计为一人。

6. 此科会试录载取中贡士三百人,同年《进士登科录》也载取中进士三百人,但二者之间有出入,例如:朱寰,会试录载第四十三名,登科录未载,《索引》记为成化十四年(1478年)进士,等等。

会试录中第四十三名朱寰、七十二名许芳、九十七名宋琮、二百三十九名沈继先为登科录所未载,而登科录中二甲十一名张锐、八十三名周凤、八十五名潘祺、三甲七十一名郭秩,又为会试录所未载。登科录中张锐名下记载为"会试一百八十六名",而同录中二甲六十六名进士赵恩名下,也载"会试一百八十六名",查会试录,赵恩实为一百八十六名,登科录中,周凤名下记载:"会试一百二十三名",同录三甲一百三十五名进士张西铭名下,也载为会试一百二十三名,查会试录,张西铭实为一百二十三名,登科录中播祺名下记载:"会试二百三十二名",而同录二甲九十名进士童枑名下,也记有会试的相同名次,查会试录,童枑实为二百三十二名;登科录中郭秩名下记载:"会试二百九名",同录三甲七十六名进士何珫名下也记载相同名次,查会试录,何珫实为二百九名。由上可知,登科录肯定有误。而经查对《索引》,朱寰、宋琼、沈继先均记载为成化十四年（1478 年）进士，朱为三甲九十三名，宋为二甲一百三名，沈为二甲五名。唯有许芳于《索引》中查无此人，而查嘉靖《江阴县志》卷十四《选举表》，于成化十一年条下记载有："许芳……中礼部会试。"

明代会试是在二月初九至十五日举行，殿试是在三月十五日举行，时间相距仅一个月，而会试录与进士登科录都是在会试与殿试后由礼部刊行的，二者所载名单不同，其故安在？孰正孰误？有待于进一步探讨。

# 三　《正德三年会试录》

一卷一册，明正德刻木。半页九行，行十八字，黑口，四周双边。

卷首《会试录序》为此科会试两考试官之一、少傅兼太子太傅户部尚书武英殿大学士王鏊（成化十一年会试第一名）所撰。序文云："……天下士抱艺就试者三千八百八十余人，三试之，遵制诏得预选者凡三百五十人，刻其文之尤粹者以传，凡二十篇，名之曰会试录。"

序后为参与会试的官员四十一人的官衔、姓名，并附有籍贯、功名。同考试官较成化十一年（1475 年）增加了两员，为十四人。

下面依例为三场考试的试题，中式（原文如此）人名单，会试录文。

最后的《会试录后序》为另一考试官、掌詹事府事吏部尚书兼翰林院学士梁储所撰。后序文云："……经义求其醇以正者，论判求其明以畅者，诏诰表求其能宣上德达下情者，五策求其能学古适用者，于三千八百余卷内拔其尤者而登其录者三百五十人。"文中记述了考官评卷的标准。

《明史》卷七十《选举志》二载："正德三年戊辰，太监刘瑾录五十人姓名以示主司，因广五十名之额。"因此，这一科会试录名额增至三百五十人。取中的第一百五十四名焦黄中，就是勾结宦官刘瑾而爬到宰辅高位的阉党焦芳之子，史载他"傲狠不学，廷试必欲得第一"。他于殿试居二甲之首，其父焦芳仍不满意，为此降调了任同考试官的翰林官员。而会试第六十九名刘仁，又是阉党刘宇之子。刘瑾被诛后，他们也都被贬斥了。

现将此科会试录所载人员与《明史》核对，凡《明史》列传者，以会试录补充，列表如下：

表10　　　　　　　　　　正德三年会试中试人员表

| 姓名 | 籍贯 | 中式名次 | 明史传卷 | 简注 |
|---|---|---|---|---|
| 吕柟 | 陕西高陵 | 第六名 | 卷282 儒林传1 | 正德三年状元。嘉靖时官至南京礼部右付郎。学者称为泾野先生 |
| 刘天和 | 湖广麻城 | 第十一名 | 卷200 | 嘉靖时曾总理河道，总制三边军务。官至兵部尚书 |
| 徐文华 | 四川嘉定州 | 第二十一名 | 卷191 | 嘉靖时为大理寺右少卿，因大礼仪忤张璁、桂萼等人，后因李福达狱被戍 |
| 宿进 | 四川夹江 | 第二十二名 | 卷188 许天锡传附 | 正德时为刑部员外郎，瑾诛后上疏请恤忤瑾死者及斥瑾余党，被杖削籍 |
| 欧阳铎 | 江西吉安 | 第二十三名 | 卷203 | 嘉靖时历官右副都御史巡抚应天十府、吏部右侍郎 |
| 石天柱 | 四川岳池 | 第二十八名 | 卷188 | 正德时官给事中，曾刺血谏帝。嘉靖时官至大理丞 |
| 方豪 | 浙江开化 | 第三十七名 | 卷286 文苑传2 郑善夫传附 | 正德时为刑部主事，谏帝被杖。历官湖广副使 |
| 吕经 | 陕西宁州 | 第四十八名 | 卷203 潘埙传附 | 嘉靖时官右副都御史巡抚辽东 |
| 余珊 | 直隶桐城 | 第六十名 | 卷208 | 嘉靖中曾应诏陈十渐。官终四川按察使 |
| 夏良胜 | 江西南城 | 第六十一名 | 卷189 | 正德时官考功员外郎，谏帝南巡除名。嘉靖时为南京太常寺卿，因争大礼仪被谪戍 |

续表

| 姓名 | 籍贯 | 中式名次 | 明史传卷 | 简注 |
|---|---|---|---|---|
| 戴冠 | 河南信阳 | 第六十八名 | 卷189 | 正德时因谏贬官。嘉靖时官山东提学副使 |
| 姜龙 | 直隶太仓州 | 第七十二名 | 卷165 姜昂传附子龙 | 正德时官礼部郎中，谏南巡被杖几死，后官至云南副使 |
| 胡缵宗 | 陕西秦安 | 第七十七名 | 卷202 刘讱传附 | 正德时官至河南巡抚 |
| 韩邦靖 | 陕西朝邑籍陕西洛南人 | 第一百十一名 | 卷201 韩邦奇传附弟邦靖 | 正德时官工部主事，因疏谏夺职为民。嘉靖时官山西左参议 |
| 杨最 | 四川射洪 | 第一百十三名 | 卷209 | 嘉靖时官太仆寺卿，谏帝求仙术，被杖死 |
| 周金 | 直隶武进 | 第一百十八名 | 卷201 | 嘉靖时官右都御史总督漕运，巡抚凤阳诸府。终南京户部尚书 |
| 韩邦奇 | 陕西朝邑籍陕西洛南人 | 第一百二十九名 | 卷201 | 正德时忤中官斥为民。嘉靖时官至南京兵部尚书参赞机务 |
| 欧阳重 | 江西庐陵 | 第一百三十三名 | 卷203 | 嘉靖时官右佥都御史巡抚云南 |
| 袁宗儒 | 直隶雄县 | 第一百六十七名 | 卷208 | 嘉靖时官大理寺丞，因大礼仪被杖。后官左副都御史，扈跸承天 |
| 周期雍 | 江西宁州 | 第一百六十八名 | 卷202 | 嘉靖时官右佥都御史巡抚顺天，后官至刑部尚书 |
| 郁采 | 浙江山阴 | 第一百七十七名 | 卷289 忠义传1 霍恩传附 | 正德时官裕州同知，为刘六、刘七农民起义军所杀 |
| 徐爱 | 浙江徐姚 | 第一百八十六名 | 卷283 儒林传2 钱德洪传附 | 官至南京工部郎中，为王守仁妹夫 |
| 马录 | 河南信阳卫籍浙江山阴人 | 第一百八十七名 | 卷206 | 嘉靖时为御史，出按江西，因李福达狱成死 |
| 毛伯温 | 江西吉水 | 第一百八十九名 | 卷198 | 嘉靖时官至兵部尚书 |
| 孙凤 | 河南洛阳 | 第二百二十名 | 卷189 夏良胜传附 | 正德时官兵部郎中，谏帝南巡被杖谪。嘉靖时官终副使 |
| 唐龙 | 浙江兰溪 | 第二百二十四名 | 卷202 | 正德时官郯城知县，曾镇压刘六、刘七起义，嘉靖时官至吏部尚书 |

续表

| 姓名 | 籍贯 | 中式名次 | 明史传卷 | 简注 |
|---|---|---|---|---|
| 程启充 | 四川嘉定州 | 第二百二十五名 | 卷206 | 嘉靖时官御史出按江西,因李福达狱牵连被戍 |
| 许逵 | 河南固始 | 第二百四十七名 | 卷289 忠义传1 | 正德时官江西副使,宁王宸濠反,被杀 |
| 附震 | 浙江兰溪 | 第二百五十四名 | 卷189 | 正德时为兵部主事,谏帝南巡被杖卒 |
| 李翰臣 | 山西大同 | 第二百六十一名 | 卷188 张文明传附 | 正德时官至山东副使 |
| 寇天叙 | 山西榆次 | 第二百六十四名 | 卷203 | 嘉靖时为右副都御史巡抚陕西。官至兵部右侍郎 |
| 邢寰 | 湖广黄梅 | 第二百八十一名 | 卷203 汪元锡传附 | 正德时官给事中,曾谏帝北狩、南巡 |
| 潘埙 | 直隶山阳 | 第二百八十五名 | 卷203 | 嘉靖时官右副都御史巡抚河南,镇压青羊山起义 |
| 王銮 | 江西大庚 | 第二百九十八名 | 卷188 徐文溥传附 | 嘉靖时官武昌知府,忤楚王,夺官 |
| 桂萼 | 江西安仁 | 第三百二十六名 | 卷196 | 嘉靖八年至十年宰辅 |
| 翟鹏 | 直隶抚宁卫 | 第三百三十七名 | 卷204 | 嘉靖时为右佥都御史巡抚宁夏,因俺答入犯,下狱卒 |
| 王相 | 河南光山 | 第三百四十七名 | 卷188 张文明传附 | 正德时为御史巡按山东,忤中官被谪 |

校记:

1. 综上表,正德三年(1508年)会试取中三百五十名中,《明史》有传者共有三十七人,其中列传二十四人,附传十五人。这些人活动于正德、嘉靖年间的政治舞台,不少人因谏武宗巡幸及世宗初争大礼仪而被杖、被贬。这一科会试取中的第三百二十六名桂萼,后来位列宰辅。按《明史·桂萼传》,粤为正德六年(1511年)进士,《名录》所记与《明史》相同。

2. 会试录第一百十三名杨最，《明史》本传记其为正德十二年（1517 年）进士，按《正德三年进士登科录》，杨最为正德三年（1508 年）二甲一百二名进士，于此知《明史》所记有误。

3. 《明史》传中徐爱未载籍贯，上表据会试录补；韩邦靖、韩邦奇、马录的籍贯也据会试录、登科录补充。

4. 会试录第八十三名曹深，《名录》作曹诧；第一百九名尤越，《名录》作尤樾；第一百三十七名高珲，《名录》作高珲；第一百四十名孔当富，《名录》作孔孟富；第一百七十三名邓柄，《名录》作邓炳；第二百四名郭任，《名录》作郭仕。按登科录所载，曹深、高珲二人与会试录相同，其他人则与《名录》相符。

5. 此科会试录载取中贡士三百五十人，而同年登科录载取中进士三百四十九人，由此可知，有一名贡士没有成为进士，而这一人就是会试第五十三名施儒。经查光绪浙江《归安县志》卷三十四《名臣·施儒传》载："……正德二年举人，明年上春官，时逆瑾擅权，正直者多斥逐编成，乃托疾归，教授吴门。五年，瑾诛。六年入奉，廷对赐进士出身，拜监察御史。"施儒为正德六年（1511 年）二甲七十三名进士。

6. 会试录中第五十四名应良及上面已提到的三百二十六名桂萼均不见于登科录；而登科录中二甲八十九名周卿，三甲十一名邵锡亦不见于会试录。登科录于周卿名下记有"会试第一百四十五名"，而方宸名下却也记有相同的名次，查会试录，方宸实为一百四十五名；登科录中于邵锡名下记载为"会试第二百三十九名"，而同录中张正蒙名下也有同样记载，查会试录，张正蒙实为第二百三十九名，以上，登科录显然有误。登科录中无桂萼名，却在张城名下记为会试第三百二十六名，而张实为会试第三百二十二名。另外，遍查登科录，还缺载会试第五十四名的姓名，而这恰恰是登科录所未载的应良的会试中式名次。查《索引》，应良与桂萼同为正德六年（1511 年）进士，应为二甲七名，桂为二甲六十二名。这种记载的参差，有待于进一步探讨。

# 四　《正德十五年会试录》

一卷四册，明正德刻本。半页九行，行十八字，黑口，四周双边。卷首《会试录序》为此科会试两考试官之一、礼部左侍郎兼翰林院学士石瑞所撰。序文云："与试之士凡三千六百有奇，既锁院三试之，取其中式者三百五十人，遵辰断也。录其文若干篇，并刻其姓氏以献。……太祖高皇帝……其网罗贤才也，亦以进士为首途，其所以为法，则黜词赋专经术，实得乎先王教养之至意。列圣相承，一遵成法，行之百五十余年，士争濯磨自效，非六经不以言，非三纲五常之理不可措诸，天下名卿硕辅先后相望……"

序文后是参与会试的官员名单，其人数较上述正德三年（1508 年）会试增多了十四人，共五十五人，计同考官增为十七人，受卷官增为四人，弥封官增为四人，誊录官增为四人，对读官增为四人，供给官亦增为四人。

明初，会试主考官二人，都为翰林院官员；同考官八人，三人用翰林，五人用教职。景泰五年（1454 年）开始考官俱用翰林、部曹官员。从正德六年（1511 年）起，命用同考官十七人，其中翰林十一人，科部各三人。而每隔三年一大比时，供给官是由顺天府及其下属的宛平、大兴二县派官员充当。在《宛署杂记》中记载了万历二十年（1592 年）宛平县负担的会试经费达一千五百多两银子，这还仅是一县的一次负担之额。

会试录在参与会试官员名单之后的记载是三场考题。再下面为三一百五十名中式人名单。

第二册始，至第四册为会试录文，文前各有考官或同考官批语。

第四册卷末照例是此次会试的考试官之一、翰林院侍讲学士李廷相所撰《会试录后序》。后序文云："国初所取论策大抵就事论事，不尚剽掇，而经济瑰奇之才出焉；今或连篇累牍，驰骛空言，则于事容亦有懵贸乎者……昔人所以有科目不能尽得人之叹，而士习日益渝薄也欤！"这反映出明代八股考试到正德时弊病已经很明显了。

现将此科会试录所载人员与《明史》核对，凡《明史》列传者，以会试录补充，列表如下：

表 11 　　　　　　　　　　　正德十五年会试人员表

| 姓名 | 籍贯 | 中式名次 | 明史传卷 | 简注 |
|---|---|---|---|---|
| 彭汝寔 | 四川嘉定州 | 第三名 | 卷 208 | 嘉靖时为南京吏科给事中，争大礼仪被夺职 |
| 丁汝夔 | 山东霑化 | 第十三名 | 卷 204 | 嘉靖时为礼部主事，争大礼仪被杖。后历官兵部尚书，因庚戌之变被杀 |
| 黄佐 | 广东香山 | 第十八名 | 卷 287 文苑传 3 | 嘉靖时官少詹事。著有《乐典》 |
| 张寅 | 直隶太仓卫籍湖广江陵人 | 第二十二名 | 卷 206 魏良弼传附 | 嘉靖时官南京御史，上言劾张璁被谪。后官至春坊右司直兼翰林院检讨 |
| 邵经邦 | 浙江仁和 | 第三十八名 | 卷 206 | 嘉靖时官工部员外郎，争大礼仪被谪 |
| 安玺 | 龙骧卫籍顺天府宛平人 | 第四十一名 | 卷 192 张澯传附 | 嘉靖时为户部主事，争大礼仪被杖死 |
| 王相 | 浙江鄞县 | 第四十二名 | 卷 192 王思传附 | 嘉靖时由庶吉士授编修，争大礼仪被杖卒 |
| 朱纨 | 直隶长洲 | 第五十名 | 卷 205 | 嘉靖时提督浙闽海防军务，巡抚浙江抗倭。为势家构陷自杀 |
| 王科 | 河南涉县 | 第五十一名 | 卷 206 马录传附 | 嘉靖时官工科给事中，因李福达狱牵连下狱削籍 |

续表

| 姓名 | 籍贯 | 中式名次 | 明史传卷 | 简注 |
|---|---|---|---|---|
| 郑一鹏 | 福建莆田 | 第五十二名 | 卷 206 | 嘉靖时为户科左给事中，大礼仪被杖。后又因李福达狱被除名 |
| 张逵 | 浙江余姚 | 第六十三名 | 卷 206 | 嘉靖时官刑科给事中，大礼仪被杖。后官右给事中，因李福达狱戍死 |
| 张璁 | 浙江永嘉 | 第九十六名 | 卷 196 | 嘉靖六年入阁为宰辅，八年九月至十一年任首辅。后改名张孚敬 |
| 费懋中 | 江西铅山 | 第一百十五名 | 卷 193 费宏传附从子懋中 | 嘉靖时官至湖广提学副使 |
| 沈汉 | 直隶吴江 | 第一百二十八年 | 卷 206 马录传附 | 嘉靖时官为刑科给事中，因李福达狱除名 |
| 刘世龙 | 浙江慈溪 | 第一百三十二名 | 卷 207 | 嘉靖时官南京兵部主事，因太庙灾，上疏言事得罪，被廷杖斥为民 |
| 孙应奎 | 河南洛阳籍直隶长洲人 | 第一百四十六名 | 卷 202 | 嘉靖时官右副都御史巡抚顺天，后迁户部尚书 |
| 侯廷训 | 浙江乐清 | 第一百五十八名 | 卷 191 薛蕙传附 | 嘉靖时官南京礼部主事，因大礼仪下狱。后官至漳南金事 |
| 方钝 | 湖广巴陵 | 第二百九名 | 卷 202 孙应奎传附 | 嘉靖时官户部尚书 |
| 解一贯 | 山西交城 | 第二百十名 | 卷 206 | 嘉靖时官吏科都给事中，忤张璁、桂萼被谪 |
| 张默 | 福建瓯宁 | 第二百二十名 | 卷 202 | 嘉靖时官吏部尚书，忤严嵩，后下狱死 |
| 杜鸾 | 陕西咸宁 | 第二百九十八名 | 卷 206 | 嘉靖时官大理评事，大礼仪被杖，后因张寅之狱除名 |

校记：

1. 综上表，正德十五年（1520 年）会试取中三百五十名（会试录中缺第二百六十九名至二百八十六名名单，共十八人）中，共有二十一人《明史》有传，其中列传十三人，附传八人。这些人基本活动于嘉靖年间的政治舞台上，第九十六名张璁曾七试不第，此次会试得中后不久又得中了进士，他在嘉靖初年的大礼仪之争中深得帝宠，几年间官至宰辅，而与他同榜的不少人都因争大礼仪而被杖、被戍、被谪官，甚至还有被杖死的。

2. 会试录第二十二名张寅，《明史》附传记其为"太仓人，嘉靖初进士"。查《索引》，正德十六年（1521 年）有进士张寅，其籍贯为"直隶太仓卫籍，湖广江陵人"，与会试录同。据此，知《明史》所记有误。正德十五年（1520 年）会试举行后，因武宗南巡，殿试未能举行，次年（正德十六年，1521 年）二月，武宗残。五月，世宗即位后才举行殿试，故《明史》将张寅误为嘉靖初进士。

3. 会试录第五十一名王科，《明史》附传记为正德十二年（1517 年）进士。按《索引》，王科实为正德十六年（1521 年）进士，《明史》所记有误。（因北图未藏有《正德十六年进士登科录》，故未能与之加以核对）。

4. 会试录第五十五名陆钎，据《明史》卷二百八十六《文苑传二·张泰传》记载，他与张泰同为天顺八年进士，并记陆钎为殿试第二名。查《名录》，天顺八年殿试第二名是吴钎，并非陆钎，陆钎为正德十六年（1521 年）殿试第二名。按《明史·张泰传》附传所记"陆钎"为崐山人，而此科会试录所记陆钎则为浙江鄞县人，《索引》中正德十六年（1521 年）殿试第二名陆钎，其籍贯与会试录相同。再查天顺八年殿试第二名的吴钎，为直隶崐山人，知《明史》所记将吴钎误作陆钎，当正为吴钎。

5. 表中安玺的籍贯，据会试录补。孙应奎籍贯，按《明史》

传中记载为"洛阳人",而会试录记其为"河南河南卫籍,直隶长洲人"。今据会试录补正。

6. 会试录载取中三百五十人,而查《索引》,正德十六年(1521 年)取中进士仅有三百三十名。《明会要》卷四十七《选举》载:"殿试不过名次升降,无有黜落。"而此榜会试中式者竟有二十人未中进士,其原因何在,尚待探索。

7. 因会试录载名单有缺,而进士登科者又减少二十人之多,所以此榜会试录名单与《名录》中所载正德十六年(1521 年)进士题名录相对照,有很大出入。会试录中杨恂等二十八人为《正德十六年进士题名录》所无,而《正德十六年进士题名录》中李岳钟等二十六人亦为会试录所未载。会试录为《正德十六年进士题名录》未载的人中,徐行健、刘桂、杨行中、钱学孔、赵纶、张珌、陈府、李梦周、吴玭、彭黯、韦商臣、段续、程煌、王道等十四人在《名录》中均记载为嘉靖二年(1523 年)进士;杨恂、朱篪、黄凤翔、高金、石文睿等五人,《名录》记为嘉靖五年(1526 年)进士;蒋贯在《名录》中记为嘉靖八年(1529 年)进士;而郑文、侯棨、曹来聘、朱簠、张蕙、陈原理、刘谏、周嘉庆等八人,遍查历科进士题名录均无,知为此榜未中的进士无疑。

《正德十五年会试录》出现如此之多的嘉靖年间进士,《正德十六年进士题名录》又载有为会试录所未载的二十六人,而会试录仅缺名十八人,这种情况令人费解。按此榜会试与殿试相距时间较长,会试录应早于进士登科录及进士题名碑问世,但因北图未藏有《正德十六年进士登科录》,一时无法对校,辨其正误。

8.《正德十六年进士题名录》中记载三甲九十七名杨言,在《明史》卷二百七有传,因会试录未载此人,故未列入上表。

9. 会试录第二十四名倪宗岳,《名录》作倪宗尧;第八十一名方缙,《名录》作方晋;第九十六名张璁,《名录》作张璁;第一百七十五名吕经,《名录》作吕纶;第三百七名高瀮,《名录》

作高仙。第九十六名人名肯定会试录误。

10. 会试录第六十八名何某，因字迹不情，难于辨认。按《名录》正德十六年（1521 年）进士何锤之籍贯与其相合，当为何锤无疑。

以上是对北图所藏一种进士登科录及三种会试录作的粗浅介绍，希望能为深入研究科举制度及明史提供一些线索。不当之处，敬请方家指正。

（原载《文献》1985 年第 1 期）

# 万斯同之史学与史稿

众所周知，在我国浩如烟海的历史古籍中，二十四史占有重要的地位。这套历史巨著中的《明史》，其篇幅之多，仅次于《宋史》居第二位；而它的修纂时间之长，则为二十四史中所绝无仅有，长达近一个世纪。这部素来被认为具有较高成就的官修史书，署名张廷玉等，而实际上，对这部史书最有贡献的初稿主编却是布衣万斯同。万斯同（1638—1702年），字季野，号石园，浙江鄞县（今宁波）人。逝后学者私谥贞文先生，为清初浙东学派的重要学者。

综观万斯同的一生，少年时代专意古学，广泛涉猎群书，包括大量明代典籍；成年时代博大精深，著书立说，参与《明史》纂修。他的一生与史学结下了不解之缘，对于史学的贡献卓著。他著作等身，虽然一些著作已经亡佚，但根据各种传记和著录等资料，大致有：《石园文集》《宋季忠义录》《庚申君遗事》《群书疑辨》《新乐府》《昆仑河源考》《历代纪元汇考》《周正汇考》《历代宰辅汇考》《书学汇编》《南宋六陵遗事》《经世粹言要编》《河渠考》《石鼓文考》《汉魏石经考》《唐宋石经考》（又有合为《石经考》二卷的）《历代史表》《补历代史表》《庙制图考》《庙制折衷》《丧礼辨疑》《读礼通考》①《儒林宗派》《簪缨盛事录》

---

① 万斯同：《石园文集》卷首，刘坊《万季野先生行状》记此书被徐乾学刻于徐氏传是楼中。全祖望《鲒埼亭集》卷二八《万贞文先生传》记徐乾学请万斯同编纂此书。萧一山《清代学者生卒及著述表》记徐乾学撰，万斯同与参定。

《明史纪传》《明史》，还有《明开国以后至唐桂功臣将相内外诸大臣年表》《明史地理志稿》《明通鉴》残本等。在他为后世留下的这笔宝贵而丰富的史学遗产中，其为实际主编编纂的《明史》格外珍贵。北京图书馆（现中国国家图书馆）收藏着著录为万斯同撰 313 卷《明史纪传》和 416 卷《明史》两部清抄本，它们是清修《明史》的底本，反映出万斯同对《明史》编纂倾注的毕生精力和心血，在《明史》纂修中占有重要的地位。本文拟略述万斯同的史学，试利用这两部史稿抄本，结合其他史料，探讨万氏对于《明史》编纂的贡献。粗浅不成熟之处，尚祈方家教正。

# 一　万斯同之治明史及其在清修《明史》纂修过程中的地位

近代著名学者梁启超曾说："浙东学风，从梨洲、季野、谢山以至于章实斋，厘然自成一系统，而其贡献最大者，实在史学。"[①]作为浙东学派的一位重要学者，万斯同在历史编纂方面有着杰出贡献，主要就表现在《明史》的编纂上。

万斯同早年就立下了治明史的志向，这一志向的形成与他生活的时代背景、他的身世以及他的老师黄宗羲的影响都是分不开的。

万斯同生长的时代，恰逢天翻地覆的明清鼎革之际，民族沦亡之秋。他出生于一个"自始祖迄王父，历世维九，受爵维十，由三世以上死王事者四人，由七世以下树懋绩者三人，中间三世亦皆奉职循理，罔挂吏议"[②]的明朝世代功勋官宦家庭。明亡以

---

① 梁启超：《中国近三百年学术史》八《清初史学之建设》，中华书局 1937 年版。

② 万斯同：《石园文集》卷八《应叅先茔记》，四明丛书本。

后，清朝大军深入江南进行野蛮的军事征服，他亲历了统治者的民族征服政策，也目睹了江南士绅和百姓可歌可泣的英勇抗清行为。这些事件在他幼小的心灵里埋下了注重气节和民族意识的种子。万斯同的父亲万泰，字履安，崇祯九年（1636 年）中举，明末复社成员，曾是揭发阉党阮大铖的《留都防乱揭》署名人之一。他"有道而文，领袖浙东西者二十余年"。[①] "砥砺名节，素为物望所归"。[②] 明亡后万泰曾投身抗清，鲁王授为户部主事，失败后服道士服而终。万斯同的老师黄宗羲在清兵南下时毁家纾难，坚持抗清十几年，晚年隐居家中著书讲学，拒绝了一次次朝廷的征聘，保持了高度的民族气节。[③] 万氏一门八兄弟，人称"万氏八龙"，俱有才学，也均有民族气节：其兄万斯大一生穷经，从未出仕，却以读书人少有的胆量和气魄，在"张煌言死后，弃骨荒郊"的情形下，"葬之南屏"[④]。其兄万斯备在刘宗周殉难后，收藏刘氏遗书，被全祖望称之为"蕺山之功臣"；[⑤] 其兄万斯年是倡义军起兵抗清的钱肃乐的弟子，钱氏死于海外后，他为之编辑文集，并为之立嗣；其兄万斯程则在黄宗羲之弟黄宗炎因抗清被押赴刑场时，按照父亲和高斗魁的计策，偷换死囚代替，夜行十里，将黄氏背回自己家中。[⑥] 所有这一切言传身教，在万氏最小的儿子万斯同思想上留下了深深的烙印。正是在这样的家庭师长的熏陶下，万斯同成长为一个认为"名节一丧，将一生之百行俱堕"[⑦] 的正

---

①　万斯同：《石园文集》卷首，杨无咎《万季野先生墓志铭》。杨无咎为复社杨廷枢（字维斗）之子。

②　钱仪吉：《碑传集》卷一三一，黄百家《万季野先生斯同墓志铭》，台北文海出版社 1980 年版。黄百家为黄宗羲之子。

③　参见全祖望《鲒埼亭集》卷十一《梨洲先生神道碑文》，四部丛刊本。

④　《清史列传》卷六八《万斯大传》，中华书局 1928 年版。

⑤　小横香室主人编：《清朝野史大观》卷九《万氏八龙之历史》，上海书店 1981 年影印本。

⑥　全祖望：《鲒埼亭集》卷十三《鹧鸪先生神道表》。

⑦　万斯同：《群书疑辨》卷十一《书元史陈栎传后》，嘉庆刻本。

直而富有民族气节的读书人。在生活中，他自然而然地以忠于明朝的明遗民自居。然而，他却又参与了清代官修《明史》，这又是为什么呢？这恐怕只能从万斯同治明史的目的说起。

万斯同是在明末清初的战乱中，在明朝亡国之恨、清朝高压政策之苦的现实生活磨砺中，逐步确立自己一生抱负的。在参与纂修《明史》二十年以后，他曾对刘坊讲道：

> 仆生平学凡三变。弱冠时为古文词、诗歌，欲与当世知名士角逐于翰墨之场；既乃薄其所为无益之言而惑世盗名，胜国之季可鉴矣；已乃攻经国有用之学，谓夫天未厌乱，有膺图者出，舍我其谁。时与诸同人兄弟自有书契以至今日之制度，无弗考索遗意，论其可行不可行。又思此道迂远，而典故志诸书所载，有心人按图布之有余矣，而涂山二百九十三年之得失，竟无成书，其君相之经营创建，与有司之所奉行，学士大夫之风尚源流，今日失考，后来者何所据乎？昔吾先世四代死王事，今此非王事乎？祖不难以身殉，为其曾玄乃不能尽心网罗以备残略，死尚可以见吾先人地下乎？故自己未以来，迄今廿年间，隐忍史局，弃妻子、兄弟不顾，诚欲有所冀也。[1]

从上述一大段内心的表露，我们可以了解到万斯同初学古文、诗歌，此后注意读史，最后专以明史为己任的思想发展过程，这也就是他作为明遗民树立毕生抱负的心路历程。可以说他的修史是有明确报效思想的，是欲寄故国之思于治史，更是要总结明朝的经验教训，传给后人以真实的明朝历史。

以上述思想为引导，万斯同的一生是以史学为经世之具的一

---

[1]　万斯同：《石园文集》卷首，刘坊《万季野先生行状》。

生。明清鼎革之际，社会发生了翻天覆地的变化，反映在学术思想上，显得异常活跃。经世致用是当时进步社会思潮的重要内容，明末清初三大著名思想家顾炎武、黄宗羲、王夫之无不极力提倡经世思想，一扫明末空谈无根的学风，投身到当时抗清斗争的激流之中。章学诚曾云："浙东之学，言性命者必完于史，此其所以卓也。"① 他点出了以史学著称于世的浙东学派，其铸就的鲜明特色就是"史学所以经世"。进一步，章氏又指出："浙东之学虽源流不异，而所遇不同，故其见于世者，阳明得之为事功，蕺山得之为节义，梨洲得之为隐逸，万氏兄弟得之为经术史裁，授受虽出于一而面目迥异，以其各有事事故也。"② 他将浙东学派溯源明代王阳明，论述了浙东学派学者由于受不同的历史条件制约，对于经世思想的体现是因人而异的。作为万斯同的老师，黄宗羲在社会发生大变动、清朝统治尚未确立之时，怀着强烈的民族思想投身于抗清斗争，在抗清失败以后，过着隐逸生活，转入学术研究，反映在他身上的经世致用思想，也一变而为着眼于"知古必先通今"的"通古今之变"的史学思想。黄宗羲曾说："明人讲学袭'语录'之糟粕，不以六经为根柢，束书而从事于游谈，故问学者必先穷经，经术所以经世，不为迂儒，必兼读史。"③ 他之所以提倡读史，正是为了根除明末的空谈之弊，吸取历史的经验教训。对于他的学生万斯同来说，出生于明王朝日薄西山之际，年仅七岁就遭遇了"金石之变"，当他长大成人以后，清王朝的江山已经逐渐巩固，他欲执干戈抗清在事实上已经不可能，于是他走上了一条以史学为经世之具的道路，更直接表现为以布衣参与纂修《明史》。

---

① 章学诚：《文史通义·内篇》二《浙东学术》，世界书局 1956 年版。
② 《文史通义·内篇》二《浙东学术》。
③ 《清史稿》卷四八〇《黄宗羲传》，中华书局 1976 年版。

对此，万斯同有过一段剖明心迹的话语，特录于下：

> 至若经世之学，实儒者之要务，而不可不宿为讲求者，今天下生民何如哉，历观载籍以来，未有若是其憔悴者也。使有为圣贤之学而抱万物一体之怀者，岂能一日而安居于此……今之儒者皆为自私之学，而无克当天心者耳。吾窃不自揆，尝欲讲求经世之学……夫吾之所为经世者，非因时补救，如今所谓经济云尔也，将尽取古今经国之大猷，而一一详究其始末，斟酌其确当，定为一代之规模，使今日坐而言者，他日可以作而行耳。若谓儒者自有切身之学，而经济非所务，彼将以治国平天下之业非圣贤学问之事哉，是何自待之薄，而视圣贤之小也。①

在他看来，"若经世之学，实儒者之要务"，读书人不能为自私之学，最重要的学问是经世致用，即以自身的学问为社会作出贡献。他以为史学才是最为重要的经世之学，这正是现实生活中王朝的兴衰更替、社会的动乱、人民的困苦带给他的启示。万斯同认识到要"以天下为念"，治史以总结前代的历史经验教训，以备将来振兴民族、拯救生民于涂炭、治理国家之用。确立了这样宏大治史观的万斯同，一生不习八股时文，不求科举功名，欲致力于关系国计民生的天下大事，治解决社会问题之学，继承浙东学派鲜明的史学特色——"史学所以经世"思想，并发扬光大，形成了一种经世救民的思想。

万斯同的治学行为是他治学思想的体现。换言之，如果说上述是生长在明清之际社会大动荡时期的万斯同受到现实启示生成的治学思想，那么，他又是如何看待历史的呢？他曾说：

---

① 《石园文集》卷五《与从子贞一书》。

　　吾尝谓三代相传之良法，至秦而尽亡。汉唐宋相传之良法，至元而尽失。明祖之兴，好自用而不师古，其他不过因仍元旧耳。中世以后，并其祖宗之法尽亡之。至于今之循用者，则又明季之弊政也。夫物极则必变，吾子试观今日之治法其可久而不变耶！天而无意于生民则已耳，天而有意于生民，必当大变其流极之弊，而一洗其陋习。当此时而无一人焉起而任之，上何以承天之意。下何以救民之患哉。则讲求其学，以需异日之用，当必在于今日矣。①

　　如上所述，万斯同从古往今来的历史演变中总结出了"物极则必变"的观点，他悟出了没有一成不变的良法，认识到历史是不断变化、发展的。联系到当时的时代背景，他感到再也不能继续明季的弊政，要解民于倒悬，就要有变革。这里清楚地反映出了万斯同的社会变革思想："必当大变其流极之弊，而一洗其陋习"，这是他总结历史经验教训，寻求社会变革的呼声。他把治史同社会变革的目的联系了起来，把学术研究和解决社会问题联系了起来，这样的一种经世致用思想，成为贯穿万斯同一生学术思想的显著特征。

　　还应该指出的是，明后期中国社会兴起了经世致用的思潮，同时从外部传来了西方近代科学的影响。作为一位史学家，万斯同并不局限于保守的传统思想，他认识到要学习西方先进的东西，这一点在当时很有见地。他曾云："迨西法既入，其说实可补中国之未及……乃世之好西学者，至诋毁旧法，而确守旧法者，又多抉摘西学至谬，若此者要未兼通两家之学而折其衷也。"② 透过这段话，我们可以了解到万斯同的思想经过社会动荡的洗礼，带有

----

① 《石园文集》卷五《与从子贞一书》。
② 《石园文集》卷七《与梅定九南还序》。

鲜明的时代特色，他能够兼容并蓄，主张中西文化交流互补，这种经世致用思想在当时无疑是具有进步意义的。

为了修史，万斯同收集了当时所能见到的诸家编撰的有关明代书籍来阅读，继而，他认为"见其牴牾疏漏无一足满人意者"①。于是，他重新制订了修史的计划："尝欲以国史为主，辅以诸家之书，删其繁而正其谬，补其略而缺其疑，一仿《通鉴》之体，以备一代之大观。"② 但是，明代史料汗牛充栋，多不胜收，在当时的条件下，个人修史困难极大，尤其是想要修一部完整而全面的信史，难度就更大了。为此万斯同不得不发出哀叹："顾其事非一人所能为，亦非数年之所能就。"③ 正是因为如此，方苞在谈到万斯同之所以决定去京师参与修史缘由的时候，说道："盖以群书有不能自致者，必资有力者以成之，欲竟其事而后归。"④ 指出了万斯同参与官修明史是基于修史现实的考虑。

因此，康熙十八年（1679 年）开史局，大规模纂修《明史》，就在这一年徐元文被任为监修后，他延请万斯同同行入京。对于万斯同来说，无疑是一个完成自己宏愿的机会。当时著名学者黄宗羲、顾炎武等人虽然是满腹经纶，又都有撰史之志，但毕竟因为是素负民族气节的明遗老，不肯直接与清廷合作，对于朝廷的征聘都以死相辞。那么，《明史》纂修的历史任务由谁来承担，前代的经验教训由谁来执笔总结，千秋功罪由谁来评说，一代文献又由谁来整理成篇呢？正是在这种情况下，万斯同立下了"弃妻子、兄弟不顾"的决心，不远千里到京师参与纂修《明史》。他为了国史，为了"天下生民"，也为了一代文献的保存、是非贤奸的昭著，担负起了艰巨的工作——纂修的实际主编。进京时，他

---

① 《石园文集》卷七《与范笔山先生书》。
② 《石园文集》卷七《与范笔山先生书》。今存有《明通鉴》残本。
③ 《石园文集》卷七《与范笔山先生书》。
④ 方苞：《方望溪先生全集》卷十二《万季野墓表》，商务印书馆 1935 年版。

肩负具有民族气节的明遗老们的热切期望，更身负老师黄宗羲的殷殷嘱托。这种期盼，在黄宗羲为之送行的诗中明显表露了出来：

> 史局新开上苑中，一时名士走空同。是非难下神宗后，底本谁搜烈庙中。此世文章推婺女，定知忠义与韩通。凭君寄语书成日，纠谬须防在下风。
>
> 管村彩笔挂晴霓，季野观书决海堤。卅载绳床穿皂帽，一蓬长水泊蓝溪。猗兰幽谷真难闭，人物京师谁与齐？不放河汾声价倒，太平有策莫轻题。
>
> 堂堂载笔尽能人，物色何缘到负薪。且莫一诗比老妇，应怜九衮有萱亲。重阳君渡卢沟水，双瀑吾披折角巾。莫道等闲今夜月，他年共忆此良辰。①

这种期盼之情，在后来万斯同回乡再北上时黄宗羲为之送行的诗中，也有表露：

> 三叠湖头入帝畿，十年鸟背日光飞。四方声价归明水，一代贤奸托布衣。良夜剧谈红烛跋，名园晓色牡丹旗。不知后会期何日，老泪纵横未肯稀②。

康熙十八年（1679 年），时年 42 岁的万斯同拜别师长、亲人

---

① 黄宗羲：《南雷诗历》卷二《送万季野贞一北上》，康熙刻本。
② 黄宗羲：《南雷诗历》卷四《送万季野北上》。黄云眉《明史编纂考略》（《金陵学报》第一卷第二期，1935 年）根据黄炳垕《黄梨洲先生年谱》以为万氏入京修史时，"宗羲以《大事记》《三史钞》授之"。查《碑传集》卷一三一黄百家《万季野先生斯同墓志铭》（台北文海出版社 1980 年版），在万斯同入京后回乡省亲时见到黄宗羲晚年所著的《明三史钞》，当时大喜，称待他修史归来，同黄百家一起依此为底本，另成明朝大事记一部。然而后来他故于京师，所以这一愿望未能实现。但是由此可见万氏入京时，黄宗羲赠予的《三史钞》与《明三史钞》并非同一部书，黄百家为黄宗羲之子，当以其文为准。

和家乡进京了，直至康熙四十一年（1702 年）他 65 岁故于京师，其间南还返乡仅两次。① 24 年寒暑交替间，他以布衣在京师参与修史，以布衣终老异乡，始终是辞官不受，辞俸不取，一直署名为"布衣万斯同"，以示对于统治者和新贵们的泾渭分明。他不计名利，以一生所学鞠躬其事，时刻不忘使命，竭尽全部心力编纂《明史》，在《明史》纂修中起了关键的作用，为《明史》的问世做出了重要贡献。

《明史》纂修之始，可以追溯到清世祖顺治二年（1645 年），至清世宗雍正十三年（1735 年）成书，清高宗乾隆四年（1739 年）刊行，前后经历了四朝，95 年时间。按照纂修的经过，大致学界可以分为三个时期。顺治二年（1645 年）至康熙十七年（1678 年），是《明史》纂修的第一时期。这一时期政局尚未稳定，战事频仍，实际上清廷无暇顾及修史，更谈不上大量网罗人才和搜集史料。康熙十八年（1679 年）开始《明史》纂修的第二时期，此时清朝政局已经稳定，开展大规模修史已具备条件。于是清廷大开博学鸿儒科，以一等、二等 50 人入翰林院，参加修史。《明史》纂修首先采取的是抽签分纂的形式，许多当时著名的学者参加了分撰，如朱彝尊、潘耒、汤斌、尤侗、毛奇龄等。他们分撰的史稿完成以后，送到总领史局的徐元文家里，万斯同被徐氏延请到家中主持实际编纂工作。在徐元文去职以后，万氏又为继任的史馆监修张玉书，总裁陈廷敬、王鸿绪等继续延请主持这一工作。他在对于分撰稿进行仔细修订后，编纂定稿。这是修史的第二个阶段，也是为《明史》编纂成稿奠定了坚实基石的时

---

① 一次是康熙二十七年（1688 年）冬天，次年春回京。这一年万斯同 51 岁，到京师已有 10 年。有徐乾学《送万季野南还》诗为证："霜花渌酒送君还，邸舍相依十载间。惯对卷编常病眼，与谈忠孝即开颜。折衷三礼宗王郑，泚笔千秋续马班。蒲笨独驱惊岁暮，冻云寒雪满江关。"（徐乾学：《憺园全集》卷九）另一次是康熙三十七年（1698 年），春去秋回，这一年万斯同 61 岁。又是一个 10 年才回乡。

期。万氏死后，进入修史的第三个时期，王鸿绪将其亲手所定的史稿加以删改以后编成《明史列传稿》208 卷，于康熙五十三年（1714 年）进呈朝廷。王氏第二次于雍正元年（1723 年）进呈的310 卷《明史稿》，即流传至今的所谓横云山人《明史稿》。此后，在王稿基础上又加以修改，就诞生了后来的张廷玉等人之《明史》，于雍正十三年（1735 年）成书，乾隆四年（1739 年）刊成，这就是今天我们见到的通行本《明史》（以下称今本《明史》）。因此，可以认为万斯同是《明史》底本的实际主编者。

## 二 所见著录万斯同撰明史稿抄本及其相关《明史》纂修问题

今天，我们可以在中国国家图书馆见到所藏著录为万斯同撰的 313 卷《明史纪传》和 416 卷《明史》两种清抄本。

313 卷抄本《明史纪传》，68 册。卷首方苞《万季野墓表》，包括本纪 19 卷、列传 294 卷，无志、表。其本纪仅至神宗，光宗、熹宗、庄烈帝本纪已佚，以今本《明史》补，故仅存本纪 16 卷；列传缺《隐逸传》《方技传》《佞幸传》《列女传》《宦官传》《奸臣传》《流贼传》《土司传》《外国传》《西域传》等 27 卷，实存 267 卷，其中阙失传记也多据《明史》抄补。①

416 卷抄本《明史》，目录 3 卷，100 册，纪传志表俱全。包括本纪 26 卷、志 111 卷、表 12 卷、列传 267 卷。其中本纪，包括《太祖本纪》一——四、《建文帝本纪》、《成祖本纪》上下、《仁宗本纪》、《宣宗本纪》、《英宗前纪》、《景帝本纪》、《英宗后纪》、《宪宗本纪》、《孝宗本纪》、《武宗本纪》、《世宗本纪》上下、《穆宗本纪》、《神宗本纪》上下、《光宗本纪》、《熹宗本

---

① 参见朱希祖《明季史料题跋·旧钞本万斯同明史稿跋》，中华书局 1959 年版。

纪》、《庄烈帝本纪》一—四。志包括《历法志》一—五、《天文志》一—六、《五行志》一—五、《礼志》一—二二、《乐志》一—四、《职官志》上下、《选举志》一—八、《地理志》一—六、《河渠志》一—十、《食货志》一—十一、《兵卫志》一—二十、《刑法志》上中下、《舆服志》一—四、《艺文志》一—五。表包括《诸王世表》一—四、《功臣世表》上中下、《戚臣世表》、《宦幸世表》、《大臣年表》上中下。列传包括皇族、大臣等传记226卷外，见有《忠义传》一—七、《儒林传》一—三、《文苑传》一—三、《循吏传》上中下、《孝友传》上下、《列女传》上下、《隐逸传》《方技传》上下、《外戚传》上下、《奸臣传》上下、《佞幸传》上下、《宦官传》上下、《盗贼传》上下、《土司传》一—四、《外蕃传》一—四。

谢国桢《增订晚明史籍考》卷一，对此两部抄本均未下定论。[①] 该书《明鉴举要》条下按语引全祖望《万公神道碑铭》云："经受《明史纪传》三百卷，及列代史表数十种于季野先生。"经查全祖望《鲒埼亭集·万贞文先生传》，有此记载。[②] 经，指万经，万斯同兄万斯大之子。由此可知，万斯同确有一种300卷的《明史纪传》稿本行于世。313卷清抄本《明史纪传》卷首有方苞《万季野墓表》，可作为万斯同史稿的证据之一。朱希祖曾跋北平图书馆购得的福建王仁堪所藏旧抄本万季野先生《明史稿》313卷，断言"其为万季野所撰明矣"。[③] 李晋华也曾亲见这部史稿，并认为这部《明史纪传》"其为万氏史稿可无疑也"。[④] 416卷本，

① 谢国桢：《增订晚明史籍考》卷一，《明史四百十六卷北京图书馆藏钞本》《明史稿三百十三卷北京图书馆藏旧钞本》，上海古籍出版社1981年版。
② 全祖望：《鲒埼亭集》卷二八《万贞文先生传》。
③ 朱希祖：《明季史料题跋·旧钞本万斯同明史稿跋》。
④ 李晋华：《明史纂修考》七《明史因袭成文之例证》，哈佛燕京学社1933年版。

则见于史馆杨椿的记载："历十二年而史稿粗就，凡四百十六卷。"① 所述徐稿即万稿，与今天所见的 416 卷抄本《明史》在时间上和卷数上是吻合的，这一点下面还将述及。而我们由此可知，《明史》也确有一种 416 卷史稿。②

经过仔细比对两种抄本，我们可略见万斯同所编纂的史稿内容情形，藉此结合其他史料，也可探寻万斯同对于《明史》纂修的贡献。

第一，从修史体例上看。

在官修正史中，《明史》历来被认为是纂修比较好的一部，其中体例上的安排得到好评是一个重要方面。清代学者钱大昕曾评价：

> 其例有创前史所未有者，如《英宗实录》附景泰七年事，称郕戾王而削帝号，此当时史臣曲笔。今分英宗为前后两纪，而列景帝于中，斟酌最为尽善。表之有七卿，盖取《汉书·公卿表》之意，明时阁部并重，虽有七卿之名，而通政、大理非政本所关，则略之。南京九卿亦闲局，无庸表也。阉党前代所无，较之奸臣佞幸又下一格，特书以警人臣。土司叛服不常，既不可列于外国，又不可侧于别传，故皆别而出之③。

他指出在沿袭历代纪传体史书的体例之外，《明史》是有所创新

---

① 《孟邻堂文钞》卷二《再上纲目馆总裁书》。

② 万氏卒后，尚有史馆总裁熊赐履进呈明史稿一部："计本纪十七、志十四、表五、传二百四十一，总共四百十六卷"，见熊氏《澡修堂集》卷二《进呈明史札》。就总卷数而言符合，但仅见"表五"，今见 416 卷抄本《明史》有表十二，又熊氏进呈本有"传二百四十一"，虽不明卷数，而 416 卷抄本《明史》有列传 267 卷，是可证二者并非同一部史稿。

③ 钱大昕：《十驾斋养新录》卷九《明史》，嘉庆刻本。

的，这种创新是由明代社会特有的历史内容所决定的。经过比对，作为《明史》初稿的实际主编者，万斯同在稿本里已经草创了这种新的体例。查 313 卷抄本《明史纪传》中，已经将英宗本纪分为前后纪，把景帝纪夹在中间。416 卷也有着同样的处理：卷十是《英宗前纪》、卷十一《景帝本纪》、卷十二《英宗后纪》。今本《明史》的《阉党》《土司》《流贼》三传为前代史书所无，查 313 卷抄本中无《阉党传》，其他两传也因已佚而后补入《明史》的内容，所以不能说明问题。再查 416 卷抄本《明史》，其中已见《土司传》一至四[①]；又见此抄本中虽没有设立《阉党传》，但却把《奸臣传》分为上下，其中已包括今本《明史》列入《阉党传》的人物。[②] 另见万氏 416 卷《明史》抄本中的《盗贼传》分为上下两卷，[③] 卷上是洪武以后陈永定、唐赛儿、夏旭、叶宗留、邓茂七、黄萧养、藤县胡赵成、刘千斤、李胡子等人的传记，卷下仅记录李自成、张献忠两人之传。王鸿绪《明史稿》的体例则明显是从万氏史稿沿袭而来，仅将万稿的《盗贼传》上削去，将传下改名《流贼传》，为今本《明史》所沿袭。重要的是，万斯同明史稿抄本为我们保存了更多的珍贵史料。

关于史表，清代学者钱大昕云：

> 马班史皆有表，而后汉至三国以下无之，刘知幾谓得之不为益，失之不为损。先生则曰："史之有表，可以通纪传之穷，有其人已入纪传而表之者，有未见纪传而牵连而表之者，表之而后纪传之文可省，故表不可废。读史而不读表，非深于史者也。"[④]

---

① 416 卷抄本《明史》卷四〇九、四一〇、四一一、四一二。
② 416 卷抄本《明史》卷四〇一、四〇二。
③ 416 卷抄本《明史》卷四〇七、四〇八。
④ 钱大昕：《潜研堂文集》卷三八《万先生斯同传》，商务印书馆民国间影印本。

　　我们从钱氏所引，以及万斯同的《历代史表》之作，可见他重视史表的作用。史表是司马迁创立的一种重要的史学体例，可与纪传互相补充，更明显地展现错综复杂的历史事件和繁复众多的历史人物，既有利于史料的穷尽，又可补列传的不足，还可使列传的记事简略得当。《史记》《汉书》都有表，但是从《后汉书》起，这一体例一度中断了。万斯同不仅论述了史表对于治史的重要性，而且身体力行，他亲自作有《明史表》十三篇①。今见 416 卷抄本有表十二篇：《诸王世表》一至四、《功臣世表》上中下、《戚臣世表》《宦幸世表》《大臣年表》上中下②。杨椿曾云王鸿绪删改万稿时："表则去《功臣》《戚臣》《宦幸》，而改《大臣》上为《宰辅》，《大臣》中下为《七卿》，惟《诸王表》与之同。"③ 由此可见，《宰辅表》《七卿表》原来实为万斯同所作，王鸿绪在万氏史表基础上于名称上进行了改动而已，今本《明史》中仍存有《功臣表》《外戚表》，仅将《宦幸表》去掉了，而《诸王世表》是五篇，所以共计有表十三篇。此数字与朱彝尊为万氏所作《历代史表序》中所说数字完全相同。④ 这正说明今本《明史》中的史表应为万斯同所草创。万斯同不仅作有《历代史表》和《补历代史表》，又"曾作明开国迄唐、桂功臣将相年表"，"创为'宦者侯表''大事年表'二例"⑤。黄宗羲曾为他的《历代史表》作序，称赞万斯同为二十一史补表，追考到千载以上，"诚

----

　　① 朱彝尊：《曝书亭集》卷三五《万氏历代史表序》，四部丛刊本；刘坊：《万季野先生行状》云："明史表十三卷"。

　　② 416 卷抄本《明史》卷一三八——一四九。

　　③ 杨椿：《孟邻堂文钞》卷二《再上纲目馆总裁书》，嘉庆刻本。

　　④ 至于诸表内容的异同，还需详细加以比对才能知晓，留存待考。

　　⑤ 《清史稿》卷四八九《万斯同传》。《宦者侯表》《大事年表》均收入《历代史表》中。

不朽之盛事，大有功于后学者也"①。朱彝尊更称万斯同的史表"揽万里于尺寸之内，罗百世于方册之间"②，这些史表填补了自《后汉书》至《旧五代史》其间历代史书史表的空白，至今仍然具有重要的参考价值。

一般而言，《明史》的体例是以徐元文、徐乾学兄弟的《修史条议》和王鸿绪的《史例议》为主要骨干创定的。无独有偶，他们都曾经延请万氏至家中主持实际的修史工作，徐氏更是与万斯同通怀商榷，常到夜深时分。根据钱林《文献征存录》记载："建纲领，制条例，斟酌去取，讥正得失，悉付万斯同典掌。"③ 至今我们从《修史条议》和《史例议》中，还可以清楚地看到万斯同意见的痕迹。如万斯同有修史以《实录》为主，《实录》不详的以他书补证，他书不实及繁杂的，用《实录》对照剪裁的主张；④ 徐氏《修史条议》中也有"诸书有同异者，证之以《实录》，《实录》有疏漏纰缪者，又参考诸书，集众家以成一是，所谓博而知要也"的议论⑤。万斯同有重视专家修史，认为官修史书成于众手，所以杂乱，"是犹招市人而与谋室中之事耳"的看法，王鸿绪《史例议》也有"《明史》初纂时，将志纪传各人分开，或一人撰一纪，或一人撰一志，或一人撰数传，发纂者各务博采，重见叠出，绝少裁断……噫，后之君子其纠《明史》之谬，吾不知凡几矣"的感慨⑥。万斯同的意见为历任史馆总裁所重视，由此可见一斑。如果不嫌极端的话，可以说万斯同在修史工作中隐操《明史》纂修总裁之柄，对于《明史》体例的创制有着直接的

---

① 万斯同：《历代史表》卷首，黄宗羲《历代史表序》，广雅丛书本。

② 朱彝尊：《曝书亭集》卷三五《万氏历代史表序》。

③ 钱林：《文献征存录》卷一，台北明文书局1985年版。

④ 《方望溪先生全集》卷十二《万季野墓表》。

⑤ 徐乾学：《憺园全集》卷十四《修史条议》，光绪刻本。

⑥ 刘承幹：《明史例案》卷二，王鸿绪《横云山人明史稿·史例议上》，嘉业堂刊本，1915年。

贡献。

清代学者赵翼也曾指出《明史》在体例上编纂得当，认为《明史》把同一事件相关人员合在一传之中，使得同一事件不必重复详述，是一种合理的安排。举例云：同一事件相关的人，尽管意见不同，如熊廷弼、王化贞；官职不同，如袁崇焕、毛文龙；都是为一人立传，另一人附后，这样就避免了《宋史》的弊病。[①]经过对照，采用司马迁创用的互见法，以及合传、附传的编纂方法，使得整部史书组织系统严密而得当，这在万斯同史稿抄本中已经可以见到。赵氏还评论云：

> 《明史》于诸臣奏议，凡切于当时利弊者多载之，如蒋钦之劾刘瑾也，沈炼、杨继盛之劾严嵩也，吴中行、赵用贤、邹元标之劾张居正也，杨涟之劾魏忠贤也，皆载其全文，不遗一字，此正修史者表彰深意。嘉靖中大礼之议，毛澄等之主考孝宗者，张璁、桂萼、方献夫之主考兴献王者，各有一是，则并存其疏，使阅者彼此参观，而是非自见。此外，如《李善长传》末载王国用为善长讼冤一疏，以见善长被诛之枉。《于谦传》末载成化中复官赐祭诰词，以见于谦被害之冤。《熊廷弼传》末载韩爌请给其首归葬一疏，文情凯切，议论公平，廷弼功罪于此而定，更非漫焉抄入者，此可以见作史者之用意也[②]。

对照抄本，《明史》的这种编纂方法以及赵氏所举传例，皆本之于万氏史稿。万氏在综合编纂各个史官分撰稿时力求公允，用心良苦，不仅为我们今天研究明代历史保存了极为珍贵的史料，

---

① 赵翼：《廿二史札记》卷三一《明史》，中华书局1963年版。
② 赵翼：《陔余丛考》卷十四《明史多载原文》，乾隆刻本。

而且作为实际主编，在奠定《明史》编纂体例上多有贡献也由此可见。

第二，从修史原则与实践上看。

万斯同继承古代史学的优良传统，力求秉笔直书，实事求是，公正地记录历史的直笔精神。针对当时治史"好恶因心而毁誉随之""言语可曲附而成，事迹可凿空而构"①的弊病，万斯同提出了反对意见，明确指出"非论其世而知其人，而具见表里，则吾以为信"②。主张不夹杂主观好恶之见，在评论历史事件和人物时要了解当时特定的社会背景、历史环境，进行分析，即提出了客观征实的观点。他曾说："史之难为久矣，非事信而言文，其传不显。"③由此可见，他是以"事信"作为治史的一个准则的。

进一步，万斯同认为要做到"事信"，就必须广泛、全面地收集和占有史料，这是治史的基础。吴晗曾说："明清两代诸史家中，万季野最推崇《明实录》。"④万斯同自己也曾表述"要以《实录》为指归"。明代史料汗牛充栋，万斯同为什么特别重视《实录》呢？他说："盖《实录》者，直载其事与言而无可增饰者也，因其世而考其事，核其言而平心以察之，则其人之本末可八九得矣。"⑤他认为根据体例，《实录》是直接记载言和事的，因此比较可靠。但是同时我们注意到，万斯同治史态度谨严，即使是他最为推崇的《实录》，他也曾指出其不实之处，以为治史之阙失。他曾在《读洪武实录》中写道："高皇帝以神圣开基，其功烈固千古矣，乃天下既定之后，其杀戮之惨一何甚也……仕途甚

---

① 《方望溪先生全集》卷十二《万季野墓表》。
② 同上。
③ 《潜研堂文集》卷三八《万先生斯同传》。
④ 吴晗：《读史札记》，《记明实录》，生活·读书·新知三联书店 1979 年重印本。
⑤ 《方望溪先生全集》卷十二《万季野墓表》。

于阱坎，盖自暴秦以后所绝无仅有者。"① 他以《洪武实录》不敢
直书而感到遗憾，认为这样就失为信史了。而对于明太祖初起时
"实奉宋主龙凤之朔"一事，他也认为应该秉笔直书，曾指出韩氏
"事虽不成，而下中原、堕上都，云扰六合，卒致元氏失图，皆其
首发难之功，则其所驱除实开太祖之先"，指出韩宋不应称为盗，
直言"则韩氏之立国何不可大书特书，而乃为太祖讳也"②，揭示
出明代国史和诸家传记因为避讳而不载真实的历史，充分肯定了
元末起义的主力军之一——刘福通、韩林儿领导的红巾军及其政
权的历史功绩。在416卷抄本《明史》卷一五六，我们可以见到
《韩林儿传》。又如在《读弘治实录》中，他甚至指出："有明之
《实录》未有若弘治之颠倒者也……吾是以益叹古人之不可及，而
知有明《实录》之未可尽信也。"③ 因此，他在"要以《实录》为
指归"的同时，又主张博览群书："然言之发，或有所由，事之
端，或有所起；而其流或有所激，则非他书不能具也。凡《实录》
之难详者，吾以他书证之；他书之诬且滥者，吾以所得于《实录》
者裁之。虽不敢具谓可信，而是非之枉于人者盖鲜矣。"④ 万斯同
是以《实录》与群书相互参证、互为补充的方法来增加史料的可
信程度，和弥补治史的片面性的。在这一方面，应该说他是深受
他的老师黄宗羲"国史取详年月，野史取当是非，家乘备官爵世
系"⑤ 的修史原则影响的。在313卷和416卷抄本中的大量实例，
都说明万斯同在修史过程中正是体现了这样的修史原则的，在此
恕不一一列举。

应该提到的是，清初以经世致用为宗旨治学的黄宗羲、顾炎

----

① 《石园文集》卷五。
② 《石园文集》卷八《追忆先世所藏令旨事》。
③ 《石园文集》卷五。
④ 《方望溪先生全集》卷十二《万季野墓表》。
⑤ 《清史列传》卷六八《黄宗羲传》。

武，虽因坚持抗清立场，不肯直接参与官修史书的工作，但是，他们怀有故国之思，都对纂修《明史》关心备至，对于万氏修史思想有着直接或间接的影响。特别是黄宗羲，他的史学思想对万斯同有深刻影响。黄宗羲虽对于赴京修史一再"以老病辞"，全祖望曾一语道破，说："公虽不赴征书，而史局大案，必咨于公。"①梁启超甚至认为："每有疑难问题都咨询他取决。历志则求他审正后才算定稿，《地理志》则大半采用他所著的《今水经》原文，其余史料经他鉴别的甚多。"② 而顾炎武在给外甥徐元文和学生潘耒等人的信中，谈及对于修史问题的看法，云："两造异同之论，一切存之，无轻删抹，而微其论断之辞，以待后人之自定，斯得之矣。"③ 又在给汤斌的信中云："至于即主位之月日，当如来说，以《实录》为正耳。自万历以还，是非之涂樊然殽乱，姑以日所尝见之书……而遽数之不能终也，搜罗之博，裁断之精，是在大君子也。"④ 这些思想对于《明史》编纂也都会产生影响。

万斯同修史力求详备，他曾言道："昔人于《宋史》已病繁芜，而吾所述将倍焉。非不知简为贵也，吾恐世之人务博而不知所裁，故先为之极，使知吾所取者有可损，而不取者，必非事与言之真，而不可益也。"⑤ 他尽可能将经过分析、鉴别后认为有用的史料都收入史稿中，以便后来在这些丰富的史料中取舍。为了史料的收集、整理和保留，他付出了大量心血。为了博采群书，广搜旁证，万斯同曾"长游四方，就故家长老求遗书，考问往事，旁及郡志、邑乘、志传之文，靡不网罗参伍"⑥。可见他不仅重视

① 《鲒埼亭集》卷十一《梨洲先生神道碑文》。
② 梁启超：《中国近三百年学术史》五《阳明学派之余波及其修正》。
③ 顾炎武：《亭林诗文集》下，《文集》卷四《与次耕书》，四部丛刊本。
④ 《亭林诗文集》下，《文集》卷三。
⑤ 《石园文集》卷五。
⑥ 《方望溪先生全集》卷十二《万季野墓表》。

史料，还注重做调查，到处访求文献史料，询问历史遗闻，又参考大量地方志、碑传、家乘、野史，遍求证据以印证历史。根据杨椿记载，他在二十几岁时亲眼看到万斯同每为《明史》作一传，聚集的史料"盈尺者四五或八九不止"①。这反映出万斯同修史的勤奋和求实精神，万氏《明史》稿本正是在丰厚的史料基础上编纂而成。

万斯同在注重治史的广博之外，特别注意征实与精到。他曾用比喻的方法生动地说明了占有和熟悉史料与治史的关系。他说："比如入人之室，始而周其堂寝匽湢焉，继而知其蓄产礼俗焉，久之其男女少长性质刚柔，轻重贤愚，无不习察，然后可制其家之事也。"② 他认为治史之人应该首先全面占有、熟悉史料达到登堂入室的地步。而他自己正是以此严格要求，"于有明十五朝《实录》几能成诵。其外，邸报、野史、家乘无不遍览熟悉，随举一人一事问之，即详述其曲折始终，听若悬河之泻"③，是力行了这一点的。为了征实，万斯同做了大量的考证和辨伪工作，对史事"核其实而辨其讹，考其详而削其滥"④。与此同时，他不仅严核是非，而且对于一时无法完全弄清的史事，采用客观地记录不同说法的方法。在 313 卷抄本《明史纪传》的《建文皇帝本纪》里，就是这样处理的。他先写入"宫中火发，帝及后马氏崩"，然后又存疑："或言帝实由地道出亡。"⑤ 416 卷《明史》与之同。⑥

---

① 《孟邻堂文钞》卷二《再上纲目馆总裁书》。

② 《方望溪先生》卷十二《万季野墓表》。

③ 钱仪吉：《碑传集》卷一三一，黄百家《万季野先生斯同墓志铭》。

④ 《石园文集》卷七《与李杲堂先生书》。

⑤ 313 卷抄本《明史纪传》卷五。钱大昕《潜研堂文集》卷三十八《万先生斯同传》云万氏断言无逊国出亡之说，与此完全不同，应是钱氏的误解。孟森于 1937 年《万季野先生明史稿辨诬》一文中，已详细考辨了此误，并指出此误来自王鸿绪《史例议》，载《史地杂志》第 1 卷第 1 期。今观 313 卷《明史纪传》、416 卷《明史》抄本，是为万斯同辩诬的有力证据。

⑥ 416 卷抄本《明史》卷五《建文帝本纪》。原抄本"本纪"两字残缺。

这样，既是对古代优良史法传统的继承，又为后世致力史学者留下了有价值的线索。

根据方苞《书杨维斗先生传后》所云："万氏所定史稿，以先生与徐公汧合传，谓并死于水。"① 今见王鸿绪《明史稿》记载杨维斗因抗清失败而被捕遇害。今本《明史》基本上与王稿相同。② 而416卷《明史》抄本的《徐汧传》附《杨廷枢传》，记载的确是投水死节还有，根据记载，《归有光传》初入《儒林传》，而王鸿绪"抑之《文苑》"③。今见313卷本、416卷本都归入《儒林传》，可见两种抄本均早于王鸿绪稿，是更早的《明史》底本。更重要的是，对于建文帝逊国一事，王鸿绪认为传疑已久，因此在史稿中把程济等人的传都削去了。上述两部抄本则都载有《程济传》，以及与建文逊国相关的河西佣、补锅匠等人。由此可见，抄本确是万斯同史稿本的抄件。

尽管如此，值得注意的是，抄本毕竟是抄本，而不是原稿本，笔者在翻阅抄本时，多次发现313卷本在提到清兵时，采用了"敌兵"之称，如在《潘宗颜传》④《何廷魁传》⑤《邓思铭传》⑥等，均见如上称谓。如果我们考虑到万斯同当时所处京师的历史环境，恐怕是难以如此直白地表达民族情绪的，因此与其说这是万斯同的民族思想的流露，倒不如说更可能反映出的是抄本传抄者具有的强烈民族思想。然而，两部抄本的保留，毕竟为我们今天了解万斯同《明史》原稿本的基本面貌提供了珍贵的资料。

第三，从《明史》纂修的全过程看。

---

① 《方望溪先生全集》卷五。
② 《明史》卷二六七。
③ 李富孙：《鹤征录》卷一，嘉庆刻本。
④ 313卷抄本《明史纪传》卷二六四《忠义传》二。
⑤ 同上。
⑥ 313卷抄本《明史纪传》卷二六八《忠义传》四。

从总体上说，清初修史三个时期中，万氏充当实际主编的第二时期最为重要，这是《明史》编纂过程中从分别的各史官撰稿到综合成编的阶段，也就是为《明史》成形奠定基础的阶段。万斯同入京参与纂修《明史》之初，住在徐元文家中审订史馆各史官所撰的草稿。当时"诸纂修官以稿至，皆送先生复审。先生阅毕，谓侍者曰：取某书某卷某页，有某事当补入，取某书某卷某页，当参校。侍者如言而至，无爽者"①。康熙二十七年（1688年）冬，万斯同南还省亲时，徐乾学曾赠诗与他："霜花渌酒送君还，邸舍相依十载间。惯对卷编常病眼，与谈忠孝即开颜。折衷三礼宗王郑，泚笔千秋续马班。蒲笨独驱惊岁暮，冻云寒雪满江关。"② 这正是万斯同在徐邸勤奋修史的真实写照。目前所见经万斯同修订、编纂的史稿313卷《明史纪传》和416卷《明史》两种抄本，其中313卷本应是万斯同初次修订的，只有纪传部分，可能于康熙二十二年（1683年）左右基本完成③。此后，志、表部分到康熙二十九年（1690年）才初步定稿④。根据杨椿的记载："历十二年而史稿粗就，凡四百十六卷。"⑤ 于是，不仅在卷数上与今天所见的416卷抄本《明史》是吻合的，而且万斯同是康熙十八年（1679年）入京参与修史的，所以在时间上也是符合的。在康熙二十九年（1690年）这一年，纂修总裁徐元文、徐乾学先后告归，万斯同则为继任监修张玉书、总裁陈廷敬挽留，馆于京

---

① 全祖望：《鲒埼亭集》卷二八《万贞文先生传》。

② 徐乾学：《憺园全集》卷九《送万季野南还》。

③ 方象瑛：《明史分稿残编》卷首《自序》，光绪二十年刻本；尤侗《明史拟稿》卷首《自序》，康熙刻本。

④ 梅文鼎：《勿庵历算书目·明史历志拟稿》，知不足斋丛书本；黄百家《万季野先生斯同墓志铭》；朱希祖《明季史料题跋·跋王原明食货志》。

⑤ 《孟邻堂文钞》卷二《再上纲目馆总裁书》。

师江南会馆，继续参与修订史稿的工作。① 康熙三十三年（1694年），王鸿绪任史馆总裁，任修列传，他延请万斯同、钱名世到家中，"以史事委之"。于是万斯同"于徐公传稿合者分之，分者合之，无者增之，有者去之。钱君俱详注其故于目下"②。万斯同馆于王邸历时八年，史稿在这期间扩大到 460 卷③。康熙四十一年（1702 年）万斯同卒后，王鸿绪"重加编次，其分合有无，视万、钱稿颇异"④，将列传缩编为 208 卷，于康熙五十三年（1714 年）进呈。其后"乃取徐公旧志《河渠》《食货》《艺文》《地理》删改之，其他俱仍其旧"⑤。表则如上述取舍分解。又于康熙六十一年（1722 年）冬"删改徐公《本纪》，不浃旬而十六朝《本纪》悉具。雍正元年六月进呈，共三百零十卷"⑥。从以上《明史》纂修的过程来看，从万斯同修订各分撰稿后编纂为初稿的《明史纪传》，到万氏编纂的《明史》，是修史第二时期的重要阶段，正是在这一时期，《明史》初具了规模。由此再发展到修史第三时期王氏改定的《明史稿》，王稿与万稿存在很深的渊源关系，如以《于谦传》为例，经过比对，在王稿中仅见一些词句不同于万稿，通篇明显可见其因袭的痕迹。而且，王稿的志是经万氏修订过的，表也应是由万斯同所作表为基础的。

张廷玉等人再修《明史》时，已经发生了很大变化，根据杨椿记载："旧时草卷不可复得，馆中所有惟累朝《实录》及名人传记。而传记亦十不存一二，名为重修，阁下所委者仅于纪传后

---

① 《石园文集》卷首刘坊《万季野先生行状》："先生遂为京口、泽州所留，移置江南会馆中。"

② 《孟邻堂文钞》卷二《再上纲目馆总裁书》。

③ 见《方望溪先生全集》卷十二《万季野墓表》。《鲒埼亭集》卷二八《万贞文先生传》所云："明史稿五百卷，皆先生手定"，这里所云的"五百卷"，可能为约数。

④ 《孟邻堂文钞》卷二《再上纲目馆总裁书》。

⑤ 同上。

⑥ 同上。

缀以赞辞，及以意更其目次，或点窜字句，未能将现存之书与王公史稿细加讨论，且或改伪王稿者有之。"① 这里说明了重要的一点，就是当时实际上张廷玉等只是在王稿基础上添加赞语，更改部分目次和字句而仓促成书。张廷玉在进呈表中云："聚官私之记载，核新旧之见闻，签帙虽多，牴牾互见。惟旧臣王鸿绪之史稿，经名人三十载之用心，进在彤闱，颁来秘阁，首尾略具，事实颇详。在昔《汉书》取裁于马迁，《唐书》起本于刘昫，苟是非之不谬，讵因袭之为嫌。爰印成编，用为初稿。"② 在这里，张氏明确讲出了《明史》的因袭关系，"名人"应是指万斯同。当我们沿着《明史》纂修的脉络，搞清从史馆各史官草拟稿到万氏编纂稿，再到王稿，最后成为钦定《明史》的曲折过程后，万斯同与《明史》的关系及其对于《明史》纂修的贡献也就一目了然了。对此，《清史稿》做了如下评论："其后《明史》至乾隆初大学士张廷玉等奉诏刊定，即取鸿绪史稿为本而增损之。鸿绪稿，大半出斯同手也。"③ 可以认为这一评论是比较公允的。

第四，从史料的保存来看。

进一步而言，万斯同的贡献还不止于此。他以明遗民自居，崇尚民族气节，以任故国之史事而报故国，力求留下有明一代的信史，以俟未来的匡复者，参与修史的目的深远，以故保存了大量的珍贵史料。徐氏《修史条议》中云："庄烈愍帝纪后，宜照《宋史》瀛国公纪后二王附见之例，以福、唐、鲁、桂四王附入，不泯一时事迹。"④ 从这里，我们也可以了解到徐氏编纂《明史》的本意是不想把四王附在鲁荒王、福恭王、唐定王、桂恭王传后，如今本《明史》中那样安排的。在 313 卷抄本《明史纪传》的

① 《孟邻堂文钞》卷二《上明鉴纲目馆总裁书》。
② 张廷玉等：《明史》卷末《张廷玉上明史表》。
③ 《清史稿》卷四八四，《文苑》一《万斯同传》。
④ 《憺园全集》卷十四《修史条议》六十一条。

《诸王传》中，万斯同对于先后建立南明四个小朝廷的福王朱由崧、唐王朱聿键、鲁王朱以海、桂王朱由榔，均注明了"事别载"①。然而，我们在抄本中却没有见到以上诸王传记的别载文字。其中明思宗的本纪已佚，系由《明史》所补，所以即使万斯同别撰有四王事迹的草稿，此抄本也已不载。当时万斯同曾萌生别撰一部南明历史的想法，他对温睿临说："《明史》以福、唐、桂、鲁附入《怀宗纪》，记载寥寥，遗缺者多。倘专取三朝，成一外史，及今时故老犹存，遗文尚在，可网罗也。逡巡数十年，遗老尽矣，野史无刊本，日就零落，后之人有举隆、永之号而茫然者矣，我侪可听之乎？"② 由此启发了温睿临撰写《南疆逸史》，以弥补南明史事。而从以上的话语中，我们了解到虽然"记载寥寥，遗缺者多"，但是当时编纂的《明史》确是"以福、唐、桂、鲁附入《怀宗纪》"的，然而，所见416卷抄本《明史》中，将四王之传置于《庄烈皇帝本纪》之后的愿望也未能实现。③ 特别值得注意的是，在313卷《明史纪传·诸王传》中提到福王由崧和桂王由榔时，除用"事别载"显示另有文字以外，还记录了"建号弘光"和"建号永历"，所用俨然是评价正统帝王的笔法，完全不同于今本《明史》中的"伪号弘光""伪号永历"④，鲜明地反映出编纂者的立场。

重要的是，抄本在反映出编撰者爱憎与立场的同时，还为我们保留了许多为今本《明史》所没有收录的明末清初抗清志士英勇事迹的宝贵资料。在313卷《明史纪传》中，万斯同将夏允彝列入《忠义传》，并附其子夏完淳传于后，传中称其与陈子龙案有

①　313卷抄本《明史纪传》卷二二《诸王传》一，卷二三《诸王传》二，卷二五《诸王传》四。

②　温睿临：《南疆逸史·凡例》，中华书局1959年版。

③　416卷抄本《明史》卷二三—二六为《庄烈皇帝本纪》一—四。

④　《明史》卷一二○《诸王传》五，福王常洵附由崧，桂王常瀛附由榔。

涉而被捕入狱。虽然在这里没有具体叙述他们的抗清事迹，但还是描绘夏完淳被捕后"谈笑自如，作乐府数十。临刑意气扬扬，神色不变"①，寥寥几句话展现出一位具有崇高民族气节的少年英雄视死如归的形象。遗憾的是，今本《明史》中夏允彝已经不在《忠义传》中，更全部删除了对夏完淳饱蘸赞赏之辞的文字，仅仅提到他因陈子龙狱牵连而死。值得注意的是，313 卷抄本《明史纪传》中包括长达 10 卷的《忠义传》（卷 263—272），在这些《忠义传》中，记载有许多反抗清朝剃发令而死的志士，如《马纯仁传》，传中附有 18 人的姓名②，这些志士的姓名在今本《明史》中也随着剃发令字样的消失，而完全消失不见了。又如《阎应元传》，也是明显的一例③。其传生动如实地再现了江阴人民抗清的慷慨悲壮历史。从"新官至，下剃发令。闰六月朔，诸生许用倡言于明伦堂，曰：'头可断，发不可剃。'众多和之"开始，首先点出了起而抗清的具体缘由；到"敌骑四出焚掠，乡兵远遁，无复来援者。敌专意攻城，应元守御甚固，城外尽攻击之术，而城中应之裕如"，说明江阴人是在孤立无外援的情况下，不屈不挠地进行抗清的。最后，城破，"敌兵乘之入，众犹巷战，男妇投水者，池井皆满。（陈）明遇及（许）用皆举家自焚，应元既赴水，旋曳出，抗骂死"。在这里，写出了江阴人民对于清朝统治者民族征服政策顽强反抗的可歌可泣的事迹。在这篇传记里，谁又能说不正是饱含着万斯同的热情和激愤呢！又如《侯峒曾传》④《吴汉超传》⑤，在万斯同笔下，爱国志士栩栩如生，抗清事迹跃然纸上。万斯同唯恐这些英雄事迹湮没不彰，要使之流传百世，发扬光大，

---

① 313 卷抄本《明史纪传》卷二六八《忠义传》四。

② 同上。

③ 313 卷抄本《明史纪传》卷二六四《忠义传》二。

④ 同上。

⑤ 同上。

在抄本的这些传记中保存了许多珍贵资料，反映的是万斯同真实的思想，也反映了真实的历史。当然，在今本《明史》中已删去了以上所述的激烈文辞。但是在其中《侯峒曾传》《阎应元传》等传的叙述中，仍依稀可见与万氏《明史纪传》的因袭关系，保存了原稿的基本框架，所以今天我们在《明史》中得以见到部分抗清志士的事迹及不屈形象，是有着万斯同功劳的。

抄本不仅保存了抗清志士的事迹，还有关于建州的史事，这是为清朝统治者所最为忌讳提及的。柳诒徵曾作《〈明史稿〉校录》一文，云及《陈嘉猷传》述建州事，重要史事赖以存在。①查万斯同416卷《明史》抄本中的《陈嘉猷传》，记载了天顺三年朝鲜国王与建州董山勾结，私下授予董山官职，其将为边患，明朝派遣陈嘉猷前往指责一事。②对于清朝开基者努尔哈赤五世祖董山的这段史事记载，王鸿绪《明史稿》和今本《明史》均因避讳而删除，甚至因此之故，整个的《陈嘉猷传》也已荡然无存，幸而万斯同史稿的抄本为我们保留了珍贵的记录。

# 三　结语

综上所述，万斯同在清代《明史》纂修的全过程中，是《明史》最初史稿的实际主编，起了不可替代的奠基作用。值得注意的是，万斯同不同于一般唯古是崇的老夫子，也不同于为了考据而考据的书斋学者，他以历史的眼光治学术，以经世救民为目的，他的思想境界要超出同时代一般治史者一筹。终其一生，万斯同孜孜不倦地进行史学探索，以自己的实际行动为校正明季颓败的学风尽了一份力量，也同时为了改革社会弊端作出了自身的贡献。

---

① 柳诒徵：《〈明史稿〉校录》，《江苏省立国学图书馆第四年刊》，1931年。
② 416卷抄本《明史》卷二三〇。

他继承和发扬了中国古代历史编纂学的优良传统，以谨慎勤奋的求实精神，在长期治史期间，收集了大量珍贵史料，审核编定了大批的史稿，以有所创新的史法草创了《明史》的基本框架，他所总结出来的史学观点和方法，是他对于史学的重要贡献。更重要的是，万斯同将史学应用于社会的史学观点以及对于史法的一些认识，对有清一代史学的影响深远。章学诚在总结浙东学派学术时，曾经写道："梨洲黄氏出蕺山刘氏之门，而开万氏兄弟经史之学，以至全氏祖望辈尚存其意，宗王而不悖朱者也。"① 在这里，他明确指出了万斯同在浙东学派中承上启下的重要作用。清初万斯同承袭了黄宗羲的民族思想和进步的史学观点，启发了乾嘉时代著名的史学家全祖望、章学诚，这就是万斯同在清代史坛上的重要地位和作用。故梁启超云："清代史学开拓于黄梨洲、万季野。"② 综观万斯同的一生，从他对于史学的贡献、他在当时史坛上所应据有的地位，以及他对于后代史学的影响来看，这样的评价是非常恰当的。

对于万斯同这样一位在清初没有沉溺于《四书》《五经》，没有追逐个人的功名利禄，也没有像"迂儒"那样关在书房里仅仅钻入笺释名物的烦琐考据，而是把毕生精力付诸经世致用的史学实践的史学家，一位把浙东经世实学发扬光大的身体力行者，我们应该充分肯定他在特定时代对于史学的重要贡献。

当然，我们今天所见到的《明史》，产生于皇权与文化专制达于顶峰的历史条件下，是在清朝统治者严密监督和控制下纂修的。为了维护满洲贵族利益，清统治者一方面设法笼络汉族知识分子，标榜满汉合作；另一方面又为了加强思想统治，不惜手段地镇压

---

① 《文史通义·内篇》二《浙东学术》。蕺山刘氏指的是刘宗周，因他讲学于蕺山，学者称为蕺山先生。

② 《中国近三百年学术史》十五《清代学者整理旧学之总成绩》三。

具有民族思想意识的汉族知识分子，文网森严，屡兴文字狱。康熙二年（1663 年）发生了震惊全国的庄廷鑨明史案，统治者大加杀戮，显示了专制君主的淫威，从而导致了"凡涉明事者，争相焚弃"的严重后果①。对于《明史》的纂修，康熙皇帝曾屡下诏谕，表面上貌似公允，实际上却隐含钳制，文网严密，忌讳甚多。更何况前有庄氏明史案在，又如何不使修史者心有余悸?! 当时参与修史者稍有不慎，祸且不测。因此，万斯同对于清朝的忌讳，也不得不采取回避态度，不敢越雷池一步。如他对建州和南明的史事虽有涉及，也仅是一鳞半爪，为了避讳而不得不违背自己写出信史的初衷，反映了时代赋予的局限。然而，《明史》也终因缺少清入关前与明朝的历史渊源关系，以及南明几个政权和各地人民起而抗清的真实历史，从而不能成为有明一代的一部完整的史书，这是时代特定历史条件赋予它的一大缺陷。

1982 年 6 月初稿

1982 年 11 月二稿

1982 年 12 月三稿

2008 年 12 月修订

　　**附作者说明：**光阴荏苒，20 多年前的 1982 年，我在北京大学许大龄先生指导下所做的大学毕业论文题目是"万斯同与《明史》"。虽然当时没有发表，但是得到了许先生的大力肯定，主要是论文利用了北京图书馆（现中国国家图书馆）善本室所藏、著录为万斯同撰的清抄本 313 卷《明史纪传》和 416 卷《明史》的资料（1983 年我发表《试谈几部史书中的张居正传》一文，曾提及所做的部分比对工作）。更令人难忘的是，这成为许先生招收我为门下研究生的契机。后来，我在研究生在读期间到天一阁收集

---

① 钱林：《文献征存录》卷一《朱彝尊传》。

资料时，也曾留意观览阁藏《明史稿》，并在研究生教学实习时，得到许先生鼓励，在课堂上所讲题目就是"《明史》的纂修"。但遗憾的是，此后没有能继续进行这一课题。尽管如此，由于这一层渊源关系，目前中国社会科学院历史所与天一阁博物馆合作整理阁藏《明史稿》课题立项，面对接受主持阁藏《明史稿》整理的艰巨任务，我不能不勉力为之。值此纪念万斯同诞辰 370 周年国际学术研讨会论文集出版之际，不揣冒昧，将自己当年习作加以修订，改现名发表，为了 20 多年的缘分，更为了谨此纪念业师许大龄先生。

（原载《万斯同与明史：纪念万斯同诞辰 370 周年国际学术论文集》，宁波出版社 2008 年版）

# 天一阁藏明代政书及其学术价值

## ——中国社会科学院历史所明史室与天一阁合作整理记

众所周知，天一阁是明代兵部右侍郎范钦的藏书楼，原有明代为主的藏书七万余卷；今天的天一阁博物馆是中国特色文献的收藏中心，其藏书的鲜明特色，一是明代地方志，二是明代登科录，两者闻名遐迩，已有大量相关研究论著问世。然而，天一阁藏书的特色，还集中体现在明代典章制度重要文献的保存，也就是大量明代珍本政书的收藏。这批宝藏是中国传统文化的珍贵遗产，迄今藏在深阁人未识，似乎从未引起过学术界的特别关注与探讨。

在中国古代，以"政书"为名的图书分类始于明代。政书，是中国古代文献中专门汇辑政治、经济、军事、法律、文化等方面典章制度及其沿革的书籍，也称为典制体史书，在古代文献中占有极为重要的地位。典章制度，即"国家之制度"，通常指的是古代的法令规范。明代以治国平天下为毕生追求的范钦，独具慧眼，超越同时代藏书家认识水平，广泛收集明代政书，其数量与质量都独步天下。他多方搜罗当时一般藏书家不太关注，而且难以获得的六部即政府各部衙门的档册文书，以及处理政务的题本、奏议等。这批独特的藏书，在学术价值上不可估量。

20世纪明清档案和殷墟甲骨、战国秦汉竹简、敦煌文书一起，被称为古文献的四大发现。档案是历史研究的原始资料，档案发现的学术价值不言而喻。百年来，明档的发现、整理、开掘、利用，极大地推动了明史研究的发展。中国第一历史档案馆所藏，即"大内档案"，是目前所知数量最大、保藏最完整、学术价值最重大的明清档案。然而，其中留存于世的明代档案文书已经不多，与清代档案的留存在数量上无法比拟，"大内档案"现在保存下来的明档只有3000多件，而清代档案，在中国第一历史档案馆收藏900多万件，在台北还有300万件左右。2002年广西师范大学出版社将幸存下来的第一历史档案馆、辽宁省档案馆收藏的明代档案文献，汇集出版了《中国明朝档案总汇》101册，主要涉及兵部、礼部的题行稿、题稿、行稿，以及科抄题本、奏本、启本等，其中抄存或誊印的书册仅有12部。不仅如此，而且在时间上也大都是在天启和崇祯年间，也即明末的档册。档案文书之外，明代典章制度的汇集是《明会典》。明代纂修颁布的《会典》有两部：正德《大明会典》和万历《明会典》。但是，《会典》经过综合编纂，不是第一手资料，而只是第二手的资料汇编。至于《明实录》，也是经由史官编纂的第二手资料，其中的原始档册往往经过删节而成。

这次整理的天一阁藏珍本政书中，有相当数量的明抄本和明刻本，非常珍贵，许多文献在今天已是独一无二的海内孤本。海内孤本具有珍贵的文物价值，自不待言；此外，珍本政书还具有重要的学术价值。政书所辑，大多是明朝政府在实施政令过程中形成的原始官方文书，具有原始档案性质，属各个部门单行的法规文献。这些政书类文献，正是编纂《会典》《实录》所依据的第一手资料，是研究明代政治、经济、军事、文化、外交、社会诸多领域的珍贵资料。因此，天一阁珍藏政书是一个特殊而重大的文献资料宝库，政书的整理、利用和研究具有"抢救"文化遗产的价值。鉴于政书具有的档案性质，其整理可以视为明代档案发现的延伸，将成为对明代现存档案的重要补充。

　　大量明代政书的整理影印出版和学术价值的发现，不仅对我们了解明代典章制度具有重要价值，而且是研究明史最翔实可信的第一手资料，关乎中国古代国家的治理，对于行政管理史与法制史研究具有重大意义。进一步说，发掘政书中丰富的治国理念与实践，是传承古代政治文化的重要内容，总结历史的经验教训，既有学术价值又有重要的现实意义。

　　中国社会科学院历史研究所与天一阁有长期合作协议，历史所明史研究室是国内唯一的明史专设研究机构，具有较强的研究力量。2007 年 4—10 月，应天一阁之约，明史研究室与天一阁博物馆签订了合作整理珍本政书的协议。我们两次前往天一阁，特别是 10 月，明史室组成 7 人整理小组，到天一阁集中整理政书。在天一阁的大力合作下，我们有幸在尊经阁内紧张工作，顺利完成了第一批政书整理任务。这批政书不久将影印出版，是天一阁明代珍本政书的首次系统公布，必将对明史研究乃至中国行政管理史、法制史研究起到积极推动作用。

　　我们的政书整理工作主要分为两步，首先是初选文献，其次是阅读撰写提要。一般而言，按照体例，政书是主要记载典章制度沿革变化及政治、经济、文化发展状况的专书，涉及一朝典章制度的，可分为通制类和专门类，前者大都以门类分录一朝典章制度；后者则以六部分录各个部门的法令规章等资料。我们采用的是广义的政书概念，所选文献既包括四库史部的政书类文献，也包括史部的职官类、奏议类文献。

　　我们在天一阁所阅政书总共 54 种 95 册，全部撰写了提要。课题组七人的分工如下：

　　张兆裕负责《宪纲事类》（原题《申明宪纲》）、《皇明制书》《礼仪定式》（原题《洪武礼制》）、《应天府丈田亩清浮粮便览总册》（原题《应天府丈田亩清浮粮章程》）、《恤刑录》《恤刑题稿》《刘东山招由》《审录广东案稿》《南京太仆寺志》等，计 9

种 13 册；

张宪博负责《六部事例》《吏部四司条例》《兵部武选司条例》《嘉靖新例》《都察院奏明职掌肃风纪册》，计 5 种 12 册；

张金奎负责《军政》《军令》《营规》《军政条例续集》《守城事宜》《哨守条约》《浙江总兵肃纪维风册》、嘉靖《重修问刑条例》《长芦盐法志》《福建运司志》《福建运司续志》，计 11 种 14 册；

陈时龙负责《国子监通志》《国子监续志》《国子监学规》《学政录》《泮宫礼乐疏》《宁波府通判谕保甲条约》《重增释义大明律》《西都杂例》《总督采办疏草》，计 9 种 17 册；

胡吉勋负责《礼仪定式》《礼部奏议宗藩事宜》《大阅录》《奏进郭勋案状》（原题《武定侯郭勋招供》）、《本朝奏疏》《戴兵部奏疏》，计 6 种 7 册；

解扬负责《范司马奏议》《余肃敏公奏议》《余肃敏公经略公牍》《允厘堂本奏议》《张简肃公奏议》《焚余集》，计 6 种 9 册；

万明负责《条例全文》《户部集议揭帖》《漕运议单》《催征钱粮降罚事例》《江西赋役纪》《浙江海防兵粮疏》《船政》《北京建殿堂修都城献纳事例》（原题《工部为建殿堂修都城劝民捐款章程》），计 8 种 23 册。

我们所撰提要，内容包括卷数、撰者或编纂（辑）者、版本、册数、内容简介、史料价值等。一般而言，政书按照体例，可分为以类区别的通制和以六部为纲的专志。前者大都以门类分录一朝典章制度；后者则以六部分录各个部门的法令规章等资料。我们采用的是广义的政书概念。在编排次序上，依据天一阁所藏政书，首列通制，即具有朝廷各部门档案文书汇编性质的政书；以下依朝廷各部门职守分类，以吏、户、礼、兵、刑、工六部排序，以都察院置于六部之后。职官类依据职掌关系、奏疏类依据主要内容列入各部项下。对于撰者或编纂（辑）者、版本，我们作了初步考证。凡经后人拟定题名的政书，题名与内容不甚相符的，我们在提要中说明原因，作了更改。天一阁藏现存两部题名《礼仪定式》之书，由于均为残本，故并无重复；其中一部原题《洪武礼制》，经考证，实为《礼仪定式》一书残本，故更名。关于版本，这些政书中唯一原著录为清刻本的一种，提要编写者于提要中作了专门考证，提出了改为明刻本的依据。

经初步考证，我们认为，这批政书中海内孤本与珍本占了绝大部分，具有重要的学术价值。建议这批政书影印出版，每一文献影印本前附提要一篇。虽然这些政书有的是残本，或他处保存有全本，但是一些藏本是单行本，而为了保持天一阁所藏政书的原貌，我们没有汇入其他版本。我们相信，这批珍本政书的出版，必将推动明代政治、经济、法律、军事、文化、社会诸多领域的研究走向一个新的发展阶段。

这批天一阁藏珍本政书的发现，为我们提供了研究明代历史的重要资料，而天一阁藏珍本政书学术价值的深入开掘，还有待于海内外学者的共同研究。所以这里仅就以下五个方面作一简略介绍。

第一，明代国家制度、行政管理方面。天一阁藏通制类政书有《皇明制书》，为明代洪武至正德时期各种制度文献的汇编，是研究和了解明代职官制度、礼仪制度、法律制度以及监察制度、军政制度等方面的重要典籍。明代行政法规制度的重要性，明武宗在《御制明会典序》中言之凿凿："国是所存，治化所著，皆于此乎系。"法学界传统观点认为："以刑为主"是中华法系的一个重要特点，而近年一些法学家指出，至迟从唐代开始，古代法律已经不是"以刑为主"，而是行政法律越来越占主导地位，并提出行政法律为主是中国古代成熟时期法律形态的一个重要特点。发展到明代，政治官僚制度发展更趋完备，行政管理制度的加强是其特色。今所见天一阁职制类政书相当大部分涉及国家治理中政府各个部门的行政管理，六部所公布的事例与条例主要是关于行政管理的法规。也就是说，各部有司之规定，是贯彻施政而制定的细则，主要内容是关于行政公务活动的规范。从现存明代的行政、经济、军事等法律文本来看，天一阁收藏的一些单行法，具有重要学术价值。例如，属于职官管理的有明抄本《吏部四司条例》；属于经济行政管理的有明抄本《户部集议揭帖》《漕运议单》等；属于礼仪管理的有明刻本《礼仪定式》；属于军事行政管理的有明抄本《兵部武选司条例》、明刻本《军政条例续集》《军政》《营规》《守城事宜》《哨守条约》等；属于教育管理的有明刻本《国子监监规》《学政录》等；属于宗藩管理的有明刻本《礼部奏议宗藩事宜》。规定官员的考课、处罚，有明刻本《催征钱粮降罚事例》；官民的献纳制度，有明刻本《北京建殿堂修都城献纳事例》；南京地区马政有关的规制，有明刻本《南京太仆寺志》。规定地方防卫的，有明刻本《宁波府通判谕保甲条约》。这些政书使我们了解明代从中央到地方各级部门行政管理的细节，以及具体处理政务时各部门之间的关系，对研究有明一代典章制度是极为重要的第一手资料，充分反映了明代行政法更加规范、内容更加丰富的特点。明代监察制度组织健全、内容详备、规范严密，独树一帜。行政组织外部的监察系统，以都察院对于六部等政务部门的施政行为起监督作用；都察院之外，以唐宋以来的言官给事中，专司对中央六部的监察，将中国古代监察制度推向了新的阶段，是中国古代最重要的行政监督制度。天一阁藏明刻本《都察院奏明职掌肃风纪册》是研究明代政治体制及监察制度的珍贵资料；明刻本《宪纲事类》是明代监察制度文献的汇辑，为后人留下了较为完整的明代监察方面难得的史料。

综观这批政书，说明明后期行政法律正处于急剧变动之中，这是明后期社会急剧变动的一个突出反映，也证实了明代行政管理趋向一个新的发展阶段。这些政书的留存，同样是世界法律文化中的一份珍贵遗产。

第二，法制史方面。在中国古代社会，例是法律体系的一个重要组成部分，是有关国家制度的法律规范。明代制定条例，以例辅律，开端于洪武朝。条例是明朝行政立法的一种重要形式，天一阁藏法制类政书有明抄本《条例全文》，是书按年月先后编排，是成化、弘治年间条例文书的汇编，总计收入成化六年、八至十年、十三年；弘治二年、六至七年共8年间的条例207条，系以抄本的形式保存下来的明代档册文书，为研究成化、弘治朝乃至有明一代法律的重要原始资料；明抄本《六部事例》所列为成化及弘治初年六部事例，以律次序，备量罪问刑之用；明抄本《西都杂例》是刑部官员之奏疏、题本、皇帝诏令组成的条例集，是极为难得的资料；明朝的刑事法律主要有《大明律》《大诰》三编、《大诰武臣》《问刑条例》等，这次整理的明刻本《重增释义大明律》、嘉靖《重修问刑条例》即属此列，明抄本《嘉靖新例》多列嘉靖二十四年以前各部题准的事例，称"律"，不称"例"，也为研究明朝的刑事法律，提供了珍贵的资料。明刻本《审录广东案稿》是刑部云南司员外郎夏道南恤刑广东时的判语集；明刻本《恤刑录》是孙燧于正德初年以刑部郎中恤刑江西时的奏疏集；明刻本《恤刑题稿》是刑部江西清吏司郎中卢渐于万历五年恤刑福建时的奏疏集；明刻本《刘东山招由》是嘉靖十七年初刑部等衙门呈报的刘东山案的案情材料；明刻本《奏进郭勋案状》收录朝臣于嘉靖二十年弹劾郭勋奏疏及审案谳词，都是不可多得的海内孤本。

第三，经济史方面。天一阁藏经济类政书有明抄本《户部集议揭帖》，是嘉靖年间户部集议的文书档册。涉及土地、赋税、屯政、京运银、纳粟边仓、盐法、马草、赃罚、岁终会计等关乎国计财用诸多方面的经济制度；明抄本《漕运议单》为嘉靖二十一年户部根据旧例重新议定的漕运事例，包括漕运的各种规制，是关于漕运这一以水路转运田赋供应京师和北边的重要而特殊的经济制度的极为珍贵的资料；明刻本《江西赋役纪》是嘉靖年间江西各地赋役的档册，为地方官吏汇总档案文册编订而成，涉及明代赋役改革过程，学术价值不言而喻；明刻本《应天府丈田亩清浮粮便览总册》是应天府万历九年清丈田亩、浮粮后刊布的清丈结果，是张居正改革的内容之一；明刻本《北京建殿堂修都城献纳事例》对于研究明代宫廷财政与工程筹款，是难得的详细资料，同时也是关于明代献纳制度的宝贵文献；明刻本《长芦盐法志》《福建运司志》《福建运司续志》是盐政史研究的宝贵资料；明刻本《南京太仆寺志》是研究明朝马政史不可多得的资料；明抄本《本朝奏疏》所录嘉靖十年至三十年间户部与兵部奏疏，各疏后均附明世宗批答，弥足珍贵；明刻本《总督采办疏草》是刘乃跃总督湖广川贵采木期间的奏疏、条约、公移之合集，提供了极为难得的资料；明刻本《允厘堂本奏议》收录曾省吾万历年间任工部尚书时所上奏疏，事关万历初年工部所司兴造的人工调派、工料运输与补给等事，亦可见在考成法推行后期工部的运作情形；明刻本《焚余集》收录隆庆年间管大勲任工科左给事中时所上奏疏，巡视盔甲厂、清查工部节慎库钱粮事宜等疏，均为研究经济史的难得资料。

　　第四，军事史方面。天一阁藏军政类政书有明刻本《军政》《军令》，是两广地区的军事文告，前者涉及一应军需粮饷等项事宜，重在奖赏规定；后者主要强调禁约事宜；明刻本《营规》是南京兵部整肃军政的文告；明刻本《军政条例续集》，是《军政条例》的增补，与《军政事例》不同，收录的文献大多是兵部和都察院的原始文件；明刻本《守城事宜》是庞尚鹏驰驱南北、亲历九边十余年的军政经验总结；明刻本《哨守条约》是否戚继光所著，尚存疑问，但至少可以肯定是与戚继光有密切关系，能间接反映戚氏长城防御思想的一部著述；明刻本《大阅录》载隆庆皇帝巡视京师防务涉及的诸多营建、保卫事项所上各道奏疏，及穆宗批复；明刻本《浙江总兵肃纪维风册》是明朝浙江总兵整顿军队风纪发布的文告；明刻本《浙江海防兵粮疏》虽名为奏疏，但实际上是嘉靖年间兵部关于海防问题的一个完整的档册文书；明刻本《戴兵部奏疏》为戴金于嘉靖年间任兵部尚书任上奏对边事的奏疏；明刻写体字本《范司马奏议》为范钦任巡抚南赣汀漳等处地方提督军务、都察院右副御史时的奏疏；明刻本《余肃敏公奏议》为余子俊在成化年间总督宣大军务、任兵部尚书期间所上事关边关防卫、军事安排之奏疏；明刻本《余肃敏公经略公牍》是余子俊为陕西巡抚期间公牍，涉及边关军事防卫、军队操练与管理、防守设施的修建等军政；明抄本《张简肃公奏议》录弘治六年张敷华任山西巡抚时，所上关于山西地方武备和疏解民困的奏疏。以上均为研究明代军事史的重要参考文献。

　　第五，文化史方面。明刻本《礼仪定式》是洪武年间所详定的各级官员礼仪合行事宜，凡见面、服色、房舍样式等，均有规定，并曾在明代被奉为定法长期实行；明刻本《国子监通志》为明代北京国子监第一志，包括庙学、官职、生员、敕谕、学规、幸学、释奠释菜、胥徒廪禄杂行、书籍器物等卷；明刻本《国子监续志》是《国子监通志》续编，包括圣制、幸学、释奠、职官、生徒、修造、拔历、书籍、仓库、徒役、器用等卷；明刻本《国子监学规》据推测可能为南京国子监所刻、用于南京国子监生员背诵学规的教科书。此书所载若干条敕谕，皆《国子监通志》《国子监续志》所阙，而《明实录》也未载，具有较高的史料价值；明刻本《学政录》为嘉靖年间福建提学副使朱衡所作，于明代提学官员之职责、巡历府州县之规格、生员迁转及岁考之程序，细至岁科试卷之格式、考试之排场，都有详细的描述，对于研究明代学校史颇有裨益；明刻本《泮宫礼乐疏》是关于学宫礼仪、乐制之书，纤细毕备。此外，明代是传统造船技术推进到空前繁盛的时期，明刻本《船政》一书不仅涉及船政管理，而且所刊两幅图式备极细致，是迄今所见明代部颁船式，堪称明代船图之首，对于明代造船史具有很高的史料价值。

中国是世界上历史最为悠久的国家之一，也是世界上历史文化最发达的国家之一。在世界民族之林中，中华文明以其悠久的历史、博大的胸怀和深厚的内涵，拥有超强的生命力。正是大一统的国家政权的延续，保证了中华文明的一以贯之。综观这批天一阁藏珍本政书，是一份珍贵的历史文化遗产，内容广泛、资料丰富，其共同特点是多具原始档册性质，具有多方面的珍贵价值。政书的研究是一个重要的研究领域，长期以来，我们的制度研究大多仅根据《明实录》《明会典》《明史》等非第一手资料进行研究，而忽视了对于档册文书的研究。明朝政府从中央到地方的实际运作过程，究竟是个什么样子？答案可以从这批珍本政书中去寻找。从这些珍贵文献中，我们可以了解明朝从中央到地方政府的活动、运作过程，政府各部门权力系统各分支间的关系，各部门之间的相互作用，如决策过程、执行过程、政务信息传输过程、监督与反馈过程等，并进而了解政府活动中较为重大的变化过程，从而使我们对于无所不在的国家制度可以有一个更为深刻的认识。特别是政书为我们提供了明后期社会变动的大量资料，反映出晚明中国已进入从古代社会向近代社会的转型时期，各级政府部门的作用与管理手段也正在发生着深刻的变化，这对于我们研究明代各项典章制度的沿革变化，了解晚明社会转型的特征，具有极为重要的学术价值。

一个国家的兴衰在很大程度上是由其组织政治、经济和文化的形式决定的，我们应改变以往研究皇帝专制权力多，研究政府具体运作少，存在"重视权力的归属，忽视权力的运作"的现象，对于传统政治文化中制度的作用给予充分的重视。相信现存天一阁珍本政书的首次系统公布，将使沉睡的珍贵典籍发挥它应有的重要作用，推动明史乃至中国行政管理史、法制史、经济史、军事史、文化史等诸多领域研究的开拓发展。

（2010 年与天一阁合作整理出版《天一阁藏明代政书珍本丛刊》54 种、22 册，线装书局出版）

（原载《中国史研究动态》2008 年第 3 期）

# 天一阁藏《明史稿》述要

宁波天一阁庋藏的明史稿（以下简称"阁藏《史稿》"），共十二册，兼含稿本与抄本，有墨、朱笔删改及名家之钤章、题跋。该稿早年曾引得著名学者登阁观览，留下了多种推论与识断意见，但始终以善本深藏，未广为人知，更未能为学人所研用。时值万斯同诞生370周年，天一阁博物馆将其影印出版，化身千万，嘉惠于学林。中国社会科学院历史所与天一阁合作，正式立项《天一阁藏〈明史稿〉整理与研究》课题，由历史所明史研究室具体承担。我们在室内分工协作汇集各册简要形态的基础上，撰写此文。① 由于目前尚处于整理初始阶段，本文旨在全面介绍该稿存在形态，分别叙述各册收录人物传记情形，在与著录为万斯同撰清抄本以及《明史》修撰中产生的其他版本略做比对后，撮述所见阁藏《史稿》的修撰思想，并对阁藏《史稿》作者及其在清廷开馆修史过程中的地位，略抒己见。鉴于更多的

---

① 为细致分析阁藏《史稿》全书及所收各传的情况，中国社会科学院历史研究所明史研究室同仁为主分工协作，开展整理与研究。阁藏《史稿》十二册，其中六册（一至五、九册）为稿本，其他为清抄本。由于各册繁简不一、页数字数不等，我们的具体分工如下：第一册万明，第二、三册陈时龙，第四册张兆裕，第五册解扬，第六册廉敏，第七、第十张金奎，第八册赵现海，第九册胡吉勋（因出国，暂归赵现海），第十一、第十二册张宪博。当启动之时，我们深知课题难度很大，特请京津明史专家召开专题座谈会，并请陈智超先生作关于整理明代史籍的专题讲座，在此一并致以谢忱。

识见，有待今后整理与研讨的进一步展开，本文的粗浅不成熟之处，尚祈方家指正。

# 一　天一阁藏《明史稿》存在形态

阁藏《史稿》12 册，其中 6 册（第一至五、第九册）为稿本，余为抄本。下面先简要介绍该稿的存在形态。需要说明的是，这里的页数及形态均按照天一阁提供的拍照复印件整理。

第一册，稿本，78 页，每页 12 行，行每 20—25 字不等；朱、墨笔点读及删改，且以墨笔更动为主，有朱笔更动的共 11 页。本册含正传 27，附传 6①：孙一元、张诗、张尺、吴纶、史鉴、唐豫、方太古、刘英、赵元铝、施凤、沈周、郭瑛、郑和、侯显、何孟春、吴一鹏、黄宗明、席书（席春、席篆）、毛澄、王轼、石瑶、梁储（梁亿）、费宏、王德明、张俊、安国、汪文盛（汪宗元、汪宗凯、汪宗伊）。首页钤"季野"长方印一枚，第 77 页有"万黄斋印"方印一枚。"郭瑛"传后、"郑和"传前的第 16 页及第 78 页空白。

第二册，稿本，30 页，每页 20 行，每行 25 至 30 字不等；朱、墨笔点读及删改，数量较均匀。册分"邹来学传""王士性传"两卷。传文在第 14 页前顺序排列，之后明显有错简。前者"邹来学传"卷目录正传 16，附传一：邹来学、马昂、萧暄（石瑁）、张鹏、罗绮、翁世资、邢简、彭谊、贾铨、夏时正、刘孜、孙曰良、傀敬、尚褫、单宇，其中"翁世资、夏时正、刘孜、孙曰良、傀敬、尚褫、单宇"七人有目无文。目录标题下，钤章六枚。卷中另增目录中不存的"张文质"与萧暄、石瑁合传；"罗绮"传后、"张鹏"传前，有目录中不录的"李敏传"，并附按

---

① 本文以括号标识附传，列名于正传传主之后。

语："附邹来学后。""罗绮传"后也有同类性质的按语："附罗亨信后。"（第 10 页）如是，计该卷正传十一，附传三。后者"王士性传"卷正传九、附传五：王士性、王继光、周孔教、胡直、罗汝芳（梁汝元）、史桂芳、耿定向（耿定理、耿定力）、戴士衡（樊玉衡、樊维城）、王德完；缺目录中之"李贽"。目录页标题后，钤印 19 枚。

第三册，稿本，23 页，每页 23 行，每行 25 字。有朱、墨笔改动和点读，数量均等。末页钤"万黄斋印"。册分"罗钦顺传""方瑛传"两卷；首两页明显错简，应属第二册。前卷含正传四，附传二：罗钦顺（罗钦忠、罗钦德）、吕柟、于仕廉、顾宪成；后者含正传七，附传二：方瑛、李震、赵胜、曹义（曹恺）、施聚（施鑑）、卫颖、孙镗。

第四册，稿本，88 页，每页 10—12 行，每行 25 字至 28 字不等，有朱、墨笔点读及删改。含正传 22，附传 37，不详别传二，有目无文传二：高耀、夏尚朴、于大节（萧显、杨智、李鸾、蒋昺、赵艮、刘昂）、王崇之、高瑶（黎淳）、钱春、许仕达、许复礼、赵佑（朱廷声、徐钰、陈琳、王良臣、潘镗、熊卓）、李熙（贡安甫、姚学礼）、李光翰（徐蕃、徐暹、任惠）、汤礼敬、葛嵩、洪垣（方瓘、吕怀）、董兴、刘聚、曾省吾（王篆、朱琏）、唐伯元、章时鸾、沈宠、梅守德、王国、魏允贞（魏允中、刘应麒、张允济）、（沈懋学、沈寿民［按，为沈宠之附传］）、谢廷菠、陈登云、李献可（舒弘绪、陈尚象、孟养浩、丁懋学、吴之佳、叶初春、杨其休、董嗣成、贾名儒）、王德完。

第五册，稿本，30 页，每页 10 行，每行 26 至 30 字不等。有朱、墨笔改，且含朱笔删改的为 7 页，少于墨笔的。首页钤阳文章三枚，末页钤"万黄斋印"。含正传 24、附传 26：毛志（方佑、邵有良、沈源）、胡深（陈宏、何纯、方昇、董旻、陈鹤、胡智、涂石）、李旦（卢瑀、秦昇、童枳）、李俊、崔升（苏章、彭纲、周轸、敖毓之、王纯)、王坦、叶钊、杨琅、黄仲昭(宋端仪)、周瑛、张元祯、谢铎、张谦、黄佐、余珊、张文明(王相、董相、刘士元)、叶洪、项乔、杨子器、刘邦采(从兄文敏、旌子晓、刘阳)、何秦、黄弘刚 [按，二人合传]、魏良政(弟良器)、欧阳德。本册在"胡深传"后有小字注为"附郑己后"，查阁藏《史稿》并无郑己传记，可见本稿并非全本。

第六册，稿本，76 页，每页 11 行，每行 20 至 25 字不等。册中含大幅朱笔删改，例如"徐学谟传"的首页，朱笔删原文 71 字，补添 215 字于页眉，朱笔上另有墨笔修改之迹。卷首钤章 3 枚，册中空白页有 5 页，明显多于前述诸册。正传 14、附传 8：魏时亮、孙应鳌、毕锵、周世选、刘斯洁、王廷瞻、郝杰、王之垣、赵贤、徐学谟、郭成、杜桐、达云(达奇勋)、麻贵(麻承勋、麻承恩、麻承诏、麻承训、麻承宣、麻承宗、麻锦)。卷首目录页有"明史卷""列传第"字样，可见是已可列入明史列传部分的史稿。

第七册，稿本，65 页，每页 10 行，每行 21 字。为"忠义传"，署"徐潮具稿，监生叶沆录"。朱、墨笔删改，并以墨笔为主，间有传记含朱笔删改，计 12 页。卷首钤章二枚，末页有"万黄斋印"。目录列名正传 35，附传四：孙玺、王鈇、钱泮(合传)、汪一中、黄钏、王邦直、钱錞、宋以方、孙镗、王廷辅、宋珏(合传，宋珏目录无)、张世忠、万木、郑山(合传)、袁璋(子袭)、戎良翰、时植、张达、陈闻诗(董伦)、张振德、赵恺、王相、李涞、周宪、叶七、宗礼、唐孟元(唐孟远)、林京(林绶)、魏镜、姚长子、金养、王恭、向孔洙、雷应通。册中缺少目录中的"马呈图""杨辅政"两传；多"宋珏传"，故实际传文与目录所云"忠义传三十四篇"相符。其中王鈇与钱泮，王廷辅与宋珏，万木与郑山各二人合传。"王鈇传"明显为两种字体书写。值得注意的是每篇传文后，均加入空白页一页，为其他卷册所无，这种情况的出现，当不是为了隔断诸传，而可能是为修改者预备足够的空间，以方便删改初稿。

第八册，抄本，93 页，每页 10 行，每行 20 字，首页钤二章，次页有"季野"章，末页钤"万黄斋印"。朱、墨笔删改，且墨笔少于朱笔的。卷首目录页有"明史卷""列传第一百九十二"字样。正传五、附传四：朱燮元、李橒（史永安、刘锡元）、王三善、蔡复一（王瑊）、沈儆炌（闵洪学）。册中传文有错简，且传文较它卷为长。其中朱笔也有被涂抹、删改的情形，是该册的特殊之处。

第九册，稿本，147 页。此册传文前的题记和目录页颇多可供了解阁藏《史稿》全文的信息。首页"季野先生小像"，后题款为"后学葛旸拜题"。第 3 页有吴泽（作于 1934 年）、葛旸（作于 1936 年）及陈寥士题记，钤章五枚。吴泽除了说季野先生的改动"颇有义法，非深于史学者弗能为"，另从字体的角度，肯定该稿是万斯同手迹："泽复以先生当年与人手札再三细校，字字结撰又不爽，累黍审为真迹无疑。"第 5 页李晋华作于 1936 年的题记，提到此稿为八册，"墨迹甚旧"，"朱笔窜改之处甚多"，且"闻为万季野哲嗣所缮，经季野删润者。是季野史稿又见一本矣"，并未对之作校勘和评判。他对藏于国家图书馆的 313 卷本《明史纪传》、416 卷本《明史》的判断，下文在述及明史稿各本的特点时，再提出分析。第 6 页是 1961 年张宗祥题记，他根据此稿"字体含章草意味"，且"万氏早期字学石斋"，判断此稿当为万氏亲笔。

本册有三页目录，第 63 页列正传五、附传一：周朝瑞（徐大化）、袁化中、顾大章、周起元、王永光。在"顾大章"名下有小字注："已上三传是第一百九十六"，"周起元"名旁见小字注："一百九十七"，下有小字注："稿见邹元标起首一本内"。"王永光"名旁见小字注："一百九十三"，下有小字注："稿见曹于汴起首一本内"。在列名之后，也有值得注意的文字："此乃从稿本中誊清者。吾父又仔细看过，抄时当以稿本编次为据，此不过汇订成帙耳，无次序也。"这便提示我们，另有我们目前未见的，各以"邹元标""曹于汴"起首的两册史稿。可见阁藏《史稿》非完帙，且呈现于我们面前的各传排列，并非已经成熟的排列，据此可知此稿尚在变动之中。目录的作用，仅是列名，并非各传在《史稿》中的确切顺序。同样性质的文字，还见于第137—139页。该页有"附杨瑄传后"字样，同样，阁藏《史稿》并无杨瑄传。

第65页列正传8：赵彦、叶春及、李棨、沈儆炌、何乔远、周嘉谟、董应举。同页钤章19枚。

第105页朱笔列正传4：刘中敷、张凤、孙原贞、朱永。

本册朱、墨笔删改尤多，几乎隔行均有，两色均等。空白页有64页之多，其中有的空白页上印有"吴正裕号"印章。第147页有"万黄斋印"。计有正传20、附传17：汪应蛟、赵彦、刘一焜、叶春及、李棨（史永安、刘锡玄）、沈儆炌（闵洪学）、何乔远、周嘉谟、刘中敷（刘椿、刘机、刘尚褾）、张凤（沈固）、孙原贞（薛希琏）、朱永、陈鉴（何观）、孟玘（章秦、杨集）、丁瑄（柳华、柴文显、汪澄）、宋钦（竺渊、耿定、王晟）、廖庄、陈嘉猷、李仪、丘弘。

第十册，抄本，108页，每页10行，每行21字，含朱笔少量删改11页，无墨笔删改。为"忠义传三"。首页钤章21枚。含正传35：朱万年、张瑶、张光奎、李中正、马足轻、方国儒、何承光、陆梦龙、庞瑜、闫生斗、尹梦鳌、韩光祖、卢谦、龚元祥、王信、梁志仁、王国训、洪云蒸、上官荩、张绍登、王焘、马如蛟、蒋佳征、徐尚卿、孙士美、白慧元、乔若雯、高重光、张秉文。另有零散传记6：周朝瑞、徐大化（二人合传），袁化中，顾大章，周起元，王永光，曾应遴。

第十一册，抄本，74 页，每页 10 行，每行 20 字。含朱笔删改，无墨笔删改。"申时行传"及附传，仅有点读，无任何删改。首末页均钤章。含正传 16、附传 20：宋钦、况钟、罗以礼、廖谟（扈遭、陈蚪、陈榖、宴毅、徐文振、刘说、杨禧、姚文）杨瓒、刘实（孙丙）、丘陵、张嵩、姚堂、饶秉鉴、余瓒、周旭鉴（子鼐）、卫瑛、龙晋、黎永明、严永浚、黄瑜、吴孟俅（翟观）、申时行（子用懋、用嘉，孙绍芳）。

第十二册，抄本，104 页，每页 10 行，每行 22 字。标题"明史卷""列传第一百十七"，钤 3 章。多为朱笔删改，墨笔更动仅 1 处。誊抄用纸及字体显示，该册实为两卷。首为"王宪"卷，计正传 7：王宪、金献民、李钺、王时中、王以旂、王邦瑞、聂豹。次为"杜常"卷，计正传 13、附传 22：杜常、宿进、戴（按，二人合传。原注："附李中传后"）、徐晞（王锺、刘本道、张苗〔按，原注："附李友直传后"〕）、范辂、陆埖（王德明）、曹琥（按，原注："附周广后"）、娄至德、赵佑（朱廷声、徐钰、陈琳、王良臣、潘镗〔按，原有"焦卓"，后删去〕）、秦文从（弟礼、武，礼子鸣春、鸣夏、鸣雷）、陈琳（按，赵佑传下已附陈琳传，此又单列，内容较前传为详，当为改附传为正传）、（□琏、□昂、刘漳）〔按，是为错简，当为附传〕、夏良胜（万潮）、陈九川、徐鏊、张衍瑞〔按，传首列名张朝瑞，当为张衍瑞〕、张英、熊浃。

在本册卷末第 87—88 页，有朱鼎煦于 1963 年所作题记："右万季野先生明史列传稿十二册，凡文二百四十有八篇，中有二三人合传者，得二百五十有二人，益以附传一百三十有四人，都三百八十有六。"第 92 页，朱氏还对此稿做出判断，并说明了成稿顺序等，云："（万斯同）竭二十三年之力，草此别传。初稿墨笔多出己手，亦有出写官或纂修官手者。朱笔则多出先生手，而如陈琳传乃不类。又魏时亮传以墨笔涂改朱笔一二字，虚字推敲，无关宏旨。"

综上所述，阁藏《史稿》十二册，大致可以分为以下三种类型：一是稿本，如第一至第五册、第九册；二是誊录稿本，如第七册，明确为徐潮具稿，叶沇录；三是抄本，抄写人不一，墨色有浓淡之别。然而，十二册具有的共同之处，就在于均见有朱、墨笔的改动。

各册改动多寡不同，删改情况又可分为四种：一是多数情况为墨笔改动的，如第一、五、七、八册；二是朱笔改动明显多于墨笔的仅见第六、十二册；三是朱墨笔改动大致相当的有第二、三、四、九册；四是完全无墨笔删改的有第十、十一册。

阁藏《史稿》的传稿，除了标示"徐潮具稿"的第七册明确非万氏亲笔，其余卷册中至少含有三种以上誊抄及朱墨删改的笔迹。一般而言，墨笔和朱笔的添注是同一笔体，已无异议，墨笔添注笔迹相同，确是能体现万氏修史思想的亲笔；与此笔迹相同的朱笔和第一至五、九册撰稿，当为一人笔迹，可认为是万氏亲笔。然第九册中，书写"周朝瑞"等六人名的目录页，明显非万氏笔迹。第六、八、十册原稿字体相同，不同于前五册，当是书手誊抄，万斯同改定；杂入第十册的麻锦、麻贵等附传，则为万氏亲笔。第七册明确署名"徐潮具稿"，且是"叶沇录"，便不牵涉万斯同事，核其笔迹，与第六、八、十册书手的不同，也有万斯同亲笔夹页于其中。第十一、十二册书手字体异于前述诸册，是多名书手参与其事的结果。统计阁藏《史稿》人物传记共406篇，其中正传248，附传158；多于上述朱鼎煦统计的数字。

具体来看，天一阁藏《明史稿》中部分撰稿（第一至五、九册）出自万斯同之手，其余册则由书手誊抄，最后经万氏两番修订，形成如今我们所见的面貌。

## 二　天一阁藏《明史稿》来历与已有研究

长期以来，阁藏《史稿》十二册，以其珍藏罕见和被推测为万斯同手稿，引得多位前贤从其钤章、字体、墨色及部分传文等方面，进行了考证和识断。1931 年，河南周氏携其称为万斯同所著《明史稿》至南京，由沙孟海居间，售与宁波朱鼎煦。① 这是对后来收入天一阁的十二册《史稿》首次出现情形的记录。同年，柳诒徵撰《明史稿校录》，认为此稿"信为康熙中明史馆纂修诸公手笔，不敢遽断为万先生书"。其判断是基于该稿签题和小印均可伪作，稿中被视为季野长子的题文，也因未署名而不可坐实；其中一册徐潮的具名（第七册），更令柳诒徵坚信："从使朱批出万手，其墨笔原稿，必系史馆他人之作，非万氏所为也。"② 也在当年，冯梦颛引述陈训慈见告之语，认为"中州某所献《明史稿》，……绝非万氏原本也"。③

其后，吴泽于 1934 年题记中，从字体的角度，肯定该稿是万斯同手迹："泽复以先生当年与人手札再三细校，字字结撰又不爽，累黍审为真迹无疑。"李晋华于 1936 年所作题记，提到所见

---

① 朱鼎煦：《跋》，《天一阁藏明史稿》第十二册，第 88 页。参看陈训慈、方祖猷《万斯同年谱》，第 253 页。按，据《万斯同年谱》考订，朱鼎煦记忆有误，此事当发生在 1931 年，而并非朱氏所说 1934 年。但系于 1989 年下的沙孟海作《万季野明史稿题记》一文，却说："1932 年余在南京见之"，遂致书朱鼎煦，由其购得。参《万斯同年谱》，1989 年条，第 280 页。1989 年，作为万斯同诞辰 350 周年纪念，陈训慈与方祖猷合作《万斯同年谱》由香港中文大学出版社出版。此书不仅对于万斯同生平事迹进行了详细考索，而且重要的是"就季野身后有关谱主之要事、著作之印布，及研究季野之述作，皆循年月述为《谱后》，以备参证"，对于研究万斯同及其史学贡献殊多，嘉惠学林。以下许多难见的零散史料均出此。

② 柳诒徵：《明史稿校录》，《江苏省国立图书馆第四年刊》，转引自陈训慈、方祖猷《万斯同年谱》，1931 年条，第 253—254 页。

③ 冯梦颛致书黄云眉，参看陈训慈、方祖猷《万斯同年谱》，1931 年条，第 254 页。

史稿八册，"墨迹甚旧"，"朱笔窜改之处甚多"，"闻为万季野哲嗣所缮，经季野删润者。是季野史稿又见一本矣"，并未对之作校勘和评判。至1961年张宗祥的题记，根据阁藏《史稿》"字体含章草意味"，且"万氏早期字学石斋"，判断此稿当为万氏亲笔。①

1964年谢国桢在《增订晚明史籍考》中论及此稿，认为其"每卷有'季野'朱文印，文中间有涂改，当为季野手稿，但既未整理，亦残缺不完耳"。② 20年后，谢国桢修正了前说，认为："北京图书馆所收藏的清王仁堪所藏《明史稿》三百十三卷本，确系清乾隆时传万氏旧本。"对阁藏《史稿》，则说因与《明史》卷目颇有不同，"或系季野为王鸿绪编《横云山人明史稿》的底本。……实则此书系内阁大库或明史馆递次修《明史》的底本，若说是真万季野之稿本，则未敢断定"。③ 1986年陈训慈再申其师柳诒徵对该稿的判断，并追述柳氏誊抄其稿的过程是"为之总校，并录存已涂去字句，更用别色以誊改文"。④ 1989年6月沙孟海据天一阁提供的照片判断："天一阁照来的《明史稿》一张最为万氏代表作，不会假的。……《明史稿》我全看过，其中有万氏亲稿，有别人誊录经万氏朱墨笔修改，有完全是别人的稿子（有一册记得署名徐潮），……他（按，指柳诒徵）对我曾详论，并未全部否认。"⑤ 当年12月，沙孟海专作《万季野明史稿题记》，详述阁藏《史稿》情形："万季野《明史列传》手稿六册，誊本经万氏笔削者三

---

① 以上吴泽、李晋华、张宗祥题记，并见于阁藏《史稿》第九册。

② 谢国桢：《增订晚明史籍考》，上海古籍出版社1981年版，"明史稿三百十三卷"条所作按语，第18页。

③ 谢国桢：《宁波天一阁文物保存所藏书〈明史稿〉》，载《江浙访书记》，转引自陈训慈、方祖猷《万斯同年谱》，1985年条，第276页。

④ 陈训慈：《劬堂师从游賸记》，转引自陈训慈、方祖猷《万斯同年谱》，1986年条，第278页。

⑤ 沙孟海：《致方祖猷书》，转引自陈训慈、方祖猷《万斯同年谱》，1989年条，第279页。

册，……别有誊本一册，首页署徐潮居稿，共计十二册。全稿旧为中州周氏所藏，1932 年余在南京见之，……先是，镇江柳翼谋先生诒徵尝观之，……未遽断为万氏书，……余证以《昭代明人尺牍》万氏复董巽子道权一札，……两处字迹，楷体上大下小，有时偶带草法，……上大下小，则惟万氏有此法。……已可初步确定前九册出于万氏手笔。……原稿旧有翁覃溪诗，丁小疋跋，皆伪迹，……别宥斋（按，指朱鼎煦之书斋）重装时悉删去。"①

上述诸史学、书学名家对阁藏《史稿》是否为万斯同手稿，虽未能持一致或一贯的定见，但对墨笔原稿并非全是万斯同手稿，乃有他人誊抄之作杂入，存有共识；视朱笔修改之处为万斯同笔迹，异议不多，只是尚不及对笔体和笔迹进行细致考订和具体指说。方祖猷所说的"（对此稿）诸家评论不一，真伪难定，尚待考证"②，便是目前对此稿最妥帖的论断。

前辈学者的识断，由此稿当时被开放的程度与同类善本的流通程度所限。中华人民共和国成立前，此稿即为海内珍藏，能亲见者寥寥，能汇集海内外公私庋藏的其他《明史》稿本或抄本，作卷次内容及版本形态上的对比研究和细致说明，则更为不易；所作讨论和识断，便多关注阁藏《史稿》是否为万斯同手稿，且所作的判断，只能多从撰写和誊抄的笔迹上说。持此稿前九册为万氏手笔观点的沙孟海，即是凭万斯同字体的特点判断，并未涉及史稿本身的内容。

## 三　天一阁藏《明史稿》形态略析

以上主要对于阁藏《史稿》的基本形态作了说明。下文对于

---

① 沙孟海：《万季野明史稿题记》，陈训慈、方祖猷：《万斯同年谱》，1989 年条，第 280 页。

② 方祖猷：《季野著作考》，陈训慈、方祖猷：《万斯同年谱》，附录，第 281 页。

阁藏《史稿》存在形态略加分析，初步考察这部《史稿》与见存
万氏史稿抄本和其他《明史》纂修过程中形成的稿本、定本的关
系，兼及万斯同的修史思想。试图从史学工作者的角度，着眼于
阁藏《史稿》所具的稀见史料价值，在该稿被影印出版，供学界
使用之际，初步说明其当为研究者注意之处。

1. 阁藏《史稿》中的墨笔、朱笔略析

阁藏《史稿》以墨笔初撰及誊抄，复以墨笔删改，再以朱笔
增删、订正。删改的墨笔用意，在完善初撰或誊抄后的传文；且
其字体与第一、二、三、四、五、九册誊抄之墨笔和全稿之朱笔
相同，即上文提到的被一般认定为是万斯同的手笔。修订的朱笔，
除了订正传文，还以传文的初撰者和订正后的再次誊抄者，为预
设的读者，而有文字上的针对性与目的性。下面分类例说除完善
文字外的两种。

不满初撰者陈传的一种，集中在字体不同于前 5 册的第六册
中。该册"周世选"传是朱笔批改者颇不满意的一份传记。[①] 在
第 16 页，朱笔删去了如下的 77 字：

> 时倭寇东南，御史行部至海上，世选从，倭报踵至，御
> 史将去之。世选曰："督抚在远而公幸至，今去，民必恐而
> 逃，有如倭遂登岸，蔓难图也。"御史然之，以兵属世远督而
> 前，俘斩数十百人，获器甲资粮无算。

朱笔于页眉添注："四十一年后，江南倭警已息，此恐未尝。"
同页至次页，传文说："……条上时政七事，又论劾礼部侍郎潘
晟，工部尚书雷礼，吏部侍郎秦鸣雷，皆极切直。"朱笔添注：

---

① 康熙二十年（1681），万斯同叔偍"不满修史诸人，有南归之意"。从阁藏
《史稿》中可见的万氏对初撰稿的不满和措辞严厉的批评，或可为其感慨释义。

"论雷礼见《实录》，余未见。"第17页传文中有周世选"上疏陈时弊四事"的内容，朱笔添注云："此疏平常，不必入传。"这和第20页传文说的"条上战守八议"，被朱笔添注"此八议亦平常，不当不传"，同属一类。

另有认为传文表述有误的。如第18页说："世宗末，言官摧抑过甚，人皆以言为讳。穆宗即位，诸臣犹观望如昔。"朱笔注云："隆庆初，言路大开，不得言'观望如昔'。"从这几处朱笔添注所示对传文的异议来看，是认为原稿在史料的可靠性、措辞的严谨度和入传事件的重要性上，存在不确切、不准确和不必要的问题。

对所用史料和人物经历鉴别不清，以致割裂史实，也是朱笔重责的一种。例如第六册的"王廷瞻"传，朱笔删去第28页的7—10行，并反问撰者说："此与下记'光湖'只一事，何故分为二？"①

对誊抄者所说的，见于第四册中的"赵佑传"。在该册第17页传文中，有朱笔添注："此处竟接下'廷声，字克阶'段"，意在连缀第19页分段符后的文字；在第20页，"赵佑传"末，又有朱笔添注："此下接上'时与佑同以御史'一大段。"以接续被朱笔隔断未录的原撰传文。同类的情况，还见于同册"洪垣传"后，朱笔添注"同门生"，期以之连缀此页的"吕怀"传。从这些明显是为书手誊抄，以连缀成文而作的添注可见，朱笔删改者在史稿成文过程中，拥有明确的学术质量把关作用和绝对的编纂权威地位。

值得注意的是，阁藏《史稿》中墨笔、朱笔增删与调整文字之处，每册均有，但其传文却不因此而完备或完整。其中传文未

① 但朱笔却不全在墨笔之后。第八册便有用白汁涂改朱笔添注的情形。参看朱鼎煦《后记》，阁藏《史稿》卷末，第十二册，第92页。

完、有目无传、有传无目和册页顺序颠倒的情形，反而更拉近了我们与此稿真实形态的距离；从各册传文的成撰情况，推断该稿的成熟程度，也成为可能。

2. 阁藏《史稿》传文略析

阁藏《史稿》多有传文未完成和与目录不符的情况，如第一册74页"汪文盛传"附"子宗伊、鲍象贤"，实际文中附有汪宗伊等3人，而鲍象贤在"鲍"字后无文，显示出传文未完成的状态。另有篇幅长短不协调和传文分散的现象。如第一册第45—49页的"毛澄传"，第68页的"张俊"传，第三册的"高瑶"传，均缺少依照行文必有的结尾段落或措辞。第四册目录中的"钱春"，第七册目录中的"马呈图"，均无传文呼应。首次出现于第二册的"王德完传"，其结尾部分，却在第四册。

第二、三册的特殊情况更值得注意。这两册传文均为次页在先，依倒序叠放。据上文判断，此稿可能是甫经书手誊抄，以待墨笔或朱笔批改的史馆工作本，致成册页颠倒的情况，或是书手在之前的初撰稿誊抄过后，未及再顺序排列，以复其原序，便呈请删改了。这或有为加快工作节奏的因素，也有书手疏忽或疏懒的可能。当然，也许还有一种可能性，那就是史稿是在后来散乱的。

无论如何，阁藏《史稿》十二册编纂、修改的状况，提示我们一个问题：它们并不是处在史馆成稿的同等程度或阶段上。明显的表征是，并非所有列于卷首的目录都标出该卷正、附传文所属的《明史·列传》的卷数；即使是标示了的，也有一定程度上的差别。如第六册，卷首仅有"明史第""列传第"字样，第八册则标示了"明史第""列传第一百九十二"这样更接近于成稿形态的信息。第九册目录中的小字注文，至少说史稿的这部分"列传"，已经放置到了第"一百九十七"。另有第十册所示此册为"忠义传三"，也比第七册仅示此册为"忠义传"进了一步，也是《史稿》各册并不处于修纂与删改同等阶段的证明。

同样能够提示我们此稿含有处于不同编纂阶段信息的，还有上文引述的第九册第 63 页的那句墨笔书写、明显不属传文的话："此乃从稿本中誊清者。……抄时当以稿本编次为据，此不过汇订成帙耳，无次序也。"① 该册包括 3 页目录，分别是列出周朝瑞等五篇正传、一篇附传的第 63 页，列出赵彦等八篇正传的第 65 页和朱笔列出刘中敷等四篇正传的第 105 页。这里所说从稿本中誊清而不依既定之序，再抄时以稿本为准的，是指周朝瑞等六人传文。或出于誊抄之便，或是书手随手摆放，以致有这一句徒作说明的传外文字。事实上，周朝瑞等传在见存阁藏《史稿》中的位置，并未被确定。第十册"忠义传三"后所附，便有包括周朝瑞等五人在内并另有"曹应麟传"的六篇零散传记。

各册目录与其后正、附传的吻合程度及其所用墨、朱笔所示的撰写先后情况，也能说明这一问题。同在第九册，第 105 页有列名 4 人的另份目录，由朱笔书写，且只录正传，不录附传。事实上，其中刘中敷、张凤和孙原贞传后均附有 1—3 人不等的附传。这便能与上文引述的"抄时当以稿本编次为据，此不过汇订成帙耳，无次序也"适相印证。同类情况，另有第三册第 15 页书写"方瑛"等七人的目录页，可见这并非孤例的存在。

目录中小字标注的内容和页眉题注的文字，也可显示阁藏《史稿》并非完稿的问题。第九册与周朝瑞同列名于目录的 5 人名下，即有这类注文。在"周起元"名旁及其下有两条小字注："一百九十七"和"稿见邹元标起首一本内"；"王永光"名旁及其下小字注为："一百九十三"和"稿见曹于汴起首一本内"。见存阁藏《史稿》中，却并无"邹元标"和"曹于汴"的传记。类似的情况，还有第一册"张诗"传下墨笔标示"此处入吴晓传"，

---

① 《题记》，阁藏《史稿》第九册，第 63 页。

第四册"王崇之"传首名下的墨笔提示"附强珍后",第六册目录中"徐学谟"名下的朱笔小字注"改入王国光卷"等,涉及的"吴晓传""强珍传"和"王国光传",却均不存于《史稿》。

在阁藏《史稿》中出现几处列传数:计有第八册的"列传第一百九十二",第九册的"一百九十三""一百九十六""一百九十七"和第十二册的"列传第一百十七"。根据列传序数的排列,我们可以推见,列传第一百九十前后的传文,因有对所处列传序列的调整和特殊标注,代表了此稿所处的撰写和修改阶段。在《明史》成稿中列名于其后的传记,可能此刻已有草撰的传文,在序数上却较此为迟,它们或当尚未达到编入列传序列的步骤。

以上情形足以说明,阁藏《史稿》除了具有在保存几百年的珍贵文物价值外,还具有由此可见官修《明史》撰稿、编纂、修订、成书过程的重要文献价值。

3. 注改与修史思想略析

阁藏《史稿》是否为万斯同手稿,柳诒徵、谢国桢、沙孟海等名家的认定,均有具体所指,非泛论全稿,实则存在保留意见。其共识是墨、朱笔添注为万斯同手迹无疑,存疑的是墨笔原稿。下文的析说,便从这些题注入手。

在第一册"吴一鹏"传后,有与传文同体,低一行行文的墨笔注文如下:

　　一鹏诸疏,尽见嘉靖《实录》,余见《献征录》方鹏所作传。

同册"黄宗明"传后,也有同类的墨笔附注:

　　宗明议礼疏,见《实录》嘉靖三年四月;上光禄须知疏,见十年九月;请出器皿疏,见十年十一月;救杨名疏,见十

一年十月；论兵变疏，见十四年四月；末后一段，见十五年
闰十二月；余见《献征录·神道碑》。元恭劾高忠事，见
《实录》廿九年七月；举将才，见本年八月。①

第七册"王鈇、钱泮"的合传末，也可见这类墨笔添注，提
到传中史料见于《明世宗实录》《献征录》《生气录》。②

以明代历朝《实录》为参照来研习史事并修史，是万斯同坚
持的根本史学思想。这正如方苞在给万斯同写的墓表中引述他的
话所说：

> 吾少馆于某氏，其家有列朝《实录》，吾默识暗诵，未敢
> 有一言一事之遗也。长游四方，就故家长老求遗书考问往事，
> 旁及郡志、邑乘，杂家志传之文，靡不网络参伍，而要以
> 《实录》为旨归；盖实录者，直载其事与言而无可增饰者
> 也。……凡《实录》之难详者，吾以他书证之；他书之诬且
> 滥者，吾以所得于《实录》者裁之，虽不敢具谓可信而是非
> 之枉于人者盖鲜矣。③

在整部阁藏《史稿》中，焦竑的《献征录》被添注文字提及
3次，也是除《实录》外被提出参核最多的史料。④ 从万斯同对明

① 《（天一阁藏）明史稿》第一册，第35页，"黄宗明传"。
② 《（天一阁藏）明史稿》第七册，第7页，"王鈇、钱泮"传。《生气录》即晚
明的浙江藏书家徐与参所撰《本朝生气录》，被收录于《四库禁毁书丛刊》史部第40
册，据明崇祯刻本影印，北京出版社2000年版。
③ 方苞：《万季野墓表》，《方苞集》，上海古籍出版社1983年版，卷十二，第
333页。参看朱端强《万斯同〈明史〉纂修思想条辨》，《南开学报》1996年第2期，
第22页。
④ 朱端强也注意到了万斯同引述《献征录》的情形。参看朱端强《万斯同〈明
史〉纂修思想条辨》，《南开学报》1996年第2期，第22页。

代所成史书的讨论看，该书也是他在谈及这一议题时，被特殊提出表彰的史籍。他在给好友范光阳的信中说：

> 弟向尝流（浏）览前史，粗能记其姓氏，因欲遍观有明一代之书，以为既生有明之后，安可不知有明之事！故尝集诸家记事之书读之，见其抵牾疏漏无一足满人意者。如郑端简之《吾学编》、邓潜谷之《皇明书》，皆仿记传之体而事迹颇失之略。陈东莞之《通纪》、雷古和之《大政记》，皆仿编年之体而褒贬间失之诬。袁永之之《献实》，犹之《皇明书》也。李宏甫之《续藏书》，犹之《吾学编》也。沈国元之《从信录》犹之《通纪》。薛方山之《献章录》犹之《大政记》也。其他若《典汇》《史料》《史该》《国榷》《世法录》《昭代典则》《名山藏》《颂天胪笔》《同时尚论录》之类，要皆可以参观，而不可以为典要。惟焦氏《献征录》一书，搜才最广，自大臣以至郡邑吏，莫不有传。虽妍媸备载，而识者自能别之。可备国史之采择者，唯此而已。①

这实是认定焦竑的《献征录》为唯一可供修国史者参看、考录的备选文献。该书被万氏提出可能受到指摘之处，是其收罗太广，有失择别。但从万斯同的议论来看，这实际并不影响该书价值；万氏甚至以之为可取方法，视广泛搜罗、求全不遗是修史在初阶所必须做的工作。他对自己身体力行之的解释是："昔人于《宋史》已病其繁芜，而吾所述将倍焉，非不知简之为贵也，吾恐后人之务博而不知所裁，故先为之极，使知吾所取者有可损，而

----

① 万斯同：《寄范国雯书》，《万季野先生遗稿》，《丛书集成续编》第189册，第689页下。

所不取者必非其事与言之真而不可益也。"①

《献征录》成书的背景及由此显出的特殊性质，则可以解释它缘何引起万斯同的特别重视。明朝万历二十二年（1594 年）至二十五年（1597 年）年间，由大学士陈于陛倡议，进行了一次声势大却未能藏事的官方修史活动。总裁其事的是当时位处高阶的王锡爵、赵志皋、张位、沈一贯等大学士，参与修撰的人很多，初成了多部流传广、影响大的重要史书。《献征录》便是其中一种。②

万斯同以布衣入清廷史局，隐忍其间，"弃妻子兄弟不顾，诚欲有所冀也"，其抱负便是当"鼎迁社改，无可为力"之际，"以文德易武功"，"纂成一代之史，可藉手以报先朝"③，并不负祖上事先朝而有功的志业。④ 可以说，他倾力修史，是有着对旧朝的深厚感情与责任感的。焦竑为明代官修史书所成的《献征录》，便具有这种能代表万斯同所眷恋的前朝所成官修史籍的正统意味，因而成为《明实录》以外颇为万氏认可的供选史料了。从此角度，为明代气节之士撰传的《本朝生气录》也被万氏提及，便可理解了。⑤ 万氏为修史倾力而为，视自己为赓续皇明正统史笔的抱负及精神，也由此可见。

---

① 方苞：《万季野墓表》，《望溪先生文集》，卷十二，第 333 页。

② 对于认定焦竑《献征录》是这次修史的成果，参看李小林《万历朝官修本朝正史研究》，南开大学出版社 1999 年版，第 47—48 页。该书是对万历朝官修明史事的重要研究。

③ 《万季野先生墓志铭》，《石园文集》卷首，第 441 页下。按，约园刻本《石园文集》卷首该《墓志铭》有缺页，失撰者名。《万斯同年谱》谓杨无咎撰。参陈训慈、方祖猷《万斯同年谱》，第 133 页。

④ 刘坊：《万季野先生行状》，万斯同：《石园文集》（《续修四库全书》集部，第 1415，据民国二十五年张氏约园刻《四明丛书》第 4 集本影印，上海古籍出版社 1995 年版）卷首，第 439 页下—440 页上。

⑤ 详见该书作者徐与参作于崇祯二年（1629）的序，载《本朝生气录》卷首，第 120 页上—第 123 页上。该书在阁藏《史稿》中被刻意略去"本朝"二字，径书《生气录》，也可见万氏的故明情节。

# 四　天一阁藏《明史稿》在修史过程中地位浅探

关于清修《明史》长达近一个世纪编纂过程的研究，早已有丰硕的研究成果。[①] 要明确这部含有万斯同亲撰传记并能体现他手订增删情形的阁藏《史稿》在修史过程中的地位，除了掌握其收传人物，尚需与其他同署万氏撰写的明史稿及其他明史纂修过程中产生的稿本、定本比对，方能有所认知。阁藏《史稿》第九册中收有李晋华于 1936 年的题记，提到在当时北平图书馆所见明史稿本二种，一为二百余卷，一为四百十六卷，经"取两本对勘既不同，与横云山人史稿勘之亦异"。他初断前本是史馆最初稿，即万季野最初改定稿，后者为万斯同馆徐元文家时所定稿。但为谨慎起见，又云"亦属推断，确否莫能定"。在看过阁藏《史稿》八册以后，他曾经发出感慨："惜不得北平图书馆本对勘，无从知其同异"，从而提出了有待完成的阁藏《史稿》与北平图书馆藏明史稿本对勘的工作。上文述及，谢国桢在《江浙访书记》中提到国家图书馆藏 313 卷本《明史稿》，[②] 也认为是万斯同史稿旧本。而朱希祖对《明史列传》稿的系统比勘，[③] 黄爱平对存世《明史》稿本的介绍，[④] 均提示我们更细致地考察阁藏《史稿》与万斯同关系及其在史馆修史过程中所处地位问题。经查，现中国国家图书馆藏两种著录为万斯同撰的清抄本，即《明史纪传》313 卷本

---

[①] 清廷修史是明清史学史研究的重要课题，与之相关的成果丰富，例如早期有李晋华《明史纂修考》，台北：东方文化书局 1973 年版；最近有前引朱端强《万斯同与〈明史〉纂修纪年》等。

[②] 国家图书馆馆藏题名为《明史纪传》。

[③] 朱希祖：《康熙本明史列传跋》，《明季史料题跋》，中华书局 1961 年版。

[④] 黄爱平：《〈明史〉稿本考略》，《文献》1983 年第 18 辑，第 93—108 页。

和《明史》416卷本。前者除本纪外，列传294，根据前贤研究，被认为是万斯同史稿，与王鸿绪呈进的史稿有异。后者纪、传、志、表俱全，列传267卷，一般认为是万斯同核定的稿本，但也存在不同看法①。实际上，《明史纪传》313卷本和《明史》416卷本虽屡被学者称作稿本，但确切地说，它们只是史稿的抄本，并非真正意义上的稿本。相比之下，阁藏《史稿》含有万斯同亲笔所撰传记，并能体现他手订增删的具体情形，其独具的稀见文献价值就凸显了出来。

当然，阁藏《史稿》的价值，还须经过与其他明史稿的比勘，在修史过程中所成的诸多初撰或呈进稿本，特别是题为"列传稿"的徐乾学、王鸿绪稿，与清朝钦定《明史》的参照，才能使其价值更加彰显。

康熙十八年（1679年）清廷开博学鸿儒，纂修《明史》。42岁的万斯同应监修徐元文之邀，入京参与修史，康熙四十一年（1702），他以65岁卒于王鸿绪馆中。② 在二十多年的修史过程中，万斯同实际所起对初稿的增删和决定作用，使得日后进呈并钦定刊行的《明史》中，充分含有他对明朝历史的见解。在有承袭脉络的史稿中，存在可摸索追溯其修订、成文过程的大量信息。这里我们将阁藏《史稿》与上述部分史稿略作比对。

以阁藏《史稿》的第一册中被列入正传的弘治六年进士吴一鹏为例。我们先比对目录。吴一鹏传在416卷本《明史》中，出现于卷275，列传第126，同传的有：毛澄、汪俊（兄偁、弟伟）、吴一鹏、朱希周、何孟春、丰熙、徐文华、薛蕙（胡侍、侯廷训、廷训子一元、王禄），计正传8、附传6。在313卷本，仅在这一

---

① 朱端强认为很可能是经熊赐履改定的《明史》万斯同稿。参看朱端强《万斯同与〈明史〉纂修纪年》，第14页。

② 陈训慈、方祖猷：《万斯同年谱》，康熙四十一年条，是年万斯同65岁，第217页。

目录中汪俊的附传里，增入了"汪佃"为附传，其余全同。徐乾学稿①与王鸿绪稿②中收录吴一鹏传的该卷目录，两者相同，与416 卷的相比，是删减了附传人物，并调整了正、附传的安排。王、徐两稿的目录于下：毛澄、汪俊（弟伟、吴一鹏）、朱希周、何孟春（王元正）、丰熙、徐文华、薛蕙（胡侍、王禄），是明确将吴一鹏传收入附传的。查阅张廷玉等《明史》③，则将吴一鹏又转入正传，删去原作附传的何孟春，并增丰熙子坊为附传，且保留了侯廷训的附传地位。

以上列出的，是各本中收录有吴一鹏传的该卷目录。将阁藏《史稿》第一册目录中所列人物与之对比可见，被并入一传的相同人物，仅有"何孟春、吴一鹏、（略正传 2、附传 2）、毛澄"。其他被收入阁藏《史稿》第一册的，在 416 卷本和 313 卷本中并没有全部出现，这便可显示，阁藏《史稿》的人物排列，并不和其他有承袭系统的各本构成紧密的体系。

根据上文判断，阁藏《史稿》这篇"吴一鹏传"，为万氏亲笔，他在史馆中裁定各分撰传稿，以确定定稿的事情，则可由这篇传记的成文过程窥见。据有案可循的各传稿初撰情况，吴一鹏的传记，当为汪琬初撰，其《钝翁续稿》中便保留了初拟的"吴一鹏传"。④ 通过比勘可见，其与万稿，有前后承袭的紧密关系。我们首先来看汪琬撰写的"吴一鹏传"：

> 吴一鹏，字南夫，长洲人。弘治六年进士。选庶吉士，授翰林院编修。户部尚书周经以谗去位，一鹏疏请留之。士

---

① 徐乾学：《明史列传》，《明代传记丛刊》本，台北：明文书局 1991 年版。
② 王鸿绪：《明史稿》310 卷，敬慎堂刻本。
③ 张廷玉：《明史》，中华书局标点本 1974 年版。
④ 对史馆中各参撰人及其分撰史稿的介绍，参看朱端强《万斯同与〈明史〉纂修纪年》，第 129—141 页。

论皆咨其直。正德中，进侍讲，充经筵讲官，与修《孝宗实录》，以忤太监刘瑾，出为南京刑部员外郎，迁礼部郎中。一鹏抂翰林久，两尚书皆故旧，见辄瑟缩不自安，而一鹏抱成牒，立左右，咨禀自若也。瑾伏诛，复官如故，出为南京国子祭酒，转太常卿……①

下面迻录阁藏《史稿》中的"吴一鹏传"：

吴一鹏，字南夫，长洲人。弘治六年进士。选庶吉士，授编修。户部尚书周经遭谗去位，上疏乞（按，墨笔改原稿之"请"作"乞"）留之。正德初，进侍讲，充经筵讲官，与修《孝宗实录》。刘瑾出诸翰林为部曹，一鹏得南京刑部员外郎，迁礼部郎中。瑾讫，复故官。进侍讲学士，历国子祭酒，太常卿……。

这两篇传记明显在行文思路和措辞用意上有一致性，后者在前者基础上删改的情形也很明确。对比《明史》中的"吴一鹏传"，可发现其与万氏所撰传稿，也具这种相当的一致性。

而焦竑的《献征录》在"南京吏部尚书"卷收录的方鹏所撰"吴一鹏传"，则可提供我们从另一思路展开的行文表述，而避免了类似其生平经历在整理思路和诉诸文字上别无他途的误解。

将阁藏《史稿》"吴一鹏传"的行文及与之同处一卷的人物列名情形与他稿的对比，可见万氏所撰传稿，是以汪琬的初稿为基础，并作了至少三次修改而形成阁藏《史稿》所示的面貌；其

---

① 汪琬：《吴一鹏传》，《钝翁续稿》（《四库全书存目丛书》集部第 228 册），据天津图书馆藏清康熙刻本影印，台南：庄严文化事业有限公司 1997 年版，卷四四，第 430 页上—431 页下。

收录入传人物之初意，并不与《明史》的定稿相同，且在较早阶段便有大幅的次序调整和人物增删。这与清修明史开馆时间长、参与其事者多、所成稿本复杂的情形适相吻合。

再举可以提示我们阁藏《史稿》成文情形的一例。如阁藏《史稿》第十册，为抄本，且在所附"周朝瑞"等6篇零散传记前的部分中，并无墨、朱笔删改。该册清楚地标名为"忠义传三"，可见是已经确定了在史稿中准确位置的成熟传文；经过比对，其目录和传文与416卷本"忠义传三"全同。由此再看其他并未标明列传名目、有修改笔迹，且卷次排列并不与其他史稿有相同之处等册，则可说明阁藏《史稿》除第十册之外的其他传稿，尚处在分撰稿纷呈上交，以待万氏亲笔删定的初级阶段。

下面我们转换视角，从313卷本和416卷本的分卷及传文入手，检视阁藏《史稿》。313卷本的卷九四收录了如下人物：

> 高瑶（黎淳）、孙博、强珍（王崇之）、于大节、王坦（霍贵）、李应祯（袁庆祥）、王瑞（张稷）、李俊、汪奎（从子舜民）、崔陞（苏章）、彭纲、周轸、王纯、李旦（卢瑁）

计正传14、附传8。这一目录与416卷本《明史》卷二三五目录，非常类似。其收传人物为：

> 高瑶（黎淳）、孙博、强珍（王崇之）、于大节（萧显、杨智、李鸾、蒋昺、赵𡘜、刘昂）、王坦（张稷）、李俊、汪奎（从子舜）、崔陞（苏章、彭纲、周轸、王纯）、李旦（卢瑁等）

区别是313卷本中的正传人物被416卷本删减，后者还增入了附传人物。

抽检两本中之同名传记，可见其中兼有文字全同和在表述上微调的情况。下面以阁藏《史稿》与这两种史稿均有，但互有差别的"高瑶传"中一句之别为例，说明它们在表述思路上相同、措辞有异的情形。阁藏《史稿》为：

　　……成化三年五月上疏曰："正统己巳之变……"

313 卷本中此句表述为：

　　……成化三年五月陈十事，正统己巳之变……

416 卷中的更具条理性：

　　……成化三年五月陈十事，其一言：正统己巳之变……

《明史》"高瑶传"里这句则为：

　　……成化三年五月抗疏陈十事。其一言："正统己巳之变……"

很明显，《明史》引导所"陈十事"的用语与 416 卷本的相同，增加的是对高瑶疏陈时政精神的传神描写。

再看 313 卷本和 416 卷本中的"强珍传"，两传行文全同。但强珍的传记却不存于阁藏《史稿》中，其名仅在第四册"王崇之"传前题名下的小字附注"附强珍后"中出现。这便产生或者强珍传记在阁藏《史稿》所处的整理、修改阶段尚未撰成，或者该稿并非完帙，其稿已然不存（或另存它处）两种情况。

重要的是，从"王崇之传"在 313 卷本及 416 卷本中出现的情形都是遵循阁藏《史稿》的安排，被列于强珍传后来看，阁藏《史稿》的成文和卷次确定，当在两者之前。阁藏《史稿》中"强珍传"内容丰富，却仅有首、尾两句为416卷所用，也能说明该稿是明史馆中早期写成，供后来增删、调整的部分列传初稿。

比较三稿中均收录的人物传记，阁藏《史稿》较另两稿早成的情形更加清晰。主要是313卷本和416卷本有一致性，且这一致性表现在都吸纳了阁藏《史稿》在文意和表述上的更动内容。为了进一步说明，下面抄录阁藏《史稿》"于大节传"中的一段话，并用括号标示另两本相同的更动情形：

> 成化十七年，南京及（两本无"及"字）山东、河南地震［按，两本遵循阁藏《史稿》更改原文"京师地震"后的表述］，大节驰疏陈时政缺失八事，语极激切（两本作"词甚切至"）。帝衔之。暨还朝，密谕吏部出之外，乃以为鹤庆推官。俗不知学（两本作"其俗素不知学"），选秀民为学官弟子，亲为训［按，两本遵循阁藏《史稿》更动原文"教"后的表述］授，士多兴起。

从上述5处文字的原本及更改情形可见，自阁藏《史稿》始，传文中反映的万斯同对明朝史事的分析与判断，为后来的两部史稿确定了根本思路；后来仅见微调文字以使记述准确，也能说明对前者价值的认可和地位的确认。

# 五　余论

康熙四十一年（1702年）四月初八日，万斯同病逝于北京，其后他所亲订的《史稿》散佚颇多，对后人考述造成了相当大的困难。本文重点介绍天一阁藏《明史稿》十二册的存在形态与收传人物情形，以及其在清廷开馆修明史过程中的地位和价值。在对阁藏《史稿》存在形态的初步考察，以及与国家图书馆藏著录万斯同撰清抄本 313 卷《明史纪传》、416 卷《明史》、徐乾学《明史列传》、王鸿绪《明史稿》、张廷玉《明史》等进行简单比对基础上，我们得出的结论是：阁藏《史稿》的墨笔添注和与此笔迹相同的第一至五、九册撰稿，为万氏亲笔；第九册中的一份目录页，则非万氏笔迹。不同于上述的第六、八、十、十一、十二册，当出自书手，非万氏亲笔，但经由万氏改定，其中第十册夹有万氏亲笔撰写的附传。第七册则明显为徐潮具稿，叶沆抄录，但稿上也有万斯同亲笔修改之迹。此外，其墨笔所示和朱笔所改定的内容，符和万斯同信赖《明实录》并倾心焦竑《献征录》的史学思想。从对阁藏《史稿》与著录为万斯同撰的 313 卷《明史纪传》、416 卷《明史》抄本的初步比较来看，阁藏《史稿》中虽然有成文先后不一和修改程度不等的特点，但是有明显未完成的和传记文字较两种抄本多的情况，以及出现的传记有一些不见于313 卷《明史纪传》、416 卷《明史》抄本，后来也不为张廷玉《明史》所收，可以印证万斯同广泛收集史料，不病繁芜，首先为之极便于取舍的修史思想，也证明了阁藏《史稿》早于另两种抄本。我们认为，阁藏《史稿》反映出万氏编撰明史过程中不同阶段的成果：含有万斯同亲撰《明史稿》与万斯同改定《明史》初稿，前者由万氏本人起草与修改，属于草稿的性质；后者为改定他人所撰史稿，卷首标明"明史卷"若干，"列传"若干，以改定初稿的面貌出现。重要的是，二者有共同的一点，就是都清晰可见万氏的选择、取舍、分合、排列，因此，这部《史稿》具有清修《明史》重要底本的性质，拥有其他《明史稿》和《明史》所不具备的独特的文献价值。万斯同在清修《明史》过程中具有不可替代的重要地位，在这部布满他的亲笔蝇头小楷字迹的《史稿》中，充分显示了出来；同时彰显的，是这部《史稿》稀见的史料价值，弥足珍贵。

需要说明的是，本文的写作，处于课题开展的初始阶段，以上仅简要介绍了该稿的基本信息，抽检人物来比较和粗览卷次比对，进一步细致深入的整理与研究还有待展开。该稿所含人物传记众多，删改情形复杂，对其行文风格、增删与保留情形乃至入传人物的衡量与评价标准等问题，尚需进行细致而充足的个案考订；关于该稿笔迹之特点、墨色之同异、钤章之识别、誊抄用纸及装裱所具之时代特征等问题，更需专门知识辅助研究，才能做完整说明。进一步说，其中各卷册与313卷本、416卷本及徐乾学《明史列传》、王鸿绪《明史稿》和张廷玉《明史》的关系，也需在细致个案完成后，方可作不刊之论。因此，学界更为深入和细致的通力合作研究，值得期待。

（原载《万斯同与明史：纪念万斯同诞辰370周年国际学术论文集》，宁波出版社2008年版）

# 明代诏令文书的整理与明史研究

诏令是古代王朝发布的"王言",是历代最高统治者皇帝的诏书文告,是研究古代历史的重要原始资料。诏令与皇帝的权力体制紧密相连,对于国家运行有着特殊重要的作用和意义。古代帝王颁布诏令治理国家,作为国家法令、行政命令文书,诏令文书的传达与贯彻执行,形成了古代国家治理的基本形式。国家与社会的深入探讨,同样也离不开对诏令文书的研究。

明代诏令文书是明王朝276年间,各代帝王处理政治、经济、文化、法律、军事、外交等有关国家大政的原始政务文书,内容涉及有明一代重大史事和典章制度,具有资料的原始性、内容的丰富性等特征,是国家治理方面最为重要,也是最基本的史料。毋庸置疑,诏令文书的整理与研究,对于明史研究具有重大学术价值。

## 一 问题的提出

### (一) 20世纪明代档案的发现亟待延伸

众所周知,20世纪明清档案和殷墟甲骨、战国秦汉竹简、敦煌文书一起,被称为古文献的四大发现。档案是历史研究的原始资料,档案发现的学术价值不言而喻。百年来,明档的发现、整理、开掘、利用，极大地推动了明史研究的发展。

中国第一历史档案馆所藏"大内档案"，即清内阁大库所藏文书档案，是官方文书中最重要的一种，是目前所知数量最大的、保藏最完整的、学术价值最重大的明清档案。然而，明代档案文书留存于世的已经不多，根据不完全统计，存世明清档案 2000 多万件，其中明代档案与清代档案的留存在数量上无法比拟。"大内档案"中的明代档案现在保存下来的只有 3000 多件，而清代档案，在中国第一历史档案馆收藏就有 1000 多万件，[①] 在台北还有几百万件。保存在内地档案馆中的明代档案文书，近年已出版了《中国明朝档案总汇》，只有 101 册，[②] 其中的门类很不齐全，诏令类寥寥无几，缺失相当严重。鉴于诏令文书具有的档案性质，其收集、整理可以视为明代档案发现的延伸与发展，预示着明代档案文书新的增长点，将成为对明代现存档案的重要补充。同时大力发掘诏令文书，收集、整理、开掘和利用，将意味着为明史研究开拓新的领域，也意味着明史研究必将出现新的突破。这在明史学科建设上是一件大事。

**（二）相对民间文书的整理，官方文书的整理凸显不足**

20 世纪 50 年代，明清时期民间契约文书大量发现，受到学界的重视。近些年，随着区域史的迅速发展，民间文书的发现、整理进入新的高潮，民间文书的整理与研究如火如荼地展开，一大批契约文书等民间文书先后被整理出版，可谓硕果累累。区域史的研究成果大量涌现，在国内外史学界引起了很大反响。目前学术界讨论的"大历史"与"小历史"的贯通问题，"大传统"与

---

① 全国明清档案数据目录中心编：《明清档案通览》，《编辑说明》，中国档案出版社 2000 年版，第 129 页。

② 中国第一历史档案馆、辽宁省档案馆编：《中国明朝档案总汇》，广西师范大学出版社 2001 年版。

"小传统"之间的关系问题，正如一个硬币的两面，一面是国家，一面是社会，均不可偏废，全面把握不同区域间乃至全国范围内历史现象的共性和特殊性，官私文书同样是不可或缺的史料，都是历史发展演变中形成的第一手资料，弥足珍贵，对推进明史研究有着不可相互替代的作用。特别是进行宏观的整体考察，不能缺少诏令文书的研究。然而，相对民间文书的大规模发掘整理与研究，中央官方档案文书整理与研究的不足已经凸显，反映出某种忽视宏观考虑和国家背景考察的状况，这种状况实际上影响了明史研究的发展进程。

## 二　明代诏令文书整理与研究的学术价值及其意义

明代诏令文书的整理，意味着明朝档案发现的延伸，并预示着更新史料，拓展明史研究的新领域。

近 20 年以来，明史界学人认为清初官修《明史》错讹颇多，对明代历史多有曲解，转向"正史之前史料"，以《明实录》等明代数据为主进行研究。然而，《明实录》并非国家大政的原始资料，属于史官编纂的第二手资料的性质，正在逐渐为人们所认识。根据笔者 2006 年对明太祖外交诏令整理的初步统计，所见 127 通外交诏令中有 35 通来自《明实录》，无其他来源替代；其他 92 通经过比对，《明实录》中有很大不同的和缺失的为 72 通，占了总数一半多。① 根据比对，特别是现存台北故宫博物院的《明太祖御笔》中的诏令文书均为《明实录》所失载。《明实录》的不实彰显了出来。在数据的属性上，诏令文书属于原始政务文书，保存

---

① 参见万明《明太祖外交诏令文书考略》，2006 年提交香港中文大学《明太祖及其时代》国际学术研讨会论文，发表于《暨南史学》第五辑，2008 年。

了国家大政状况，因而具有无可替代的学术价值。在以往的研究中，常常出现各据片面史料而争议的现象，让人想起盲人摸象。反思这种现象，亟待加强明史学科基础史料工程建设，有必要加强第一手数据诏令文书的发掘和利用。明朝是仅次于唐朝的中国历史上时间最长的一个王朝，是中国古代从传统社会向近代社会转型的开启时期，而明史研究的重大突破，需要有史料的更多发现。超越以往，深化研究，应该是摈弃浮躁心态，在扎扎实实的史料更新基础上达到观念更新。近年来，明史学界学人谈到社会变迁与社会转型越来越多，但有些论文让人感觉翻来覆去就是那些数据，这样就很难有重要的进展与突破。目前的情况是，明代档案已经所存无几，而典籍文献与传世文物中，保存的诏令文书相当宏富，存世的数量颇巨，类别繁多。在内容上，可以反映出有明一代不同时期的宫廷事务、典章制度、吏治政务、司法审判、社会经济、军事防御、文教科举、边疆民族、外交事务、礼仪习俗乃至天文地理、山川河流、地震灾荒等诸多方面，是明代皇帝处理政务的历史见证，也是全国庶政的真实记录。其重要性不言而喻，是研究明代历史弥足珍贵的第一手资料。将之与明代有关的政书、碑刻、方志、文集、笔记、家乘等数据结合，同时发掘域外史料，特别是与地方档案民间文书相结合，具有更新史料的意义，有利于真实了解明代国家与社会关系乃至整体明代历史面貌，也将使明史研究各方面的专题研究取得重要的充实与突破。更进一步说，汉唐与宋明诏令的比较研究，也有待展开，可以深化中国古代史整体变化的认识。随着时间的推移，诏令文书的收集、整理、刊布与利用对于明史研究的重要性，必将日益受到国内外学术界的重视。

需要说明的是，整理诏令文书，既是时代的要求，又是史学创新与发展的结果。明清档案整理与研究的继续推进，并不排斥民间文书整理与利用。事实表明，许多以民间文书从事史学研究的学者，从区域史的视角研究历史，已取得了令人瞩目的重要成绩。我们收集、整理和研究诏令文书的目的，并不排斥民间文书的研究，相反，我们认为，把官方文书和民间文书纳入一个整体社会的体系之中，使之成为明代社会史研究的一部分，二者的并存与互动，应该形成明史研究的主流。我们既不能以官方档案文书的研究取代民间文书的研究，也不能以民间文书的研究而取代官方档案文书的研究，二者的结合，才能在深化理论、开拓研究内容和领域等方面，取得更丰富的成果，从而进一步推动明史研究的深入发展。当然，作为官方档案文书，在强调其正面效应的同时，我们还需以批判的眼光来看待它，不可忽视或掩饰其为社会发展带来的各种负面效应。因此，当我们用一个整体的多元的眼光审视明代以来的中国历史进程时，其负面效应也应当纳入研究的视野。总之，以全方位的视角去研究和审视明代历史，才能把明史研究推向一个新阶段。

具体而言，整理与研究诏令文书的主要意义有三。

（一）有助于中国古代国家治理的研究

大诏令集是一个王朝各代帝王的诏令汇编，凡政治、经济、文化、法律、军事、外交等有关国家大务无不毕具。明代是一个复兴传统文化的时代，在国家治理理念上继承汉唐，但也颇多创新。诏令文书反映有明一代的治绩与兴衰，对研究古代国家治理极具意义。从明初的创制，到明代诏令文书的制度化，体现出中国古代政治制度及行政管理能力在有明一代的成熟与发展，并对清代产生了极为深远的影响。因此，诏令文书的整理与研究对于吸取国家治理方面的历史经验教训，具有理论意义。

（二）有助于中国法制史和政治文化的研究

诏令是王朝发布的政策法令，作为对外发布的"王言"，具有政策、法规的权威性，是传统政治文化的重要组成部分，也是法制史重要的第一手数据。研究明代的这些法令文书，可以对中国本土的法律文化加深理解，以史为鉴，对今天的现代化法制建设也具有现实意义。

（三）有助于推动明史研究的深入发展

有关诏令文书的整理研究，对今后的明史研究，无疑是重要的基础性工作。以往对于正史之前的档案史料、诏令文书等正史赖以修撰的原始文献的整理研究，相当薄弱，影响了研究的深入，造成争议纷纭，以及对政策和制度的单一、片面的认识。诏令文书是研究明代政治、经济、文化、法律、军事、中外关系乃至整个明代历史弥足珍贵的第一手数据，诏令文书数据的整理和发掘，将为明史实证研究提供丰富完整而又极为珍贵的第一手资料，具有更新明史研究资料、开拓研究新领域的意义。进一步而言，必将突破以某些个别材料作举例式局部考察的局限，将对于明代政治、经济、法律、文化、军事、中外关系等国家大政有一个全面而客观的重新认识，也必然会对明史整体性研究起到充实和推动的作用，从而对既往明史的模式化认识有重大突破。

## 三　明代诏令文书已有相关成果的简略回顾

明代诏令文书已有的相关成果，主要表现在以下两方面。

（一）关于诏令文书的整理与编辑

古代诏令文书的整理，宋代是一个高潮期。这一时期出现了著名的诏令文书汇编《两汉诏令》、诏令总集《唐大诏令集》和《宋大诏令集》。现代对于诏令文书的整理，主要集中于对后两部大型诏令集的补辑上。关于唐代诏令整理，中日学者已有丰硕成果，重要的有池田温先生编《唐代诏敕目录》[①] 和近年中国社会科学院历史所与天一阁博物馆合作整理的《天一阁藏明钞本天圣

---

① ［日］池田温编：《唐代诏敕目录》，三秦出版社 1991 年版。

令校证》①。董克昌先生主编的《大金诏令释注》一书，是断代史的又一部大诏令集，由黑龙江人民出版社 1993 年 9 月出版。由于清代档案的大量存世，使得清代诏令集的编辑明显不必要，而档案存留已不多的明代诏令文书的搜集、整理和编辑，在以前却从未提上日程，与其他断代来比较，可以说是相对滞后的。

明朝人编辑的当代诏令文书总集，主要有两种：《皇明诏令》和《皇明诏制》。其中《皇明诏令》有嘉靖年间刻本，1994 年经杨一凡、田禾两先生点校出版，收入《中国珍稀法律典籍集成》乙编第三册。此书在中国、美国、日本均有藏本，点校本没有提及日本藏本，仅以中国国家图书馆藏本为底本。《皇明诏制》是明末崇祯刻本，比较《皇明诏令》，内容增多了嘉靖以后到崇祯朝的诏令，至今没有点校整理出版。重要的是，《皇明诏令》《皇明诏制》都属于明代诏令选集的性质，例如《皇明诏令》仅收录明太祖诏令 89 通，《皇明诏制》仅收录明太祖诏令 58 通，二者仅收录了重要诏敕，因此既不够全面，也不够系统，不能反映明代诏令文书的全貌。以洪武朝外交诏令为例，《皇明诏令》中仅收录外交诏令三通；《皇明诏制》中也只收录外交诏令九通；根据笔者已有研究，包括诏令敕谕等各类外交文书现已收集到 170 通。更值得注意的是，作为明朝当代人选辑的诏令集，采取了"书善不书恶"的原则，尽管也有白话诏敕的收入，但却都是"温和之旨"，具有明显的局限性。明太祖的许多白话诏敕没有被收入。

（二）关于明代诏令文书的研究成果

中国学者关于明代诏令文书的研究，迄今专门研究主要集中在明大诰方面。从法制史的视野最早开始研究的，是沈家本先生《明大诰峻令考》，有民国刻本。论文方面是 1936 年邓嗣禹先生的

---

① 天一阁博物馆、中国社会科学院历史研究所天圣令整理课题组：《天一阁藏明钞本天圣令校证》，中华书局 2006 年版。

《明大诰与明初之政治社会》①。此后明大诰形成研究的热点，自20世纪80年代以来更出现了研究热潮，主要论文有黄彰健先生《大明律诰考》②、陈高华先生《从明大诰看明初的专制政治》③、杨一凡先生《明大诰与朱元璋的重典治吏思想》④ 等。根据不完全统计，近30年来涉及明大诰的论文至少有150多篇，相关专著则主要有杨一凡先生《明大诰研究》⑤。虽然在研究中引用诏令作为史料的不少，但是专门的研究却甚少。据不完全统计，百年以来除《明大诰》研究以外，专门研究的论文不过30多篇。重要的论文举例：对于一朝诏令作总体研究的，有陈高华先生《说朱元璋的诏令》⑥；从语言学角度研究的，有江蓝生先生《皇明诏令里的白话敕令》⑦；从社会史视角研究的，有林丽月先生《明初禁奢令初探》⑧；从政治史方面研究的，有张哲郎先生《从明朝皇帝即位诏及遗诏论明代政权之转移》⑨；从外交史角度研究的，有万明《明太祖外交诏令文书考略》⑩；从文书学角度研究的，有李福君《试论明代的诰敕文书》⑪，这方面相关研究较多，主要有颜广文先生《论明代公文运作制度》⑫、孙书磊先生《明代

---

① 邓嗣禹：《明大诰与明初之政治社会》，《燕京学报》第 20 期，1936 年。
② 黄彰健：《大明律诰考》，《中研院历史语言研究所集刊》第 24 本，1953 年。
③ 陈高华：《从明大诰看明初的专制政治》，《中国史研究》1981 年第 1 期。
④ 杨一凡：《明大诰与朱元璋的重典治吏思想》，《学习与探索》1981 年第 2 期。
⑤ 杨一凡：《明大诰研究》，江苏人民出版社 1988 年版。
⑥ 陈高华：《说朱元璋的诏令》，《商鸿逵教授逝世十周年纪念论文集》，北京大学出版社 1995 年版。
⑦ 江蓝生：《皇明诏令里的白话敕令》，《语文研究》1988 年第 3 期。
⑧ 林丽月：《明初禁奢令初探》，《台湾师大历史学报》第 22 期，1994 年；又收入张中政主编《明史论文集》，黄山书社 1994 年版。
⑨ 张哲郎：《从明朝皇帝即位诏及遗诏论明代政权之转移》（上、下），《"国立政治大学"历史学报》第 14、15 期，1997、1998 年。
⑩ 万明：《明太祖外交诏令文书考略》，2006 年提交香港中文大学《明太祖及其时代》国际学术研讨会论文，发表于《暨南史学》第五辑，2008 年。
⑪ 李福君：《试论明代的诰敕文书》，《档案学通讯》2007 年第 3 期。
⑫ 颜广文：《论明代公文运作制度》，《广东社会科学》1994 年第 2 期。

公文制度述略》①，等等，但这类论文涉及诏令文书，但并不是对于诏令的专门研究。日本学者对汉唐诏令文书的研究相当深入，出版的论著很多，但是遗憾的是，迄今鲜见有对明代诏令文书进行专门研究。在西方，主要有美国学者范德（Edward L. Farmer）对于大明令的专门研究：《大明令：对明代早期社会立法的考察》②。

学术史的回顾说明，虽然学界对大诰和某些方面的诏令文书已有宝贵的探索，但是以专题研究来说，可以发现，以往不少学者在搜集研究数据时，广泛阅读有关的文献，却鲜见有人对于诏令文书进行系统整理，结果是其他方面的有关数据几乎被网罗殆尽，却唯独遗漏了诏令文书中的相关数据，不免陷入片面的观察和思考；不少学者在搜集专题研究资料时，更多地以《明实录》为依据进行论述，忽略将诏令文书纳入研究视野，列入史料范围，以致遗漏了诏令文书中的原始数据；更多的学者在研究中利用了诏令文书作为数据，却从未考虑到从诏令文书的角度切入，从而具体地深化研究。更有甚者，目前在明史研究中，还有学者把《明实录》作为第一手数据利用，忽视了发掘第一手数据，这不仅阻碍了对于明史的全面理解与认识，也影响了推动研究更上一层楼。

总之，诏令文书是研究明史的重要史料，国内外学术界以往对此缺乏全面收集、整理，迄今，尚没有一部对明代诏令文书作全面系统整理的汇编，也没有一部研究专著。而缺乏对于诏令文书的系统清理，也就难以进行比较全面的归纳研究，这成为明史研究不足的重要因素之一。造成以上局面的主要原因有二：第一，

---

① 孙书磊：《明代公文制度述略》，《南京工业大学学报》（社会科学版）2005 年第 2 期。

② Edward L. Farmer, *The Great Ming Commandment: An Inquiry into Early-Ming Social Legislation*, Asia Major, Princeton University, 1993.

由于诏令文书散在于中外大量史籍与文物之中，有如大海捞针，颇费功夫，全面系统收集整理的工作难度很大；第二，由于诏令文书数量众多和范围宽泛，一般研究者个人收集整理实难于承担。因此，诏令文书收集整理工作的展开，有一个必要条件，就是需要明史研究者的集体攻关。

## 四　关于明代诏令文书整理研究的思路与方法

随着明史研究的深入，明代诏令文书发掘整理和利用的工作，亟待开展起来。我们中国社会科学院历史研究所明史研究室的学术传统，一向重视研究资料的基本建设。20 世纪 80 年代，明史研究室编辑的《明史研究丛刊》，已将明代的档案契约、年谱家乘等列为主要的收辑内容，可惜后来没能持续出版。明代诏令文书的整理是一项繁重、长期的工作，非一人之力所能完成。以课题组形式进行古籍整理，是当前古籍整理工作的一种有效方式。目前，大力收集、整理和研究明代诏令文书的工作，已提上了我们明史研究室的工作日程。作为明代诏令文书整理与研究的第一步，自 2007 年开始，由笔者主持申报了院重点课题，从而启动了收集、整理和编辑《明大诏令集》这一工程。依据时间顺序，我们首先做的是洪武朝卷的诏令文书收集和整理工作。

洪武朝诏令文书具有的特点十分明显。

（一）就内容而言，明太祖是明朝开国之帝，洪武朝是明朝奠定时期，也是官文书逐渐趋向规范的重要时期。明初锐意复兴汉唐传统，又不可避免地对于元朝制度有着继承关系，但也不乏创新，从而形成并奠定了有明一代的典章制度。当时的诏令文书是诏令类的原始政务文书，这些第一手资料涉及国家治理的方方面面，包罗万象，极为宏富。

（二）就文书的制作而言，整个明代十六朝，每朝都有大量诏令文书，为当时人所制作。洪武朝是明朝开国创制的时期，是皇帝集权于一身的重要时期，不仅诏令文书数量繁富，而且大量诏令文书为皇帝所亲撰，极具特殊性，对于有明一代具有特殊重要的作用和意义。

（三）就文书传达与运行所涉地域而言，明洪武年间统一全国，依靠诏令文书的传达实施对于国家的全面治理。诏令文书遍及全国各省及其周边，涉及外国，极为广泛，从中可以了解明代中国社会的整体建构乃至对外关系的历史实态。

我们的具体研究思路和方法如下。

1. 资料搜集与整理

洪武朝是明朝开国创制的时期，这一时期自洪武元年至三十一年（1368—1398 年），诏令文书一类原始政务文书极为丰富，散在于明代大量史籍文献之中，收集工作如大海捞针，难度很大。我们的收集工作从两方面入手：一是从史籍文献中采集诏令原文；二是收集实物留存，即文物中的诏令原文，例如《明太祖御笔》，现藏台北故宫；而大量散在于全国各地的石刻碑文，收集的难度更大。目前所收集的洪武诏令中，我们还没有发现有蒙文或其他文字的，已知景泰朝蒙文诏令有所遗存。

收集是工作的起点。我们的工作首先以《明实录》为主要线索，广泛搜集散见于繁多的明代档案、文集、政书、碑刻、方志、笔记、家谱等各种史籍和文物，以及外国文献中的洪武朝诏令文书。根据陈高华先生统计："《太祖实录》中收录的诏令在有关文献中是最丰富的，总数在七百件以上。"[①] 此外的史籍繁多，搜集齐备确非易事，我们追求数据的原始性和内容的完整性，尽量系

---

① 陈高华：《说朱元璋的诏令》，《陈高华文集》，上海辞书出版社 2005 年版，第 508—509 页。

统地进行搜集和整理。日本学者大庭脩在对汉代制诏进行研究时，依据内容划分了三种形式：一是"皇帝凭自己的意志下达命令"，二是"官僚在被委任的权限内为执行自己的职务而提议和献策，皇帝加以认可，作为皇帝的命令而发布"，三是"皇帝表明立法意志"与"官僚的答申采取奏请的形式得到认可"相结合的复合体。[①] 目前我们的调查收集，是以第一种形式的诏令文书为主，原则是将成文、成段的诏令文书予以收入。迄今，我们已经收集到5000多通明太祖诏敕，收集的范围已包括上千种史籍文献。在广泛收集的基础上，我们开展整理工作，第一阶段的工作是编辑《题名目录》，按照时间顺序，以编年的形式编排，列出时间、题名和史籍文献出处。至于其中有大量重复，准备复印以后，今后再做大量比对工作。在系统汇集整理过程中，我们将进行年代考订，最终整理成册影印出版，以供研究者利用进行综合研究。

2. 专题研究

对洪武朝诏令文书作比较系统清理的同时，进行归纳研究就具备了条件。我们将根据课题组成员各自的专业研究方向，对于诏令文书进行史实考释和研究，并将运用政治学、行政学、经济学、社会学、文化学、文书学、军事学、国际关系学等多学科的研究方法，对洪武一朝诏令文书所涉及的政治、经济、法律、文化、军事、中外关系等国家大政进行专题探讨，并对诏令的运行、功能及其影响进行深入研究。在研究成果有一定积累以后，准备与国内外学术界合作，召开专题研讨会，并将成果集结出版，以推动明史研究的发展。

《明代诏令文书的整理与研究》（洪武朝卷）是我们工作的开端，可为以后全面开展明代历朝诏令文书的收集、整理与研究工

---

① ［日］大庭脩：《秦汉法制史研究》，林剑鸣等译，上海人民出版社1991年版，第170—176页。

作摸索经验，提供范例。在《明代诏令文书的整理与研究》（洪武朝卷）全部完成以后，也将为全面系统地进行明代开国奠基时期历史的宏观综合研究提供必要条件。

# 五　结语

归纳以上所述，我们已经形成了以下几点认识：

第一，对明代诏令的整理与研究，是对于中国古代官文书研究的重要组成部分。档案一般是指官方文书，诏令即"王言"，是官方文书中最重要的一种。由于明代档案传世不多，特别是现存盘案中诏令类已寥寥无几；《明会典》等典籍所载诏令原文不完整；明人所编辑的《明实录》虽然保存了不少诏令文书，但是经过史官的编纂，并非都是诏令原貌，存在不少篡改和遗漏，《实录》不实，为第二手资料，业已日益为学界所认识。

第二，明人所辑《皇明诏令》《皇明诏制》一类史籍，仅为诏令类文书选编，远非全面系统的诏令汇编。

第三，时至今日，有《唐大诏令集》《宋大诏令集》《大金诏令译注》，却没有一部《明大诏令集》，这说明迄今国内外尚未有对明代诏令文书进行全面系统的整理与研究。而保存在大量文献和文物遗存之中的明代诏令文书，至今既缺乏系统的收集整理，也没有全面的归纳研究，事实上影响了明史研究的发展进程。

第四，进一步看，只有将明代官私文书结合起来研究，才有可能使我们更接近明代历史的真实全貌。因此，与民间文书的收集、整理和研究相对应，明代诏令文书的收集、整理与研究工作亟待开展，编辑一部《明大诏令集》，是摆在我们明史研究者面前的一项十分艰巨而又不容回避的任务。

第五，明代诏令文书的整理与研究是一项具有开拓性的工作，不论从数量还是从内涵来看，这一工作都可以说是新世纪明史研究最重要的史料发掘和研究。基于诏令文书对研究明代的政治、经济、军事、社会、中外关系、宗教、民族、语言、文学、科技等都具有十分重要的学术价值，我们相信，开展这一工作，不仅对于明史研究具有更新史料和开拓研究新领域的意义，也必将推动明史研究进入一个新的发展里程。

　　最后，明代诏令文书的整理与研究刚刚起步，任重而道远，我们期待国内外学术界专家学者给以关心、支持和帮助，乃至参与这项工作。

　　　　（原载《第一届中日学者中国古代史论坛文集》，中国社会科学出版社 2010 年版）

# 追思与传承：明清档案的整理与延伸

郑天挺先生是著名的历史学家，他的明清史研究蜚声中外，是明清史研究的奠基人之一。在他的一生中，两度结缘于明清档案的整理工作，对明清档案的整理有着筚路蓝缕之功。

目前，我们中国社科院历史所明史研究室正在承担院课题《明代诏令文书的整理与研究》，鉴于明代档案文书留存于世的已经不多，这项工作是明清档案整理工作的一种延伸。郑先生当年为整理明清档案所做的精深阐述，至今对我们的工作具有指导意义。

创新与发展，离不开对前人事业的继承和借鉴。追思先生对于明清档案整理工作做出的重要贡献，传承前辈的学术事业和脚踏实地的求实精神，不揣浅陋，谨以此文纪念郑天挺先生诞辰110周年。

## 一　追思郑天挺先生：两度整理
明清档案的贡献

20 世纪明清档案和殷墟甲骨、居延汉简、敦煌文书一起，被称为古文献的四大发现。20 世纪初期，清内阁大库明清档案被发现，明清档案作为明清史研究的第一手原始材料，受到学术界的普遍重视。随后，珍贵的档案经过整理和编纂出版，为史学界所利用，对推动明清史研究起了重要作用。一批著名史学家在这批珍贵档案的整理研究中做出了重要贡献，郑天挺先生就是其中的一位。

郑天挺先生曾两度与明清档案的整理工作结缘。

1921 年，北洋政府教育部因经费困难，竟将移放在端门门洞中的八千麻袋明清档案卖给纸店作为造纸原料，制造了"八千麻袋事件"。事件发生后，北京大学出面请北洋政府教育部把整理内阁大库档案的任务交付给北大，于是，部分内阁大库档案拨归北京大学。1922 年"几经交涉，七月这批档案才由历史博物馆陆续移运到校，共计六十二箱又一千五百零二麻袋"。① 北京大学获得内阁大库档案后，"随即由研究所国学门、史学系、中国文学系的教职员、研究生、毕业生、在校学生和校外专家，组织了一个清代内阁大库档案整理会（后改明清史料整理会）"。② 商订了整理方案，公布了整理计划，于 7 月 4 日开始整理这批档案。

郑先生第一次结缘明清档案，就是在此时。1922 年 7 月，根据郑天挺先生《自传》，先生"这年七月下旬参加了这一有意义的工作，感到收获特别大"。③ 当时先生在北大文科研究所国学门攻读研究生，加入了"清代内阁大库档案整理会"，参加了明清档案的整理工作，成为这批珍贵档案最早的整理人之一。他后来回忆说："这无论对国家，对我个人都是一件大事情，从而奠定了我以后从事明清史研究的基础。"④

① 《郑天挺先生自传》，吴廷璆等编《郑天挺纪念论文集》，中华书局 1990 年版，第 688 页。

② 北京大学文科研究所编：《明末农民起义史料》，开明书店 1952 年 6 月版。书首有两序，均为郑天挺先生所作，一为《明清史料丛书序》，作于 1950 年 10 月 1 日；另一为《明末农民起义史料序》，作于 1951 年 5 月 4 日。

③ 《郑天挺先生自传》，《郑天挺纪念论文集》，第 688 页。

④ 同上书，第 687—688 页。

郑老先生的哲嗣郑克晟先生，原来在我们中国社会科学院历史所明史研究室工作，后调至南开大学郑老先生身边。郑克晟先生一直研究明史，是著名明史专家，他撰有专文记述郑老先生对明清大内档案的渊源关系及其重要贡献。根据郑克晟先生记述，郑天挺先生在 1922 年 7 月 26 日的日记中，清楚地记载了那天上午到北京大学整理档案的经过。其中写道："民国成立，前清内阁档案移至教育部历史博物馆，近复移至大学整理。大学因设专员司之，余与其列。今日余整者为雍正题本，即奏折也。"① 日记中将整理时注意到的题本特征等分条一一记录下来，显示出清晰的研究端绪。这是郑天挺先生最初参与整理明清档案遗留下来的珍贵记录。

郑先生第二次结缘于明清档案，是在 1950 年。当时，先生除了担任北京大学史学系主任外，还负责北大文科研究所明清史料整理室的工作。②

实际上，郑先生多年在北京大学任教，讲授明清史，明清档案和他的教学与研究工作密切相关。当时，郑先生担任北大文科研究所明清史料整理室主任之职，直接负责明清档案的整理工作，在他的主持带领下，北大明清档案的整理工作改进了方法，整理和编纂工作同时进行。整理的一批明清档案，即北京大学文科研究所收藏的史料，计划由开明书店印行《明清史料丛书》，内容包括《明末农民起义史料》《太平天国史料》《太平天国参考书目》《宋景诗史料》《明末农民起义史料续编》《明末辽东军事史料》《明末西南民族问题史料》等。20 世纪 50 年代初期，由开明书店先后出版了《明末农民起义史料》《宋景诗起义史料》《太平天国史料》等数种明清档案汇编。

---

① 郑克晟：《忆郑老与明清档案的二三事》，《中国档案》1982 年第 2 期。
② 《郑天挺先生自传》，《郑天挺纪念论文集》，中华书局 1990 年版，第 707 页。

郑先生为《明末农民起义史料》一书所作的《序》，是起自1922年北京大学开始整理明清档案，直至1950年的整理工作留下来的珍贵记录。这篇序文于1951年5月4日作于北京大学文科研究所明清史料整理室。① 其中说明："1950年5月4日，我们将所中收存的档案举行了一次小型的明末农民起义史料展览，承观众给我们很多的宝贵意见和鼓励，并且建议我们将展览的史料全部印行。我们接受了这个提议，更搜集了别处所藏的大库档案，辑成这本《明末农民起义史料》。"② 此书于1952年6月问世。

《明末农民起义史料》一书，辑录了清内阁大库所藏明末农民起义的档案220件。郑先生在《序》中首先介绍了清代内阁大库的情况："大库是清代内阁庋藏档案、书籍的处所。在北京故宫东华门内，文华殿之南，协和门之东，是两座上下各五间，向北开窗的旧式楼房，它的西邻就是内阁。两楼平行一排，分为东西，中隔走道，所以又称为东库、西库。一共二十大间。"③ 此后在记述了内阁大库所藏档案内容及其来龙去脉后，先生对于这批档案的整理工作作了全面的回顾，然后叙述了北大的整理工作。他指出，整理工作是"一项开创的工作"，当时的整理计划分为三步：第一步，是形式分类及区别年代；第二步，是编号摘由；第三步，是报告整理成绩，研究考证各重要历史事件及分别编制统计表。第一步整理工作，即分朝代、分种类、装架陈列，在1923年11月完成。根据沈兼士主任所作的第一次整理总结，说明工作方法上的缺点有三点：一是太重形式，忽略了内容；二是只注意档案，忽略了衙署职司文书手续的研究，失掉了联络性；三是搜求珍奇

---

① 北京大学文科研究所：《明末农民起义史料》，开明书店1952年6月版。书首有两序，均为郑天挺先生所作，一为《明清史料丛书序》，作于1950年10月1日；另一为《明末农民起义史料序》，作于1951年5月4日。

② 《明末农民起义史料序》，《明末农民起义史料》，第23页。

③ 同上书，第13页。

史料，忽略了平凡的普遍整理。此后谈到了 1924 年的工作转向：一是摘录明题行稿，二是编报销册和各种档案目录，三是整理清代题本内容，分类摘由，四是校订旧编书籍，并先后刊行了整理报告和一些目录、史籍。① 实际上，这是从形式上的分类进入了内容上的分类，从搜寻珍异到普遍整理，并初步开始刊行的一个过程。郑天挺先生说这就是中华人民共和国成立前做的工作。至于中华人民共和国成立后的工作，当时为了公布，加紧整理，进行了四方面的工作：一是已清缮的明题行稿，分类整理印行；二是整理题本摘由，尽可能指出内容特点；三是不按内容分类，改按机关职掌从新分类；四是系统整理所藏黄册、报销册及其他档案。②

特别应该提出的是，首先整理出版的《明末农民起义史料》一书，辑录了清内阁大库所藏有关明末农民起义的档案 220 件，其中 103 件是明末兵部题行稿。郑先生特别指出，明末兵部"题行稿是明代公文的习用名称，但《明会典》里没有见过"。他说明代档案是第一手资料，档案中习用的名称却在明代典章制度文献中没有记录，这是非常值得注意的问题；并不厌其烦地详细介绍了明代题行稿及其运行程序。进一步，先生还追溯了这些收入清代内阁大库的明代档案的来历："本书所收的这些题行稿，本属明兵部的档案。其所以在清代内阁大库中发现，是因为清初纂修明史时，缺少天启四年（1624 年）、七年（1627 年）的实录，及崇祯以后（1628—1644 年）事迹，曾下令全国查送，这就是兵部查送来的材料。"他说："正由于此，这一批原始资料才保存至今。"③ 先生认为这些档案文书是明朝的官方文书，有些是明朝政

①　《明末农民起义史料序》，《明末农民起义史料》，第 20—21 页。

②　同上书，第 22 页。

③　同上书，第 23 页。

治运作中的最初报告和处理意见，"可以洞见统治者的真面目"。①

从这里，我们可以清楚地了解到，郑天挺先生从读书期间开始接触明清档案，奠定了以后从事明清史研究的基础，到后来曾负责整理明清档案，对于明清档案的整理这项功德无量的工作，郑先生实有着筚路蓝缕之功。

## 二　传承前辈的事业：明清档案整理工作的延伸

自 20 世纪初发现以来，明清档案一直为史学界所关注。作为中国明清史学科奠基者的老一辈学者，郑天挺先生两度参与明清档案的整理工作，深有体会和经验，可供后辈学人学习与借鉴。

近 60 年前的 1950 年 10 月 1 日，郑天挺先生在北京大学为《明清史料丛书》作《序》，开篇言简意赅地论述了档案史料与历史著作的关系。他指出：一部令人满意的历史著作，应该正确掌握马列理论，有丰富的信实史料和生动的文字，并说："如果不从说明历史事件发展及其相互联系的史料中去正确具体分析和正确的具体总结，那么就不会达成历史著作的目的。"先生这样说明当时所做的档案整理工作："我们只是辑录排比，不加删节，不加增改的印出来，作为史料搜求抄集是初步工作，以供历史学者们进一步的审查整理，稍省写录之劳。"更明确地说明整理编辑这套丛书，是"希望从这里开始，更广大的发掘史料"，"以便丰富、充实我们的历史著作，发展、推进我们的历史科学"。②

20 世纪 60 年代，郑先生进一步论述了历史档案在历史研究中

---

① 《明末农民起义史料序》，《明末农民起义史料》，第 18 页。
② 《明清史料丛书序》，《明末农民起义史料》，第 4 页。

的地位："历史档案在史料中不容忽视，应该把它放在历史研究的最高地位，就是说，离开了历史档案无法研究历史。靠传说、靠记录流传下来，如无旁证都不尽可信。历史档案是原始资料，应该占最高地位。"①　值得注意的是，当时他还说道："研究清史比研究明史条件更好，不仅有《实录》，而且有很多历史档案资料。"②　先生通过整理明清档案文书，奠定了从事明清史研究的基础，特别是利用清代档案，对清史研究做出了卓越贡献，这是众所周知的。更确切地说，他是一位明清史专家，也是中华人民共和国明清史学科的奠基人之一。中华人民共和国成立以后，他在北大整理出版的档案文书首先是明代档案文书，他在北大一直讲授元明清史及中国近代史；1952 年调到南开，讲授过明清史，明史专题、清史专题课，1963 年还参加过中华书局《明史》的标点工作。经过几十年教学与研究，他对于明清史了然于胸。在上述论述中，先生点到了问题的关节所在，即研究清史比研究明史条件更好，那就是因为清代档案留存于世比明代档案要多。当时先生认为，清史研究是中国历史研究中薄弱的一环，"专著最少，研究最少"，因此"必须重新来搞，必须加强"，"这与整理历史档案分不开"。如果"把历史档案与历史研究结合，一起推动，就可以用整理历史档案带动清史研究"。③　时至今日，清史大工程的启动，已使清史研究有了迅猛的发展。相对而言，明史研究成为历史研究中薄弱的一环，因此"必须重新来搞，必须加强"，而这与整理历史档案文书也分不开。我们同样应该用整理历史档案来带动明史研究。

明清档案的发现，至今已近百年。然而，明代档案文书留存

① 《清史研究和档案》，《历史档案》1981 年第 1 期。
② 同上。
③ 同上。

于世已经不多，这是一个事实。根据不完全统计，存世明清档案2000多万件，其中明代档案与清代档案的留存在数量上无法比拟。"大内档案"现在保存下来明代档案的只有3000多件，而清代档案，在中国第一历史档案馆就收藏1000多万件，[①] 在台北还有几百万件。保存在内地档案馆中的明代档案文书，主要收藏于第一历史档案馆和辽宁省档案馆，近年已出版了《中国明朝档案总汇》，[②] 只有101册，其中的门类很不齐全，诏令类寥寥无几，阙失相当严重。

近20年以来，明史界学人认为清初官修《明史》错讹颇多，对明代历史多有曲解，转向"正史之前史料"，以《明实录》等明代资料为主进行研究。然而，《明实录》并非国家大政的原始资料，属于史官编纂的第二手资料的性质，正在逐渐为人们所认识。根据笔者2006年对明太祖外交诏令整理的初步统计，所见127通外交诏令中有35通来自《明实录》，无其他来源替代；其他92通经过比对，《明实录》有很大不同和缺失的为72通，占了总数一半多。《明实录》的不实彰显了出来。[③]《实录》是根据档案编写的，但经过编者的加工取舍，已失去档案内容本身所具有的完整性，不足以反映历史之全貌。《明会典》一类的典章制度汇编，没有收入完整的诏令文书。

明朝人编辑的当代诏令文书总集，主要有两种：《皇明诏令》和《皇明诏制》。其中《皇明诏令》有嘉靖年间刻本，1994年经杨一凡、田禾两先生点校出版，收入《中国珍稀法律典籍集成》

---

① 全国明清档案资料目录中心编：《明清档案通览》，中国档案出版社2000年版，《编辑说明》，第129页。

② 中国第一历史档案馆、辽宁省档案馆编：《中国明朝档案总汇》，广西师范大学出版社2001年版。

③ 参见拙文《明太祖外交诏令文书考略》，2006年提交香港中文大学举办的"明太祖及其时代"国际学术研讨会论文，发表于《暨南史学》第五辑，2008年。

乙编第三册。① 此书在中国、美国、日本均有藏本，点校本没有提及日本藏本，仅以中国国家图书馆藏本为底本。《皇明诏制》是明末崇祯刻本，比较《皇明诏令》，内容增多了嘉靖以后到崇祯朝的诏令，至今没有点校整理出版。重要的是，《皇明诏令》《皇明诏制》都属于明代诏令选集的性质，例如《皇明诏令》仅收录明太祖诏令89通，《皇明诏制》仅收录明太祖诏令58通，二者仅收录了重要诏敕，因此既不够全面，也不够系统，不能反映明代诏令文书的全貌。以洪武朝外交诏令为例，《皇明诏令》中仅收录外交诏令三通；《皇明诏制》中也只收录外交诏令九通。根据我们已有的研究，包括诏令敕诰等各类外交文书现已收集到170通。更值得注意的是，作为明朝当代人选辑的诏令集，采取了"书善不书恶"的原则，尽管也有白话诏敕的收入，但却都是"温和之旨"，具有明显的局限性。明太祖的许多白话诏敕没有被收入。

鉴于诏令文书具有的档案性质，其收集、整理可以视为明代档案发现的延伸与发展，预示着明代档案文书整理与研究新的增长点，将成为对明代现存档案的重要补充，我们中国社会科学院历史研究所明史研究室2007年提出并承担了院课题《明代诏令文书的整理与研究》。我们认为，这项工作可以视为明清档案整理工作的一种延伸。

在资料的属性上，诏令文书属于原始政务文书，保存了国家大政状况，因而具有无可替代的学术价值。以往在明史研究中，常常出现各据片面史料而争议的现象，让人想起盲人摸象，反思这种现象，亟待加强的是明史学科基础史料工程建设。具体来说，明朝是仅次于唐朝的中国历史上时间最长的一个王朝，是中国古代从传统社会向近代社会转型的开启时期，而明史研究的重

① 刘海年、杨一凡主编：《中国珍稀法律典籍集成》乙编第三册，《皇明诏令》，科学出版社1994年版。

大突破，要有史料的更多发掘和利用。超越以往，深化研究，应该是摒弃浮躁心态，在扎扎实实的史料更新基础上达到观念更新。近年来，明史学界学人更多地谈到社会变迁与社会转型，但是有些论文让人感觉翻来覆去就那些资料，这样就很难有重要的进展与突破。明代档案已经所存无几，而典籍文献与传世文物中，保存的诏令文书相当宏富，存世的数量颇巨，类别繁多。在内容上可以反映出有明一代不同时期的宫廷事务、典章制度、吏治政务、司法审判、社会经济、军事防御、科举文教、边疆民族、外交事务、礼仪习俗乃至天文地理、山川河流、地震灾荒等诸多方面，是明代皇帝处理政务的历史见证，也是全国庶政的真实记录，其重要性不言而喻，是研究明代历史弥足珍贵的第一手资料。将之与明代有关的政书、碑刻、方志、文集、笔记、家乘等资料结合，同时发掘域外史料，更与民间文书整理研究相结合，更新史料，将使明史研究各方面的专题研究取得重要的充实与突破。

整理明代诏令文书，既是时代的要求，也是史学创新与发展的需要。编辑《明大诏令集》，弥补大内明代档案的严重不足，是明清档案整理与研究的继续推进。重温前辈整理档案的经验之作，先生当年为整理明清档案所做的序文与论述，至今对我们的工作具有指导意义。

我们的工作是从洪武朝卷启动的，与以往的档案整理不同的是，我们首先要做的第一步是资料的搜集，其次才是整理与研究。我们面临的是不收集整理就无法利用，要利用就必须先收集整理并加以初步研究的工作，我们的工作步骤如下：

（一）诏令文书的搜集与整理

洪武朝是明朝开国创制的时期，这一时期自洪武元年至三十一年（1368—1398 年）的诏令文书一类原始政务文书，极为繁富。由于明初档案存世寥寥无几，诏令文书存在明代大量史籍之中，我们的收集工作从两方面入手：一是从史籍文献；二是文物留存。我们在收集中遇到不少的困难：第一个困难是需要翻检的史籍数量大；第二个困难是资料散在，搜集工作有如大海捞针；第三个困难是大量散在于全国各地的石刻碑文，收集的难度更大。

1. 我们的工作计划是首先以《明实录》为主要线索，广泛搜集散见于繁多的明代档案、文集、政书、碑刻、方志、笔记、家谱等各种史籍和文物，以及外国文献中的洪武朝诏令文书。明代史籍繁富，搜集齐备确非易事，但是我们追求资料的原始性和内容的完整性，尽量系统地进行搜集和整理。

2. 日本学者大庭脩在对汉代制诏进行研究时，依据内容划分了三种形式：一是"皇帝凭自己的意志下达命令"，二是"官僚在被委任的权限内为执行自己的职务而提议和献策，皇帝加以认可，作为皇帝的命令而发布"，三是"皇帝表明立法意志"与"官僚的答申采取奏请的形式得到认可"相结合的复合体。① 我们的调查收集，以第一种形式的诏令文书为限，一般不收入第二、三种形式的诏令文书。

3. 目前我们课题组已经收集到5000多通明太祖诏敕。考虑到很多分类难以划清，而且分类也不利于整体研究，故采用编年的形式，第一阶段的工作是编辑《题名目录》。至于收集到的诏敕中有很多重复，需要复印以后做大量比对工作。在系统汇集整理过程中，我们进行年代考订编排，以不失原来之真相为原则，将来最终整理成册，以便研究者利用进行综合研究。

（二）专题研究

对洪武朝诏令文书作比较系统的清理同时，进行归纳研究就

---

① ［日］大庭脩：《秦汉法制史研究》，林剑鸣等译，上海人民出版社1991年版，第170—176页。

具备了条件。我们将根据各自的专业研究方向，对于诏令文书进行史实考释和研究，并将运用政治学、行政学、经济学、文化学、文书学、军事学、国际关系学等多学科的研究方法，对洪武一朝诏令文书所涉及的政治、经济、法律、文化、军事、中外关系等国家大政方面问题进行专题探讨。

# 三　结语

追思郑天挺先生对于明清档案整理工作做出的重要贡献，传承前辈的学术事业和脚踏实地的求实精神，在纪念先生诞辰110周年的时候，重新研读先生当年对于整理和研究明清档案的论著，谈及我们对于整理明代诏令文书的点滴心得，我们感到编辑一部《明大诏令集》，是摆在我们明史研究者面前的一项十分艰巨而又不容回避的任务，是对于学术传承的一种承担。不论从数量还是从内涵来看，这一工作都可以说是新世纪明史研究最重要的史料发掘，是明清档案整理的一种延伸，对明史研究将是一个有力的推进。目前，我们正在形成洪武朝卷题名目录的阶段，明代诏令文书的整理与研究任重而道远，随着时间的推移，诏令文书的收集、整理、刊布与利用对于明史研究的重要性，必将日益受到国内外学术界的重视，因此，我们期待国内外学术界专家学者关心和参与这项工作。

（原载《纪念郑天挺先生诞辰一百一十周年中国古代社会高层论坛文集》，中华书局2011年版）

学术·回忆

# 回忆白寿彝先生二三事

　　我到历史所工作，走上明史研究的人生道路。一般说来，师友同仁都知道我是北京大学历史系许大龄先生的研究生，是读明清史专业的；但是，鲜为人知的是，一方面我是许先生登堂入室的弟子，另一方面实际上我还是白寿彝先生的私淑弟子，而我之所以与明史研究结下不解之缘，选择明史作为自己毕生探索的专业，是与白先生的引导分不开的。事实上，也可以说白先生是最初引领我入门之人。

　　一些往事虽然几乎从未对人谈起过，但埋在心中，留下了深深的印痕。"文革"开始时我还在上小学，在我的记忆里，"文革"的严冬还没有完全退去时，最早到家里来的父亲万斯年的朋友就是高高大大、和蔼可亲的白先生。他是在自己被作为"资产阶级反动学术权威"批判，"解放"的第二天便来看望我父亲的。记得他说他不放心体弱多病的老朋友，怕我父亲经受不起冲击。话语不多，感人至深。见面之下，他们百感交集，溢于言表，那一幕至今令人难以忘怀。白先生与我父亲于抗战时期在云南时结识，是缘于对云南地方资料的搜集。当时我父亲是北平图书馆袁同礼馆长派到云南搜集与调查地方资料的特派员，白先生那一时期在云南大学，他正在开始搜集云南回教史资料，研究回教历史，后来他出版了《中国回教小史》和《咸同滇变见闻录》。他在昆明留心访问有关遗史轶事，我父亲曾以所搜集的资料见赠，在《咸同滇变见闻录》自序中，白先生提到撰写时袁同礼与我父亲"给予的鼓励至多"。而至今国家图书馆收藏中也有白先生搜集到的交给我父亲收入馆藏的家谱抄本。从那时起，他们结下了深厚友谊，终生来往不断。

"文革"以后恢复了高考，我可以有机会考大学了。虽然那时我父亲重病缠身，不能给我以任何帮助，虽然我自己当时在医院工作，十分繁忙，医院只给了 8 天复习准备的时间，但是在父辈们的熏陶下，1978 年，我还是下决心报考了历史专业，并如愿以偿进入北京大学分校历史系学习。

圆了大学梦，得到了在大学学习的机会，我格外珍惜，开始如饥似渴地学习。记得那是在 1980 年冬的平常一天，白先生来到我家里，很随便地问起了我的学习情况。当时我贸然想起向先生请教一个问题，这个问题在后来看来，是一个对于我的人生来说具有决定意义的问题，那就是我将主攻或者说主修中国史的哪一方向的问题。而也就是在那一天，白先生的一席话，引领我走上了一条终生学习和研究明史的道路。还记得他说：明史上还有很多问题，很多谜团，需要研究。话语简短，朴实无华，却包含了深邃的内涵。就这样简单，我的人生道路就此确定了。当时我还接着问了"我应该如何学习明史"这样一个关键的问题，他说可以从"宰辅"入手，阅读《明史》。从他那一天走后，我就开始阅读《明史》卷一〇九、卷一一〇《宰辅年表》一、二，把所有入表的人列出名单，共 189 人，再找出他们在《明史》中的传，有 146 人，认真阅读传记，分别做了笔记。当我读完了这些在明朝历史上赫赫有名的人物传记以后，一部明朝历史已经提纲挈领地展现在我的面前。此时的我，完全明白了白先生要我读"宰辅"传的深意。我的明史学习和研究正是这样进入的，这使我终生受用不尽。因此，他的指引，我永生难忘。

　　从此以后，我在大学学习中格外关注明史，而许大龄先生1981年9月开设的明史专题课，则在课堂里将我进一步引入了明史的殿堂。我的大学毕业论文，题目是"万斯同与明史"，是根据许先生出的作文题目个人选择的。万斯同以布衣修明史，"一以实录为指归"，给我留下深刻印象，因此，我选择了这个题目。当时我做得很认真，广泛搜集资料，并且按照白先生常说的独立思考。写好后曾拿去给白先生看，先生指出，一定要读书，发现问题，要自得，这对于治学很要紧。并且要我反复修改，再作为毕业论文交给许先生。因此，此文颇得许先生的好评，也正因为如此，许先生高兴之余对人讲了，竟有人听之有心，很快发表了文章。为此许先生曾向我表示歉意。虽然我的论文没有发表，但是，白先生和许先生教我如何写论文，为我此后走上史学研究道路打下了基础。在我以全优成绩毕业以后，我选择跟随许先生读研究生，继续学习明史，是很自然的事，而研究生毕业后，我就来到了历史所工作。

　　此外，还有二三件事，牢牢记忆在脑海中，对我的学习和研究也起了指点门径的作用。一是一次我去看望白先生，当时他还住在城里，他对我谈起一定要读明史的第一手资料，告诉我中华书局出版了《明经世文编》，是明朝人收集的奏疏与文集选编，是非常重要的历史资料，应该好好读。他的话我一直记着，至今我还经常引用这部书中的资料进行研究。一是白先生指导我读目录书，也是我难忘的。他说目录书是基础，一定要掌握好。他介绍给我看德国汉学家傅吾康编的英文版《明代史籍考》，说这部书在体例上编得好，要我学习。当时我复印了这部书，后来经常放在案头上。还有，白先生曾说他70岁才开始做学问，虽是过谦之词，但是他在70岁以后进入了著述的繁盛期，却也是事实。白先生主编的《中国通史纲要》享誉海内外，已译为英文、日文、法文、德文、西班牙文、蒙文、罗马尼亚文等多种语言文字，发行于世界。这本书在 1980 年底出版，1981 年 2 月他就送给了我，并亲笔题写了"万明小妹"，签下他的名字和日期。更为重要的是，记得当时他谈到学习历史要有一个广阔的眼界，说到研究中国史，要重视整个历史的贯通，也就是我们今天所说的宏观视野。贯通古今，这是治史中极为重要的一点，我最早也是从他那里接受了启蒙。此外，他言传身教的治史中不断创新的意识，对我以后在明史研究中侧重中外关系史，也有重要的影响。

白先生是著名史学家，他的学术研究领域广泛，在中国通史、中国史学史和史学理论、中国民族史、中国思想史、中国交通史等方面多有建树。但是，他与明史研究的关系却比较少为人知晓。1954 年，白先生参与了历史所（当时为中国科学院历史二所）的筹建，并担任明清研究组组长。因此，可以说他是历史所明清史室的第一任主任。同年，他与王毓铨先生（明清研究组副组长）合作，发表了《论秦汉到明末官手工业和封建制度的关系》一文，将中国古代直至明末的官方手工业状况作了系统梳理；又于次年独自撰写发表了《明代矿业的发展》一文，至今，这篇论文是研究明代手工业和矿业的必读之作。

1989 年，中国明史学会成立，推选先生担任名誉会长。他曾写了《祝贺中国明史学会成立》的贺词，开篇言道："明史学，在我们史学领域里是一门新兴的学科，也是一门发展极快的学科。自中华人民共和国成立四十年来明史研究的成就远远超过 1949 年以前，近十二三年更有显著的进步。在庆祝国庆四十年的前夕，我们成立了明史学会，说明明史有更多的工作要做，我们也有更多的明史工作要做。"先生肯定了明史学科取得的成就，同时，也说明明史研究还有更多的工作在等待我们去做。在文中，他提出了对明史研究的两点重要要求：一点是要研究明代历史发展的总的规律，再一点是要研究整个中国历史发展规律在明代历史上的体现。他对历史研究和史学事业的神圣使命感和社会责任感，由此跃然纸上，而这也正是他作为史学家的鲜明本色。

白先生对明史研究的两点要求，我一直没有忘记；自担任明史研究室主任以来，更是不敢忘记。

我有幸聆听白先生的直接教诲，受益终生。先生学识渊博，著述繁富，育人无数，以上只是有关他引领我走上明史研究之路的点滴回忆，现仅以此文在历史所暨研究室成立 50 周年之际，寄以深切的怀念。

（原载《明史研究论丛》第 6 辑，黄山书社 2004 年版）

# 我随许师学明史

二十多年前，1980 年 4 月，我有幸坐在课堂里第一次聆听许大龄先生授课，成为先生的学生。从那时开始，直至 1996 年恩师逝世，长达 16 年时间，他不仅是我大学期间的授课老师和研究生时期的导师，而且是我毕业后到中国社会科学院历史研究所明史研究室工作的学术引路人。可以说没有恩师的教导与培育，也就没有我今天的点滴成绩。虽然他离开我们已 10 年了，然而恩师的音容笑貌，如梦似幻，历历在目。追忆往事，谨撰此文，将回忆、梦与思考留在这里，藉表我对恩师深切的怀念与感激之情。

一

1978 年，我参加高考，进入北京大学分校历史系学习。对于一个 16 岁就到兵团去锻炼，骤然失而复得了学习机会的我，如久旱逢雨，立即全身心地投入了学习。我们的中国古代史课，作为基础课，是由北大各断代史老师来授课的。1980 年上半学期，开始时是吴宗国先生接着上学期讲的隋唐时期，来讲宋辽金时期，随后的元明清时期，都由许先生讲授。授课时许师来了，和蔼可亲的面容，谈笑风生的风度，留给我的第一个印象，至今记忆犹新。

　　许师讲的元明清史，注重一个朝代兴亡治乱的大势和典章制度的沿革得失，特点是深入浅出，把几百年头绪纷繁的历史叙述得井然有序，清楚明白，所以特别受同学们欢迎。例如，我现在还记得，讲到蒙古各部时，他特地在黑板上画出了在斡难河和靠近贝加尔湖一带的蒙古各部当时所在的方位，给我们留下了深刻印象。他讲的明史，将有明一代的史事，以时间为序，以事件为纬，依次娓娓而谈，如数家珍，还讲些小典故，很能吸引同学们。可能因为许先生当时主要研究明代这段历史，所以讲课也特别精彩。也正是从那时起，不知不觉地，我被带进了明史的广阔天地，朦胧中对明史一段也特别感兴趣了。我以后专搞明代这段历史，无疑是受了许先生影响。而真正引领我进门的，是许师在1981年下半年为我们开设的明史专题课。

　　许师开设的明史专题课，引导我走向明史的殿堂。他虽执教多年，但每次上课前都认真准备，讲课极有条理，富有启发，引人入胜。不仅给我们以这门课程必要的专业和理论知识，更重要的，是把我们逐步引进一个上下贯通的明史领域。

　　先生自燕京研究院毕业以后，主要专业研究是在明史领域，曾参加《明史》点校，对于明史有非常深的造诣。他的明史专题课分为上下篇。上篇是史籍篇，下篇是专题篇。上篇讲七个部分：一、正史；二、《明史》；三、《通鉴》《国榷》和《明通鉴》；四、实录；五、政书；六、档案；七、碑传与方志。从课程的标题我们就可以知道，许师史籍篇所讲授的，实际上已远不止是明代的断代史籍篇，他是将明史置于整个古代史籍框架中来讲授的。例如，他先讲正史，讲何谓正史、正史名目、价值、版本以及清人研究正史的名著，给我们一个完整的二十四史概念；再讲二十四史的最后一部《明史》，讲《明史》的纂修和作者，继而详细展开叙述《明史》曲折而漫长的修纂过程，讲《明史》体例以及史料来源、考证和校勘，还讲了《明史》以外的纪传体明代史书。

这样的教学安排，使我们实在是获益匪浅。这样一来，我们不仅可以了解二十四史中的《明史》，还可以了解《明史》等明代史籍在整个中国古代史籍中的地位，更可以对中国古代史籍的发展脉络有一个系统而全面的认识。下篇专题篇，讲五个部分：一、明代的官制；二、明代的兵制；三、明代的选举制；四、资本主义萌芽；五、东林党。所讲包括明代典章制度的三个关键方面和明代经济、政治的两大问题。这些专题在明史中无疑都有着重要地位。此外，当时我尚不全明白，后来随着自己从事明史研究工作，才深切领会到，这些专题都是许师潜心研究明史多年的精华所在。

先生对历代典章制度十分熟悉，他细致地考察了明代主要制度如职官、兵制、选举制等制度的源流，能够上下贯通，发其源且究其变，数百年的官制、兵制与选举制让他讲得脉络分明。现在回忆，当时先生讲课的特点：一是知识量大，二是不仅细致地讲出了"然"，而且往往讲出了其"所以然"，听起来很有深度，使人深深为之吸引。比如，他讲明代的官制，首先告诉我们"对于官制有一个轮廓了解很重要，可以帮助读书"。于是他很自然地就把读书的四把钥匙交到了我们手里，那就是官制、目录、年代和地理。因此，虽然他讲的只是官制，但是学生对于目录、年代和地理的重要性也已充分了解了。在他的讲授中，这种举一反三的例子太多了。特别是他纠正了仅就明代制度看明代制度、不顾渊源的看法，指出中国古代官制自秦汉开始有一个完整的官僚机构，分为两大阶段，一是秦汉至南北朝，中央从三公九卿制转向三省六部制，地方从郡县两级制至州郡县三级制；二是从隋唐至明清，中央从三省六部至内阁六部，地方从州郡县制到省府县制。在使我们对于中国古代一千多年官僚制度有了一个概括性认识以后，他才进入明代官制的讲述。如关于明代兵制，先生也是首先指出汉唐明都曾采用亦兵亦农法，汉屯田兵、唐府兵、明卫所兵，都只维持一时，不能保证政权久远，其他是民兵、募兵。然后，他才依次讲述明代兵制的内容。对于明代选举制，他首先讲的是明代选举制的渊源，历代选举发展的两个阶段，随后再讲明代的科举制度。这种上下贯通的视野，使他的专题课具有更大的知识含量，进一步打开了学生的眼界。

他在详尽讲授明史各个专题时，结合介绍了当时个人的研究，以及中外学术界的研究前沿，提出了许多值得探讨的课题，具有极大的启示。这也是许师专题课的特点。

先生一向对于经济史用力最深。他讲的资本主义萌芽专题，是他自 20 世纪 50 年代就开始潜心研究的课题。50 年代，学术界讨论我国资本主义萌芽问题，意见不一，众说纷纭。1956 年，他发表《十六世纪十七世纪初期中国封建社会内部资本主义的萌芽》一文，对 16 世纪以及 17 世纪初期在中国是否有资本主义的萌芽存在及其发展程度，作了深入细致的考察，论文贯穿了实事求是的精神，谨严求实的学风，被史学界誉为资本主义萌芽讨论中的一篇力作。80 年代改革开放以后，资本主义萌芽问题再度成为史学界讨论的热点问题，先生格外关注。他在专题课上，首先向我们介绍了当年（他讲课的 1981 年）召开学术讨论会的最新研究动态，和近年争论的中心问题。接着从明代社会生产力发展情况、社会分工的扩大、商品经济发展程度三个方面展开讲述，这一专题的讲授有着先生二十多年的研究底蕴，故旁征博引，史料扎实，论证环环相扣，讲得格外精彩。特别应该提到的是，史学家以小说证史历来不多见。学术界每有小说家之言，不足为信史之成见。然而先生并不因古典小说有虚构而忽视其史料价值。实际上早在 1956 年，先生已经利用小说资料，作出了富有成果的研究。他讲资本主义萌芽专题时告诉我们，明代后期的短篇小说，如"三言""二拍"等虽然是小说，但是写作没有脱离社会现实，反映了当时的社会现实，可以视为社会小说，不同于一般小说，可以作为史料引用。当然，还要以科学态度去伪存真。

当时他讲的另一个专题是东林党。这一专题是先生当时研究的重点所在，为此撰写了论文《试论明后期的东林党人》（《明清史国际学术讨论会论文集》，1982 年）。在专题课上，他所讲的内容不仅包括了论文所有部分，而且还在最前面特别增加了一节，首先告诉我们什么是东林党，东林党包括了哪些人，以便使学生更完整地理解东林党人及其作用。

就这样，学习先生开设的明史专业基础课，使我受益终身。许师的治学态度，眼光与方法，从多方面启迪、教育了我。主要有两点，不敢或忘：第一，研究中国史，一定要贯通古今，即"通古今之变"，这是治史中极为重要的一点；第二，重视整个历史的融会贯通，也就是我们今天所说的宏观视野。这不仅为我以后从事明史研究打下了坚实的基础，而且为我以后开阔眼界从事中外关系史研究打下了坚实的基础。

## 二

我的大学毕业论文，题目是"万斯同与明史"。这是根据先生出的作文题目个人选择的。记得专题课的史籍篇结束以后，先生就布置作业，让我们试写论文。先生给我们的题目，表面看来，一般都不大。但是，通过广泛搜集史料，细致地探索，能够将我们带入科研的基础性训练，使我们终身受益。历史系学生必备的史学方法，包括引书必须忠实于原文，引用前人说法和资料必须注明出处，尽量利用第一手资料，如何写成一篇论文，又如何列举参考书目等，都得到了初步的训练。我在写作论文过程中，从搜集史料到整理、鉴别与解释史料，形成观点，最后写出初稿，都经过许师的指点。形成的心得，每讲给许师听，都得到他的鼓励，使我更加努力继续去做。以后我研究时的严肃态度和一丝不苟的作风，是和先生的教导分不开的。"万斯同与明史"，是从作业起步的（当时许师出的题目是"写心得论万斯同的史学"）。万斯同以布衣修明史，"一以实录为指归"，给我留下深刻印象，因此，我选择了这个题目。当时我做得很认真，广泛搜集资料，特别是到北图善本室去阅读万斯同《明史列传》、《明史》抄本，写出了自己的心得。因此，此文颇得到许先生的好评。先生对于后辈，只要有一得之愚，他总不吝夸奖。也正因为如此，先生高兴之余对人讲了，竟有人听者有心，很快发表了文章。为此许先生曾特地对我说明，向我表示歉意。我为先生的坦诚所感动。虽然我的论文没有发表，但是，许先生教会我如何写论文，为我此后走上史学研究道路打下了基础。更重要的是，通过这篇论文的写作，先生决定收我做他的研究生。记得那一天，在教室外的走廊上，先生和蔼地笑着对我说，让我毕业后去考他的研究生。20多年过去了，那情景宛然犹在眼前。也就是在那一刻，我的未来人生道路确定了。在我以全优成绩毕业以后，我选择跟随许先生读研究生，继续学习明史，是很自然的事。然而，事情并没有像我想的那样简单，在我毕业的那一年，先生不招生。于是，我只好先工作，而且根据当时规定，大学毕业工作两年以后才能考研究生。所以我也只好在工作两年后，才报考了许师的研究生。

　　在大学毕业后工作的两年中，我一时不敢忘记先生知遇之恩，一心为考研究生做准备。所幸当时我到北京图书馆文献编辑部工作，借着近水楼台之便，我先后完成并发表了《试比较几部史书中的〈张居正传〉》《北京图书馆藏四种明代科举录》两篇论文。回想这两篇论文，明显是先生教的路数。尤其是我发表的第一篇论文《试比较几部史书中的〈张居正传〉》，就连题目也是许师给我们开专题课时出的作业题之一。先生出这个题目是让我们比较王世贞《嘉靖以来内阁首辅传》、万斯同《明史》、王鸿绪《明史稿》、张廷玉等《明史》中的《张居正传》。我当时没有选做这个题目。而据我所知，当时也没有同学做这个题目。所以在大学毕业以后到北京图书馆工作期间，我就利用编辑工作之余，坐到善本室去，完成了这篇"作业"，1983 年发表在《文献》第 18 辑。而第二篇《北京图书馆藏四种明代科举录》，应该说也是受先生明史专题课讲授的明代科举制启发，就自己当时所见第一手资料而作，发表在《文献》1985 年第 1 期。

三

1985 年，我考上研究生，终于有幸受业于许师门下，成为登堂入室的弟子，学习明史。在就读于先生身边的三年时间里，先生耳提面命，谆谆教导，使我在知识结构、研究能力上，都有很大长进。先生积极为明史培养人才，招收硕士研究生，在讲课和指导学生时，特别耐心细致。他严谨求实的学风、阐幽发微的精神以及循循善诱、诲人不倦的教学育人，都令我怀念不已。除了讲授有关学习和研究明史的基本知识和方法外，加强和提高学生研究基本功和素质，也是他指导研究生学习的一个特色。

记得入学以后，每逢星期五下午，他指导我们几个研究生学习《明史纪事本末》，是由我们轮流讲《明史纪事本末》各专题的读书心得。这一按期举行的读书会，在他家里进行。一壶茶，一本书，许师与我们几个人围坐着谈自己的读书心得体会，如果我们讲对了，他就点头表示肯定。如果我们讲错了，他当即指出问题所在。我们有疑问或不明白的地方，他马上进行指导。他要求我们尽量弄懂书中语句的真实含义，领会全部内容；并且要求我们搜集资料对书中记载的真伪进行甄别。他主张不论官方或私家历史记载，关键在于详辨慎取，求得历史事实真相。

指导我们参加部分科研工作，也是先生指导研究生基本功训练的一种重要方式。当时许师接受了紫禁城出版社委托主编《明朝十六帝》的工作，在先生带领下，我们这些研究生参加了撰稿工作。给我印象很深的是，当时先生让我写"开国皇帝朱元璋"。我有畏难情绪。虽然有吴晗先生《朱元璋传》可以参考，但是毕竟要以 25000 字来概括朱元璋跌宕起伏的一生，是有很大难度的。所幸刚读过《明史纪事本末·开国规模》，也还有些心得。我从搜集资料、到撰写定稿，在导师指导下参加集体的科研工作，不仅有利于学习，而且还能在工作中得到锻炼，这对于提高我的专业技能与独立工作能力无疑起了很大促进作用。正是这次撰稿，使我可综观全局，开阔视野，为我做研究生毕业论文"明代两京制度研究"打下了基础。后来我为《中国大百科全书》撰写"朱元璋"词条，还撰写了《明太祖本传》一书，可以说也都是在这一基础上完成的。

为了我们把基础打好，掌握明史研究的基本方法，先生曾经指导我们从基础做起，进行校勘工作。他有意识地安排我们参加点校北京大学图书馆善本室藏明代邓士龙辑《国朝典故》。《国朝典故》是一部明代丛书，收有明代初年到隆庆年间的史籍 64 种。当时分给我的部分包括 7 种史籍：郭勋《三家世典》、明太祖《御制周颠仙人传》、杨士奇《三朝圣谕录》（上、中、下三卷）、李贤《天顺日录》、李东阳《燕对录》、梅纯《损斋备忘录》（上、下卷）、陈沂《畜德录》。按照要求，我分别考察了这 7 种史籍的作者及其事迹，还有版本等，然后进行标点、分段、校勘。校勘中，我参校了明朱当㴸《国朝典故》的 3 个不同抄本，明佚名《国朝典故》抄本，以及《明实录》《纪录汇编》《东里文集》《古穰文集》《历代小史》《古今名贤汇语》《古今说海》等多部明代史籍，还有清《胜朝遗事》《说郛续》《学海类编》《明史》等多部清代史籍。把不同字句列出，出校勘记。由于通校和参校本大部分是善本，我到北图和北大的善本室坐了很多天，认真核对善本原文，加以记录，同时认真考其作者及其源流。写校勘记时，首先是作者和版本的介绍，然后是校勘记。由于多部史籍情况复杂，所以这一工作对我的史学基本功确实给予了很好的锻炼。如《天顺日录》，经过校勘，发现原书有三处脱漏了大段文字，我即根据朱氏《国朝典故》抄本、李贤《古穰文集》本补阙。

读研究生期间，有一件事给我留下了非常深刻的印象。在担任研究生毕业指导课时，先生按照学校要求，组织研究生教学实习。他特地安排我讲"《明史》纂修"，他的意思我心领神会，他是想让我讲出自己学习"万斯同与明史"的点滴心得。我开始为实习课准备时，许师拿出自己讲课的明史讲义交给我参考，看到先生讲义上布满密密麻麻的工整小字，我仿佛一下子懂得了什么是严谨的学风，应该怎样读书、怎样教课；我认识到先生讲课精到，深入浅出，引人入胜，在这背后的，是他的辛勤耕耘。他年年开课，而年年都是重新备课讲课。每次课前必先重温一遍讲义，增加新的资料，然后才讲课。我的教学实习，从拟定教学提纲，写出讲稿，直到讲课，都是在先生的直接指导下进行。先生的指导包括将其自身体会和经验毫无保留地传授给自己的学生，这种认真教学的态度，这种把尚未出版的手稿无私借给学生的精神，这种道德风范，把自己的光和热奉献给教育事业的纯真心愿，深深感动了我。这对我一生的明史研究工作，都极有教益。回忆那次教学实习，虽然事先尽力作了准备，但是当天在课堂里，看到先生面容严肃地坐在下面，在讲台上的我不免胆怯起来。讲完以后，见到熟悉的微笑再次浮现在许师面容上，我这才松了口气。接着先生走到我跟前，夸奖我讲得好，亲切地说"教学相长"，他的话温暖了我的心，使我备受鼓舞。当时的情景，他的精心培育，他奖掖后学的满腔热忱，他对于学生点滴成绩的由衷喜悦，都成为我永远难以忘怀的记忆。

1986年，我的研究生毕业论文题目"明代两京制度"，在向先生请教后确定下来。记得当我开始撰写研究生毕业论文的时候，先生已经行动不太方便，不能带领我们下江南访书了。1987年，我到江南等地搜集资料。为了让我把论文写好，许师除了亲自指导外，还给南京大学洪焕椿教授写信，介绍我利用搜集资料的机会，去南京听取洪焕椿教授的宝贵意见。这是先生为我精心安排的一个学习的极好机会。我去拜访洪焕椿教授，他指出"明代两京制度"的题目很好，以往没有人做过，指导我一定要特别关注南京机构与制度。后来，我还专门去了宁波天一阁、杭州浙江图书馆等处搜集了很多难得的相关资料，为此积累了两盒卡片。可惜的是，当时我写到两京制度的形成与确立部分，已经近5万字，所以毕业时不得不先截止于此。许师一贯教导我多向老一辈专家、教授请教和学习。这里应该提到的是，在我即将离校进行毕业答辩时，为了我的研究生毕业论文答辩，他约请的校外指导老师，一是韩大成教授，一是曹贵林先生，他们都是明史领域研究上造诣很深的专家，许师曾安排我在写作期间去向他们专门请教。1988年，在许师与他们，还有王天有老师指导下，我顺利通过了论文答辩。迄今已是20年过去了，由于我毕业后到中国社会科学院历史所工作，首先是在中外关系史研究室，中外关系史方面需要我有更多的开拓，所以两京制度这一课题就搁置了。至今每念及此，就感到有负先生厚望，心中惭愧不已。

## 四

先生作为老一辈著名史学家、教授和导师，满腔热情地关怀着我们下一代的成长。研究生毕业时，先生曾向系里提出让我留校，虽然没有成功，但我永远铭记在心。1988年离开北京大学后，我到中国社会科学院历史所工作。一开始在中外关系史研究室，需要我开阔视野，利用中外史料进行工作。同时，对我的外语也提出了更高要求。此时，先生"通古今之变"的治学方法，对我的工作帮助极大。在我的书柜中，摆放着一本何炳棣关于明代以来人口史的英文本。看着这部书，我就想起许师在校期间先生关心我的英语学习。当时美国学者马紫梅（Mary Mazer）来北大跟随先生学习，做博士论文，先生特地把她送给先生的这部书给了我，鼓励我努力提高英文水平。先生作为老师看来似乎平常的事，却为我以后进行中外关系史研究打下良好基础。1995 年，我到葡萄牙里斯本大学进修葡文，临行去向先生辞行。针对我感到去葡国学葡文有困难，尤其是葡文难学的想法，他热情鼓励我不要怕困难，要好好学习，说多学一门语言，会对我今后开展研究工作大有帮助。我牢记许师勉励的话，到葡萄牙刻苦学习，1996 年就利用葡文资料撰写了明代中葡两国第一次交往的论文寄回国内发表。

从中外关系史研究室调到明史研究室，跟随先生学习为我奠定的学术研究根底，使我在工作中"如鱼得水"。这里略举一例。上面提到许师教给我们小说证史的治史方法，1982 年，先生为了纪念翦伯赞先生，写了《学习翦老从戏曲小说中搜集和分析史料的治学方法》一文（《北京大学学报》1983 年第 3 期），同时，他也教给我们以戏曲证史的治史方法。我在研究郑和下西洋时，利用了研究者鲜见提及的"内府之剧戏"，即从明人赵琦美收录在《脉望馆钞校本古今杂剧》242 种元明杂剧之中，找到《奉天命三保下西洋》内府杂剧抄本，进行了研究，就是运用了先生教授的方法。

许师是一位良师，他襟怀坦诚，治学严谨，循循善诱，诲人不倦，体现了老一辈史家的良好风范。我有幸在先生身边受教多年，惭愧的是所学肤浅，唯一可以告慰恩师的是，我一直在他指引的明史领域进行研究，不敢懈怠。我在研究方面的点滴成绩，当全归功于先生的教导。我现在担任明史研究室主任，是博士生导师，我以是先生的学生而自豪，并以传先生的学风和治学方法为己任。2007 年纪念恩师诞辰 85 周年，正巧天一阁来函欲与我所合作对天一阁藏万斯同明史稿本进行整理与研究，我与室内同仁可能即将投入工作。这项工作不禁令我感慨万端。20 多年过去了，完成这项工作，我想，也可以告慰恩师的在天之灵了。

回忆往事，并非如烟。每当我忆起随许师学明史的这段经历，他慈祥谦和而又充满爱心的面庞就会浮现在我的眼前。作为他的学生，心中的故事，永存的光影，将伴随我终生。

（原载《纪念许大龄教授诞辰 85 周年论文集》，北京大学出版社 2007 年版）

# 晚明史研究七十年之回眸与再认识

　　自 20 世纪二三十年代中国封建社会长期延续问题提出后，晚明史研究便关涉其中。七十年来，无论是中国资本主义萌芽问题的探讨，还是对中国社会停滞论以及中国近代化/现代化问题的争鸣，中国史学界讨论最热烈的话题无一不与晚明史研究有关。改革开放以后，借鉴西方社会史、文化史等理论，从社会史和文化史角度考察晚明社会现象，迅即成为国内史学界的热点之一。原因在于，16 世纪后的晚明，处于中国乃至全球发生深刻变革的时期，它与两个划时代意义的开端——中国传统社会向近代社会转型的开端、世界向近代转型即全球化的开端相联系。正是由于它和中国与世界历史发展的近代化/现代化进程紧紧地纠结在一起，学术界对之广泛关注也就顺理成章了。关于晚明社会，中外学术界的主导性观点是肯定当时社会发生了重大变化；但也有学者认为，变化是明朝政治腐败导致失控的末世现象，只是封建王朝的改朝换代，并不涉及社会的转型。如何看待晚明社会及其变化，中外史学界的评价不一，借以考察的视角不一，分析的框架不一，解释的模式也很不相同。总的说来，七十年来的研究历程向人们提出了究竟如何为晚明社会定位的问题，给研究者留下了很多的思考空间。从这一意义上说，对相关重要研究视角进行回眸将对晚明史研究的深入开展大有裨益。同时，在回眸基础上进行再思考，也有利于一种新的社会转型及中国与全球化关系起源诠释体系的构建。

# 一　社会经济的视角：资本主义萌芽
## 为中心的追寻

七十年来与晚明社会变化研究密切相关的，是社会经济史的研究视角。这是中国史学界主要探索的历程，中心问题是对资本主义萌芽的追寻。

20 世纪二三十年代，中国社会性质的论战引发了中国社会史的论战，由此开始了中国封建社会长期延续问题的讨论。而这一问题是与"中国社会长期停滞论"密不可分的。关于停滞论的本源，18 世纪英国经济学家亚当·斯密（Aden Smith）曾以这样一段话来表述：

> 中国一向是世界上最富的国家，土地最肥沃，耕作最精细，人民最繁多而且最勤勉的国家。然而，许久以前，它似乎就停滞于静止状态了。今日，旅行家关于中国耕作、勤劳及人口稠密状况的报告，与五百年前视察该国之马哥孛罗的记述比较几乎没有什么区别。也许在马哥孛罗时代以前好久，中国的财富就已达到了该国法律制度所允许的发展程度。①

这种中国社会停滞的看法在 1840 年鸦片战争以后，成为西方对中国社会发展看法的主流观点，一直持续。20 世纪初，马克斯·韦伯（Max Weher）提出了中华帝国是"静止的社会"的

---

① ［英］亚当·斯密：《国民财富的性质和原因的研究》，上卷，郭大力译，商务印书馆 1972 年版，第 165 页。

论点①。从某种意义上说，中国学者对于中国资本主义萌芽的追寻式的研究取向，正是对这种"传统的停滞的"解释模式的回应。1937 年，吕振羽在他的《中国政治思想史》中率先提出，中国传统社会后期已出现了资本主义萌芽，指出到明清之际，布尔乔亚的都市经济的成长，已成为社会经济中一个重要因素。②由此，中国社会长期停滞与资本主义萌芽在中国的产生、发展形成两种对立的命题出现。资本主义萌芽问题是在对中国社会长期停滞论的质疑中出现并成为此后晚明社会研究的一个重要主题。对资本主义萌芽这一问题的讨论，为认识明代，特别是晚明的历史地位，提供了一个新的视角，即认为中国社会经济不是停滞的而是发展的视角。

　　中华人民共和国成立后，50—60 年代的中国史学界集中讨论了封建社会长期延续问题、资本主义萌芽问题。问题的提出，是以欧洲封建社会的存在和发展过渡到资本主义社会为参照的。中国史学界在认同中国封建社会长期延续的基础上，对资本主义萌芽展开了积极的探讨。1954 年，尚钺在《中国历史纲要》中指出，在明代社会经济中，"资本主义因素"已经逐渐地增长起来。许大龄认为，明中叶以后，从正德到崇祯的一百多年间，已经有可能出现资本主义萌芽。③ 讨论中，大多数学者倾向于中国

---

　　① 参见马克斯·韦伯《新教伦理与资本主义精神》（生活·读书·新知三联书店 1987 年版）、《儒教与道教》（江苏人民出版社 1995 年版）。作者虽然不完全否认中国社会有发展，但是认为中国不具备西方那样的资本主义发展。

　　② 吕振羽：《中国政治思想史》，黎明书局 1937 年版，第 491— 492 页。

　　③ 许大龄：《十六十七世纪初期中国封建社会内部资本主义的萌芽》，载《北京大学学报》1956 年第 3 期。有关资本主义萌芽的论文，集中在当时出版的几部论文集里，主要有：中国人民大学中国历史教研室编《中国资本主义问题讨论集》（生活·读书·新知三联书店 1957 年版）、南京大学历史系中国古代教研室编《中国资本主义萌芽问题讨论集（续编）》（生活·读书·新知三联书店 1960 年版）、南京大学历史系明清史研究室编《明清资本主义萌芽研究论文集》（江苏人民出版社 1983 年版）。

资本主义萌芽产生于明代中后期，认为这一时期江南地区工商业发展，一批专业化市镇兴起在手工业部门中出现了资本主义萌芽因素。侯外庐对此作了更为确切的界定：

> 从十六世纪中叶至十七世纪初叶，也就是从明嘉靖到万历年间，是中国历史上资本主义萌芽最显著的阶段。①

在今天看来，虽然讨论有简单比附西方资本主义关系产生的痕迹，但在讨论进行中，为了论证中国社会发展的方向是资本主义，由于西方的入侵而被打断了，史学研究者进行了大量实证研究，对晚明社会经济史的研究，特别是区域和部门经济史的研究起了极大的推动作用。

应该说在对资本主义萌芽的追寻中，进一步探讨社会经济史方面，日本学者进行了大量的研究，并以细致而深入见称。早在20世纪40年代末，西岛定生关于长江三角洲棉纺织业的研究，着眼点就放在是否具有面向近代化的资本主义商品生产上，结论是"还不具备向近代化转变的任何契机"。50年代，日本学者关于商品生产的研究十分活跃。至60年代，小山正明提出，与其把明末清初时代变化"与近代或资本主义之类联系起来"，不如找出"中国史自身应有的变化途径"。70年代，森正夫将重田德和小山正明等人的研究概括为"乡绅论"，指出研究方向变化是"由普通到特殊，由发展到结构"。80年代以后，日本史学界对地域社会的研究，成为研究的重要特征；同时，许多新领域得到了开拓性的发展。②

---

① 侯外庐：《中国早期启蒙思想史》第 1 章，人民出版社 1956 年版。
② 参见森正夫等编《明清时代史的基本问题》一书中的森正夫《总论绪言》，汲古书院 1997 年版。日本学者的明代社会经济史研究，对中国学者深入研究晚明社会具有重要学术参考价值。由于数量相当大，在此恕不一一列举。

　　70 年代末至 80 年代初，随着区域研究日渐成为世界社会史学界研究的热点，明代区域经济史的研究因之也不断深入，中国学者再次展开了资本主义萌芽问题的讨论。吴承明提出，中国的资本主义萌芽史，只能从明后期，或者说是从 16 世纪写起。[①] 大多数学者考察了明代手工业、农业中资本主义萌芽的发生和发展并与中国封建社会长期延续问题结合，探讨了资本主义萌芽发展缓慢、没有发育成资本主义的原因，主要是从经济结构中去寻找。[②] 1985 年许涤新、吴承明主编的《中国资本主义发展史》第一卷《中国资本主义的萌芽》出版，对中国的资本主义萌芽进行了全面研究，代表了中国史学界对这一问题研究的最高水平。90 年代初美国学者黄宗智（C. C. Huang）提出了"中国经济史中的悖论现象"与"规范认识危机"的问题[③]，大多数中国学者对他的论点提出质疑，但却认同从中国历史实际出发，以多样化标准考察的思路。

　　值得注意的是，傅衣凌将毕生精力投入明清社会经济史和资本主义萌芽问题的研究。他提出"变迁论"，从新与旧、发展与迟滞、成熟与未成熟的矛盾变化把握社会经济变迁的特点和实质，大大加深了人们对社会经济变迁的认识。特别是他在晚年在对自己一生学术研究进行深刻反思的基础上撰写的一篇论文中，提出了中国传统社会多元社会结构的思想，认为："中国传统社会产生了许多西欧社会发展模式所难以理解的现象"，"用西欧模式看起来互相矛盾的各种现象，在中国这个多元的社会结构中

---

　　① 吴承明：《关于中国资本主义萌芽的几个问题》，载《文史哲》1981 年第 5 期。

　　② 主要著作有：傅衣凌《明清社会经济变迁论》，人民出版社 1989 年出版；李文治等《明清时代的农业资本主义萌芽问题》，中国社会科学出版社 1983 年版。

　　③ 黄宗智：《中国经济史中的悖论现象与当前的规范认识危机》，见《中国农村的过密化与现代化规范危机及出路》，上海社会科学院出版社 1992 年版。

奇妙的统一着，相安无事，甚至相得益彰，这种既早熟又不成熟的弹性特征使中国传统社会具有其他社会所无法比拟的适应性"①。有学者评价这篇论文不仅为人们提供了探索中国历史的独特性的一个有益的理论框架，更重要的是它对方法论问题进行新的思考的意义，作为一位研究中国资本主义萌芽问题影响广泛的代表性人物，他的这种思考无疑不仅是个人性的，而应视为对这一学术领域的思维方式、学术观点和价值概念的整体性反思。强调单元一线的历史研究方法，将丰富多彩的社会发展变化视为向度单一的经济发展史，而纷繁的社会发展变化仅作为经济发展的背景出现，影响了全面认识中国社会发展和变迁的历史。

　　近年来，中国史学界不少学人对资本主义萌芽问题进行了反思。主要有：李伯重指出了"资本主义萌芽情结"问题，批评了对"萌芽"乃至"资本主义"的概念不清和研究思想方法上的教条主义②，并以"早期工业化"的深入研究取而代之③。胡成提出"用较符合中国实际的研究范式解释中国社会各项发展"，确立本土化的理论框架。④ 高寿仙认为仅仅用经济方面的指标去判断有无资本主义萌芽，本身不够科学，应抛弃单线进化论的模式。⑤ 特别是一向对资本主义萌芽问题颇有研究的吴承明，近年指出，"一个社会走向近代化的经济条件诸如生产力的一定发展，生产的商品化、社会化等，并非完全属于资本

---

① 傅衣凌：《中国传统社会：多元的结构》，载《中国社会经济史研究》1988年第3期。

② 李伯重：《资本主义萌芽情结》，载《读书》1996年第8期。

③ 李伯重：《江南早期工业化：1550—1850年》，社会科学文献出版社2000年版。

④ 胡成：《"资本主义萌芽"与本土化研究的思考》，载《史学理论研究》1999年第2期。

⑤ 高寿仙：《发展而又迟滞，早熟而又不成熟——傅衣凌先生的明清社会经济述评》，见《亚细亚文化研究》第二辑，中央民族大学、韩国文化研究所1997年版，第217页。

主义范畴"①。李怀印提出，在工业革命到来之前，资本主义经历了长达数百年的工场手工业阶段，工场手工业型资本主义不仅不能引发经济现代化，而且甚至自身难保。在现代化过程中，"关键变量"是现代科学技术及其在生产领域的应用，而不是其他因素。②罗荣渠以生产力变革来为现代下定义，他认为不同国家和地区，因其传统因素的作用、社会改革和经济技术发展等方面的差别，具有各自的特点，因而提出了一元多线历史发展观，摆脱了与资本主义的必然联系。③所有这些，都为进一步研究晚明社会开辟了新的思路。

无论如何，中国学者对资本主义萌芽的长期的执着探讨，说明到晚明时期，中国社会经济不断发展，不仅没有停滞，而且确实出现了新的因素，由此提出了为晚明社会定位的问题对于新因素的认识，但至今学术界没有取得共识，有学者仍视为"资本主义生产关系的萌芽"，提出"由传统的古代封建社会向新的近代资本主义社会的转变已经开始起步"④。也有学者认为是"近代化萌芽，即市场经济萌芽"⑤，并进一步提出了"现代化因素"的看法⑥。无疑，进一步的研究必将建立在以往社会经济研究的深厚基础上，而从近代化、现代化的视角对晚明社会新因素的追踪考察，将继续下去。

---

① 吴承明：《市场·近代化·经济史论》，云南大学出版社 1996 年版，第 9—10 页。

② 胡福明主编：《中国现代化的历史进程》，安徽人民出版社 1994 年版，第 48—50 页。

③ 罗荣渠：《现代化新论》，北京大学出版社 1993 年版。

④ 王毓铨主编，刘重日、张显清副主编：《中国经济通史·明代经济卷导论》，经济日报出版社 2000 年版。

⑤ 吴承明：《要重视商品流通在传统经济向市场经济转换中的作用》，载《中国经济史研究》1995 年第 2 期。

⑥ 吴承明：《现代化与中国十六、十七世纪的现代化因素》，载《中国经济史研究》1998 年第 4 期。

## 二　近代化/现代化视角：西方冲击中国反应模式的消解

与资本主义萌芽问题相联系的是近代化的视角。尽管近代化和现代化这两个术语能否通用在史学界存有争议，但有关近代化的研究，或者说研究中国现代化的启动，无疑与晚明社会研究有着密切联系。

谈到这里，不能不首先谈到西方的现代化理论。在西方，现代化的理论渊源可以追溯到社会学的诞生。经典社会学家孔德（August Comte）、斯宾塞（Herbert Spencer）、迪尔凯姆（Emile Durkheim）等，都曾致力于社会发展和社会变迁的研究，有着从传统到现代社会发展的经典论述。[①] 20 世纪初，马克斯·韦伯提出了中华帝国的概念，认为与西方不同，中国是一个静止的社会，除非受到外力冲击，自身难以转变为一个理性现代社会。他将资本主义社会与此前的社会视为两个阶段。帕森斯（Talcott Parsons）论述了前近代与近代两个社会的特征，分为五对模式变量：普遍性与个别性，特定性与扩散性，业绩与世袭，感情中立与情感，集体取向与个人取向，以此区别传统社会与现代社会，并认为现代化就是前者向后者的进化。[②]

20 世纪 50—60 年代，美国以费正清（J. K. Fairbank）为首的哈佛学派提出了西方冲击—中国反应的模式。这一模式将近代西方资本主义社会视为一个动态、发展的社会，而将中国社会

---

① John Stuart, *August Comte and positivism.* London, Trubner and Co, 1882；赫伯特·斯宾塞：《社会学研究》，华夏出版社 2001 年版；Robert Alun Jones, *Emile Durkheim, an introd uction to four major works. Bever ly Hills*, Calif：Sage Publications, 1986.

② 参见张琢主编《国外发展理论研究》，人民出版社 1993 年版，第 47 页。

看作长期处于基本停滞状态的传统社会，在 19 世纪中叶西方冲击之后，才有可能发生向近代社会的转变。① 也就是认为中国社会内部不具备走向近代的动力，推动中国走向近代的是外部的动力。这种西方中心论的观点在 70 年代以后受到批判，被柯文（Paul A. Cohen）称为的"中国中心观"所代替。② 中国中心观以中国社会内部为出发点，探讨中国社会内部的变化动力和形态结构，主张多学科的综合研究。此后，大多西方史学家运用"前近代"（Early Modern，或译为近代早期、早期现代）来研究指称晚明的历史。如美国学者魏斐德（Frederic Wakeman）注意到晚明发生了一系列的变化，并一直持续到清代。③

采用前近代，或者近代早期框架进行晚明研究的，还有日本学者。如沟口雄三在研究晚明东林党人的思想时，就是以中国前近代思想的演变为主题思考的。④

值得注意的是，美国学者王国斌（R. Bin Wong）力图在一个平等的框架中，对中国与欧洲走向近代化的历史变迁模式进行比较研究。他指出，在近代早期的欧洲和明清时期的中国，经济变化的动力颇为相似，直到 19 世纪，它们才变得截然不同。⑤

20 世纪，中国史学界的状况正如有的学者所说，"面对席卷世界与中国的历史新潮流，越来越多的史学家立足于现世，将中国乃至整个世界的发展变革，将传统的以农业为主的社会向现代工业化社会的转变这一通常被称为'现代化'历史趋势和进程，

---

① J. K. Fairbank, *Reischauer and Craige*: *East Asia*: *the modern transformation.* Boston, Houghton Mifflin, 1965.

② 柯文：《在中国发现历史——中国中心观在美国的兴起》，中华书局 1989 年版。

③ 罗威廉（William T. Rowe）：《近代中国社会史的研究方法》，见《再现过去：社会史的理论视野》，浙江人民出版社 1988 年版，第 299 页。

④ 详见［日］沟口雄三《中国前近代思想的演变》，中华书局 1997 年版。

⑤ 王国斌：《转变的中国——历史变迁与欧洲经验的局限》，江苏人民出版社 1998 年版，第 3 页。

作为史学研究的对象"①。80 年代中期，中国现代化研究全面展开，北京大学罗荣渠教授主持的"世界现代化进程研究"和华中师范大学章开沅教授主持的"中外近代化比较研究"成为国家社会科学的重点课题，十多年来，研究成果颇为丰硕，出版了大量论著。然而，大批成果都将考察界定在中国近代史的分期——鸦片战争，主要考察的是自鸦片战争以后中国经历的从传统农业社会向现代工业社会转变的历程。因此，其中涉及 15 世纪中叶至 17 世纪中叶即晚明内容的不多。

现代化理论无论是作为一种历史的思维，还是作为研究的方法，都拓宽了中国历史的研究。对晚明社会的研究也不例外。事实上，已有越来越多的学者注意到晚明中国发生的变化，认为传统与近代截然两分的近代化理论，不符合中国社会的历史实际。中国台湾学者熊秉真指出，二三十年来的研究"都在陈述着明清与近代之间在对立和断裂之外，可能实存着更重要的延续、衔接、交相为生的关系"②。胡晓真称，晚明社会是"启蒙与现代的源头"③。张寿安提出，应重新检讨"传统中国的真面貌"，从明清文化的变化探索"前近代中国社会的现代性走向"。④

90 年代末，吴承明提出，"一国的现代化，在历史上有个开始期，即各种现代化因素的出现时期"，并把中国现代化因素的出现定于 16—17 世纪。⑤ 也就是说，他提出了将中国现代化起始时间定在晚明。我认为，现代化与工业化基本上属于同义语，而将晚

---

① 刘新成主编：《历史学百年》，北京出版社 1999 年版，第 415 页。

② 熊秉真：《情欲·礼教·明清》，载《汉学研究通讯》，总第 78 期。

③ 胡晓真：《世变之亟——由中研院文哲所世变中的文学世界主题计划谈晚明晚清研究》，载《汉学研究通讯》，总第 78 期。

④ 张寿安、吕妙芬：《明清情欲论述与礼秩重省》，载《汉学研究通讯》，总第 78 期。

⑤ 吴承明：《现代化与中国十六、十七世纪的现代化因素》，载《中国经济史研究》1998 年第 4 期。

明社会变迁直接与工业化发展相联系显然不太合适；即使是在16—17世纪的英国，当时也同样没有工业化，因此，以工业化的标准衡量晚明，显然无的放矢。所以，对于晚明社会，不宜以现代化代替近代化的提法，以传统社会向近代社会的转变即近代化的转变过程来解释，可能更为合理。

从传统社会向近代社会的转型，是中国社会历史迄今最重要的社会转型，不应把现代化只看作是西方向世界扩张和传播的过程，并简单地理解为西方化。在西方著作中，这种观点自18世纪以来占有统治地位，因为那一世纪正是欧洲发生迅猛发展的时期，从那时以后，西方才拥有了话语霸权。然而，事实是中国社会转型的启动发生于晚明，中国走向近代的开端并不始自西方冲击或者说闯入之时，中国走向近代化的道路，应该在中国社会内部寻求，而不是延续西方冲击—中国反应模式的理路，才能接近历史的真实。以1840年作为中国近代的开始，仍然带有西方冲击—中国反应模式的明显印迹。还有，至今许多论著中的所谓现代化标准，都是以西方经验来进行衡量的，而事实上自1949年以后，中国开始走上了非资本主义的现代化道路。因此，对传统社会向近代社会发展模式的探讨，我们应以中国历史经验作为出发点，跳出既定单一的思维方式去思考；应该充分认识到中国近代化不是西方化，中国古代社会的发展有着自身独特的发展道路。就这一意义来说，对中国传统社会向近代社会转变的关键时期，即晚明社会现象进行具体实证考察，将有助于深入探讨中国传统社会向近代社会转变的近代化历程，也有助于西方冲击—中国反应模式的完全消解。

## 三　社会的视角：一个多元结构的认识

社会的视角是历史学与社会学结合的结果。

社会变迁，是对社会运行和发展进行动态的考察。社会学对社会变迁有着如下定义：

> 在社会学的意义上来看，社会变迁既泛指一切社会现象的变化，又特指社会结构的重大变化；既指社会变化的过程，又指社会变化的结果。在社会学中，"社会变迁"是一个表示一切社会现象，特别是社会结构发生变化的动态过程及其结果的范畴。①

晚明社会变迁研究，是对晚明这一特定历史时期的社会变化现象进行的探讨。

在中国，早在 20 世纪 30 年代，从社会的角度对晚明问题的研究已经开始，如谢国桢《明清之际党社运动考》、朱倓《明季社党研究》，都是这方面的重要研究成果。翦伯赞在评价中国社会史论战时指出，论战双方"旁征博引马克思、恩格斯、列宁的文句，而忘记去研究具体的中国历史"，认为无论是奴隶制还是封建制，都存在复杂多样的形态，并不是千篇一律的，中国历史有它独特的"色彩"。② 他意在提醒人们，社会形态具有多样性，中国历史发展有着自身独特的路径。

在西方，20 世纪 50—60 年代初，结构功能主义孕育了现代化理论，成为有关发展中国家社会变迁最流行的理论。它避免了以往社会变迁理论的笼统的纵向描述，采用横向的结构比较，通过结构类型差异的分析，考察变迁的具体内容。在结构功能的分析中，社会变迁分为社会结构的分化、整合和适应三个方面。斯梅

---

① 郑杭生主编：《社会学概论新修（修订本）》，中国人民大学出版社 1998 年版，第 391 页。

② 张书学：《中国现代思绪思潮研究》，湖南教育出版社 1998 年版，第 436—441 页。

尔塞（Nell J. Smelsel）进一步以结构功能考察社会变迁，提出了解释框架：一是"变迁的结构背景"，即蕴藏于社会结构中的变迁内涵，不均衡的迹象越多，变化的可能就越大。二是"变迁的原动力"，即社会内部或外部的变迁压力，压力的结果产生威胁。三是"变迁动员"，受到压力的社会不能确定变迁发展的方向，调动资源的领导者对变迁方向具有决定性作用。四是"社会控制实际操作"，可以促进或抵抗有意义的变迁，也可能阻止或刺激无价值的变迁。[1] 这一框架成为研究社会变迁的重要解释方式。

50—60 年代，在中国史学界执着于资本主义萌芽探讨的同时，西方学者开始了对晚明社会的新探讨。美国学者何炳棣（Ping-ti Ho）注意到科举与社会流动的关系，通过统计明清的进士、举人和贡生的履历，对明清社会进行了深入研究;[2] 80 年代，余英时（Yu Yingshi）的《中国近世宗教伦理与商人精神》，探讨了传统宗教伦理对中国本土的商业活动的影响，指出明清商人已走到传统边缘，但未曾突破传统，主要的阻力来自官僚体制。[3]

1986 年，美国社会学家查尔斯·蒂利（Charles Tili）在一次讲演中说：

> 在此，我只想强调如下的明确事实，曾经在第二次世界大战结束之后的二十年间，主导社会学有关大规模社会变迁研究的"发展"（development）与"现代化"（modernization）概念，已在这场运动中遭到不断批判，并朝历史化的方向发展。这里所谓的历史化指的是，将重大社会转型的研究时期向过去延伸，寻找可以与现代变迁相类比的历史，然后再借

---

① 张琢主编：《国外发展理论研究》，人民出版社 1993 年版，第 26 页。

② Ping-ti Ho, *The Lad der of Success in Imperial China*: *Aspects of Social Mobility*, *1368—1911*. Columbia University Press, New York, 1962.

③ 余英时：《士与中国文化》，上海人民出版社 1987 年版。

助它们在历史上所留下的文献资料，来考察现代变迁的横扫过程及其结果，并检视通则概念是否无误。与此同时，一小部分历史家也同样对流行在他们学界中的大规模变迁模式展开批判，进而转向包括社会学在内的社会科学，以便为历史研究另辟蹊径。①

他指出了关于历史上重大社会转型的研究，对社会学家和历史学家都具有重要的意义，两者的结合成为趋势。

80 年代以后，中国大陆史学界解放思想，突破禁区，引进西方社会学、人类学、文化学、政治学、经济学、心理学、地理学等多学科的理论和研究方法，吸收海外及港台地区研究成果，极大地拓宽了研究领域；同时，社会现实促使学者们重新思考研究取向和理论方法。视角由单纯的社会经济，扩展到社会的各个层面。从社会史和文化史角度考察晚明社会现象，成为中国海峡两岸史学界的研究热点之一。明后期中国社会发生的一系列变化，早已为历史学家所关注，并吸引了众多学者去探讨，举凡明代人口、家庭、家族、婚姻、宗族、阶级、阶层、民族、社会群体、日常生活、社会观念、价值体系、宗教信仰、风俗习惯、社会思潮、中西文化交流和碰撞等变化，都进行了非常可贵的探索，产生了大量有分量的专题研究成果，不胜枚举。但是，从总体来说，对晚明社会的变化，研究者更多地集中于对社会风气的考察。从大量对晚明社会风气变化的论述可以看出，对社会现象的一般性描述较多，而涉及社会结构变化的方面则相对薄弱。也就是说，涉及社会风尚变化的论述太多，而对社会深层结构变化的考察不够深入。

---

① S. 肯德里克、P. 斯特劳、D. 麦克龙编：《解释过去　了解现在——历史社会学》，上海人民出版社 1999 年版，第 15 页。

如何评价一个社会的运行与发展状态，长期以来在中外社会学界颇有争议，迄今没有达成一个公认的标准。大多数社会学家认为，从社会学的角度看，衡量社会运行和发展不能只从某个方面，或几个片面的角度出发，而必须用一种全面的、综合性的标准来评价。因此，仅从社会风气的层面来研究社会变化显然是不够的。

可贵的是，傅衣凌在他的遗作中指出，鸦片战争以前的中国社会，与西欧或日本的那种"纯粹的封建社会（Feudal Society）"，不管在生产方式、上层建筑或者思想文化方面，都有很大差别。为了避免在比较中出现理论和概念的混淆，他使用了"中国传统社会"一词，并将中国传统社会定义为一个"多元的结构"，① 为我们描绘出了一幅多元化的传统社会结构图像——生产方式的多元化，社会控制体系的多元化，财产权的多元化，思想文化的多元化，也为我们提供了探索中国社会独特性的有益的理论框架。

英国历史学家杰弗里·巴勒克拉夫（Geoffrey Barraclough）指出："以历史学为一方和以人类学 、社会学为另一方之间的差别不在于目标和对象，而在于研究方法。"② 20 世纪 80 年代以后，借鉴国外新史学的经验，中国学者已在历史学与社会学、人类学的结合上进行开拓研究，成果显著，可以说海外关注的热点，中国学者也都有相当的投入，如士商关系、文人行为、宗教思想传播与融合、城市史、市民社会、法制史、妇女和性别、个性思想解放、庶民文化、公共领域、从中西比较出发进行的启蒙思潮研究，等等。80 年代末以来，逐渐兴起了学术领域的整体反思，近年一些明史研究学者如赵毅、商传等已经展开了对社会结构的深入研

---

① 傅衣凌：《中国传统社会：多元的结构》，载《中国社会经济史研究》1988 年第 3 期。

② ［英］杰弗里·巴勒克拉夫：《当代史学主要趋势》，上海译文出版社 1987 年版，第 76 页。

究。正是在这一基础上，今后对晚明社会的研究，首先应确定综合研究的取向，以多维角度进行探讨。

## 四　全球的视角：一个整体概念的确立

历史向世界历史的转变，是人类历史发展进程中的重要转变。当世界各国、各民族各个相互影响的活动范围在这个发展进程中愈来愈扩大，各民族的原始闭关自守状态则由于日益完善的生产方式、交往以及因此自发地发展起来的各民族之间的分工而消灭得愈来愈彻底，历史也就在愈来愈大的程度上成为全世界的历史。[①] 15 世纪以后海上交通的空前发展，地理上的新认识，使得地球上东西方之间和各大陆之间发生了前所未有的密切交往，于是，愈来愈多的民族、国家和地区间的闭塞或半隔绝状态被打破，世界逐渐连成了一个整体，一幅全新的世界图景出现了。

在这一历史转变的重要关头，从历史的角度看，此前世界处于相对隔绝状态下的国家发展传统模式将被彻底打破，从此，任何国家和民族都必须在参加普遍交往和国际竞争中求得生存和发展。这样的世界历史，相对以往是大大地改观了，它所预示的是一种历史的趋同性。

美国社会学家沃勒斯坦（Immanuel Wallerstein）以马克思主义、宏观经济理论、系统论为指导，采用法国年鉴学派的历史分析方法和素材，对 16 世纪以来的资本主义发展史进行了深入研究，提出了世界体系论。这一理论将整个世界看作一个统一的整体，分析整体的发展规律，并从整体发展过程中审视作为部分的国家与社会的发展现象。沃氏认为，在 16 世纪以前，"世界性体

---

① 《马克思恩格斯全集》，第 3 卷，中共中央马克思恩格斯列宁斯大林著作编译局编译，人民出版社 1960 年版，第 51 页。

系"表现为一些"世界性帝国",如罗马帝国、中华帝国等。这些"世界性帝国"有单一的政治中心,但却没有"世界性经济",即使有也不稳定。到16世纪,随着资本主义生产方式的发展,才形成了"世界性经济体系"。他提出,"资本主义的世界经济是世界范围的劳动分工为基础而建立的",并把世界分为中心区域、半边缘区域和边缘区域,各自承担特定的经济角色。他还认为,"世界经济体正是建立在下述的居高临下地位之上,即当时存在三大不同区域,每个区域确实有不同的劳动控制方式,如果情况不是这样的话,就不可能确保剩余产品流入西欧,以保障其资本主义制度的生存"①。世界体系论的特点是用体系的观点看待整个世界及其各个部分的发展变化,采用一体化的研究方法研究社会体系,而不是像现代化理论那样注意单个国家的发展变化。这一世界体系,完全是建立在欧洲中心论的基础上的,充满了西方霸权话语。

事实上,近些年来西方学者已展开了对欧洲中心论的批判,为了求证,他们转向研究中国。因此,沃勒斯坦的世界体系论也遭到了多方面质疑。在这一过程中,有一种现象值得注意,即美国明史学会第一任会长范德(Edward L. Farmer)所说:"明史研究在西方学者努力创造一个更平衡的历史观上起了重要作用。"②西方学者弗兰克(Andre Gunder Frank)是反对欧洲中心论的学者中最为突出的一位,在他的极具挑战性的著作中③,对1500年以来世界各地之间的经济联系作了宏观的论述。与世界体系论的现代世界围绕资本主义中心地带产生和发展完全不同,他提出在现

---

① [美]伊曼纽尔·沃勒斯坦:《现代世界体系》(Immanuel Wallerstein: *The Modern World-System I*),第1卷,尤来寅等译,高等教育出版社1998年版,第99页。

② [美]范德:《近年英语世界明史研究新趋向》,载《中国史研究动态》2000年第1期。

③ [德]弗兰克:《白银资本》,刘北城译,中央编译出版社2000年版。按英文原书名直译应为《重新东向定位:亚洲时代的全球经济》。

代早期历史的大部分时间里，处于中心地位的不是欧洲，而是亚洲，是欧洲被吸收在一个早已存在的以亚洲为中心的世界体系之中，而不是相反。他认为，在1500—1800年，中国是整个世界经济秩序的中心，而白银导致了全世界的商业扩张。他的著作获得了世界历史学会图书奖，在西方学术界引起极大关注，也引起了很大争议。中文版改名为《白银资本》于2000年出版后，在中国大陆也产生了轰动影响。应当说明的是，中国学者梁方仲、全汉昇，英国学者博克塞（C. R. Boxer），日本学者百濑泓、小叶田淳，美国学者艾维泗（William S. Atwell）等许多中外学者早已注意到白银在晚明大量流入中国的现象，并对输入量及其影响等进行了大量研究。《白银资本》除了新的宏观理论框架之外，所说的白银问题是众所周知的。书中关于中国部分的实证研究和分析明显不足，尤其缺乏对中国社会内部变化与世界市场连接的实证研究。虽然中文译者将书名改成《白银资本》，但是原作者却不是从白银货币本身开始论证的，他甚至完全没有注意到，明代中国的白银有着不同寻常的货币化过程。弗兰克的理论不仅使我们思考，而且使我们加深了对晚明中国社会加强实证研究必要性的认识，更使我们了解实证研究对晚明社会定位的重要性。也就是说，中国学者应该发出自己的声音，这声音必须是建立在本土经验的实证基础之上。

迄今越来越多的中外学者采用全球化视野来考察历史和现实，引人注目的是，全球化观点的主流，认为15、16世纪西方大航海以后开始了全球化的进程，从此中国卷入了世界大潮。2003年，樊树志《晚明史：1573—1644年》的出版[①]，是作者近二十年来倾力研究晚明史的一部力作，也是中国学者以全球化视野重新审视晚明的代表作。这种着力于全球深刻变化给中国社会带来的巨

---

① 樊树志：《晚明史：1573—1644年》，复旦大学出版社2003年版。

大影响的观点，我在 20 世纪 90 年代中期还是非常赞同的。对于明代中国与世界的关系，最初我是从海外政策角度开始探索的。我在《中国融入世界的步履》所使用的"融入"一词，确实有着卷入世界的意思。[①] 然而，正是在研究海外政策的过程中，我注意到海外政策变化深深根植于社会变化之中。随着研究的深入，越来越强烈地认识到一个带有根本性的问题，那就是政策是浮在表层的，在政策曲折演变的背后，影响政治的更重要的因素不是政策变化本身，而是整个社会的变动，或者说是时代的发展。如果仅在政治史的范畴里，停留在政策层面，就难以厘清社会发生的巨大变动，也就无法了解中国与世界关系的历史真相。因此，中外关系研究也需要深入到复杂多变的社会内部去探求。于是在 90 年代末，我将研究视线下移到社会层面，开始了明代白银货币化的实证研究。[②] 在实证研究基础上，我的观点从"卷入说"有了重大转变，出发点与以往已有相当大的不同。我越来越清醒地认识到，从中国本土经验出发，中国社会变迁以及中国与世界的关系并不是像以往所认识的那样。

## 五　新的综合视角的探索：明代白银货币化　与近代化、全球化进程

近年来，笔者的研究路径是以明代白银货币化为切入点的。明代白银货币化的概念包括三重含义：其一，明代白银从贵重商

---

① 万明：《中国融入世界的步履——明与清前期海外政策比较研究》，社会科学文献出版社 2000 年版。应该说明的是，这是笔者 1993—1996 年承担国家青年社会科学基金项目的成果。

② 1999 年，笔者主持的中国社会科学院历史研究所重点课题《晚明社会变迁研究》正式立项；2000 年，成为国家社会科学基金课题。自立项起，个人研究专题确定为白银与中外变革。

品最终走向了完全的货币形态的过程；其二，明代白银从非法货币到合法货币，再到整个社会流通领域主币的极大的扩展过程；其三，明代白银成为中国主币，促使白银形成世界货币和中国参与第一个世界经济体系或者说经济全球化构建的过程。进一步而言，贵金属白银货币化是货币经济的扩大发展，也就是中国社会经济货币化的进程，这一进程与中国从传统向近代社会转型的近代化进程和全球化进程是重合的。

　　笔者的主要观点之一是，明代白银货币化作为一个不同寻常的社会现象，首先是自下而上而不是自上而下的发展过程，是货币经济发展的自然的结果而不是国家法令的结果①。明代大规模行用白银是一个重要的社会现象。晚明白银作为主要货币，在社会经济生活中起了重要作用，以至于将其称为中国的白银时代也不为过。然而，翻开《大明会典》，明朝典章制度中唯见"钞法""钱法"，却没有"银法"。这说明，白银原本不是明朝的法定货币，也就没有制度可言的历史事实。从明初的禁用金银交易，白银从非法货币到合法货币，再到主币的货币化进程，是历史上一个极为不同寻常的现象。对于白银所发生的巨大变化，中外学术界一般是以《明史·食货志》中正统初年明英宗"弛用银之禁""朝野率皆用银"为根据，认为是朝廷法令推行的结果。然而，《明史》的高度概括是有问题的。经过对明初洪武二年（1369 年）至成化二十三年（1487 年）共 119 年间徽州地区土地买卖交易契约 427 件中通货使用情况的统计分析，明代白银不寻常的货币化过程彰显了出来。白银货币化自民间开始，经历了自下而上的发展历程，到成、弘以后，为官方所认可，自上而下地展开。沿着民

---

　　① 笔者的白银货币化的观点，最早在 2001 年"庆祝香港大学创办九十周年暨明清史国际学术研讨会"上发表，提交的论文《试论货币经济与明朝统治》经修改后更名《明代白银货币化的初步考察》，刊于《中国经济史研究》2003 年第 2 期。

间与官方的两条线索进行的论证考察，大致得到以下认识：自明初至成、弘年间，民间社会存在一种自下而上的白银货币化趋势，作为明初法定货币的宝钞最强劲对立物的白银，最终不以任何人意志为转移，逐渐占据了主币的地位。明代白银货币化的进程，是由自下而上转而为自上而下全面铺开的。值得注意的是，其间转折的标志不在正统初年，而在成、弘以后；最重要的是，白银货币化起自民间，是市场趋势促动的结果，而不是国家法令推行的结果。进一步，笔者认为白银货币化的趋势，正是明代社会经济发展内在动力的客观体现。白银货币化过程是中国社会经济货币化的过程，也就是市场萌发的过程，由此引发了晚明社会变迁，成为中国传统社会向近代社会转型的重要标志。

笔者的主要观点之二是，明代白银货币化的发展过程与一系列制度变迁是一个重叠的过程①。美国学者珀金斯认为："一般说来，同农业最密切相关的制度，自 14 世纪以来并未发生显著的演变。另一方面，人们也不是真正需要去改革这些制度。"② 这无疑是聚焦于农业生产力得出的结论；然而，从白银货币化的考察角度，就会发现与此相反的历史事实，与农业密切相关的制度不仅发生了显著演变，而且一切正是根据当时人的需求而改变的，因此变迁有着社会基础。考诸历史事实，大规模的白银货币化自下而上转而自上而下，成、弘以后在全国展开，表现在国计民生的方方面面。货币经济与商品经济密不可分，却又具有自身独立的运行机制。传统社会最基本的经济部门是农业，以货币化为契机，传统农业经济受到了强烈冲击，不断地改变着传统的生产制度、组织和方式。货币化主要以赋役折银的方式展开，在空间上很快

---

① 关于白银货币化与明代制度变迁之间的关系，参见拙文《明代白银货币化与制度变迁》，载《暨南史学》第二辑，暨南大学出版社 2003 年版，第 276—309 页。

② ［美］德·希·珀金斯：《中国农业的发展（1368—1968）》，上海译文出版社 1984 年版，第 240 页。

囊括了全国。赋役合一，统一征银，货币化的刺激作用相当明显，将乡村农业生产与市场紧密结合起来，农业生产从自然经济向货币经济过渡，自给自足的农业生产方式被越来越多的投入市场的、通过市场普遍交往的多种经济生产方式所代替。货币经济因素直接或间接引发了明朝一系列制度的崩坏，改变着原有的经济制度与结构，在旧的经济制度与结构的解构过程中，新的经济成分也在增长。具体而言，通过赋役征收，白银与每家每户百姓发生了切切实实的关联，迫使原本自给自足的农民不可避免地卷入了市场之中，为了交换而生产，于是农业不可避免地走向商品化和市场化，包含新因素的手工工场、外放、包工、合伙等组织形式大量出现。社会分工日益细密，出现了专业化生产；农民进入城市，成为自由劳动者，城市劳动力市场形成。货币化的核心是市场加速发展和市场规则的社会普及。市场需求牵动生产，促使旧的经营方式和组织形式发生变化，引起新的生产方式萌发。货币的极大扩展，也就是市场的规模发展，货币化成为经济发展的推动力，由此可以得到解释。在白银货币极大发展的刺激下，市场以前所未有的规模发展，原有社会结构的解构过程发生，农业结构由于是旧的社会结构的基础，所以受到的冲击最大，手工业尤其是商业获得了长足的发展。货币化推动生产、流通和交换发展，货币经济的发展涵盖宽广与深刻，货币化即近代化过程打破了传统自给自足经济封闭体系，促进了生产社会化、商品化、专业化，推动社会经济迅速发展。晚明王朝所征收的"钱粮"，实际上大都已是白银，"一条鞭法"的实行，既是白银货币化完成的标志，又是白银货币化的结果。事实上，不待朝廷在万历初年向全国推行，货币化进程带来深刻的制度改革和社会变革至嘉靖中叶已显而易见。从历史的长时段来看，自唐代两税法以后出现的这一实物税向货币税、人丁税向财产税转变的历史趋势，到晚明已经基本完成，这无疑是中国历史上划时代的变革。伴随这一变革的是农业的单一经济结构向农、工、商结合多元经济结构的转变，传统社会自然经济向货币经济的转化，货币化促进经济增长，带来的是生产方式的转变。

笔者的主要观点之三是，明代白银货币化与晚明整体社会变迁同步发生①。货币化即货币经济化的进程，但是绝不是说仅仅发生的是经济变革。它是以货币为引擎、以市场为推动力，整个社会形成了连锁反应，是经济、政治、社会、思想、文化等多种因素综合影响下的社会变革，也即近代化的进程。正如马克思所说："货币不是东西，是一种社会关系。"② 随着贵金属白银成为社会上流通的主币，白银货币体系将社会各阶层无一例外地全部包容了进去，货币化带给晚明社会的是社会关系的变化，包括生产和交换关系的变化。明初形成的旧的社会等级结构出现了明显的分化和整合，推动了人们的社会关系从对人的依附关系向对物的依赖关系，也就是经济关系转变。从事多种经营、投身工商业和手工业的人增多，脱离土地的人也日益增多。以往一般认为农民脱离土地的社会危机是土地兼并、赋役沉重、官吏贪酷、高利贷盘剥所造成，实际上白银货币化无疑也是促成农民脱离土地的重要因素之一。货币化极大地促进了农业商品化程度提高，以及农民非农民化的趋势。与日益增多的社会各阶层人们卷入白银货币经济之中有着直接联系的，是一个专业商人阶层的兴起和发展壮大。晚明商贾几遍天下。沈榜在《宛署杂记》中记录了万历年间北京宛平、大兴二县铺行达 132 行之多③，社会分工的细密由此可见。而更为重要的是专业的商人群体——商帮的兴起。著

---

① 万明主编：《晚明社会变迁：问题与研究》第三章第二节，商务印书馆 2005年版。需要说明的是，这是笔者 1999 年起承担的中国社会科学院历史研究所重点课题，也是 2000—2002 年国家社会科学基金项目的成果。

② 《马克思恩格斯全集》第 4 卷，人民出版社 1958 年版，第 119 页。

③ 沈榜编著：《宛署杂记·铺行》，北京古籍出版社 1980 年版。

名的徽、晋、闽、粤等商帮，都是在 15 世纪下半叶至 16 世纪这一历史阶段形成和发展起来的。[1] 商帮的兴起，说明了资本的积累过程，与白银货币化的进程相互吻合。货币化使商业性行为扩散到全社会，普遍出现在社会各阶层，在全社会上下对白银的追求中，商品流通加速进行，乡村集市—城镇市场—区域市场—全国市场，市场得到了前所未有的扩大发展，一个全国性市场最终形成。[2]

在白银货币化过程中，明王朝显然是被削弱而不是被强化了[3]。王朝拥有的资源更多地让位给市场，国家作用则更多地让位给社会，市场经济崛起新的契机在此时出现，王朝权力的衰落不可避免。从政治与经济的关系来看，经济繁荣与政治衰败是成正比的，政治迟早要随时代变化而变化，市场经济萌发的本身就意味着王朝统治的危机。生产力发展，社会进步，导致旧的统治走向衰亡，这是一条历史规律。与此同时，我们不应忽略一个基本事实，白银货币的扩展，不仅改变了旧的社会生活，而且改变了人们旧的社会身份和地位，更改变了人们旧的思想价值观念。白银货币化，官可以买得，学可以进得，僧道可以当得，徭役可以代得，有了罪过也可以通过纳银即纳赃赎银化得。银子强有力的实用价值远远超出了陈腐的本末说教，社会风尚焉得不大改，社会秩序焉得不大变？整个社会的价值观念、社会行为、社会心理发生了重大变化。人们对财富的观念转移，从对白银千方百计赤裸裸的追求上表现无遗。换言之，以田地为主的财富观被极大

---

① 张海鹏、张海瀛：《中国十大商帮》，黄山书社 1993 年版。

② 在许涤新、吴承明主编的《中国资本主义发展史》第一卷《中国资本主义的萌芽》（人民出版社 1985 年版，第 680 页）中，把国内市场分为四种类型，即地方小市场（墟集贸易）、城市市场、区域市场、全国性市场（长距离贩运贸易）。

③ 万明：《明代白银货币化与明朝兴衰》，见《明史研究论丛》，第 6 辑，黄山书社 2004 年版。

地替代了，同时改变的是整个社会。中国传统社会是一个等级社会，社会结构是以等级来排序，即等级制社会，身份是社会分层的首要标准，拥有政治身份和权力就可以拥有财富；近代社会则是一个与之不同的阶级社会，以财产为中心地位，根据人们获得财富的多少及其方式，确定人们在社会中的身份地位，拥有财富就可以拥有权力。嘉靖年间，整个社会已经呈现出"不以分制，以财制"的时代特色，旧的等级制分解，充分说明了晚明中国社会正沿着从传统向近代发展的路径前行，处于社会转型之中。

　　笔者的主要观点之四是，历史事实说明，中国走向近代、走向世界是有内部强大驱动力的。沿着一条白银货币化——市场扩大发展——与世界连接的道路，晚明社会变迁的过程，也正是中国以社会自身发展需求为依托，市场扩大到世界范围，与世界接轨，并深刻地影响了全球化的历史进程。[①] 这进一步表明，中国的近代转型与世界的近代转型是基本上同步的。16 世纪 40 年代，即嘉靖年间，白银货币化已经呈现出基本奠定的态势，白银渗透到整个社会，促使社会各阶层上上下下产生了对白银的巨大需求，促使全国性市场初步形成后，进一步向世界扩展。中国银本位制的基本奠定，中国丝银外贸结构的确定，为以白银为中心的世界市场网络或体系形成提供了重要前提条件，也使晚明中国的变革与世界的变革紧密联系在一起。货币化不仅拉动了外银流入，更重要的是，促使中国由此主动走向了世界。事实并非如既往所认识的，是西方东来导致了中国被动地与世界衔接起来。"需求和供给是经济主体为实现最佳交易向'市场'（即向其他经济主体）发出的信号。"[②] 中国巨大的日益增长的白银需求，

---

　　① 万明：《明代白银货币化：中国与世界连接的新视角》，载《河北学刊》2004 年第 3 期。

　　② ［美］本杰明·M. 弗里德曼、［英］弗兰克·H. 哈恩主编：《货币经济学手册》，第 1 卷，陈雨露等译，经济科学出版社 2002 年版，第 112 页。

使当时国内白银储存量以及银矿开采量严重不足的矛盾凸显出来，求远大过于供，白银价值增大，向海外的寻求成为必然。同时，旧的对外贸易模式——朝贡贸易不能满足需要，私人海外贸易蓬勃兴起。市场极大地发展，在基本覆盖了全国以后，迅速向海外扩展。中国海外贸易的开展，直接刺激了日本银矿的发现和开发；与此同时，西方葡萄牙人东来，恰于16世纪40年代到达日本，他们立即发现中日间丝银贸易可以获得巨大利润，于是积极参与其间，开展了活跃的中介贸易，并将贸易范围扩大到欧洲；西班牙扩张到亚洲以后，也几乎立即发现了需要白银换取中国商品的事实，紧接着就出现了美洲银矿的疯狂开采和运输。这些事件的发生，似乎不能以时间的偶合来说明。从时间和动因上看，中国的社会需求直接影响和推动了日本和美洲银矿的开发。丹尼斯·弗莱恩和阿拉图罗·热拉尔德兹提出世界贸易在1571年即明隆庆五年诞生的观点。[1] 我认为，如以上述活跃的白银贸易为起点，那么，时间应该提前到16世纪40年代更为贴切，也就是中国白银货币主币地位已基本奠定，整个社会对于白银产生巨大需求，国内显然不能满足这种需求，于是开始向海外寻求的时代。正是从那时起，一个世界贸易网络开始形成，世界市场雏形已经开始运作；白银成为世界货币，在世界形成一个整体历史的进程中所起的重要作用也已经显现出来。中国积极参与了经济全球化的初步建构，发挥了举足轻重的作用，为全球化作出了重要的历史性贡献；与此同时，通过与世界的链接，中国社会的白银货币化最终奠定，整个社会加速走向货币经济化。

笔者的主要观点之五是，货币化即近代化，也即走向全球化的进程。经济可以分为自然经济和货币经济。自然经济与传统社

---

① Dennis O. Flynn and Arturo Giraldez, "Born with a 'Silver Spoon': the Origin of World Trade in 1571", *Journal of World History*, Vol. 6, No. 2, 1995.

会自给自足小农经济相联系，货币经济与近代／现代社会相联系。在自然经济向货币经济的转化过程中，货币经济的扩大发展代表的是农业、手工业的市场导向，市场经济新因素的出现意味着经济形态的变迁，蕴含生产力、生产关系和生产方式的变革。交换的增多导致了市场的形成，同样，交换的进一步发展导致全国市场的形成，而交换的更大规模发展无疑使市场扩大到全球范围。中国与世界在 16 世纪 40 年代的链接，就是如此发生的。货币化即中国近代化进程，是指晚明中国出现了传统社会向近代社会的转型和全球化的参与。白银货币化代表中国社会经济货币化的发展趋势，以货币为引擎，自然经济向货币经济转变，市场扩大发展，市场经济萌发并以前所未有的发展趋势极大地扩张。从中国方面来说，是市场扩大到世界范围；从整个世界来说，是逐渐形成了一个世界市场。这正是经济全球化开始的一幕。以货币化为标志的社会资源的重新分配，推动中国主动走向了全球化，中国货币化过程与中国乃至世界的近代化过程重叠在一起。更重要的是，这使得中国晚明社会变迁的近代趋向性发展极为明显，晚明社会带有根本性的或者说是质的变迁，即社会转型的结论可以由此奠定。

进一步说，从久被忽略的货币经济的视角，重新审视和探寻中国传统社会向近代社会转型起源和全球化起源的历史轨迹，晚明显著区别于其他朝代的变化，是白银货币化的实现。货币化是任何国家和地区从传统走向近代不可逾越的阶段，以往强调商品经济成为思维定式，货币经济基本上处于视野之外。从中国本土经验出发，揭示晚明被遮蔽的这一段历史，可以概括为一个过程——货币化；一个趋向——近代化；双重使命——走向近代化，走向全球化。中国历史发展的能动性从时间和空间两方面得到印证：在时间上，白银形成流通领域的主币，是在外银大量流入之前，而非在其后，说明在全球化前夜，中国有着自身独特的变革运行轨迹；在空间上，16 世纪作为全球化开端，各文明互动关系凸显，中国凭借自身实力参与了全球化的构建，从此走向了全球历史的趋同。

（原载《学术月刊》2006 年第 10 期）

# 历史研究所明史学科六十年

　　2014年，中国社会科学院历史研究所将迎来六十年华诞，历史所明史学科的建立也已近一个甲子。明史学科作为独立学科的建立和发展，是新中国史学繁荣发展的一个重要组成部分。可以说，明史学科的产生、发展与中国社会科学院历史研究所明史学科有着密不可分的关系，明史学科自历史所建所以来，已逐渐成为所里最具特色的学科之一。今天，回顾六十年来历史所明史学科的发展历程，是很有意义的。虽然在改革开放三十年方面，我们已有所回顾与总结，但以有限的篇幅回顾历史所明史学科六十年的研究发展，挂一漏万在所难免，是一项艰巨的任务。这里试图从一个整体视野出发，以历史所成立以后明史学科创建为开端，采用世纪来划界，以20世纪后半叶为第一个时期，以21世纪为第二个时期，探寻历史所成立至今六十年明史学科发展的大致脉络，回顾六十年来历史所明史学科所走过的历程。六十年的历程可以分为两个时期、四个阶段。第一时期经历了学科创建与初期发展阶段、停滞阶段、学科重建与兴旺发展三个阶段，第二时期从新世纪开端至今，进入第四个阶段，即学科建设的繁荣发展阶段。

# 一　20世纪后半叶：明史学科发展的第一个时期

20世纪后半叶，即1954—1999年，是历史所明史学科创建与发展的时期。将20世纪后半叶作为一个整体来看，历史所明史学科创建与发展时期可以分为两个阶段，第一阶段始自建所1954—1965年，是明史学科创建与初期发展阶段；第二阶段是十年"文革"1966—1976年，学科发展陷于停滞阶段；第三阶段1977—1999年，是明史学科重建与兴旺发展阶段。

## （一）明史学科创建与初期发展阶段（1954—1965年）

中华人民共和国成立以后，建立了中国科学院。1953年筹建中国科学院历史研究的三个所，1954年，历史研究一所、二所正式挂牌。历史研究所的成立是划时代的，当时中国科学院历史研究所二所明清组是最早成立的研究组之一，组长白寿彝先生，副组长王毓铨先生。初创不久，在学术建制方面明史学科拥有了五老：白寿彝先生、王毓铨先生、谢国桢先生、吴晗先生（兼）、傅衣凌先生（兼）等五位先生，以他们的学术成就作为铺垫，新中国明史学科学术体系的奠基，与历史所明史学科有了直接的密切关系。六十年来，历史所明史学科，不但是新中国最早建立的唯一的明史学科专业研究机构，也是迄今全国乃至世界上最大的明史学科专门学术研究机构，对于中国明史学科体系的建立与发展，有举足轻重的地位和作用。

总的来说，1949年中华人民共和国成立后，尽管因为学者们对唯物史观的理解还不够深入、准确，但是学科还是取得了很大发展，成果是相当丰厚的。20世纪五六十年代，就中国古代史研究的几个重大问题，史学界曾有过热烈讨论，重点讨论了中国古代史分期问题、中国封建土地所有制形式问题、中国农民战争问题、中国资本主义萌芽问题、汉民族形成问题。与明史相关的，主要是中国封建土地所有制形式、中国农民战争问题、中国资本主义萌芽问题，明史学科即以此三大问题为主要研究领域展开研究。对这些问题虽没有取得一致的结论，而学者们都试图用马克思主义来说明和解释问题。

根据马克思主义经济是基础的原理，经济史最初已形成明史学科的重点研究课题。白寿彝、王毓铨二位先生首先发表了《论秦汉到明末官手工业和封建制度的关系》一文（《历史研究》1954 年第 5 期），对秦汉到明代的官手工业制度作了系统研究，指出官手工业对社会生产力的束缚作用。白寿彝先生发表《明代矿业的发展》（《北京师范大学学报》1956 年第 1 期），是明代矿业研究的奠基之作，他把明代矿业发展与资本主义萌芽问题放在一起思考与研究（《明代矿业的发展与资本主义的萌芽》，北京师范大学第一次科学讨论会秘书处编，1956 年）。

对中国资本主义萌芽问题的讨论，可以追溯到 20 世纪二三十年代中国社会性质的大论战，但当时的论战基本停留在宏观层面。50 年代以后的研究则要具体得多。1936 年吕振羽先生提出明代已有“资本主义性质工场手工业幼芽”的观点。1955 年 1 月 9 日，邓拓先生在《人民日报》发表《论〈红楼梦〉的社会背景和历史意义》一文，提出对资本主义萌芽问题的意见，引起了热烈讨论。但对萌芽出现的具体时间，存在较大的争议。傅衣凌先生是中国资本主义萌芽论主要代表学者之一，自 50 年代开始，他发表了一系列的相关论著。在 1954 年《明代苏州织工、江西陶工反封建斗争史料类辑》一文中，他提出明代苏州出现了“带有资本主义性质的手工工场”的观点（《厦门大学学报》1954 年第 1 期），以后持续关注江南发展问题，发表《明代江南地主经济新发展的初步研究》（《厦门大学学报》1954 年第 5 期）、《明代江南富户经济的分析》（《厦门大学学报》1956 年第 1 期）、《明末清初江南及东南沿海地区"富农经营"的初步考察》（《厦门大学学报》1957 年第 1 期）等。他是中国最早直接涉及江南市镇研究的学者，1956 年已发表论文《明代后期江南城镇下层士民的反封建运动》（《厦门大学学报》1956 年第 5 期）。对于徽商和徽州契约文书的研究，傅先生也是最早的开拓者之一，论文有《明清时代徽州婺商资料类辑》（《安徽史学通讯》1958 年第 2 期）、《明代徽州庄仆文约辑存——明代徽州庄仆制度之侧面的研究》（《文物参考资料》1960 年第 2 期），并已形成关于社会关系的新认识（《关于明末清初中国农村社会关系的新估计》，《厦门大学学报》1959 年第 2 期）。进入六十年代，傅先生的探讨趋向深入，发表《论乡族势力对于中国封建经济的干涉——中国封建社会长期迟滞的一个探索》（《厦门大学学报》1961 年第 3 期）、《关于中国封建社会后期经济发展的若干问题的考察》（《历史研究》1963 年第 4 期），以及《明清时代江南市镇经济的分析》（《历史教学》1964 年第 5 期）。在这一时期，傅先生出版了三本书：1956 年，傅先生有关商人及商业资本的研究，汇成《明清时代商人及商业资本》（人民出版社）；1957 年，《明代江南市民经济试探》一书，围绕着江南市民阶层，集中探讨了江南资本主义萌芽的相关问题；1960 年，《明清农村社会经济》一书出版（生活·读书·新知三联书店 1960 年版），汇集了有关明清农村问题的论文。关于资本主义萌芽，刘重日先生也参与了讨论，发表了论文《对"牙人""牙行"的初步探讨》（《文史哲》1957 年第 8 期），是从资本主义萌芽的角度，对"牙人""牙行"的专门探讨。

　　在探讨封建土地所有制形式的热潮中，明代土地所有制是不可回避的一环。侯外庐先生在《中国封建社会土地所有制形式问题》（《历史研究》1954 年第 1 期）一文中，提出明代土地国有制占支配地位的问题。王毓铨先生《明代军屯制度的历史渊源及其特点》（《历史研究》1959 年第 6 期）、《明代的军户》（《历史研究》1959 年第 8 期），是他对于明代国有土地所有制问题研究的成果。1965 年王毓铨先生出版了《明代的军屯》（中华书局）一书，上编论述了军屯的历史渊源、建置、经营、屯田子粒、组织、管理与监督、军屯作用等，下编论述了明代军屯上的生产关系，包括屯军与军户、屯军反封建的阶级斗争、屯地的占夺、屯地的典卖、屯田（军田）的"民田"化等，首次对于明代军屯进行了比较全面系统的研究。

关于农民战争问题，傅衣凌先生《明代苏州织工、江西陶工反封建斗争史料类辑》（《厦门大学学报》1954 年第 1 期），论述了手工业劳动者在农民战争中所起的作用问题。吴晗先生发表《明初社会生产力的发展》一文（《历史研究》1955 年第 3 期），从农业生产的恢复、棉花的广为种植、工商业的发展三方面，论述了明初生产力发展的具体表现与原因，认为是社会生产力发展是元末农民起义的后果，高度评价了农民起义对社会发展的重要意义。1965 年，吴晗先生的《朱元璋传》出版（中华书局），这是在他四十年代出版的专著基础上修改而成，是他关于明史研究的代表作，奠定了对于明太祖朱元璋的基本评价。白寿彝先生《关于中国封建社会农民战争性质的商榷》（《历史研究》1961 年第 1 期），《中国历史上的农民战争——1960 年 5 月 21 日在北京教师进修学院讲演记录》（《历史教学》1960 年第 7 期），针对农民战争性质的争论，从生产关系与生产力矛盾、农民的地位、农民战争对于社会生产力的推动三个方面提出了自己的看法，并从探讨历史规律出发，提出重视农民推翻封建政权的意义问题，这是白先生对于农民战争评价的总认识，包括对元末与明末农民战争的认识。谢国桢先生在中华人民共和国成立前就收集南明史料，他的《南明史略》主要关注南明诸政权的兴亡，也有对荆湘农民起义等抗清斗争的论述（上海人民出版社 1957 年版）。关于明末农民战争口号，刘重日先生发表《"均田"口号质疑的质疑——和王守义同志商榷》（《历史研究》1962 年第 5 期），提出应该从"均田免赋"的完整意义来认识明末农民军均田口号。曹贵林先生则发表了《李岩述论》（《历史研究》1964 年第 4 期），论述了李自成的"谋士"李岩提出的一些反映农民要求和适应农民斗争发展需要的建议。

1965 年 11 月 10 日，姚文元在《文汇报》发表《评新编历史剧〈海瑞罢官〉》，批判吴晗先生的历史剧《海瑞罢官》，揭开了"文革"序幕。

由于第二阶段中国文化遭到了空前浩劫，故在此从略。

### （二）明史学科重建与兴旺发展阶段（1977—1999 年）

1977 年中国社会科学院正式成立，1978 年以后，随着"解放思想，实事求是"的思想路线的确立，明史研究的政治与学术环境逐步改善，遭到破坏的研究工作开始重建，学术研究与讨论迎来了科学的春天。由于"文革"造成学术断裂，而新的学术体系尚未建立起来，20 世纪七八十年代之交的明史研究，在很大程度上继续五六十年代的研究热点，进一步发展。进入 90 年代，随着中国改革开放的深入和经济快速发展，历史所得到重建与较大发展，明史学科因之恢复了勃勃生机。研究领域大为扩展，除了以往的经济史、政治史以外，中外关系史、社会史、文化史等逐渐成长为新的研究领域。改革开放之初到 1999 年的明史学科有几个特色，具体表现在以下方面：

1. 研究队伍迅速发展壮大。1977 年中国社会科学院正式成立，次年，历史研究所即成立了独立的明史研究室。明史研究室是国内第一个完全以明史为研究方向的专门学术机构，先后由王毓铨先生、刘重日先生、张显清先生担任室主任。1989 年以明史研究室为依托，明史学科全国性学术团体——中国明史学会宣告成立，白寿彝先生任名誉会长，王毓铨先生任会长。明史研究室研究人员最多时达 28 人，研究力量雄厚，在国内外具有公认的学术优势，确立了世界的学术领先地位，为明史学科建设做出了重要贡献。

2. 研究领域不断拓展。在"解放思想，实事求是"的思想路线的指引下，史学工作者加深了对马克思主义的理解，逐步摆脱了"文革"中形成的教条主义束缚，突破了种种禁区，这一阶段的明史学科基本形成了比较完整的学科体系。研究涉及明代历史的方方面面，传统领域在原有的基础上深化，新的领域得到不断开拓，并获得迅速发展；伴随研究结构的调整，研究向前所未有的纵深发展。

3. 研究方法不断创新。解放思想，史学工作者的新思路、新见解层出不穷。很多学者注重借鉴其他学科的优势，把经济学、政治学、社会学、外交学、文书学、地理学、人口学、民族学等与历史研究结合起来，形成一股多学科交叉融会及其理论方法相互渗透的潮流。随着计算机技术的发展与普及，传统的手工采集资料和写作的方式逐步被现代电子技术手段所取代，极大地提高了研究的效率，推动了明史学科的发展。

4. 对外交流迅速扩大。加强与海外学者的交流与合作是改革开放以后促进学科发展的重要途径，也是改革开放后明史学科的主要特点之一，为中国学者了解海外学术动态打开了窗口。国内外学术会议和海外及台港澳地区的学者频繁互访，使大量的国外学术思想、新理论和新方法被引进来，开阔了视野、启发了思路，从而出现了中国与海外的明史研究相互激荡的新局面，同时亦使明史学科在国际学术界产生了相当大影响。既增进了了解，也宣传了自己。

整理既往的学术家底是开展下一步研究的基础，历史所明史研究室成立之后，首先担负起这一重任。1981 年，中国社会科学院明史研究室编辑的《中国近八十年明史论著目录》由江苏人民出版社出版，在总结以往研究基础上，将明史研究推向了兴旺发展阶段。明史研究室编《明史研究论丛》（1982 年创刊）和《明史资料丛刊》（1981 年创刊）两种学术刊物先后问世，明史学会刊物《明史研究》随后创刊（1991 年），为明史学科工作者提供了宝贵的学术园地。历史所明史学科倡办了中国第一个明史研究专业刊物《明史研究论丛》，对推动中国明史研究起了重要作用。创刊于 1982 年的《明史研究论丛》，标志着历史所明史学科一个新的起步。正如主编王毓铨先生在《编后记》中指出的，刊载的文章大部分是明史研究室同志们撰写的。如第一辑主要有王毓铨先生《〈皇明条法事类纂〉读后》、傅衣凌先生《周玄暐〈泾林续纪〉事件辑录——明末社会变革与动乱杂考之一》、谢国桢先生《明清野史笔记概述》，均是建立在扎实的史料基础上的研究成果；经济史方面，有刘重日、曹贵林先生《明代徽州庄仆制研究》、林金树先生《试论明代苏松二府的重赋问题》、郑克晟先生《明代的官店、权贵私店和皇店》等篇；政治史方面，有商传先生《试论"靖难之役"的性质》、栾成显先生《论厂卫制度》；关于农民起义，有李济贤先生《徐鸿儒起义新探》、沈定平先生《明末"十八子主神器"源流考》；思想史方面，有张显清先生《晚明心学的没落与实学思潮的兴起》；中外关系史方面，有周绍泉先生《郑和未使菲律宾说质疑》。从上述论文可以看出，当时明史学科注重基础资料的发掘与研究，经济史仍然是研究的主要方向，农民起义的研究在继续，而领域的开拓主要表现在思想史和中外关系史方面。《论丛》编辑视野开阔，注重国际交流，专门开辟了台湾与海外明史研究会刊物的栏目，介绍了台湾《明史研究专刊》、日本《明代史研究》、美国《明史研究》。自 1982 年至 1991 年，《明史研究论丛》共编辑出版了 5 辑。翻开《明史研究论丛》第二辑（1983 年）、第三辑（1985 年）、第四辑（1991 年）、第五辑

（1991年），从刊物形式到内容，具体可以感受到三点：一是以扎实的史料发掘作为基础，二是以经济史研究为主要研究领域，三是研究在经济、政治、思想、文化、中外关系史等方面全面展开。

　　根据明史研究室先后编辑的《中国近八十年明史论著目录》（1900—1978年）、《百年明史研究论著目录》（1900—2005年）的大致统计，20世纪的明史研究，在改革开放以前的研究论著有1万多条，而改革开放以后至2005年的明史研究论著达3万多条，由上述数字可以看出，改革开放以后30年明史研究获得了迅速发展，取得的进步是明显的，成绩是巨大的。20世纪50年代之初的历史研究曾有"五朵金花"之说，改革开放以后的明史研究，对这些课题有所恢复，历史所明史学科突出表现在对土地所有制、资本主义萌芽、农民起义等课题研究的继续发展，也在诸多领域有所开拓。从总体研究来说，1987年《中国史稿》第六册出版（人民出版社），这是明史学科刘重日等先生参加郭沫若先生主编的《中国史稿》（1958年启动）的明史卷。由于郭先生当时已去世，故署名《中国史稿》编写组。由于编写时与"以阶级斗争为纲"的政治现实一致，又受到"文革"冲击，此书不可避免地带有明显的时代印记。但刘重日等先生力图通过历史事实的叙述来说明明代社会的特点和阶级构成的变化，将明史分为前后两期，以嘉靖元年（1522年）为界，指出自给自足的自然经济是中国封建社会经济的基本特点，但商品经济也有相当的发展，到明清之际，出现了资本主义生产关系的萌芽。1999年白寿彝总主编、王毓铨先生主编的《中国通史》第九卷《中古时代·明时期》出版（上海人民出版社），此卷编写小组成立于改革开放以后的1984年，在卷首《题记》中白寿彝先生充分肯定"明代有许多新的东西是以前所没有的，这表明了它在历史上的进步"。根据总体规划，此书分为甲编序说、乙编综述、丙编典志、丁编传记。王毓铨先生对于中国古代封建社会史比较系统的观点，体现在此书中。

对土地所有制形式的讨论，牵涉到对中国古代社会整个经济结构和体制特征的认识。1988 年王毓铨先生发表《明朝徭役的审编与土地》（《历史研究》1988 年第 1 期），1989 年发表《纳粮也是当差》（《史学史研究》1989 年第 1 期），1991 年，先后发表了《明朝的配户当差制》（《中国史研究》第 1 期）、《明朝田地赤契与赋役黄册》（《中国经济史研究》第 1 期）、《户役田述略》（《明史研究》第 1 辑）等多篇文章，比较系统地论证了其明代土地归国家所有，编民不具备土地所有权，即不存在土地私有制的观点，在一定程度上呼应了以往侯外庐先生的国有土地所有制的观点。王先生的观点成一家之言，学界一般认为古代中国社会存在国有土地和私人土地，私人土地可以出佃收租，可以买卖是历史事实。张显清先生曾以"家长制专制封建社会论"为题，概括介绍了王先生"独创性的学术体系"（《家长制专制封建社会论——近年来王毓铨先生对明代及中国封建社会形态基本特征的论述》，《明史研究》第四辑）。对土地所有权的讨论和改革开放后对亚细亚生产方式问题的热烈讨论有紧密联系。相对而言，研究元明以前各断代的学者对此曾积极参与，明史方面的学者则呼应寥寥。这也是王毓铨国有论提出后没能在明史学界引起更广泛讨论的原因之一。

鉴于"文革"期间封建专制的残余严重损害了社会主义建设，为肃清残余，史学界展开了对历史上封建专制的批判，对明代专制集权的研究是其中的重要组成部分，当时学者大多站在批判的角度，认为专制阻碍了社会的发展，延缓了封建社会的瓦解。很多学者把明代的宦官专权作为封建专制的产物，对宦官制度、厂卫制度的研究也大体以批判为主。张显清先生《从〈大明律〉和〈大诰〉看朱元璋的"锄强扶弱"政策》（《明史研究论丛》第 2 辑）提出朱元璋"锄强扶弱"政策的终极目的是为了维护地主阶级的根本利益，为了强化封建专制主义中央集权统治，但政策的积极方面是主要的。他撰写的《严嵩传》（黄山书社 1992 年版）相对一般的人物传记具有更深层的意义，即对一种历史政治现象的关注和剖析。商传先生认为朱元璋和朱棣正是顺应了历史的需要，促进了专制与集权的发展（《明初专制主义中央集权的社会基础》，《明史研究论丛》第 2 辑），并对永乐皇帝作出全面的评述（《永乐皇帝》，北京出版社 1989 年版）。栾成显先生《洪武时期宦官考略》（《明史研究论丛》第 2 辑）指出明代宦寺之祸，实由朱元璋发其端，廖心一《试论刘瑾》（《明史研究论丛》第 3 辑），则是对宦官给以不同评价的论述。王春瑜、杜婉言二位先生的《明代宦官与经济史料初探》（中国社会科学出版社 1986 年版）和《明朝宦官》（紫禁城出版社 1989 年版）是对于明代宦官与经济关系史料的系统搜集、整理与对宦官的全面研究。八十年代在北大读研究生期间曾参加许大龄师主编的《明朝十六帝》（紫禁城出版社 1991 年版，后多次再版）的"明太祖朱元璋"撰写的万明，到历史所工作后，在原基础上撰写了《明太祖本传》（辽宁古籍出版社 1996 年版），试图从政治文化的新视角对朱元璋加以认识。

区域研究在"文革"前虽有涉及，但文章数量很少。在八十年代以后成为一大热点。明史研究室编《明史研究论丛》第四辑，实际上是江南区域研究的一个专辑，首篇就是王毓铨先生《明代地区经济之我见》一文，这是 1983 年明史研究室召开的首次明史学科学术研讨会——无锡"江南地区学术研讨会"上的发言，他明确指出先举行江南研究讨论会的缘由："从各个方面看，江南地区在全国各个地区中是最重要的，加之遗存的文献多、碑刻多，给我们首先研究这个地区提供了有利条件。因此，把明代江南作为我们首先进行研究的地区是合适的。"由此看来很显然，首次明史学科会议的召开就是为了倡导开展江南区域史研究。此辑中明史学科同仁任道斌先生《试论明代杭嘉湖平原市镇的发展》、唐文基先生《明代江南重赋问题和国有官田的私有化》、李济贤先生《明代苏、松、常地区户籍人口消长述略》、林金树先生《关于明初苏松自耕农的数量问题》、廖心一先生《明代松江府加耗法之争与身份地主的发展》等论文，均集中在江南地区，说明江南社会经济史研究是当时历史所明史学科倡导并实践的研究领域。其后江南社会经济史研究的热潮迄今未息，与明史学科的率先倡导应有关系，但可惜的是，由于出版经费的问题，此辑却是迟至1991年才问世。

明史学科以对徽州的研究最为典型。中国社会科学院徽学中心的创建，形成了明史学科的显著特色之一。早在20世纪五六十年代，历史所就选购收藏了万余件徽州文书。但对它的大规模研究开始于改革开放之后。从1989年开始，历史所正式建立了由明史研究室周绍泉先生牵头的"徽州文书研究组"，后于1993年升格为中国社会科学院徽学研究中心，挂靠在明史研究室。中心主任周绍泉先生和所图书馆成员组成"千年契约文书"编写组，先后编辑出版了《明清徽州社会经济资料丛编（二）》（中国社会科学出版社1990年版），编辑、影印出版了《徽州千年契约文书》"宋元明编""清民国编"40卷（花山文艺出版社1991年版）。徽学研究中心以明史研究室为依托，依靠历史所所藏的徽州文书及其他资料，主办徽学国际学术研讨会，为徽学研究的大规模展开奠定了良好的基础，并将文书研究与明史研究紧密结合，发表了高质量的论著，如周绍泉先生《试论明代徽州土地买卖的发展趋势——兼论徽商与徽州土地买卖的关系》（《中国经济史研究》1990年第4期）、《明后期祁门胡姓农民家族生活状况剖析》（日本京都大学《东方学报》第67册，1995年）、《徽州文书所见明末清初的粮长、里长和老人》（《中国史研究》1998年第1期），周绍泉、赵亚光二位先生《窦山公家议校注》一书（黄山书社1993年版）；栾成显先生运用档案文书，对于黄册以及庶民地主进行了具体而深入的研究（《明代黄册研究》，中国社会科学出版社 1998 年版），使研究中心在国内外处于学术领先地位。

农民起义在 80 年代仍是明史学界的一个热点话题，主要集中点在元末朱元璋和明末李自成，发表了大量的研究成果，绝大部分论著和理论性文章，对农民战争的历史作用给予肯定，认为其性质是促进社会进步的。1978 年，刘重日、周绍泉二位先生对十七年的中国农民战争史研究作了综述（《十七年中国农民战争史的研究》，《中国农民战争史论丛》第一辑，山西人民出版社），指出据不完全统计，17 年各种报纸杂志上发表的有关中国农民战争史的论文约 3000 篇，出版的各种关于中国农民战争的简史、专史、史话以及通俗读物百余种，出版了各种中国农民战争史论文集和农民起义资料集 50 种左右。谢国桢先生编《明代农民起义史料选编》（福建人民出版社 1981 年版），本所杨讷、陈高华二位先生编《元代农民战争史料汇编》中、下册（中华书局 1985 年版），为明代农民起义研究提供了宝贵的资料基础。论文主要有李济贤先生《徐鸿儒起义新探》（《明史研究论丛》第一辑）、《明代京畿地区白莲教初探》（《明史研究论丛》第二辑），沈定平先生《明末"十八子主神器"源流考》（《明史研究论丛》第一辑）、《明代前期阶级斗争述论》（《明史研究论丛》第三辑）、《关于评论农民领袖思想的几点看法——从明末农民起义和李自成思想谈起》（《学术研究》1979 年第 2 期）等。明代农民战争的研究可以明末李自成起义为主要代表，自 80 年代湖南石门县夹山寺发现了奉天玉和尚的部分遗物后，对李自成归宿问题的讨论成为一个学术争论热点。以中国社会科学院历史研究所李自成结局研究课题组出版的《李自成结局研究》（辽宁人民出版社 1998 年版）继续主张遇难通山的观点；刘重日先生主编《李自成终归何处——兼评〈李自成结局研究〉》一书（三秦出版社 1999 年版），则坚持禅隐观点，结论未达成一致。

历史资料的汇集和利用，受到了重视。谢国桢先生编《明代社会经济史资料选编》上中下三册（福建人民出版社 1980 年版）、《明代农民起义史料选编》（福建人民出版社 1981 年版）是重要的社会经济史和农民战争史资料汇编。他在中华人民共和国成立之前编的《晚明史籍考》，又出版了增订本；他对明清笔记小说的介绍、利用和出版，以及对明清笔记小说价值的揭示，是对明史学科基础性建设的贡献。

以改革开放大气候为契机，依据明史在中国史乃至世界史上的特殊地位，明史学科拓宽了研究领域，中外关系史成为明史学科发展最快的领域之一。改革开放以后，新兴学科破土而出，以下两个领域的蓬勃发展是重要表现：第一，澳门史研究。在 1987年《中葡联合声明》签订后，澳门史研究进入崭新的发展阶段。第二，明清之际中西文化交流史。由于 1997 年澳门回归，澳门史成为一大热门，在九十年代末达到高潮。刘重日先生发表论文《明代海上丝绸之路与澳门》（《东岳论坛》1999 年第 5 期）。万明在到历史所之初是在中外关系史研究室工作，与何芳川先生合作撰写了《中西文化交流》（山东教育出版社 1992 年版，后由商务印书馆再版，有台湾版、香港版）。在 1995—1996 年得到葡萄牙卡蒙斯学会的资助，院所派万明赴葡萄牙里斯本大学进修葡文一年。在葡萄牙，完成了国内第一篇中葡文资料结合论证的论文《明代中葡的第一次正式交往》寄回国内发表（《中国史研究》1997 年第 2 期），并在回国后立即投入中葡关系与澳门史的研究，1999 年发表了系列论文《明朝对澳门政策的确定》（《中西初识》，《中外关系史论丛》第 6 辑）、《试论明代澳门的治理形态》（《中国边疆史地研究》第 2 期）、《关于明代葡萄牙人入居澳门问题》（《中国社会科学院研究生院学报》第 5 期）、《明朝政府对澳门的管理述论》（《明史研究》第 6 辑）、《明代澳门与海上丝绸之路》

（《世界历史》第 6 期）等系列论文，并于 1999 年完成了《中葡早期关系史》一书，交给社会科学文献出版社出版。关于明清之际中西文化交流方面，有沈定平先生的论文《明清之际几种欧洲仿制品的输出——兼论东南沿海外向型经济的初步形成》（《中国经济史研究》1988 年第 2 期）、《瞿太素的家世、信仰及其在中西文化交流中的作用》（《中国史研究》1997 年第 1 期）等。而万明利用葡文资料，发表《晚明南京教案新探》（《明史论丛》第二辑，1997 年）、《欧洲汉学先驱曾德昭与中国文化的西传》（《炎黄文化研究》第 4 辑，1997 年）、《西方汉学的萌芽时期——葡萄牙人对中国的记述》（《国际汉学》创刊号，1998 年）等论文。在中外文化交流方面，韦祖辉先生发表了论文《明遗民东渡述略》（《明史研究论丛》第三辑）和《朱舜水思想剖析》（《明史研究论丛》第五辑）。

郑和下西洋研究成为改革开放以来为数不多的几个长盛不衰的研究课题之一。郑和下西洋研究与对外开放政策有着密切关系，改革开放以后，周绍泉先生有《郑和未使菲律宾说质疑》（《明史研究论丛》第一辑）、《郑和的生年与卒年》（《上海大学学报》1985 年第 2 期）的论文发表。1985 年值纪念郑和下西洋 850 周年，1995 年值纪念郑和下西洋 950 周年，在此前后对郑和下西洋的探讨，无论在数量、深度还是广度上，都大大超过了 20 世纪前 80 年的研究成果，使研究达到了一个高潮。世纪末进入全面综合发展的时期，提出了研究从政治史向社会史更大空间转变的新取向（万明《郑和下西洋与明中叶社会变迁》，《明史研究》第四辑）。

从总体上看，1977 年至 1999 年的明史学科在继承前人成果的同时，顺利完成了向新时期的转轨。研究课题既有基础性问题，也有紧随时代步伐的新课题，而世纪末深刻的总体反思则为 21 世纪的史学发展打下了坚实的基础。

根据所里安排，明史研究室在 1994 年与清史研究室合并。至 20 世纪 90 年代末，中国社会科学院科研机制发生变化，改为课题制。当时担任明清研究室副主任的万明提出组织明史学科"晚明社会变迁"课题组，致力于展现晚明社会的变迁轨迹，得到明史学科同仁的一致响应，显示出明史学科与时俱进，紧随时代潮流不断地在向前发展的态势。

## 二　新世纪以来明史学科的发展历程

进入新世纪，明史研究室在 2002 年再度独立成室，万明任室主任，明史学科迎来了新的发展契机，进入了六十年来的第二个时期——繁荣发展的新时期。

2002 年明史室与清史室分开独立成室，当时只有万明 1 名研究员，2 名副研究员，3 名助研，其中还有 1 名在读博士，1 名委培博士。2003 年明史学科申报院重点学科未成，其时明史学科仍然只有万明 1 名研究员，有了 3 名副研究员，2 名助研。我们先引进博士来室工作，可惜有 2 名出国后没有回来，又有 1 名助研考公务员调走，后来引进了博士后 2 人来室。现在职研究人员 8 人，主任万明，副主任张兆裕，成员有阿风、张宪博、张金奎、陈时龙、赵现海、解扬；包括 4 名正高级研究员，3 名副高级研究员，1 名助理研究员，已形成比较齐整的学术梯队，以中青年为主，知识结构搭配合理，其中博士 5 人，硕士 2 人，本科 1 人；有博导 1 名，硕士导师 5 名；年轻学者已经成长起来，成为独当一面的学科带头人和学术骨干。研究领域包括明代社会经济史、政治史、中外关系史，军事史、思想文化史、徽学等方面，可以说门类比较齐全，有集体攻关的经验，开创了明史学科发展的新局面。

进入新世纪，不知不觉地，明史突然变成了热门话题，并持续保持升温态势。不仅黄仁宇先生的《万历十五年》一版再版，而且当年明月《明朝那些儿事》（中国友谊出版公司 2007 年版）也一版再版。21 世纪初的明史研究在世纪之交的反思与总结的基础上，迅速进入一个新的高潮，呈现出全面开发的局面。据统计，近年国内刊物每年全国发表相关文章多达 1000 篇以上，达到了前所未有的繁荣，具体统计 2007 年多达 1400 多篇，2013 年也多达 1200 多篇。面对这样的"明史热"，我们认为必须保持清醒，坚持继承史学优良传统，以中国社会科学院的"三个定位"，摆正自身学术研究的位置，承担职责与使命。2002 年 10 月明史室独立后，我们于 11 月召开京、津明史学界专家座谈会，为明史学科建设出谋划策。与会专家一致认为明史室作为全国最为集中的明史研究人员的学术机构，应该发挥重要的带头作用。进入新世纪十多年来，明史学科主要作了以下工作：

**（一）课题研究：五项集体课题**

集体课题可以反映出明史学科研究水平的整体优势，明史学科承担了国家社科基金、院重点、所重点等多项课题研究，始终站在学术前沿进行探索与研究，奠定了历史所明史学科在国内外明史学界的领先地位。我们坚持以重大课题带动学科建设，一些个人承担的所重点课题也是集体课题的专题延伸研究。为加强徽学研究，明史学科曾拟申报院重大课题"中国社会科学院历史所藏徽州文书整理与研究"，但受阻没能进行。新世纪明史学科主要完成了以下 5 项集体课题（限于篇幅，个人课题主要从下面展现的成果体现）。

1. 历史所重点课题、国家社会科学基金项目"晚明社会变迁研究"

世纪之交，全球化浪潮和中国社会转型的现实促使明史学科学人以全新的视野重新审视晚明社会，社会变迁既是学术界广泛关注的问题，同时也是全社会普遍关注的重大理论问题。由万明

主持的 1999 年历史所重点课题、2000 年国家社会科学基金项目
"晚明社会变迁"，以历史所明史学科老、中、青人员为主，联络
院外学者合作，形成 9 人课题组集体攻关。课题组充分利用明朝
档案、徽州文书以及中外文献资料，深入开掘专题研究，并走向
历史现场，到贵州安顺屯堡进行社会调查，进一步拓宽研究视野
和领域，推动研究的深入。成果在 2003 年以优秀结项，获中国社
会科学院出版基金，2005 年由商务印书馆出版，即万明主编《晚
明社会变迁：问题与研究》。2010 年获历史所专著类优秀成果一
等奖，2011 年获得中国社会科学院专著类优秀成果三等奖。

　　该课题成果是国内外第一部直接以"晚明社会变迁"为题目，
突破了以往集体项目通常采用的概述性论述的研究框架，在进行
了认真的学术史回顾的基础上，以问题意识贯穿全书，采用专题
方式深化研究，对晚明社会变迁进行综合研究的著作。尝试贯穿
问题意识的综合研究，反映了晚明史向纵深发展的明显趋向。全
书站在世界历史的高度，采取整体世界——多元社会的研究取向，
从更新思路开始，选取人口流动新趋向、商人定居化和店铺业发
展、白银货币化过程与中外变革、乡村权力结构转换、政府与民
间救荒能力分析、卑幼人的法律地位、军户与军制变化、党社兴
起与近代政党萌芽出现，以及儒学平民化趋势 9 个方面，展开专
题研究，用独特的视角，对晚明历史作了宏观、整体、动态的专
题考察。在《绪论》中，提出以成、弘划线，其前为明前期，其
后为明后期，这种两分法，是对明史分期问题提出的新观点，并
通过明代白银货币化的开拓性研究，进一步将晚明社会变迁与世
界重大变化联系在一起考察，提出晚明与两个划时代意义的开端，
即中国从传统社会向近代社会的开端和世界一体化或称全球化的
开端相联系，展示了中国独特的近代—现代化的历程，被认为
"开创了晚明历史研究的全新格局"。该书使用了"三重证据法"，
把社会调查纳入研究的范围，获得了同行的肯定和赞誉。

2. 院重大 B 类课题 "百年明史研究论著目录"

1980 年明史研究室组织编辑出版了《中国近八十年明史论著目录》,当时参加编辑的人员有:曹贵林、李济贤、林金树、周绍泉、许敏、陈玉华、任三颐。此目录出版后,为明史领域的科研工作者和广大读者提供了基础资料,得到国内外学界好评,在推动明史研究中发挥了重要作用。2002 年明史研究室自明清史室独立出来以后,我们立即组织召开了京津专家咨询会,向各位专家学者请教明史学科的未来发展方向问题。会上各位专家一致认为,明史研究室作为全国唯一的明史研究专设机构,应该多做基础性的研究工作,以推动明史研究的深入发展。中国人民大学韩大成教授提出《中国近八十年明史论著目录》应该继续编辑出版,这一提议得到了与会学者的一致赞同。我们很快列入明史学科的工作计划,组织了明史学科全员参加的课题组,又特约编辑部许敏女士为主持人,形成院重大 B 类课题。新编辑的《百年明史研究论著目录》,是在以前的《中国近八十年明史论著目录》基础上编辑完成的,增补了 1979—2005 年的论著目录,并修订了 20 世纪前 80 年的目录,成为一个更新版本,共 255 万字,安徽教育出版社 2012 年出版,推动了明史研究在新世纪的进一步开展。

3. 院重点课题 "明代诏令文书整理与研究"

这一课题是国内外首次对明代诏令文书进行系统收集整理与研究,具有明代档案整理工作延伸的意义,开拓了明史研究的新领域,奠定了明史学科在国内外明史学界的领先地位。对明代诏令的整理与研究,是对中国古代官文书整理与研究的重要组成部分。诏令即 "王言",是官方文书中最重要的一种。明代诏令文书是明王朝 276 年间,各代帝王处理政治、经济、文化、法律、军事、外交等有关国家大政的原始政务文书,内容涉及明代重大史事和典章制度,具有资料的原始性和完整性、内容的多样性等特征,是明史研究弥足珍贵的第一手资料。众所周知,20 世纪明清档案和殷墟甲骨、居延汉简、敦煌文书一起，被称为古文献的四大发现。明清档案的发现，至今已近百年，然而明代档案文书留存于世已经不多，特别是现存档案中的诏令类已寥寥无几。我们认为，对明代诏令文书进行全面系统的整理与研究，具有对明代档案整理的延伸和更新史料的重要意义。诏令文书研究新领域的开拓，涉及明代国家治理模式和运行机制、中央、地方政府与民间社会互动关系等重大问题，将明代官私文书结合起来研究，才有可能使我们更接近明代历史的真实全貌。因此自2007年，由万明主持，形成课题组，成员有张金奎、陈时龙、赵现海、解扬，启动了院重点课题"明代诏令文书整理与研究"，准备全面收集编辑《明大诏令集·洪武朝卷》，这是国内外首次对明代诏令文书进行全面系统收集、整理与研究。我们在收集、整理、编辑题名目录的同时开展专题研究，编辑出版了《明史研究论丛》第八辑《明代诏令文书研究专辑》（紫禁城出版社2010年版），不仅发表了课题组成员论文，也发表了明史学科乃至海内外学者专题论文，开拓并推进了明代诏令文书的研究。

4. 与天一阁合作课题"天一阁藏明代政书珍本丛刊"

天一阁是明代兵部右侍郎范钦的藏书楼，原有明代为主的藏书7万余卷，其中包括大量明代政书。在中国古代，以"政书"为名的图书分类始于明代。政书，是中国古代文献中专门汇辑政治、经济、军事、法律、文化等方面典章制度及其沿革的书籍，也称为典制体史书，在古代文献中占有极为重要的地位。2007年4—10月，明史研究室与天一阁博物馆签订了合作整理珍本政书的协议。由万明主持，明史学科组成7人整理小组，两次前往天一阁，在尊经阁内紧张工作，集中整理明代政书。整理工作主要分为两步，首先是初选文献，其次是阅读撰写提要。一般而言，按照体例，政书是主要记载典章制度沿革变化及政治、经济、文化发展状况的专书，涉及一朝典章制度的，可分为通制类和专门类，前者大都以门类分录一朝典章制度；后者则以六部分录各个部门的法令规章等资料。我们采用的是广义的政书概念，所选文献既包括四库史部的政书类文献，也包括史部的职官类、奏议类文献。我们在天一阁所阅政书总共 54 种 95 册，这批政书中海内孤本与珍本占了绝大部分，具有重要的学术价值，我们全部撰写了提要，顺利完成了第一批政书整理任务。2010 年，《天一阁藏明代政书珍本丛刊》54 种，分 22 册影印出版（线装书局），每一文献影印本前附提要一篇。《丛刊》前有万明撰《天一阁藏明代政书及其学术价值——中国社会科学院历史所明史室与天一阁合作整理记》一文。这是天一阁明代珍本政书的首次系统公布，对明史研究乃至中国古代行政管理史、经济史、法制史研究起到了重要推动作用，在海内外明史学界产生了广泛影响。

5. 所重点课题"天一阁藏明史稿整理与研究"

天一阁庋藏的《明史稿》共十二册，兼含稿本与抄本，有墨、朱笔删改及名家的钤章、题跋。该稿早年曾引得不少著名学者登阁观览，留下了多种推论与识断意见。万斯同一生精力所萃，尽在《明史》。他所提出的史学见解，不仅在《明史》修纂中起着主导作用，而且影响了清初史学发展的面貌。这部《明史稿》存有万斯同的亲笔墨迹，对我们深入研究万斯同学术思想、清初《明史》修纂过程都弥足珍贵。2008 年时值万斯同诞生 370 周年之际，天一阁博物馆将其影印出版，中国社会科学院历史所与天一阁合作，正式立项《天一阁藏〈明史稿〉整理与研究》课题，由历史所明史学科具体承担，由万明主持，课题组成员张兆裕、张金奎、张宪博、陈时龙、赵现海、解扬、廉敏。同时举办"万斯同与明史国际学术讨论会"，万明、解扬、张兆裕、陈时龙、张金奎、廉敏与参与整理课题组合作的天一阁谷敏女士等，均有专题论文发表（《万斯同与明史》下，纪念万斯同诞辰 370 周年国际学术研讨会论文集，宁波出版社 2009 年版）。鉴于阁藏《史稿》

有稿本，有抄本，抄本文字非一人所抄，稿本也非一人所为，情形复杂难辨，我们的整理原则首先是逐册进行仔细清理识别，复原原貌，工作内容包括：（1）《明史稿》的识别誊清；（2）整理本的形成，包括对手稿形态、修改痕迹的描述和标点校勘；（3）性质和地位的判定，通过整理分析对天一阁藏《明史稿》稿本形成过程作出较为恰当的推定。（4）通过整理记的形式，揭示《明史稿》修纂过程中史料的选择、取舍、分合、排列等情况。（5）附录专题研究论文。现课题已经结项，形成的整理稿尚待出版。

**（二）研究成果：主要成果 35 部**

历史所明史学科的繁荣发展，表现在新世纪之初就出现了一个蓬勃发展的新局面，主要表现在重要资料的开发与整理，基础性研究的加强，研究新领域的开拓，学科理论建构的开展，以及一批较高水平研究成果的出现，包括明代通史、经济史、政治史、中外关系史、军事史、法制史、社会史、思想文化史、徽州文书研究等方面。我们注意到，明史学科老、中、青工作者，在新世纪都拿出了新的成果。这些著作，是新世纪历史所明史学科的代表作，既是新世纪以来明史学科的突出进展，也是明史学科繁荣发展的显著标志。需要说明的是，世纪初的一些研究成果应该说是20 世纪的研究果实，但按照出版时间，是新世纪问世的成果。现将2000—2013 年明史学科主要研究成果排列如下：

2000 年

王毓铨主编：《中国经济通史·明代经济卷》（经济日报出版社）。

万明：《中国融入世界的步履：明与清前期海外政策比较研究》（社会科学文献出版社）。

周绍泉、赵华富主编：《98 国际徽学学术讨论会论文集》（安徽大学出版社）。

2001 年

刘重日：《濒阳集》（黄山书社）。

万明：《中葡早期关系史》（社会科学文献出版社）。

沈定平：《明清之际中西文化交流史》（商务印书馆）。

黄仁宇：《十六世纪明代中国之财政与税收》，阿风等译，（生活·读书·新知三联书店）。

2003 年

张显清、林金树主编：《明代政治史》（广西师范大学出版社）。

王春瑜主编：《明史论丛》（二），（兰州大学出版社）。

吴艳红：《明代充军研究》（社会科学文献出版社）。

2004 年

万明、王天有合编：《郑和研究百年论文选》（北京大学出版社）。

《明史研究论丛》第六辑，中国社会科学院历史所暨明史研究室成立 50 周年纪念专辑（紫禁城出版社）

2005 年

万明主编：《晚明社会变迁：问题与研究》（商务印书馆）。

马欢著，万明校注：《明钞本〈瀛涯胜览〉校注》（海洋出版社）。

万明、王天有、徐凯编：《郑和远航与世界文明》（北京大学出版社）。

陈时龙：《明代中晚期讲学运动（1522—1626）》（复旦大学出版社）。

2007 年

张金奎：《明代卫所军户研究》（线装书局）。

胡吉勋：《“大礼议”与明廷人事变局》（社会科学文献出版社）。

《明史研究论丛》第七辑（紫禁城出版社）。

2008 年

万明、张兆裕等：《北京城的明朝往事》（山东画报社）。

2009 年

阿风：《明清时代妇女的地位与权利——以明清契约文书、诉讼档案为中心》（社会科学文献出版社）。

卜正民：《明代的社会与国家》，陈时龙译（黄山书社）。

2010 年

《明史研究论丛》第八辑，明代诏令文书研究专辑（紫禁城出版社）。

2011 年

万明：《明代中外关系史论稿》（中国社会科学出版社）

万明、陈支平编：《明朝在中国史上的地位》（天津古籍出版社）。

《明史研究论丛》第九辑（紫禁城出版社）。

2012 年

中国社会科学院历史研究所明史研究室编：《百年明史论著目录》上、下（安徽教育出版社）。

赵现海：《明代九边长城军镇史——中国边疆假说视野下的长城制度史研究》（社会科学文献出版社）

解扬：《治政与事君：吕坤〈实政录〉及其经世思想研究》（生活·读书·新知三联书店）。

沈定平：《明清之际中西文化交流史》（商务印书馆）。

万明、赵轶峰编：《世界大变迁视野下的明代中国》（东北师范大学出版社）。

《明史研究论丛》第十辑（故宫出版社）。

2013 年

［日本］森正夫等：《明清时代史的基本问题》，周绍泉、栾

成显等译（商务印书馆）。

《明史研究论丛》第十一辑，明代国家与社会研究专辑（故宫出版社）。

《明史研究论丛》第十二辑（国际广播出版社），已出校样。

以上综合明史学科 2000—2013 年明史学科出版的专著、论文集、译著，以及中国社会科学院历史所明史研究室编、万明主编《明史研究论丛》第六—十二辑（共 7 辑），总共是 35 部。其中，明史学科年轻同仁的专著以出版时间为序有陈时龙的思想文化史专著《明代中晚期讲学运动（1522—1626）》、张金奎的军事史专著《明代卫所军户研究》、胡吉勋的政治史专著《"大礼议"与明廷人事变局》、阿风的徽学专著《明清徽州妇女的地位与权利——以明清契约文书、诉讼档案为中心》、赵现海的长城史专著《明代九边长城军镇史——中国边疆假说视野下的长城制度史研究》，解扬的思想史专著《治政与事君：吕坤〈实政录〉及其经世思想研究》，标志着明史学科原定的分兵把口规划的部分实现，这些科研人员在不同的研究领域学有专长，可以独当一面，证明了明史学科在学术方面的优势。

另据初步估计，21 世纪十几年来，明史学科同仁发表的论文总数也有数百篇之多。

面临史学发展高度综合与多元的发展特点，新世纪明史学科既有 20 世纪研究问题的延续发展，又有 21 世纪面对新课题的开拓发展。明史学科老中青工作者奉献出一批研究精品，在社会上产生了很大反响，将延传下去。明史学科一些科研成果在国内外得到广泛好评，荣获院、所等多种奖项。其中《中国经济通史·明代经济卷》《明代政治史》《中国融入世界的步履：明与清前期海外政策比较研究》《晚明社会变迁：问题与研究》等 4 部为国家社科基金项目成果。通观明史学科所获奖项，王玉欣、周绍泉主编《徽州千年契约文书》和王毓铨论文《论明朝的配户当差制》

获中国社会科学院第一届优秀成果奖，栾成显《明代黄册研究》获中国社会科学院第三届优秀成果奖，万明论文《明代中葡两国的第一次正式交往》获院第四届优秀成果奖，周绍泉论文《透过明初徽州的一桩讼案窥探三个家庭的内部结构及其相互关系》获院第五届优秀成果奖，万明主编《晚明社会变迁：问题与研究》获院第七届优秀成果奖。张显清、林金树二先生主编《明代政治史》、万明专著《中国融入世界的步履——明与清前期海外政策比较研究》《中葡早期关系史》，万明论文《明代白银货币化：中国与世界连接的新视角》等，均获得所优秀成果奖。万明专著《中葡早期关系史》获得首届澳门人文社会科学研究优秀成果二等奖、《明钞本〈瀛涯胜览〉校注》获得国家海洋局海洋科技优秀图书奖。近年，明史学科阿风、张金奎、陈时龙的论文先后获得所第一届、第二届青年优秀成果奖。

**（三）学术交流**

明史学科学人积极参加国内外相关的各种学术会议，提交会议论文并到国外讲演，加强与国内外学者的交流，扩大明史学科影响。新世纪之初，明史学科组织或参与的学术交流活动主要有：

2002 年明清史研究室分开后，明史室专门组织了"京津明史专家座谈会"，邀请京津新老专家为学科建设出谋划策。与会专家一致认为明史室作为全国唯一明史研究人员最为集中的专门学术机构，应该发挥带头作用，应加强学科基础性研究。

2002 年 3 月英国人加文·孟席斯（Gavin Menzies）提出中国郑和首次环球航行、到达美洲的观点，10 月出版《1421：中国发现世界》，引起世界反响。12 月明史学科与中外关系史学会、明史学会联合主办与孟席斯的座谈会，组织全室人员为会议翻译资料，会上就其观点提出讨论质疑。

2002 年 12 月，明史室与中国语言大学《中国文化研究》编辑部合作举办"晚明社会变迁研究"学术研讨会,集院历史所、哲学所、文学所和北京大学、南开大学、首都师范大学、中国语言大学等高校历史、哲学、文学等学科的晚明研究学者于一堂,并邀请韩国访问学者参加,会后发表一组笔谈,引起学术界广泛关注。

2003 年与南开大学明清所合作,举办明史学术月会,两月一次。首先邀请明史专家张显清、南炳文等做学术报告,为京津两地明史研究学者提供了交流平台。可惜由于"非典"而中止。

2004 年,在历史所暨研究室成立 50 周年之际,我们编辑了《明史研究论丛》第六辑——中国社会科学院历史研究所暨明史研究室成立 50 周年纪念专辑,内容包括回忆与论文两部分,回忆由对明史室五老:白寿彝、王毓铨、谢国桢、傅衣凌(兼)、吴晗(兼)的回忆文章和明史室的历史回顾组成,为此我们广泛联系国内外的明史研究专家,包括日本、美国、新加坡、葡萄牙学者,中国香港、台湾、澳门学者和全国明史专家撰稿,并组织退休、在职的明史学科同仁撰稿。

在对外交流上,明史学科同仁曾多次接受国外邀请,到外国和中国港、澳、台地区进行学术访问,参加国际学术研讨会。2005 年、2010 年万明随中国史学会代表团参加了第 20 届、第 21 届国际历史科学大会,带去《明代白银货币化与世界》的论文。阿风作为日本论文博士学位获得者多次往返日本;2007 年,胡吉勋赴美国哈佛燕京学社访问一年;2011 年,赵现海赴韩国首尔大学访问一年,解扬赴美国哈佛大学访问半年。2013 年万明作为院里派到香港中文大学交流演讲人之一,讲演《关于明代白银货币化的新认识》,并参加中国社会科学院上海金融论坛"黄金白银500 年",发表《全球化的开端:明代白银货币化》主旨讲演。同时明史研究室也多次接受外国学者来访或参加合作项目,并组织举办不定期的明史研究室系列学术讲座,邀请国内外学者讲演,如近年邀请了美国明史学会第一任会长、明尼苏达大学范德教授（Edward Farmer），日本爱知大学森正夫教授，日本关西大学松浦章教授，日本大阪经济法科大学伍跃教授，台湾师范大学林丽月教授、朱鸿教授，台湾成功大学陈信雄教授、郑永常教授、陈玉女教授、谢玉娥教授，台北中研院近代史所巫仁恕研究员，台北中研院史语所邱仲麟研究员，香港中文大学邱澎生教授，加拿大不列颠哥伦比亚大学单国钺教授，厦门大学林仁川教授、王日根教授等来讲演，开展了多个领域的广泛交流。《明史研究论丛》不但是明史学科同仁的学术研究阵地，还刊登国内外明史研究学者的学术论文和动态，是明史研究室加强与国内外学者交流联系的一个平台，在国内外都有很大影响。同时我们也进入了社科院研究生院建立的从硕士到博士的研究生培养体系，培养硕士生和博士生，并吸收博士后进站到室里合作工作和留所工作，增强学科发展的力量。

明史学科密切关注世界史学潮流、国际明史研究动态，使明史学科的研究始终站在学术前沿，把握时代脉搏，研究重大问题，努力以研究为党和国家决策提供智力支持，发挥为党和国家服务的思想库和智囊团的作用。2005年是郑和下西洋600周年，党和政府高度重视，专门成立了郑和下西洋600周年纪念活动筹备领导小组，万明被聘为纪念活动筹备领导小组办公室顾问，领导小组先后举办了三次专题学术研讨会，出版了一大批研究成果，其中有万明《明钞本〈瀛涯胜览〉校注》（海洋出版社），万明与王天有合编《郑和研究百年论文选》（北京大学出版社），万明与王天有、徐凯合编《郑和远航与世界文明》（北京大学出版社），郑和下西洋六百周年纪念活动筹备领导小组编《郑和下西洋研究文选（一九〇五—二〇〇五）》（海洋出版社），万明作为副主编参与编选。纪念活动产生了三个重要影响：一是以永乐皇帝诏书下西洋日期——每年7月11日作为中国航海日（万明被聘为交通部航海日办公室顾问）；二是建立了中国航海博物馆（万明被聘为专家委员会专家）；三是建立了全国郑和研究会（万明被聘为副会长）。其后郑和研究更加国际化，2010 年新加坡国际郑和学会与马来西亚马六甲州政府、马六甲博物管理局及郑和文化馆联合举办，在马六甲召开大型"郑和与亚非"国际研讨会，来自 16 个国家与地区的学者 345 名参与研讨。

2013 年，万明发表了论文《从明清文献看钓鱼岛的归属》（《人民日报》2013 年 5 月 16 日）、《明人笔下的钓鱼岛：东海海上疆域形成的历史轨迹》（《北京联合大学学报》2013 年第 2 期），从官私文献的两条线索，论证了钓鱼岛在 14 世纪 70 年代已是中国领土的历史事实。

### （四）重点学科

2009 年，是明史学科发展中重要的一年，明史学科进入了院所重点学科之列，这成为明史学科发展的一个新起点。当时我们的总体目标、学科发展定位是："教育部在全国高校文科系统建立的文科教学和研究基地中，还没有一个明史学科基地，因此，我们是国内外专门从事明史研究人员集中最多、学术实力聚集最强的学术机构，作为历史所最具特色的传统学科之一，我们的总体目标是发扬明史学科优良学术传统，发挥学术优势，加强学科建设，开创明史学科发展新局面，保持学科在国内外的学术领先地位，为把历史所建成世界一流的研究所做出贡献。"我们填写的学科主要研究方向和研究领域如下："21 世纪是人类社会发生深刻变革的时代，回顾历史，15 世纪是一个海洋世纪，人类社会酝酿深刻变革；16 世纪曾是人类社会发展深刻变革的时代，明代正处于人类历史上这样一个重要的时空段，它与两个划时代意义的开端相联系，即中国传统社会向近代社会转型的开端和世界一体化的开端。因此，加大力度研究明史，具有重要理论意义与现实意义。根据现代科学发展高度分化和高度综合相结合的趋势，从学科发展自身的特点出发，我们将主要研究方向继续定在处于学术前沿的重要课题，带动一系列专题研究的深入开展。"

进入重点学科以后，为了推进明史研究的繁荣发展，2010 年以来，我们组织召开了四次明史专题学术研讨会，每年明史学科与国内不同高校合作，选择一个主题，举办或合作举办采用论文发表与评议结合的方式，集中探讨明史学科相关的重要问题。通过组织对相关问题的集中讨论，不仅保持了明史学科在国内外领先的学术地位，也积极推动了明史研究的切实进展与突破。自 2010—2013 年举办了如下会议：

1. 2010 年，明史学科与厦门大学国学院合办"明史在中国史上的地位"国际学术研讨会。会议以"明史在中国史上的地位""明代历史对世界文明进展的影响"作为主要议题，论文涉及明代的政治、经济、军事、宗教、族群关系、中外交流等诸多领域，从基本预设、思考向度、问题设计、理论性话语等角度，探讨了将明史研究向纵深推进的可能。明史与世界史相联系的思考进路，是引起与会学者最热烈讨论的问题，体现着学者们对明史研究范式的再思考。在《学术月刊》上发表一组专题论文，由《新华文摘》摘要转载，并出版了会议论文集《明史在中国史上的地位》，在明史学界产生了很大影响。

2. 2011 年，明史学科与东北师范大学亚洲文明研究院、教育部世界文明史研究中心、明清史研究所联合主办"世界大变迁视角下的明代中国"国际学术研讨会。大会主题突出了明史研究的全球史视野，以及明代中国地方的世界性问题。从宏大视野出发，对于明代中国的政治、经济、军事、文化、中外关系等问题进行了创新探索，既有实证的新进展，也有理论的新思考。发表在《古代文明》上的一组专题论文，和出版的会议论文集《世界大变迁视角下的明代中国》，产生了相当的学术影响。

3. 2012 年，明史学科与南开大学历史学院明史研究室联合主办的"明代国家与社会"学术研讨会，此次会议提交的论文从政治、经济、法律、军事、乡村社会与风气、宗教信仰、教育科举等各个方面对明代的国家与社会进行了较为广泛、深入的讨论和评述。许多论文见解深刻，创见迭出，反映和代表了目前明史研究领域的新趋势和新水平，为以后明史研究的深入展开提供了有价值的借鉴。与会者在《天津社会科学》上发表了一组关于明代国家与社会理论思考的笔谈，而此次会议论文集已编辑出版。

4. 2013 年，明史学科得到院创新工程大中型会议资助，召开了"新世纪明史研究的新热点与新进展"学术研讨会。明史学科召开的这次会议具有特殊意义，不只是明史学科每年召开专题研讨会的延续，也是对明史学科历史的纪念。1983 年明史研究室曾在江苏无锡举办过一个明史专题会议，时隔 30 年之后，明史室追溯学界前辈的学术足迹，召开这次参会学者 80 人以上的会议，旨在回顾 21 世纪以来的明史研究，对当前明史学界共同关注的前沿课题展开集中讨论。与会学者围绕全球化视野下的明代中国与海洋世界，明代社会经济发展的新进程，明代社会转型与思想、文化、制度变迁，信息时代的明代文献与明史研究等 4 个议题，引入了新的理论概念，发掘了新的历史资料，开拓了新的研究领域，并对共同关注的问题展开了热烈的讨论。这次会议加强了明史学界的学术对话与交流，在学界产生了广泛反响，并将对推动明史研究的深入发展与学科创新产生积极作用。

### （五）创新工程

2012 年，明史学科万明、张兆裕、阿风进入院所创新工程，选题初为"明代国家与社会"，后经所里要求缩小题目为"明代官私文书：国家与社会的互动"。选题的缘起：此前在明史学科关于"晚明社会变迁"的研究中，我们认识到社会变迁只是社会发展的一个方面，社会不仅有"变"，还有"不变"，即有一个历史的连续性问题。如果只是探讨"变"，那么将会走偏，不利于接近历史的真相，只有对于明代中国国家与社会进行整体研究，研究国家与社会的互动，才能全面认识明代中国的历史进程与发展走向。

万明作为首席研究员，以"明代国家与社会互动研究"为课题。

张兆裕作为执行研究员，以"灾荒中的明代社会与政府管理"为课题。

阿风作为执行研究员，以"徽州土地文书与明代土地所有权研究"为课题。

2013年进入"明代官私文书：国家与社会的互动"创新工程项目的有陈时龙、杨海英。陈时龙的子项题目是"明代科举体制下的经学与地域"，杨海英的子项题目是"域外长城——万历援朝东征义乌兵考实"。

2013年申报、2014年进入创新工程的有张金奎、赵现海、解扬。他们的子项目题目分别是：《锦衣卫与明代社会》《明中后期长城修筑与北方历史》《明代的谣言与国家应对问题研究：1470—1644》。

我们认为，在中国古代历史上，明代中国是一个关键时期。通过对明朝这一中国古代历史的典型朝代的具体分析和研究，关注国家与社会的互动关系，国家与市场的互动关系，将之置于世界变革的历史大背景下，探索关于"国家—社会"关系的理论模式，进行理论创新。以"国家—社会"为视角，全面考察明代在中国史上的地位，乃至在全球化开端时明代中国在世界史上的地位，以及明代国家与社会的发展状况。从"国家—社会"的角度，拓展各类专题史研究内涵。以往的专题史研究，往往自设界限，多种专题史如经济史、政治史、军事史、文化史、思想史之间交叉较少。然而一旦以"国家—社会"为视角，各种专题史研究势必在内涵上有所拓展，外延上有所交叉：经济史、政治史研究从国家与市场、社会互动的视角向纵深发展；军事史将不再是单一的兵制研究或战事描述，而将与后勤供给、社会动员、移民与家族、民族关系、区域文化遗存等多种问题发生密切的联系；任何一种军事意义上的遗存，如屯堡、卫所、长城，在研究中都可能辐射到周边社会，揭示出一个区域社会的演变脉络；思想史也不再是单纯的思想史，文化史也不再是单纯的文化史，中外关系史也与国家和社会的互动关系紧密相连；科举是国家与社会互动的契合点，是连接区域文化与国家制度的纽带。因此，围绕"明代国家与社会"的主题，各种专题史的研究有望取得更进一步的全面突破。

创新研究亮点举例：新史料、新视角、新方法与理论创新

1. 万明在原有对明代白银货币化系列研究、发掘和利用明代诏令文书和徽州文书等官私文书的基础上，从国家与社会互动的新视野出发，对明代赋役—财政改革向纵深发掘史料。2012年主持的国家社会科学基金项目《十六世纪明代财政研究——以〈万历会计录〉整理为中心》以优秀结项，是万明与华北电力大学数理学院的徐英凯教授合作，也是人文社会科学学者与自然科学学者的首次合作10年的成果。《万历会计录》是中国古代唯一存留于世的国家财政会计总册，是明代张居正改革的存留于世的两大重要文献之一。我们对于《万历会计录》的全面系统整理与研究，是前人没有做过的，是对于大型财政数据文献的创新性整理与研究成果。主要创新点：一是研究视角创新，突破以往财政史研究的框架，全面吸收已有的研究成果，在整理大型基本数据资料的基础上，以白银货币化为主要线索，开拓了明代财政史乃至明史研究阐释的新视角。二是研究方法创新，综合使用了史学、经济学、政治学、财政学、会计学等多学科的理论与方法，主要采用

史学与数学方法相结合、定性分析与定量分析相结合，尝试以统计表格形式复原 16 世纪末明代财政结构和整体财政规模，全面揭示晚明中国财政体系的变化实态。三是理论创新，在以往对明代白银货币化的一系列研究基础上，通过对《万历会计录》的整理与研究，指出明代是一个改革的时代，十六世纪张居正改革的核心是财政问题，在白银货币化的强劲发展趋势下，张居正"通识时变"，其改革标志着中国古代实物财政体系向新的货币财政体系的转型，具有划时代的意义，并进一步提出明代是中国古代赋役国家向近代赋税国家转型的开端的新观点。从社会转型到国家转型，突破了以往的研究范式，开拓了新的研究领域和新的学术增长点。2013 年已将《〈万历会计录〉整理与研究》书稿 300 多万字交中国社会科学出版社出版。全书分为三篇，第一篇整理篇约占成果 1/3 篇幅，系统全面地整理原书数据，编制了 133 个甲表；第二篇统计篇，分为 13 章，顺序编制排列乙表 134 个；第三篇研究篇，分为 10 章顺序编制排列丙表 288 个，总共编制统计表 555 个，附图 28 个。从明代白银货币化理论出发，以白银货币作为统一计量单位，将《会计录》的中央财政所有收支数据全部折算为白银，减去实物部分，得出了全国财政结构和白银货币化比例，编成一套系统的统计表格与统计图，试图客观复原 16 世纪末明代财政收支的整体面貌。我们整理录入明代财政会计数据达 4.5 万个，全部处理数据达 20 万个以上。此成果得到院创新工程出版基金资助出版（中国社会科学出版社 2015 年出版）。已发表《明代财政体系转型——张居正改革的重新诠释》一文，《新华文摘》全文转载，产生了广泛反响。

2. 现藏于日本尊经阁的海内孤本《钦依两浙均平录》，是明代嘉靖末年均平法推行于浙江全省的法令文书，也是目前已知明代江南赋役改革最完整的原始档案文书。万明得到所里支持，将日本尊经阁藏海内孤本《钦依两浙均平录》复印回所，发表了

《明代浙江均平录考》一文（《中国史研究》2012 年第 2 期），展现了新资料、新视角、新观点，并尝试了理论创新。全面分析了《均平录》的内容主旨，提出均平法改革的性质是赋役—财政改革，并探讨了明代赋役改革的模式，指出改革是以国家法令形式进行的制度变迁，有社会基础，以士大夫为中介，带有社会转型特征，结论是明代是现代货币财政的开端，也是现代货币财政管理的开端。相关论文还有《明代赋役改革新证——〈钦依两浙均平录〉解读之一》《财政视角下的明代田赋折银征收——以〈万历会计录〉山西田赋资料为中心》（第一作者）等。

　　总之，从王毓铨先生提出国有土地所有制的"纳粮当差"系列研究，到万明提出"纳银不当差"的明代白银货币化过程——赋役—财政改革乃至国家与社会转型的系列研究，以及如何构建中国本土国家与社会理论体系的思考（万明《关于明代国家与社会理论研究的思考》，《天津社会科学》2012 年第 6 期），都彰显了明史学科传承与开拓的历程。

# 三　结语：传承与开拓

　　薪火相传，在老一辈和新一代全体同仁的努力奉献中，历史所明史学科走过了六十年辉煌的历程。六十年来，明史研究室作为国内外规模最大的专门研究机构，明史学科建设的状态体现了整体学术实力、学术地位和核心竞争力，形成了历史所最具活力的基础学科之一。明史学科团队始终保持着整体综合优势，具有鲜明的学术特色，奠定了在国内外明史学界的领先地位，形成了"国家队"，对中国乃至世界的明史学科发展繁荣，产生了举足轻重的影响，发挥了重要作用。明代中国是传统国家与社会转型和全球史开端的时代，1989 年中国明史学会依托明史研究室成立，名誉会长白寿彝先生代表老一辈明史学人在《贺辞》中提出了对明史研究的两点要求：一点是要研究明代历史发展的总的规律，再一点是要研究整个中国历史发展规律在明代历史上的体现。这两点要求，作为室主任十多年来，万明一直不敢忘记。因此，深知明史学科在经济史方面的优势在学科创建之初已经奠定，虽经20世纪九十年代后史学界经济史降温、理论探讨热情消退，我们继承学科的优良传统，不断开拓创新，仍然坚守至今；与此同时，新世纪学科重视史料发掘与基础性研究的传统得到进一步发扬，明史学科老、中、青研究者们的基础性研究，在明代经济史、政治史、社会史、中外关系史、军事史、文化史、徽学、文书学等各个领域全面开花，取得了不菲的成绩，对明史研究的发展起到了引领作用。研究既有宏大叙事，又有微观考证，更有与自然科学研究学者的合作研究，将定量分析与定性分析结合的开拓创新。我们以全球史的视野，考察明代在中国史上的地位，乃至在全球化开端的时候明代中国在世界史上的地位，探索关于"国家—社会"关系的理论模式，以及明代中国历史发展的基本规律，进行理论创新，把明史研究推进到了一个新的阶段。

新世纪，积极回应时代潮流和国内外形势对明史研究的多层次需求，传承前辈们开创的学术道路，开拓学科的发展空间，明史学科还有很长的路要走，任重而道远。未来几年，在院所创新工程的推动下，明史学科仍将具体围绕"明代国家与社会"的主题开展学术研究，继续置于世界变革的历史大背景下，研究国家与社会的互动关系、国家与市场的互动关系，为破解西方中心论，尝试构建具有中国本土特色的理论体系，推进明史研究进一步繁荣发展而做出更多奉献。

（原载《求真务实六十载》，中国社会科学出版社2014年版）

# 附　　录

# 只顾耕耘　不问收获

## ——万明教授访谈

万明　解扬

　　万明，1953 年 3 月生于北京，祖籍江西九江。1978 年考入北京大学分校历史系，毕业后到北京图书馆（今国家图书馆）主办的《文献》编辑部从事编辑工作。1985 年考取北京大学历史系明清史专业研究生，1988 年获历史学硕士学位后到中国社会科学院历史研究所中外关系史研究室工作，后调入明史研究室。曾赴里斯本大学留学，赴美国、意大利等国访问。现为中国社会科学院历史研究所研究员、明史研究室主任、徽学研究中心主任，研究生院教授、博士生导师，兼任北京大学明清史研究中心研究员、中国中外关系史学会副会长、中国明史学会副会长、中国海交史研究会副会长、郑和研究会副会长等。主要从事明史和中外关系史研究，著有《中国融入世界的步履：明与清前期海外政策比较研究》、《中葡早期关系史》、《明太祖本传》、《晚明社会变迁：问题与研究》（主编，第一作者）、《古代中西文化交流》（与何芳川合作）、《明代政治史》（合著）、《澳门史新编》（合著）等，在国内外学术期刊上发表论文 80 余篇。现正主持承担国家社会科学基金项目"十六世纪明代财政研究：以《万历会计录》整理为中心"、中国社会科学院重点项目"明代诏令文书整理与研究"，与宁波天一阁合作项目"天一阁藏《明史稿》整理与研究"。

○解扬，历史学博士，中国社会科学院历史研究所助理研究员。

○万老师，您好。作为一位在中外关系史、明史、白银货币史等研究领域和全球化、晚明社会变迁等重要问题上颇有建树的学者，您的求学经历是我非常感兴趣的话题。我注意到，您步入史学殿堂并以之为终生志业，不单有深厚的家学渊源，还较早受到多位史学前辈的亲身教导，其影响贯穿于您的研究选题和成果著述中，延续至今。您能介绍一些这方面的情况吗？

○我出生在一个与史学有渊源的知识分子家庭。父亲从事史学研究工作，母亲虽然没有从事专门研究，却是毕业于西南联大历史系。但是，我走上史学研究的道路是颇不容易的。1969 年，我"上山下乡"去了黑龙江生产建设兵团；"文革"结束后恢复高考，我才有机会考上大学。1978 年，当时在医院做护士的我工作十分繁忙，医院只给了 8 天复习准备时间，但在父辈们的熏陶下，我还是参加了高考，并如愿以偿进入北京大学分校历史系学习。

至于走上明史研究的学术道路，是与白寿彝和许大龄两位先生分不开的。1980 年冬的一天，作为父亲好友的白先生来到我家，他得知我喜欢历史，便鼓励我多关注明代历史问题；从那以后，我在大学学习中开始偏向明史。而许大龄先生 1981 年 9 月开设的明史专题课，则在课堂里将我进一步引进了明史的殿堂。我的大学毕业论文题目就是"万斯同与明史"。在许先生指导下，我广泛收集资料，专门去北京图书馆（今国家图书馆）抄录署名万斯同的《明史列传》和《明史》清抄本的资料。此文撰写完成后，颇得到许先生的好评，由此，他让我报考他的研究生。但在我以全优成绩大学毕业时，没想到那年许先生不招生。根据当时规定，大学毕业工作两年以后才能考研究生。所以，我被分配到北京图书馆《文献》杂志编辑部做编辑。之后的两年中，我利用馆藏善本，先后撰写发表了《试比较几部史书中的〈张居正传〉》《北京图书馆藏四种明代科举录》两篇论文。

1985 年，我考上了许先生的研究生。北京大学历史系中国史的学术传统是侧重制度史，许先生对于明代典章制度烂熟于胸，所以我自选的论文题目是"明代两京制度"。明代设立两京，是历代建都制度的延续，但却具有鲜明特点，就是在两京并建了一套完整的中央机构，与明朝相始终。这一制度直接关系到国家整体治理，无疑是明代制度史上最重要的制度之一。当时我注意到以往的研究大多集中在迁都问题上，缺乏从制度上进行整体考察。美国学者范德（Edward Farmer）的《明初两京制度》一书首次做了综合研究，但是他主要不是从制度史角度做系统梳理。为撰写论文，除了在北大图书馆、北京图书馆和一些高校图书馆收集资料外，许先生还要我去南京向洪焕椿先生请教，并去南京图书馆、宁波天一阁、杭州浙江图书馆等处搜集了很多难得的相关资料，为此积累了满满两盒卡片。而当我写完两京制度的形成及其确立部分，字数已接近 5 万字了，所以毕业时不得不先截止于此。这篇论文是国内第一篇关于明代两京制度的长文，考察了这一制度从形成至确立长达半个世纪的历史轨迹，并提出了自己独到的见解。1988 年，我顺利通过了论文答辩。后来，《明代两京制度的形成及其确立》一文刊于《中国史研究》1993 年第 1 期。幸运的是，关于两京制度的探讨，使我结识了美国明史学会第一任会长范德教授，从此获益良多。

现在回想起来，我后来的治学经历的确有些可以溯源到我的大学和研究生在读期间。比如，我撰写《明太祖本传》一书，是研究生期间参加许先生主持的"明朝十六帝"系列丛书，撰写《开国皇帝朱元璋》的延续。虽然此书在体例上受限于整套丛书，丛书主编为了可读性强，要求尽量少引原文，更不可能出现考证，但撰写时，我还是将自己学习明史十几年的心得注入了进去，如以历史传统的客观制约性和主体选择性两方面结合说明明太祖的成功，着意揭示出他在传统政治文化中的传承作用，把他作为一个人来考察其强烈鲜明的个性、心理及其对历史的影响，勾画他所处的时代及他的一生等。又如，研究生期间我参加许先生主持的《国朝典故》的点校工作，包括10卷、7种史籍，这一经历为我日后做古籍整理工作打下了良好的基础。还有，现在正在做的课题"天一阁藏《明史稿》整理与研究"，这部《明史稿》初步确定有万斯同的手稿，弥足珍贵。天一阁提出与所里合作整理，我不禁百感交集，二十多年前许先生指导我撰写大学毕业论文的情景仿佛就在眼前。重拾当年论文，把它整理发表，顺理成章；而主持完成这一课题，我也似乎责无旁贷。

○ 从您刚才谈到的来看，您在北京大学所受的训练，是与其注重制度史的学术传统吻合的，您研撰的学术成果属于这一范畴，参加点校古籍的工作也是出于相同的学术路径。那您又是出于何种机缘，转入到中外关系史的研究领域呢？

○ 这就要从我毕业后参加工作的事情说起了。在北京大学获得硕士学位后，我来到中国社会科学院历史研究所工作。当时明史研究室人才济济，所以我先是到中外关系史研究室工作。这样一来，我与中外关系史就结下了不解之缘。虽然两年后调到明史研究室，但是明代中外关系史一直是我学术耕耘的主要领域之一。

我常说："中外关系史，一半是中国史，一半是世界史。"指的是这一学科不同于一般中国断代史或世界断代史，既需要读大量中文史籍，又必须读大量外文资料，还要将中外文献资料相互参证，才能撰写论文，更需要较强的理论素养。由于中外关系史领域极为宽泛的特性，涉及政治、经济、军事、法律、思想、文化、社会等方方面面，要求研究者具有相当广泛的知识面。而来到研究所后，我苦于没有专业引路人，只能靠自己勤奋努力，摸索前行，真正是个中甘苦自心知。说实话，幸而在读研究生期间我选修过张广达先生的"中外文化交流史"专题课，使我能够比较快地进入这个跨学科的新领域。同时，我还受益于白寿彝先生"要有一个广阔的眼界"和许先生"贯通古今"的教导，得益于在校期间阅读参考书较多，并选听其他系如哲学系的专题课等广泛汲取知识的经历。而这时我有了一个新的机遇。到所里工作后，正值任继愈先生主编"中国文化史知识丛书"，原计划包括"古代中西交通"和"古代中西文化交流"两种，初定前者由我撰写，后者约请北京大学的何芳川先生撰写。后来编委会决定合二为一，于是我有幸与何先生合作撰写《古代中西文化交流》一书。当时由我写出初稿，何先生统稿完成。此书简明扼要地叙述了自远古以来中国古代和西方诸文明之间的交通与交流的历程，1991年初版后，迄今不断再版。这本小书的写作，对我来说是一个全面了解中西交通与文化交流的好机会，为我进入中外关系史这个新领域打下了基础。

　　○ 看来您在到历史研究所工作的初期，非常得益于在北京大学学习期间所打下的坚实基础。您的论著显示，对中外关系史领域内的多项问题，您都有涉猎，且研究的深度和选题的前沿程度都各具特色。您能介绍一下在众多感兴趣的课题里，您是如何选定研究目标的？或者说，您的学术理路是怎样的？

　　○ 我在中外关系史研究室只待了两年时间，就调到明史研究室工作了，但是，事实上这中间确有一条未曾中断的学术理路，因为明代中外关系史本身就是明史的重要组成部分。此后，我一直在这一领域学习和耕耘。从研究的具体论题来看，迄今我涉及的领域比较广泛，包括郑和下西洋、明清海外政策、中葡早期关系、澳门史、海外贸易、西方传教士来华、中西文化交流、陆上丝绸之路、海上丝绸之路、中英关系、东亚关系、外交诏令文书，等等，这是中外关系史广阔的特性决定的。最早将明清中外关系发展进程贯穿起来的探讨，是 20 世纪 90 年代初我承担的国家青年社会科学基金项目"明清海外政策比较研究"。我考虑到中外史学界一般认为，明清时期是中国在世界历史上逐步由先进转为落后的重要转折过程，两朝海外政策对历史发展进程产生过不可忽视的影响，而选取两朝海外政策进行比较研究的尝试，以往还没有人做过。自这一选题获得社科基金后，连续两年的社科基金都有海外政策课题出现，可见新选题受到重视和肯定。最终我完成出版了专著《中国融入世界的步履：明与清前期海外政策比较研究》，主要是从世界历史形成这样一个整体的发展演进过程来总体把握，对明与清前期王朝如何面对海外世界这一重大问题进行了动静结合的具体考察和比较研究。此书在选题、立论和研究方法上都具有开拓性，其中不少章节是在专题论文的基础上写出，对于一些历史重大事件作了深入论述，并给出了自己的解释。此书获历史研究所"优秀成果奖"。现在回想起来，若不是承担课题期间，又发生了派我去葡萄牙里斯本大学进修葡文的事，而从葡萄牙回来马上就面临课题结项，这本书还可以做得更好些；当然，话又说回来，如果不去葡萄牙，那么书中的葡文资料和引发的新观点又从哪里来？此书只是自己对明清对外关系做比较研究的阶段性尝试，是这方面工作的起点。

○ 我对郑和这个人物一直有兴趣。我注意到，2005 年是郑和下西洋 600 周年，您是研究郑和的专家，有不少成果在学术界内外产生了影响，您能谈谈为研究此课题都做了哪些基础性工作吗？

○ 关于专题研究，明代前期中外关系以郑和下西洋为代表。1991 年，我发表的第一篇相关论文，探讨了郑和下西洋与明初海上丝绸之路的关系，紧密结合海外贸易，对史学界争议多年的远航目的及其终止原因提出了自己的看法。接着，我关注到有关下西洋社会效应的专题研究极为寥落，于是首次从社会史的视角出发，从远航产生的六个方面的两极效应衰落与兴起入手，全面探讨了郑和下西洋与明中叶社会变迁的关系。

2004 年，中央决定，在 2005 年郑和下西洋 600 周年时举办纪念活动。我有幸作为纪念郑和下西洋 600 周年办公室聘请的顾问，参加了一系列学术会议与活动，对郑和下西洋进行了重新思考，撰写了《释西洋》《从西域到西洋：郑和远航与世界文明史的重大转折》等一系列相关论文，还出版了《明钞本〈瀛涯胜览〉校注》一书。完成这项基础性工作，是我多年的夙愿。马欢《瀛涯胜览》是中国古代对外交往史上最著名的史籍之一，在国内外都产生了很大影响。校注本搜集传世的明抄本 4 种，参考中外学者研究成果，逐条逐段加以校勘、注释。并在全面梳理《瀛涯胜览》版本源流过程中，又发现了第五种明抄本，从而解决了近百年对于《瀛涯胜览》作者和初刻本及时间等问题的学术积案，澄清了百年的误读。此书获得国家海洋局"优秀成果奖"。

○ 我知道，您在中外关系史领域之所以颇有建树，掌握适合研究的外语是关键因素。您除了能比较熟练运用英文和日文外，前面提到，您还受派去葡萄牙学习葡文，您的一些重要论著似乎也是因为有了这一语言条件才得以完成。您能再跟我们谈谈这方面的情况吗？

○ 1995—1996 年，由葡萄牙卡蒙斯学会资助，历史研究所派我到葡萄牙里斯本大学进修葡语。当时已经四十岁出头的我，到一个陌生国度，去学习一门从没有接触过的语言，这无疑将是我一生中所遇到的最困难的学习经历。但是，我想到中葡关系史的研究一向薄弱，而中西关系始自中葡，始自明代，在中外关系史上占有极为重要的地位，我学的是明史，应该接受这个留学任务。在葡萄牙的学习生涯是我终生难忘的，我不仅要上课，课堂上完全不许用英语提问，更不要说中文了。一开始葡萄牙老师所讲的，我就像是听天书一样，回到与葡萄牙学生合租的住处，还要做大量作业和准备新课文。但我没有忘记自己是抱着学以致用的心愿去的，上课之余，我的时间大部分泡在了图书馆、档案馆里。那里的图书馆没有中文书籍，读不懂葡文的我，一开始就用英文书对照阅读，这样一边学习，一边逐渐与自己从国内带去的中文资料相互参照进行研究。我的第一篇直接利用葡文资料与中文资料结合撰写的论文《明代中葡两国的第一次正式交往》，就是在葡萄牙学习期间完成并寄回国内发表的，后来还获得了中国社会科学院"优秀成果奖"。1996 年，我回到中国，带回了自己在葡萄牙东坡档案馆、国家图书馆、阿儒达图书馆、外交部图书馆等处收集的一些中国完全没有的珍贵的葡文资料。当时正值澳门回归在即，许多有关中葡关系、涉及澳门历史的重大问题亟待加以研究。我利用葡文档案文献资料与中外文档案文献资料相互参证，撰写发表了一系列有关中葡关系史与澳门史的论文，出版了专著《中葡早期关系史》一书。这本书是国内外第一部直接利用中葡文资料相互参证，系统论述自明中叶至清中叶后 300 余年中葡交往史的学术专著，是在一系列论文基础上完成的。其特色：一是以更广阔的视野重新审视中葡关系与澳门问题；二是直接利用葡文档案文献资料与中外文档案文献资料相互参证，进行理论概括和较深入的史料考辨；三是对中葡早期关系进行了全面系统梳理，在一些重大问题上有所突破，澄清了一些长期以来没有弄清的重要史实，纠正了一些重要问题上的传统误说，并从客观历史事实出发，提出了明代澳门政策说、明清澳门治理形态说等独到见解。我的观点得到了专家和有关部门的基本肯定，此书获得首届澳门人文社会科学研究优秀成果奖。

○ 西方汉学是目前的热门课题，您较早就有成果涉猎这一领域，不仅与明史研究领域的多位著名国际学者有交往，还译介了他们的作品，自己也有多篇英文论文发表在国际期刊上。您能否介绍一下您和国际学者的学术交往和自己受他们影响的情况？

○ 西方汉学与中西文化交流，的确是我耕耘的重要领域。除了前面谈到的与何芳川合作的《中西文化交流》一书，我到历史研究所以后发表的第一篇文章，是全面介绍美国学者孟德卫关于早期中国学起源的专著《神奇的土地：耶稣会士迎合中国习俗和中国学的起源》。接着，我从英文翻译了《1583—1584年在华耶稣会士的八封信》以及美国学者霍华德·斯特林拉英译本的"序言"，在此基础上，撰写了《明代后期西方传教士来华尝试及其成败述论》一文。从葡萄牙回国后，我发表了《西方汉学的萌芽时期——葡萄牙人对中国的记述》，提出不能忽视在马可·波罗与利玛窦之间的葡萄牙人的记述；还写了《欧洲汉学先驱曾德昭与中国文化西传》《晚明南京教案新探》等文。1998年，历史研究所派我随团出访意大利那不勒斯东方大学，我发表了论文《意大利传教士马国贤论略》，利用意文、英文、法文和中文、满文档案文献以及在意大利发现的珍贵中文文献结合，全面论述了马国贤的生平及其在欧洲创立第一所中国学院的事迹，并订正了中外学者关于马国贤卒年的错误。后来我又参加意大利那不勒斯大学举办的国际学术研讨会，宣读了马国贤作为中西知识双向传播者的英文论文，收入会议论文集。我带去的论文《18世纪中国人对意大利的认识》，收进意大利那不勒斯东方大学的专门展览。我还参加了意大利史华罗教授的情感语词研究工作，翻译了他在历史研究所的讲演稿；并以英文撰写《万历君臣：〈明实录〉所见情感世界的个案分析》一文，受邀到意大利那不勒斯东方大学讲演，并发表在史华罗教授主编的《明清研究》上。前面已提到，以两京制度为纽带，我有幸结识了美国明史学会第一任会长范德教授。1997年，我受邀访问美国，在明尼苏达大学讲演，题目是有关海外政策的。而带去的另一篇讲演稿，是关于中国明史研究最新动态的，后来发表在范德教授创办的、也是西方唯一的研究明史的刊物《明史研究》（Ming Studies）上。范德教授特地安排我参加了第49届美国亚洲研究协会暨明史学会年会，那一年的美国明史学会年会是学会二十年的学术总结会议，非常重要。我将美国的学术信息带回中国，专门撰写了会议综述进行全面介绍。我还翻译了范德教授的《明代开国皇帝的社会整合》一文，和他受邀到历史所讲的《近年英语世界明史研究新趋向》讲演稿，后来又发表了《范德教授的汉学研究：与明史结下不解之缘》一文，全面详细介绍了他的明史研究及其他史学研究。

○ 我发现，您近来从事的研究和主持的课题与之前的中外关系研究重点稍有不同。从著作来看，您是把以白银为切入点的经济史研究纳入中外关系史研究领域，也可以说是把中外关系史研究纳入中国社会经济史的研究领域，并结合您早年在北京大学所受注重制度史训练的影响，有将此前研究的具体问题提升到社会层面，讨论社会变迁、时代特征和全球化等重大热门问题的趋势，而且您对之前的观点也有完善和修正。请您谈谈，您是依循怎样的思路来展开这种学术视野上的提升的？

○ 1999 年，我把《中葡早期关系史》书稿交给出版社以后，当时历史研究所改为课题制管理，所以由我组织课题组，主持承担了所重点课题"晚明社会变迁研究"。2000 年，申报成为国家社会科学基金项目，课题以优秀结项，于 2005 年出版了《晚明社会变迁：问题与研究》一书。这一课题由 9 人合作，不同于以往集体项目采用的大而全的概述方式，而是贯穿问题意识，以专题研究为形式，要求每个专题在进行比较全面的学术回顾基础上更新思路，深化研究。我作为主编和第一作者，自己撰写了"绪论"和第三章"明代白银货币化与中外变革"，得出的重要结论是：晚明社会变迁与两个划时代意义的开端相联系，即与中国从传统社会向近代社会转型的开端和世界一体化的开端相联系；晚明社会变迁，也即中国传统社会向近代社会的转型。谈到主持承担这样一个课题，这就要谈到我的学术思想转换了。原来，我在完成明清海外政策比较研究的过程中，已深感探讨中国融入世界的问题不能只停留在政策层面，必须把研究视角转换到社会经济层面，于是在 20 世纪 90 年代末我开始关注白银问题。自立项起,我个人研究的专题就已确定为明代白银货币化与中外变革。2000 年,德国学者安德烈·贡德·弗兰克(Andre Gunder Frank)《白银资本——重视经济全球化中的东方》中译本出版,白银问题一下子成为中外学界的最热点之一。我却认为,虽然中文译者将书名改成《白银资本》,但是原作者却并不是从白银开始论证的,更不是从货币本身出发来论证的,他只是建构了一个理论框架,甚至完全没有注意到明代中国的白银有着不同寻常的货币化过程。因此,白银热恰恰凸显了实证研究的意义,而出发点只能是对于中国本土历史事实的探求。

我的研究表明,白银从贵重商品最终走向了完全的货币形态,是在明代。明朝有"钞法""钱法",却没有"银法",从明初的禁用金银交易,白银从非法货币到合法货币,再到主币的货币化进程,是不同寻常的历史过程,考察这一过程,我提出了明代白银货币化的概念。2001 年,在香港大学明清史国际学术研讨会上,我带去了第一篇相关论文,后来发表在 2003 年出版的《中国经济史研究》上。沿着傅衣凌先生的路径,我收集 427 件徽州地区土地买卖契约文书进行统计分析,论证了《明史》的高度概括有误,明代白银货币化经历了自下而上而不是自上而下的发展过程,是商品货币经济发展的自然结果,而不是国家法令的结果。此后我以明代白银货币化为切入点,开展了系列研究:主要考察了白银货币化与制度变迁之间的关系,与晚明整体社会变迁的关系,与明朝兴衰的关系,与一系列赋役改革的关系,与明代财政改革的关系等。以白银货币化作为中国连接世界新视角的论文发表后,引起较大反响。接着,我于 2005 年随团参加第 20 届国际历史科学大会,在专题组会议上提交了英文论文,后发表在意大利《明清研究》杂志。研究结果证明,明代白银形成流通领域的主币,是在外银大量流入之前,而非在其后。到嘉靖年间,白银的主币地位已基本奠定，整个社会产生了巨大需求，从而拉动了外银流入，而不是像以往认为的那样，是外银流入推动"一条鞭法"实施，白银才成为主要货币，社会才普遍用银；这说明了中国走向世界是主动的，而不是像以往认为的那样是被动的卷入了世界。以此我修正了自己原来"融入"的观点，提出在全球化的前夜，中国有着自身独特的变革运行轨迹，中国走向世界有着内部强大的驱动力的观点。进一步认为，白银货币化标志晚明中国出现了传统社会向近代社会的转型和全球化的参与，是中国社会转型、近代开启的重要标志之一。此前在明代海外贸易方面，一直是我研究的一个重要方面，对于明前期朝贡贸易、贡市贸易、亚洲贸易圈、明后期开海、私人海外贸易、澳门贸易等专题，都有所涉及，对于明初中外物产交流的多年研究，使我形成和提出了整体丝绸之路的认识。但是进入货币经济的考察，具体提出明代白银货币化的探讨，我感觉自己就像是从中外关系史领域闯入了社会经济史领域的一匹黑马，我了解自己做的还很粗浅，但是把问题提出来，逐步再深化吧。我正在主持的社科基金课题"十六世纪明代财政研究"，也是明代白银货币化探讨的延续。

〇 从您发表第一篇学术论文，到现在已近三十年了。您目前主持的多项学术课题非常重视对文献的整理和解读，有的还与您在大学、研究生期间的论文选题相关。我感觉这非常有意思，想请您谈谈目前所关注的课题和进展情况。

〇 从 2004 年起，我开始关注外交诏令文书，搜集整理所见明洪武年间外交诏令文书的工作。外交诏令是明初对外关系中形成的基本政策、法令，是我们研究明初对外关系时最重要也是最基本的史料。而以往我们谈论明朝初年的外交时，所用最多的史料是《明实录》。在 2006 年我提交给香港中文大学"明太祖及其时代"国际学术研讨会的论文中，考述了所见 127 通明太祖外交诏令。根据初步统计，其中有 35 通来自《明实录》，无其他来源替代；其他 92 通经过比对，《明实录》有很大不同和缺失的为 72 通，占总数一半多，《明实录》的不实彰显了出来，同时显示出诏令文书整理与研究的重要意义。由此，我开始从外交文书考察明初国际交往原生态，重新审视明代初年中国与东亚关系，导致我对于明初中外关系史的认识又有了新的发展。更重要的是，在收集整理外交诏令文书的过程中，我发现明代档案遗失严重，目前留存于世已经不多，《明实录》是第二手资料，而明人所辑《皇明诏令》《皇明诏制》是诏令类选编，更远非全面。由此，明代诏令文书亟待整理与研究的问题凸显了出来，迄今已有《唐大诏令集》《宋大诏令集》《大金诏令译注》，却没有《明大诏令集》，这一发现促使我考虑立项编辑《明大诏令集》。启动这一大工程，主要考虑两点：一是 20 世纪 80 年代以后民间文书大量发掘出版，区域社会史蓬勃发展的同时，我们不能忽视宏观考虑和国家背景的考察，只有将官私文书的研究结合，才能全面展开国家与社会关系的研究，重建明代历史全貌；二是大力发掘诏令文书第一手资料，对明史学科建设具有开拓新领域的意义，希望以此推动明史研究进一步发展。

（原载《学术月刊》2009 年第 8 期）